한국 공동체조직화(CO)운동의 역사

한국 공동체조직화(CO)운동의 역사

— 의식화와 조직화의 만남

2019년 9월 10일 초판 1쇄 인쇄
2019년 9월 16일 초판 1쇄 발행

지은이 | 김한수
펴낸이 | 김영호
펴낸곳 | 도서출판 동연
등   록 | 제1-1383호(1992년 6월 12일)
주   소 | 서울시 마포구 월드컵로 163-3
전   화 | (02) 335-2630
팩   스 | (02) 335-2640
이메일 | yh4321@gmail.com

ISBN 978-89-6447-518-8 93300

이 도서의 국립중앙도서관 출판예정도서목록(CIP)은 서지정보유통지원시스템 홈페이지(http://
seoji.nl.go.kr)와 국가자료종합목록 구축시스템(http://kolis-net.nl.go.kr)에서 이용하실 수 있
습니다. (CIP제어번호 : CIP2019033593)

의 식 화 와 조 직 화 의   만 남

한국
공동체조직화(CO)
운동의 역사

김한수 지음

동연

머 리 말

 1994년 봄이었다, 내가 처음 야학에 발을 들인 것이. 학기 초라 그
런지 학교 학생회관에는 신입 회원을 모집하는 벽보들이 여기저기 붙
어있었다. 대학 생활에 그리 잘 적응하지 못했던 나는 고등학교 때 잠
깐 책에서 보았던 야학에 들어갈 생각을 하게 되었다. 당시 학생회관
에는 두 야학이 있었는데 학생회관 4층 좌측에는 종로에서 검시야학
(검정고시야학)을 하는 운화회라는 동아리가 우측에는 의정부에서 노
동야학을 하는 새벽광장이라는 동아리가 있었다. 두 야학의 차이를
몰랐던 나는 새벽광장을 들렀다 아무도 없어 다시 수업을 듣고는 이번
에는 운화회로 올라갔다. 다행히(?) 한 선배가 나를 맞았고 그 날로
선배들과 종로로 가는 버스를 타고 야학으로 갔다. 서울의 중심인 종
로, 당시 서울에서 가장 큰 영화관이었던 단성사와 피카디리 극장 사
이 좁은 골목길로 쪽 들어갔다. 1, 2층을 경로당으로 사용하는 건물
3층 조그마한 교실 두 칸의 가건물이 종로야학이었다. 교무실이 없어
경로당 1층 현관을 임시 교무실로 쓰고 있었다. 처음 온 신입 교사라
양 반으로 들어가 인사를 했다. 또래처럼 보이는 학생들부터 30대 중
반의 학생들까지 20여 명 정도의 학생이 있었다. 그날로부터 학교에
서보다 더 많은 시간을 야학에서 보내게 되었다.
 야학은 생각보다 좀 복잡했다. 학생회관 같은 층에 있던 두 야학은
사실 한 뿌리였다. 1991년 야학 방향성에 대한 논의로 인해 갈등이
심했고 결국은 두 야학으로 나눠졌다고 했다. 검정고시야학이었던 종
로야학은 정체성 논쟁으로 인해 큰 영향을 받은 듯했다. 그 영향으로

1993년 야학은 중학과정에서 고등과정으로(고입검정에서 대입검정으로) 바뀌었고 시사, 문화, 공동체 수업들이 생겨났다고 했다. 담배 연기 자욱한 동아리방에서의 교사회의는 늘 길었고 다소 무거웠다. 별도의 세미나를 하면서 역사, 교육이론들을 같이 공부했다. 2년차 교사가 되면서 다른 야학들을 만나게 되었다. 당시 서울에는 동서남북과 중앙에 각각 지역야학협의회가 있었고 이를 토대로 서울지역야학협의회를 만들 준비를 하고 있었다. 중부지역야학협의회를 통해 가까이 있는 야학들을 탐방했고 서울지역야학들 전체가 모이는 야학인 한마당의 보조 스텝으로 참가하게 되었다. 더 큰 울타리에서 야학의 다양한 측면들을 보게 되었다. 검시야학, 생활야학, 노동야학, 지역사회 교육센터, 청년 교실 등 야학은 뭔가 새로운 모색들을 하고 있었다. 11월 노동자대회 때는 야학이라는 깃발을 들고 야학연대가라는 노래를 함께 부르기도 했다. 함께하는 경험은 서로의 고민을 나누게 했고 점차 종로야학을 넘어서 해야 되는 일들이 늘어나기 시작했다. 중부지역야학협의회 활동을 하게 되고 자연스레 서울지역야학협의회를 만드는 일을 선배들과 함께하게 되었다. 처음에는 많아 보였던 선배들이 어느 순간 하나둘씩 없어지고 몇몇 선배들과 또래의 야학교사들, 후배들과 서울지역야학협의회를 만들었다. 개별 야학들의 자료를 모으고 교과서를 공동으로 만드는 모임을 꾸리고 문화의 밤이나 야학인 한마당을 준비했다. 충무로 뒷골목 막걸리집의 한 방에서 무지하게 막걸리를 마셔댄 것 같다.

   그러다 군대를 갔다. 나는 잠깐 떠나 있었지만 남은 사람들을 서울지역을 넘어 전국야학협의회를 만들었다. 경기, 광주, 부산, 경북, 대전, … 전국에 있는 곳을 찾아다니면서 만든 결과였다. 간간히 휴가를 나오며 소식을 들었다. 그런데 몇 년 새 상황은 많이 달라져 있었다.

전야협은 와해되었고 서야협 역시 활동가가 없어 정지된 상태였다. 야학에는 이전과 다른 주부와 청소년들이 주 학생층으로 더 많이 오기 시작했고 야학의 운동성도 점차 떨어지기 시작했다. 교사들의 고민도 시들해졌다. 야학협의회를 함께 만들었던 선배들은 협의회 조직이 더 이상 어렵고 이제는 새로운 대안을 연구하고 제안해야 한다는 생각으로 '야학 21'이라는 연구조직을 만들었다. 복학하면서 나는 다시 종로 야학의 활동을 시작했고 '야학 21'의 활동에도 참여했다. '야학 21'의 활동은 협의회 활동과 좀 달랐다. 야학협의회가 사람들과 야학들을 조직하는 것이었다면 '야학 21'의 활동은 야학의 역사를 정리하고 그 역사를 정리하는 상황에서 과거에 활동했던 활동가들을 찾아다니며 인터뷰를 했다. 야학과 관련된 새로운 담론들을 만들어내거나 야학이나 야학에 적용 가능한 다양한 대안들을 찾고 이 논의들을 야학 현장에 제공하고 사람들과 함께 고민을 진행하는 형태였다. 해외의 이론들이나 사례들도 번역을 했다. 한 200권 정도로 「야학 21」이라는 잡지를 발행해 전국 야학에 무상으로 뿌렸다. 관심 있는 주제들은 야학 사랑방을 열어 공유했고 노동단체와도 공동의 프로젝트를 진행하려 했다. 이때 알린스키의 조직화론도 하나의 방법론으로 공부하게 되었다.

1990년대 중반부터 지역을 중심으로 한 사회교육센터를 만드는 것이 하나의 대안으로 등장하기 시작했다. 대상층의 변화와 함께 새로운 교육 내용을 만들고, 청년교실, 주부교실, 대안학교, 공부방 등과 같이 좀 더 다양한 민중들을 만나는 활동으로 변해가야 한다는 것이었다. '야학 21' 역시 그 방향에 대한 내용을 탐색 중이었다. 그 와중에 2000년 남부야학의 땅 소송문제가 생겼고 이를 지키기 위해 '야학 21'도 철거 싸움에 동참했다. 남부야학은 당시 서울에서는 거의 마지막 노동야학이었다. 야학의 정규수업에 노동법이 있었고 노동절은 학교

공식행사였다. 철거 싸움을 통해 '야학 21'과 남부야학이 만나게 되었고, 서로의 교육에 대한 고민도 나눌 수 있는 계기였다. 남부의 땅 문제는 결국 재판에서 지고 원인 모를 화재가 나면서 강제로 쫓겨날 수밖에 없었다. 이 과정에서 이전 강학(교사), 졸업생들이나 강학들 간의 의견 차이가 있었고 많은 교사들이 떠나가게 되었다. '야학 21'은 남부야학으로 들어가 힘든 상황을 함께 극복하고 그간 이야기했던 야학의 대안인 지역을 근거로 한 민중교육센터를 직접 실현해보기로 했다. 야간만 운영하던 야학을 주간에도 운영하기 시작했다. 2001년 한글학교를 열었고 프레이리의 이론을 적용한 기초한글교재를 만들어 문해교육을 시도했다. 조금씩 늘어가는 청소년들을 위해서는 청소년교실을 열었다. 오전 시간엔 어머님들이 한글을 배우러 왔고 오후엔 아이들이 왔다. 컴퓨터실은 아이들의 게임 공간이자 흡연공간이 되어버렸다. 청소년교실은 당시의 대안교육과 만나며, 꿈꾸는 아이들의 학교가 되었고, 영어, 컴퓨터, 영상, 경제 등을 공부하는 지역주민교실이 생겼다.

　　남부야학이 있던 서울의 마지막 달동네 난곡. 남부야학은 산동네 아래 입구 쪽이었지만 그 위쪽으로는 끝이 보이지 않는 산동네 판자촌이 있었다. 고향 친구가 보증금 없는 월세방에 살고 있어 잠깐씩 들르기는 했지만 이곳이 활동의 장소가 될 줄은 꿈에도 몰랐다. 남부고등공민학교가 폐교되면서 아래 동네로 내려갈 수밖에 없었는데 난곡에는 난곡지역단체협의회(이하 난지협)라는 틀로 오래전부터 빈민운동을 해오던 단체들과 함께하고 있었다. 낙골교회, 난곡주민도서관, 낙골공부방, 우리자리공부방, 난곡주민회관, 일터나눔지역자활센터 등의 단체들이 있었고 난지협에서 운영하는 밥집과 사랑방이 있었다. '야학 21'을 하면서 야학의 대안을 찾기 위해 방문을 했던 여러 단체들이 조그마한 동네 안에 다 모여 있었다. 야학이 조금씩 안정을 찾아가기 시작하면서 난지협 회의에 나가기 시작했다. 외환위기의 여파로 동네에서는 실업과 관련된 활동이나 급식사업들을 진행하고 있었다. 그리고 조만간에 재개발을 위한 철거가 진행될 예정이어서 주민들을 위한 설명회가 진행되고 세입자대책위원회가 꾸려졌다. 야학에서는 경험하지 못했던 내용들이었다. 지역에 기반을 둔 민중교육센터를 만들려고 했지만 사실 우리들은 지역에 대한 경험이 없었다. 야학 활동을 하면서의 주 고민은 교육의 방향과 내용을 만드는 것이었다. 가난하고 배우지 못한 또는 배울 기회를 박탈당한 학습자들의 삶의 내용을 담고 그 내용들을 통해서 우리가 살고 있는 세상을 좀 더 자신의 관점으로 비판적으로 인식할 수 있는 내용과 방법을 찾고자 했다. 이를 위해 문해교육 학습자들의 생애사를 인터뷰하고 그들의 언어의 삶의 내용에서 교재의 단어들로 내용을 짰다. 학교를 그만둔 아이들에게는 뭔가를 억지로 가르치려 하기보다는 자신들이 겪었던 상처들을 이야기하고 스스로 생각할 수 있게 하는 데 초점을 맞췄다. 그러다가 뭔가 막히거나 주저할 때는 글을 쓰든, 술을 마시든, 함께 놀러가든 나눌 수 있는 다른 계기들을 만들었다.

그런데 달동네 지역의 현장에서 직접 겪고 있는 삶의 문제들이 있었다. 재개발로 인한 이주의 문제, 품삯 일에 의존해야 하는 어려운 가정, 가난한 집에서 볼 수 있는 아이들의 방치나 상처, 외환위기로 인해 지게 된 빚 문제 등 당장 해결해야 하거나 앞으로 풀어가야 할 문제 상황들이었다. 지역의 단체들은 이 문제를 풀기 위해서 각각의 내용(도서관, 실업사업, 자활, 공부방, 급식 등)으로 주민들과 만나고 있었고 동네의 위기 상황과 재개발 문제에 대해서는 함께 모여 대책을 세웠다. 동네를 넘어서 관악이라는 범위에서도 연대 모임이 있었다.

이러한 활동들이 주민조직화를 기반으로 한 주민운동이었다. 우연한 계기로 2001년 한국주민운동정보교육원에서 진행한 '한국 주민(빈민)운동 30주년 워크숍'에 참여하게 되었다. '야학 21'을 하면서 민중교육에 대한 내용으로 허병섭 목사님을 인터뷰한 적이 있었는데 이 자리에서도 목사님을 뵐 수 있었다. 이 자리는 민중선교로부터 시작해 빈민운동, 주민운동으로까지 이어지는 30년의 역사를 정리하고 기념하는 자리였다. 하루밖에 참석하지 못했지만 자료를 통해서라도 그간의 역사를 조금은 알 수 있었다. 그리고 여전히 CO(Community Organization)운동에서는 의식화와 조직화에 대한 고민을 진행하고 있음을 알 수 있었다. 야학 활동과 지역 활동의 경험은 내용과 방법의 약간의 차이는 있지만, 서로 통할 수 있고 부족한 면들을 보완해줄 수 있으며 '주민들이 자기 삶의 주인, 주체가 되는' 같은 지향점을 가지고 있는 것 같았다. 그러나 이 두 가지를 나누고 연결하는 작업은 쉽지 않았다. 각자의 내용과 방법을 이해는 할 수 있지만 서로 꼭 필요한지에 대해서는 의문이었다. 또 한 가지를 하기에도 사실 벅찬 상태였기 때문에 그 내용과 영역을 확장하기란 쉽지 않았을 것이다.

2004년 '야학 21'에서 해외연수를 한 번 가보자는 제안이 있었다. 주민운동정보교육원에서도 필리핀으로 CO운동에 대한 연수를 다녀왔다는 소식을 듣고 '야학 21'에서도 필리핀의 민중교육과 CO운동 현장을 둘러본다는 계획을 잡았다. 일주일이 채 안 되는 짧은 시간이었지만 하루에 두 세 곳의 현장이나 단체를 탐방했다. 주로 빈민밀집지역 CO현장을 방문했고 민중교육 기관으로는 '페페'(Popular Education for People's Empowerment, PEPE)와 '엘프'(Education for Life Foundation, ELF) 두 곳을 방문하게 되었다. 한국의 야학이 제도교육과의 보완 관계, 길항 관계 속에서 주로 학교와 관련된 지식을 다루었다면 필리핀의 민중교육 집단은 제도교육보다는 사회운동, 특히 CO 운동과 좀 더 밀접한 연관관계에 있었다. '페페'의 민중교육은 프레이리의 의식화와 대화를 기본으로 해 CO운동 조직의 주민들, 원주민, 농촌주민들의 의식변화와 교육 작업을 진행하고 있었다. 'ELF' 역시 주민들의 삶의 이야기에 기반을 둔 다양한 조직의 리더십 교육을 진행하고 있었다. 서로의 사회의 맥락은 달랐지만 한국에서의 의식화와 조직화에 대한 동일한 문제의식을 가지고 있었고 민중교육이 제도화된 지식을 학습하는 것이 아니라 민중 스스로의 지식과 역사, 문화, 조직 등을 학습하는 데 초점 맞춰져 있었다. 이 경험은 한국의 민중교육을 다시 한번 성찰하는 계기가 되었고 CO운동에 대해서도 좀 더 깊이 이해하게 된 계기가 되었다.

2005년 교육학과 평생교육전공으로 대학원을 가게 되었다. 기회가 되면 의식화와 조직화라는 틀을 놓고 좀 더 고민해봐야겠다는 생각에 학위논문 주제를 「한국 공동체 조직화 운동(CO운동)에서의 의식화, 조직화 전략」으로 잡게 되었다. 수업 역시 가능하면 이 주제와 연관된 수업들을 듣기 위해 교육학과 함께 사회복지 과목을 듣기도 했다. 의식화와 조직화 활동에 대한 이론적 정리를 위해 그동안 읽었던 프레이리와 알린스키의 책들을 다시 읽기 시작했다. 알린스키의 저작은 많지가 않아서 미국 CO운동의 다양한 자료들을 살펴봐야 했다. 두 이론은 여러 면에서 같은 점도 많았지만 그 모델들이 출발한 현장(브라질과 미국)을 감안했을 때 다른 점들도 많았다. 이 두 이론이 만나하나의 모델이 된 것은 한국을 비롯한 아시아 CO운동에서였다. (물론이 두 이론은 아시아 이외에도 사회운동에 큰 영향을 주었다.) 아시아의 CO운동은 국가와 지역에 따라서 굉장히 다양했다. 두 이론 이외에도 지역사회개발, 종교혁신운동, 기초공동체운동, 공동체 활성화, 민중교육운동 등 다양한 요소들이 결합되어 있었다. 결국은 완성하지 못한 논문을 쓰는 과정이 이 책을 쓰게 되는 출발이 되었다.

2014년 함께 야학활동을 한 동료와 함께 『문해교육의 힘, 라틴아메리카 혁명의 전장』을 번역하게 되었다. 번역이 목적이었다기보다는 같이 세미나를 하다 보니 어찌어찌 번역으로까지 가게 된 것이다. 1990년대를 넘어서면서 민중교육에 대한 담론은 거의 보기 드물었고 야학이나 문해교육도 제도화가 되면서 새로운 방향에 대한 모색이 필요하다는 생각에서였다. '문해교육의 힘'은 주로 1980년대 일어났던 중남미에서의 문해교육운동, 민중교육운동의 현장들을 분석한 책이다. 제국주의, 전쟁, 혁명이 휩쓸고 간 중남미에는 새로운 사회를 만들어 가야하는 상황에서 민중들에게 문해교육을 통해 계기들을 제공하려 했다. 교육 활동가들은 프레이리의 의식화 교육론에 기반해 기초교육의 제공과 함께 사회에 대한 인식을 만들어나가는 발판을 제공했다. 이 책의 학습과 번역은 교육과 사회운동에 대해 좀 더 고민하는 계기가 되었고 CO운동에서의 의식화와 조직화에 대한 다양한 사례들을 볼 수 있게 되었다. 또한 이 책을 쓴 저자 중 한 명인 데이비드 아처(David Archer)가 발전시킨 『공동체 기술 역량강화를 통한 새로운 프레이리 문해교육 방법론』(Regenerated Freirean Literacy Through Empowering Community Techniques, REFLECT)을 통해 다양한 참여적 학습 방법론들을 접할 수 있었다.

이 책을 쓰기까지 거쳐온 개인적인 과정을 서술한 이유는 이 책이 지닌 고민의 이유와 방향을 조금이라도 더 독자들에게 전달하기 위해서이다. 일반인들에게 CO운동은 낯선 개념일 텐데, 야학이나 지역을 기반으로 하는 많은 시민단체들이 CO운동의 역사를 통해 탄생하거나 활동을 심화시켰다. 한국의 CO운동의 역사 속에는 현재 우리가 경험하고 있는 다양한 자산들이 숨어 있다. 40년이 넘는 시간 동안 가난한 사람들과 함께해 온 이 활동들은 그 시간만으로도 함께 고민해볼 가치가 있다. 자활센터, 임대주택, 탁아소, 협동조합, 공부방, 야학, 문해교육, 도서관, 주거 공동체를 비롯한 다양한 공동체까지 풀뿌리 운동의 다양한 모습들이 CO운동의 역사 속에 있고, 현재의 많은 부분들이 CO운동으로부터 출발된 것들이다. 또한 한국의 CO운동에서는 의식화와 조직화라는 용어를 여전히 쓰고 있고, 이 방법과 내용을 통해 주민들이 스스로 말하고 행동하게끔 하는 활동을 중심 방향으로 삼고 있다. 우리 사회를 좀 더 정의롭고 평등하게 만들고자 한다면 그리고 그 중심에 더 가난하고 배우지 못하고 불평등한 상황 속에 있는 사람들이 주체가 되고자 원한다면, 한국 CO운동의 역사 속에서 좋은 가능성들과 문제의식들을 가져볼 수 있을 것이다.

2019년 여름
김 한 수

차 례

1부

교육, 사회운동을 만나다

I. 교육은 사람을, 사회를 변화시키는 데 어떻게 기여할 수 있을까?

II. 의식화와 조직화 이론 둘러보기

I. 교육이 사람을, 사회를 변화시키는 데 어떻게 기여할 수 있을까?

1. 교육과 사회운동의 관계

"교육이 사람을, 세상을 변화시키는 데 어떻게 기여할 수 있을까?"

조금 거창하게 이야기한다면 이 책의 근본적인 질문이다. 이 질문은 곧 교육이 사회와 어떤 관계성을 가지고 있냐는 질문과 연결된다. 또한 사회를 변화시키는 운동, 즉 사회운동과 어떤 관련이 있는지에 대한 질문이기도 하다. 우리에게 교육이란 주로 학교라는 공간에서 이루어지는 것이고 교사가 학생들에게 정해진 범위와 내용의 지식을 가르치는 것이다. 학교에서 이루어지는 평가에 의해서 학생들의 학습 결과는 정해지고 이 결과는 진학, 취업 등을 위한 도구로 쓰인다. 이러한 교육 시스템과 과정은 인간이 세상을 살아가는 데 있어서 필요한 지식들을 선별해 학생들에게 전수하는 사회화 과정으로 이해해왔다.

그런데 비판적인 교육학자, 사회학자, 정치학자들이 기존의 지식과 질서들을 전승하는 교육에 대해서 의문을 제기하기 시작했다. 학교에서 이루어지는 교육이 정치경제적으로 중립적인 것이 아니라 그 사회의 권력을 가진 특정 계층의 이익, 이해관계를 대변한다는 것이다.

그들은 먼저 학교교육의 결과(성적, 졸업장)가 이후 인간의 삶에 미치는 영향을 탐색하기 시작했는데, 학교교육을 더 많이 받은 사람, 즉 학력이 높은 사람이 왜 더 좋은 직장을 가지고 더 많은 임금을 받는지에 의문을 제기하기 시작했다. 교육이 사회를 살아가는 데 필요한 지식을 학생들에게 전승하는 것을 넘어서서 자본주의의 경제 질서에 영향을 미치는 수단으로 작동한다는 것이다. 이러한 문제제기는 학교교육의 성과(성적과 학력)를 넘어서서 학교의 교육내용, 교육과정들로 확장되기 시작했다. 학교에서 다루는 지식들이 특정 방향(이데올로기)에 의해서 취사선택된다는 것이다. 학교에서 가르치는 과목들과 지식들은 그 사회의 역사적 배경과 변화에 따라서 달라지며 그 사회의 지배집단과 이에 순응하거나 저항하는 다양한 집단들 간의 투쟁의 결과물이라는 것이다. 또한 학교의 규율, 규칙, 공간의 배치 등과 같은 학교 문화는 학생들을 순응적 인간으로 길들이는 기제로 작동한다는 것이다. 주로 재생산론(reproduction theory)을 중심으로 한 교육과 학교에 대한 이러한 비판은 경제적인 부문에서부터 정치·사회·문화적인 영역으로까지 확장되었다.

교육과 학교에 대한 비판적인 관점들은 경제적인 것으로부터 정치와 사회 그리고 문화적인 영역으로까지 확장되었지만, 교육이 (또는 인간이) 기존 사회질서를 충실히 반영하는 것을 넘어 이에 저항할 수 있는 변화·저항의 계기를 어떻게 만들 수 있는지에 대해서는 설명할 수 없었다. 사회를 변화시키는 교육에 대한 가능성은 교육 자체보다는 사회운동에서 그 이론적 탐색이 시작되었는데, 가장 대표적인 이론가는 안토니오 그람시(Antonio Gramsci)라고 할 수 있다.

그람시는 물질적(토대, 계급관계) 변화가 사회변화의 주축이라는 마르크스의 유물론을 받아들이면서도 오로지 경제적인 부분의 변화만으로 사회변화가 가능하다는 결정론을 거부했다. 그람시는 지배체제가 힘에 의한 지배만으로 사회를 통치하는 것을 넘어서서 민중들의 지적, 도덕적인 자발적 동의(헤게모니)까지도 얻어내는 것을 통해서 지배체제를 공고히 한다는 점을 지적했다. 그람시의 헤게모니(hegemony) 담론은 자본주의에 저항해야 하는 노동자 계층이 왜 파시즘을 지지하게 되었는가에 대한 질문으로부터 나온 것이었으며 또한 이에 저항하는 진지를 어떻게 구축해야 하는지에 대한 모색이기도 했다. 그람시는 유물론에 기반을 둔 사회구조적 분석 작업에만 의존하기보다는 국면적 분석 작업(conjunctural analysis)[1]을 통해 공장에서의 계급투쟁을 넘어 시민사회에서 다양한 진지가 구축되어야 하며 (유기적) 지식인 집단이 계급투쟁과 함께 사람들의 집단적 의식을 형성하는 이데올로기 분석과 이에 기반을 둔 실천을 펼쳐 나가야 한다고 주장했다.

그람시의 이러한 논의는 사람들의 의식 형성과 밀접하게 연관된 교육, 문화에 대한 중요성을 인식시켜 주었고 교육과 사회운동에 대한 연결고리를 만들어주었다. 그람시는 문화를 "사람들이 세계를 판단하는 방식, 인과관계를 파악하는 방식"으로 정의하였는데(Crehan, 2004, 110) 이 문화는 인간의 실천에 기반을 둔 창조를 통해서 이루어

---

1 그람시는 역사와 사회 분석에 있어 구조적 분석(structural analysis)과 아울러 국면적 분석 방법을 사용했다. 그람시는 가난한 농민과 노동자들이 그들의 계급적 이해에 반하여 왜 파시즘에 동조했는지에 대해서 질문을 제기했다. 그람시는 경제적 구조만으로는 이를 설명할 수 없으며, 민중들의 조직과 인식의 수준도 하나의 원인이며, 그래서 사회적 관계 속에서 형성되는 이데올로기와 힘의 관계에 대한 분석을 해야 한다는 점을 강조했다. 그래서 계급 운동이라는 큰 방향을 가지고 있지만, 각 국면들은 각각 사회적 관계의 변화에 따르는 운동 전략을 짜야 한다고 주장한다. 이러한 국면적 분석은 북미와 남미의 민중교육운동에 영향을 주게 되는데, 여러 국면 속에서 이슈와 내용의 역사를 분석하고, 주제화하는 교육방식을 만들게 된다. 이것에 관해서는 데보라 반트(Deborah Barndt)의 *Naming the Moment: Political Analysis for Action*을 참조할 수 있다.

진다고 이야기했다. 그람시의 헤게모니, 이데올로기, 유기적 지식인, 시민사회, 진지전, 문화적 실천 등과 같은 개념과 이론들은 문화에 기반을 둔 급진적 교육학에 큰 영향을 주었다.

급진적 교육학의 대표적인 학자인 헨리 지루(Henry A. Giroux)는 "급진적 교육의 기초는 권력, 저항 및 인간행위가 비판적 사고와 학습을 위한 투쟁에서 어떻게 핵심적인 요인이 될 수 있는지에 대한 정교한 이론적 이해로부터 도출되어야 한다"고 주장했다(Giroux, 2013, 127). 즉 학교를 중심으로 했던 좁은 교육이론에서 사회 전체적인 순응과 저항을 분석하고 실천을 창조하는 교육이론으로 확장시킨 것이다. 문화정치학에 기반을 둔 교육이론은 저항에 대한 교육학적 분석과 이해를 토대로 차이, 정체성, 이야기, 목소리, 기억, 경험 등 인간 삶의 다양한 질적 요소들을 교육의 내용으로 삼기 시작했다.

1980년대 이후 신자유주의를 기반으로 한 새로운 경제 질서는 학교교육, 소비문화, 노동유연화, 지식기반사회 등으로 확장되면서, 일상을 통제하고 교육을 새로운 이윤의 영역으로 삼는 교육·문화적 정책으로 더욱 더 정밀화되었다. 급진적 교육학은 이와 같은 사회의 변화를 이해하기 위해 반전평화운동, 여성운동(페미니즘), 반인종주의운동, 소수자운동, 인권운동, 환경운동 등 다양한 사회운동의 성과들을 받아들이면서 포스트모더니즘의 미시담론에도 주목했다. 급진적 교육은 자본주의, 제국주의, 인종주의, 남성주의 등 권력에 대한 분석을 바탕으로 이에 저항할 수 있는 헤게모니(Counter-hegemony)를 형성하는 것을 목적으로 한다고 볼 수 있다. 이러한 저항 헤게모니 형성을 위한 급진적(비판적) 교육학의 특징을 몇 가지로 정리해볼 수 있다.

• 저항의 교육학은 주체(인간)의 변화를 꾀한다. 특히 개인변화를 넘어서

집단변화에 주목한다.

- 저항의 교육학은 인간·사회변화를 위해 기존 사회·권력을 비판적으로 바라볼 수 있게 하는 전환을 필요로 한다.
- 교육과 사회의 변화를 변증법적으로 파악한다.
- 그래서 교육은 정치 중립적이지 않다.
- 새로운 사회에 대한 상상력을 중요시한다.

급진적 교육학은 다양한 실천을 거듭하며 해방교육, 민중교육, 대안교육 등의 이름을 가지며 주요한 교육운동의 영역으로 성장하기 시작했다. 급진적 교육학을 실천적으로 변화시키는 데 큰 기여를 한 이론가이자 실천가는 파울로 프레이리(Paulo Freire)다.

프레이리는 마르크스주의와 실존철학, 현상학, 식민주의론 등을 결합해 자신만의 독특한 교육이론을 창조해냈고 그의 가장 대표적인 이론적 개념으로 '의식화'(conscientization)를 주장했다. 프레이리는 이 의식화론에 기반해 브라질의 사회문화적 상황을 검토해 비판적 문해교육운동을 전개했다. 뒤에서 자세히 살펴보겠지만 프레이리의 교육실천은 교육이 지배체제를 반영한다는 비판적 교육이론과 실천을 넘어 새로운 세계를 창조할 수 있다는 '희망의 교육학'으로 나아갔다. 프레이리의 희망의 교육학은 그의 주 활동 지역이었던 브라질 이외에도 중남미의 다른 나라에도 큰 영향을 주었고 니카라과에서는 사회주의 혁명과 결합시킨 국가적 문해교육운동인 문해십자군운동(Literacy Crusades)이 진행되었다.

이외에 북미에서는 마일즈 호튼(Myles Horton)이 하이랜더교육센터(Highlander Research and Education Center)를 만들어 교육을 노동운동, 반인종주의 운동과 결합시켰다. 이와 같이 교육은 사회와 별개로 진행되는 독립적인 영역이 아니라 사회와 밀접하게 연관되어 있으며 정치, 사회, 문화를 반영하고 또한 역으로 사회를 변화시킬 수 있는 단초와 힘을 제공해주기도 한다. 인간의 순응과 저항을 다룬다는 측면에서 급진적 교육은 사회운동과 결합된다고 할 수 있다.

2. 한국에서의 교육과 사회운동

우리 사회에서도 오래전부터 교육을 통해서 사람과 세상을 변화시키고자 한 실천들이 있었다. 가장 대표적인 교육운동은 야학운동이라고 할 수 있다. 야학은 일제 강점기 때부터 100년이 넘는 시간 동안 배울 기회를 못 가졌지만 배우고 싶은 마음은 포기하지 않았던 가난하고 소외받은 사람들과 함께 해오면서 다양한 사회운동들의 산파 역할을 했다. 해방 이후에는 조선노동조합전국평의회(이하 전평)과 같은 조직에서 노동자 교양활동을 통해 노동자들의 의식화와 조직화를 위한 활동을 진행했다. 1970년대를 넘어서면서 한국 사회가 본격적으로 산업화·도시화되는 과정에서는 노동자나 도시빈민들을 위한 야학들이 다시 등장하고, 검정고시야학과 같은 보수야학과 생활야학·노동야학과 같은 진보적인 야학으로 다양화되었다. 또한 전태일의 분신과 여성 노동자들의 투쟁을 기반 삼은 노동운동의 성장 속에서 노동자들의 조직화와 의식화를 위해 1970년대 진보적 종교계의 지원을 바탕으로 크리스챤아카데미, 도시산업선교회, 가톨릭노동청년회(JOC)와 같은 조직들이 노동자와 농민들을 위한 교육을 진행했다. 그리고 1980년대 민주화운동과 변혁운동에 힘입은 노동자대학·민중학교들이 전국적으로 확산되었다. 빈민 밀집 지역에서도 1980년대를 넘어서면서 지역의 아이들, 학교 이탈 청소년, 빈곤여성, 비문해자와 함께

하는 탁아소, 공부방, 어머니학교, 문해학교, 대안학교 들이 활성화되었다.

　시대에 따라 내용과 방법이 다르기는 하지만 이 교육적 실천들은 가난하고 배우지 못했던 사람들의 이야기를 들으려 했고 그들을 다독이려 했다. 또한 민중이 왜 가난하고 배우지 못했는지 그리고 배움을 통해서 스스로와 세상을 어떻게 변화시킬지에 대해서 질문을 던지고 함께 행동하려 했다. 한국 사회에서는 이러한 연구와 실천을 '민중교육'이라는 이름으로 담론화하고자 했다. 그리고 위와 같은 민중교육 활동들은 사회운동이 활성화되었을 때 더욱 중요한 기능을 하거나 양적으로 확대되었다.

　야학을 예로 든다면, 일제 강점기 독립운동과 사회주의운동이 활발했던 1920-1930년대에 야학운동이 가장 활성화되었다(김형묵, 2002). 또한 민주화운동·민중운동이 활발했던 1980년대에는 서울에만 수백 개가 넘는 야학이 존재했고, 그 형태도 학교형식에서부터 소그룹야학, 자취방야학, 검정고시야학, 노동야학, 생활야학, 교회야학과 같이 다양했다(천성호, 2009). 공교육에서도 교사들이 중심이 된 참교육운동의 영향으로 전국교직원노동조합이 만들어졌다. 사회를 변화시키는 운동이 활발해지면서 민중교육운동 역시 활성화되고 민중교육이 다양한 사회운동의 산파구실을 한 것이다.

　그런데 한국 사회의 민중교육 담론과 실천은 1990년대를 넘어서면서 급속히 쇠퇴하게 된다. 야학은 1990년대 중반을 지나면서 진보적 야학이었던 생활야학, 노동야학이 대부분 문을 닫거나 다른 형태로 전환하게 된다. 1987년 민주화운동으로 노동운동이 합법화되고 노조 조직을 위한 활동으로 집중하게 되면서 교육보다는 노동현장에 집중하게 된 것이 주요한 원인이라고 할 수 있다. 이런 과정을 거치면서 야학은 검정고시를 중심으로 한 보수적 야학들만 남게 되면서 야학 운동 또한 함께 쇠퇴하게 된다.

또한 1970, 1980년대에 등장했던 노동자대학, 민중학교도 1990년대를 지나면서 대부분 문을 닫게 된다(김민호, 1996; 조정아, 2005). 그리고 1980년대 빈민밀집지역을 중심으로 생긴 탁아소, 공부방, 어머니학교 들은 2000년대에 들어서면서 어린이집, 지역아동센터, 문해학교 등으로 제도화라는 흐름 속에 변화를 겪게 된다. 우리 사회가 형식적인 민주화와 함께 신자유주의적인 질서로 재편되면서 민중운동 담론이 급격히 쇠퇴했고, 이와 함께 민중교육 담론은 새로운 변화를 겪기보다는 점차 잊혀져가기 시작했다. 그리고 그 빈 공간을 자기계발, 평생교육, 역량강화, 시민운동, 거버넌스, 네트워크와 같은 새로운 담론과 실천들이 채우기 시작했다.

신자유주의적 질서의 재편이라는 상황 속에서 진행된 새로운 변화는 시민들의 참여·행동·네트워킹에 기반하고 있지만, 국가의 역할 축소와 분권, 재정의 감축, 새로운 주체의 동원과 이윤의 창출과 같은 권력의 새로운 통치성과도 밀접하게 연관되어 있었다. 과거의 운동 담론이 너무 빨리 유산이 되어버렸고 새로운 통치 질서가 굉장히 빠른 속도로 자리를 잡아갔다. 그러다 보니 과거의 교육과 사회변화에 대한 담론들은 성찰과 변화의 기회를 갖지 못한 채 철지난 유물이 되어버렸다.

그렇다면 한국의 민중교육운동은 왜 이렇게 급속하게 쇠퇴한 것일까? 앞에서 교육과 사회운동의 관계에서 살펴보았듯이, 한국 민중교육의 쇠퇴 이유를 이해하고 새로운 대안을 모색하기 위해서는 민중교육 자체를 분석하는 것도 필요하지만 사회 속에 있는 교육을 바라보아야 하며 사회운동과 어떤 관련 속에서 진행되었는지를 살펴보아야 한다. 왜냐하면 민중교육은 교육만으로 존재하지 않으며 사회, 사회운동과의 밀접한 연관 속에서 만들어지고 변화되기 때문이다.

민중교육의 쇠퇴 원인은 몇 가지로 이해할 수 있는데, 먼저 환경적으로는 민중운동과 민중운동 담론의 쇠퇴를 그 원인으로 볼 수 있다. 먼저 민중운동을 보면, 1987년 민중항쟁을 통해 형식적 민주화가 실현되고 이에 따른 민중운동이 성장할 기회를 가졌지만 이 시기는 또한 자본주의화가 급속하게 진행된 시기였다. 또한 정치적으로는 민주항쟁 이후 군부 세력, 민간 보수 세력이 여전히 정권을 잡으면서 세계화를 중심으로 한 신자유주의 질서들을 도입했고 소련의 붕괴라는 현실사회주의의 몰락까지 겹치면서 급속한 사회변화를 겪게 된다. 이러한 상황 속에서 민중교육을 포함한 민중운동 담론 역시 아래로부터의 역동성을 상실하고 급격히 쇠퇴하게 되었다(박영자, 2007). 내부적으로는 한국의 민중교육운동이 교육과 민중운동을 결합하는 데 대해 민중운동에 대한 부분을 우선시했던 점을 들 수 있다. 1990년대 수많은 생활야학·노동야학들이 교육을 조직화의 한 요소로 보는 경향이 강했고, 노동조합의 조직이라는 과제를 교육보다 우선순위에 놓음으로써 민중교육 현장들은 더 이상 확장되지 못했던 것이다.

또한 민중교육 담론 역시 1980년대 변혁운동 시기를 거치면서 경직된 의식화 담론으로 변화되었다(홍은광, 2010, 206-214; 유성상, 2006). 거칠게 말하자면 사회변혁을 위한 주체가 필요했고, 노동자·빈민·농민 등으로 주체화된 민중은 현장에서의 투쟁이나 지식인들에 의한 교육을 통해 계급의식을 가져야 하는 과제 즉 의식화가 요청되었다. 그래서 민중교육은 민중운동이 어느 정도 궤도에 오르기까지의 단편적 과정이나 수단으로 바라보는 경향이 강했다. 또한 경직된 의식화는, 보수적 교육이 체제유지를 위한 지식을 일방적으로 주입하듯이, 내용은 진보적이지만 민중의 삶과 경험으로부터 출발하는 것이 아니라 지식인의 관점을 전수하려 하는 오류를 범하게 되었다. 변혁운동, 민주화 그리고 이어지는 사회주의의 붕괴, 그에 따른 민중담론의 급격한 쇠퇴 속에서 민중교육 담론은 자신의 목소리를 스스로 가지기가 어려웠던 것이다. 이러한 상황 속에서 교육은 인적 자원담론을 중심으로 수요자중심교육, 평생교육, 역량, 경력개발 교육 등으로 재편된다(서동진, 2009).

그런데 이러한 분석은 다분히 지식인(활동가, 운동가, 교사) 중심의 분석이라는 데서 한계를 가진다. 한국 사회에서 민중교육의 쇠퇴는 행위 주체들의 변화에 대한 심층적인 분석이 필요하다고 할 수 있다. 예를 들면 야학은 검정고시야학, 생활야학, 노동야학으로 분류되고 있는데, 야학들의 경계는 실제로 뚜렷하지 않았다고 할 수 있다. 또 1980년대를 지나면서 생활야학과 노동야학의 존재는 검정고시야학들에도 영향을 미쳤다. 즉 야학의 분류만으로는 파악할 수 없는 행위 주체들(교사, 학생집단)에 변화가 생긴 것이다. 그리고 그것에 대한 분석에서 중요한 행위 주체인 학생의 변화양상은 빠져 있다고 할 수 있다.

1980-1990년대 노동자문학회 활동을 분석한 천정환은, 1980년대 노동자문학회에 참여한 노동자들이 "지금과는 다른 무엇"이 되려고 했다는 측면에서, 프랑스의 정치철학자인 랑시에르가 이야기한 '프롤레타리아의 밤'2, '노동자의 밤'이었다고 말한다. 그와 함께 1990년대가 넘어서면서 노동자문학회가 쇠퇴한 것에 대해서 "그 많던 '외치

---

2 랑시에르는, 1830년대 프랑스 노동자들이 쓴 글을 계보학적으로 분석하는 작업을 통해, 당시 노동자들의 힘든 상황과 함께 노동자들이 자신에게 속하지 않는 '다른 곳'을 바라보려고 한 욕망을 보여주려고 했다. 랑시에르는 노동자들이 낮의 장시간 노동에서 벗어나 다른 것이 되고자 하는 욕망을 '프롤레타리아의 밤'이라고 묘사했다(주형일, 2012).

는 돌멩이'3들은 어디로 갔을까"에 대해서 묻는다(천정환, 2004). 이 질문을 민중교육에도 똑같이 던진다면 야학, 민중학교, 노동자대학 등에 새로운 더 나은 내가 되기 위해 나왔던 "그 많던 젊은 학강(學講)4들은 어디로 갔을까"에 대한 좀 더 심층적인 연구 작업이 필요할 것이다. 이 질문들은 곧 민중들에게 배움은 어떤 의미인지, 배움을 통해 어떤 다른 존재가 되기를 원했는지 또한 민중교육을 통해 스스로가 어떤 변화를 겪었는지를 묻는 작업이기도 할 것이다. 한국 사회 민중교육의 쇠퇴는 학습자의 관점에서 다시 한번 검토될 필요가 있다.

그렇다면 민중교육 담론의 쇠퇴는 민중운동·사회운동에 어떤 영향을 끼쳤을까? 민중운동이 점차 힘을 잃어가는 상황 속에서 이 자리를 신자유주의라는 새로운 질서가 급속하게 자리 잡았다. 소비문화가 급속하게 자리 잡았고 노동유연화 정책에 의해 대량의 비정규직이 양산되기 시작했다. 1998년 외환위기 사건은 이러한 흐름이 장기화되는 결정적 계기가 되었다. 일인당 국민소득이 2만 달러를 넘어섰지만 양극화는 더더욱 심해지고 소수의 재벌들만 더욱 살찌게 되었다. 1980년대 변혁의 시대가 20년이 채 지나지 않아 절망의 시대가 되어버렸다.

우리가 교육을 인간의 순응과 저항에 대한 분석을 토대로 한 담론과 실천이라고 이해했을 때, 민중교육의 쇠퇴는 저항의 포기와 순응으로 변해가는 상황들을 성찰하고 대안을 만들어갈 수 있는 디딤돌이

---

3 '외치는 돌멩이'는 1970년대 대표적인 노동자 수기였던 유동우의 『어느 돌멩이의 외침』에서 따온 것이다.

4 일부 야학에서는 교사, 학생을 강학(講學)과 학강(學講)으로 불렀다. 가르침과 배움을 뒤집어 놓은 이러한 호칭은 야학이 '서로 배움'을 전제로 하고 있었기 때문이다. 주교사층이었던 대학생은 지식으로 배운 현실을 학생들을 통해서 배웠고, 학생들은 교과 지식과 이론화된 지식들을 배우면서 교사들에게 사회현실을 알려주었다.

없어져버린 상황이라고 할 수 있다. 이제, 혁명은 오늘의 사회에서는 불가능하다고 생각되고, 노조는 성장을 저해하는 소수 대기업 노동자들의 전유물이고, 복지는 게으른 자들을 더 게으르게 만드는 낭비이고, 이에 반기를 드는 집단들은 불온한 사상을 가진 세력으로 낙인 찍어버리는 인식들이 확장되고 있는 것이다. 민중운동의 쇠퇴가 저항력의 상실이라면 민중교육운동의 쇠퇴는 힘(저항력)의 상실을 이해·분석하고 새로운 문제제기를 할 수 있는 창조력을 상실한 것이라고 할 수 있다. 이렇듯 한국의 민중교육운동은 민중운동의 쇠퇴라는 환경변화를 교육적으로 성찰하지 못했고, 그 결과로 사회운동과 교육은 유리(遊離)되어갔다.

이 책은 우리 사회 (민중)교육운동을 새롭게 모색하기 위한 하나의 작은 성찰이라고 할 수 있다. 그 성찰의 방점은 우리 사회의 교육과 사회운동의 관계성에 대한 성찰과 이를 통한 교육운동의 모색이라고 할 수 있다. 그래서 교육과 사회운동이 좀 더 밀접하게 연결된 한국 사회의 의식화와 조직화 담론과 실천들을 통해서 논의를 진행해보고자 한다.

3. 의식화와 조직화의 만남과 전개: 한국의 공동체조직운동

민중교육은 자본주의 사회에서 억압받고 소외당한 다양한 계층들이 모순들을 극복해나가고자 자신과 세계를 변화시켜나가는 학습이라고 할 수 있다. 그래서 민중교육은 민중들 개인 또는 집단의 의식적인 변화와 세계를 변화시킬 수 있는 힘을 형성하는 것(empowerment)을 중요시한다. 거칠게 구분한다면 전자의 활동을 의식화(意識化)라고 할 수 있고 후자를 조직화(組織化)라고 할 수 있다. 한국 사회에서 민중교육 담론은, 주로 의식화와 조직화 담론을 통해 이루어졌는데, 시대와 지역을 떠나서 민중교육뿐만이 아니라 민중운동에도 중요한 요소였다.

하지만 변증법적 관계에 있는 이 두 과정은 현실 운동에서 통합적으로 이루어지기보다는 주로 현재의 모순을 어떻게 분석하고 행동하느냐에 따라서 우선순위를 매기는 식으로 분리되어서 이루어졌다. 그리고 개념적 이해도 많은 왜곡을 거쳐왔다. 의식화는 선각자가(독재의 시대에는 불온한 사상을 가진 지식인이) 무지한 민중을 계몽·교화시키는 개념으로 진보·보수에서 이용되었고, 조직화는 조직의 목적을 달성하는 것이 최우선인 기능적 방식으로 이해되었다. 이러한 왜곡과 굴절들은 민중교육을 지식인 중심의 조직화 운동의 수단으로 만들게 되는 결과를 낳았으며, 민중운동에서도 교육 역시 조직화 수단의 하나로 전락하게 되었다.

이와 같은 상황 속에서도 한국에서 의식화와 조직화에 대한 의미를 심화시키고 통합적으로 결합시켜 하나의 운동론으로 발전시킨 분야가 바로 공동체조직(Community Organization)운동이다. 1960년대 이후부터 한국 사회는 본격적으로 압축적인 산업화·근대화가 시작되었고, 가난한 사람들은 자신의 삶의 근거지를 빼앗기거나 계속되는 '가난' 속에서 소외될 수밖에 없었다. 진보적인 기독교 목회자와 평신도들은 가난한 이들의 현실을 비판적으로 성찰하기 시작했고, 1970년대 파울로 프레이리(P. Freire)의 민중교육·의식화 이론과 솔 알린스키(S. Alinsky)의 조직화 이론들을 접하고 적용하면서, 가난한 이들을 조직하는 운동이 시작되었다(한국기독교사회문제연구원[기사연], 1987, 15-17).

한국의 공동체조직(CO)운동은 주체라는 측면에서 근대화된 도시의 가난한 사람들을 대상으로 하는 것이었고, 그 내용과 지향점에서 지역의 공동체(Community)를 조직하는(Organizing) 운동이었다(허병섭, 1987, 40). 공동체조직(Community Organization)운동의 과정은 개혁적 종교인·지식인들이 조직가로 빈민지역으로 들어가서 지역의 이슈와 주민들의 상황 그리고 의식들을 조사하고, 그 조사에 기초한 지역 이슈에 대한 정보들을 주민들에게 제공하며, 교육을 통해서 상황을 비판적으로 인식하게끔 하며, 궁극적으로는 가난한 이들이 주체가 되어 직접 이슈를 해결해나가는 것이라고 할 수 있다(한국주민운동정보교육원, 2010, 16-21). 이러한 공동체조직운동은 1970년대 이후 특히 대도시를 중심으로 여러 지역으로 확산되었고, 이후 연합적인 조직을 가지고 체계화되면서 하나의 중요한 운동 세력과 방법으로 자리잡게 된다. 또 비슷한 시기에 의식화와 조직화를 모델로 삼은 CO운동이 필리핀, 인도, 인도네시아, 태국, 홍콩 등으로 확산되면서 국제적 연대가 생겨나기 시작하고 이론과 방법적인 면에서도 전문화되어갔다(LOCOA, 2001, 3-4).

한국에서의 공동체조직운동은 대도시 슬럼 지역에서 주로 불안정한 주거에 대한 문제로 시작했지만 점차적으로 경제, 교육, 문화 등의 주제로 확장되었고 억압적 정치 상황에 의한 현실정치에 대한 문제로까지 심화되었다. 즉 빈민들에게 필요한 주거나 생활비의 문제를 넘어서서 총체적인 일상과 그 일상을 뒷받침하는 구조에 대한 문제로까지 확장되었던 것이다. 또한 단기적인 이슈의 해결을 넘어 장기적인 대안의 마련, 주체의 형성, 인식의 변화로 이어지는 사회변혁 운동의 성격까지 지니게 되었다. 한국의 CO운동에서 의식화와 조직화는 분리된 형태가 아닌 하나의 통합된 형태로 지역의 주민들을 공동체로 조직화하는 하나의 모델이 된 것이다(이경자, 2000, 40-42).

이 책은 한국의 공동체조직운동(CO운동)의 역사를 통해서 교육과 사회변화에 대한 성과와 한계 그리고 새로운 가능성을 찾고자 하는 작은 노력이라고 할 수 있다. 한국의 CO운동은 1970년대부터 40년이 넘는 시간을 도시의 가난한 사람들을 조직하고 스스로 말할 수 있게 하는 활동을 진행되어 왔다. 그리고 21세기인 현재도 의식화와 조직화를 중심이론과 방법으로 삼으면서 CO운동 모델을 실천하고 있고, 민중선교·도시빈민운동·주민운동이라는 변화를 거듭하면서도 그 중요한 전략으로는 의식화-조직화의 이론과 방법을 유지하고 있다.

40년이 넘는 CO운동의 역사 속에는 판자촌, 달동네라는 공간과 철거민으로 불리어진 최하층민들의 역사가 담겨 있다. 또한 현재 우리가 경험하고 있는 공공임대아파트, 의료보험, 자활공동체, 협동조합, 마을만들기 등의 제도와 실천들은 한국 CO운동의 실험들이 기반이 되었다. 이와 함께 빈민야학, 공부방(지역아동센터), 탁아소(어린이집), 어머니학교(문해학교), 주민도서실 등의 대안적 교육활동들은 사회교육, 대안교육의 뿌리 역할을 했다. 그리고 이에 대한 활동의 깊이를 더하기 위해 프레이리, 알린스키, 민중신학, 민중교육, 변혁운동, 지역운동 등의 이론들을 탐색하고 실천에 적용해왔다. 즉 CO운동의 역사 속에는 우리 사회운동의 대표적인 이론·전략·실천 들이 버무려져 있다고 할 수 있다.

이 책은 복잡하게 얽힌 한국 CO운동의 역사 중에서 주로 활동가·조직가들이 행했던 의식화-조직화와 관련된 이론화 작업과 실천들을 중심으로 다루고자 한다. 한국 CO운동의 중요한 실천가였던 허병섭 목사는 이 주제를 "스스로 말하게 하라"라는 말로 표현했다. 가난하고 억눌렸던 민중·주민들이 어떻게 자신에 대해서 이야기하고 자신의 삶과 현실을 통해 학습하며 새로운 세상을 만드는 주체가 될 수 있을 것인가에 대한 의미라고 할 수 있다. 이를 위해 CO운동의 활동가들이 민중, 세계, 학습, 권력, 삶의 조건 들을 어떻게 이해하고 실천전략을 짜 나갔는지 그리고 이를 통해 어떤 구체적 실천 활동들을 만들어냈는지를 살펴보는 것을 통해 교육과 사회운동에 대한 연결 가능성을 살펴보고자 한다. 점차 우리 사회가 희망을 꿈꾸는 것조차 힘든 불안정하고 경쟁적으로 변화하면서 교육 역시 다른 이와의 경쟁에서 살아남기 위한 수단으로 전락하고 있다. 가난한 사람들과 함께 해왔던 CO운동 역사를 통한 다양한 고민과 실천들이 좀 더 나은 세상으로 한 걸음 더 나아가기 위한 좋은 질문의 재료가 되었으면 하는 바람을 가져본다.

이 책은 크게 세 부분으로 나뉘어 있다. 제1부는 CO운동에 대한 이론적 배경으로 프레이리의 의식화와 알린스키의 조직화에 대한 이론과 방법 그리고 실천사례들을 분석한 부분이다. 한국에서 프레이리와 알린스키에 대해서는 주로 이론에 대한 분석에 치우쳐 있는데, 이 책에서는 그 전략들로 가난한 사람들이 주체가 되어 조직하고 공동체를 만들었던 다양한 실제 사례들도 함께 알아보면서 그 특징과 한계에 대해서도 살펴볼 것이다.

제2부는 한국 CO운동에서의 의식화-조직화의 담론과 실천의 역사에 대한 부분이다. 한국 CO운동의 역사적 전개는 크게 세 시기로 나누어 분석해보고자 한다. 첫 번째 시기는 한국 CO운동이 1960년대 후반에 알린스키의 조직화 방법론을 받아들이고 1970년대 들어 민중신학 영역에서 프레이리의 의식화 이론을 수용하면서 형성된 기간이다. 주로 진보적 기독교 집단에 의해서 진행된 CO운동은 1970년대 독재정권의 탄압과 사회상황 변화에 따라 1979년 한국특수지역 선교위가 해체될 때까지 진행되었다. 첫 시기는 CO운동의 기본적인 조직화 방법과 모델, 조직가의 역할, 의식화 교육 등 기본 틀을 잡은

때이다.

두 번째는 1980년의 광주민중항쟁과 1987년 6월 항쟁을 겪으면서 CO운동이 급진화되었던 시기라고 할 수 있다. 이 시기는 한국의 사회운동 전반이 급진화되어 지역사회의 변화뿐만 아니라 국가의 변혁을 시도했던 때이기도 하다. 한국의 CO운동 역시 지역사회를 조직하는 운동에서 민주화를 위한 거시적 운동 그리고 계급성을 담지한 운동의 영향을 크게 받아 담론을 만들어내고 현장에 적용시키려 했다. 이 시기는 특히 앞에서 이야기한 CO운동의 거시적 미시적 긴장을 살펴볼 수 있는 기간이 될 것이다. 또한 이 시기는 신군부정권에 의한 대도시 빈민 밀집 지역의 대대적인 철거가 진행되던 때였다. 폭력적이고 강제적인 철거는 특히 조직가(활동가)들이 더욱 급진적으로 변하는 조건이기도 했다.

마지막으로 세 번째 시기는 민주화운동을 통해서 사회운동들이 합법화되고 지방자치제가 다시 본격화된 1991년 이후라고 할 수 있다. 민주화 이후에도 대규모 강제철거는 계속 진행되었고 민주화를 통한 급진적 영향은 어느 정도 남아 있었다. 하지만 1990년대를 지나면서 현실 사회주의권의 붕괴와 문민정부의 탄생 등 급진적 운동이 쇠퇴하게 되는 상황을 겪게 된다. 이와 함께 지방자치제가 부활하면서 CO운동 역시 변혁운동이라는 거시운동보다는 다시 지역사회를 변화시키는 활동을 새로이 모색하게 된다. 그리고 김대중·노무현 정부를 거치면서 복지 부분에 대한 투자가 확대되면서 자활, 협동조합, 지역아동센터, 교육운동 등 다양한 영역으로 퍼지게 되었고, 각 분야별로 전문화되어갔다.

한국의 CO운동은 위와 같은 세 시기를 거치면서 변화되었고 각 시기마다 운동의 중심 이론, 조직화 방법론, 의식화의 비중, 조직가

(활동가)의 역할, 주민조직 모델 등에서 변화를 보였다고 할 수 있다. 여기서는 1970년대부터 진행된 CO운동의 세밀한 역사보다는 의식화와 조직화의 맞물림 즉 교육과 사회운동의 맞물림, 순환, 성장 또는 단절을 보여주는 주요한 국면들을 중심으로 살펴보고자 한다.

제3부는 CO운동에 대한 분석과 전망에 대한 부분이다. CO운동 속에서의 의식화-조직화의 결합에 대한 분석을 통해서 교육과 사회운동의 관계성에서 다시금 주목해야 할 부분들과 새로운 교육운동의 전망을 위해 우리가 검토해야 하는 CO운동, 민중교육의 이론, 사례들을 살펴 볼 것이다. 이 책은 CO운동에서의 의식화와 조직화에 대한 분석을 통해서 지식을 중심으로 하는 형식교육(formal education)뿐만이 아니라 조직가 훈련, 공동체 조직화, 투쟁 등의 과정에서 발생하는 비형식(informal), 무형식 교육(non-formal education) 내용들도 함께 살펴보고자 한다. 그리고 의식화와 조직화 전략을 결합한 아시아 CO운동의 역사와 실천들을 보론으로 실었다. 아시아의 CO운동은 CO운동의 형성 배경과 한국 CO운동의 특징을 이해하고 향후 전망을 찾아나가는 데 좋은 사례와 성찰들을 제공해줄 것이다.

II. 의식화와 조직화 이론 둘러보기

1. 교육과 사회운동의 마주침: 의식화와 조직화

교육과 사회변화, 사회운동은 밀접한 연관을 가지고 있다. 한국 상황에서도 이러한 논의가 계속되어 왔는데 가장 대표적인 사회운동 담론과 전략이 '의식화-조직화' 담론이라고 할 수 있다. 교육을 통한 의식의 변화와 실질적으로 세상의 질서를 변화시킬 수 있는 힘인 조직화는 여러 시대에 걸쳐 다양한 사회운동의 기본 과정으로 받아들여졌다.

한국의 사회운동에서 '의식화'와 '조직화'라는 요소는 아주 일반적인 요소들이지만, 그 세부적인 과정과 철학 그리고 현실적 방법론들에 대한 이론적 분석은 매우 빈약한 상태다. 의식화로 대변되는 파울로 프레이리에 대한 최근의 국내 연구들(김현수, 2008; 문혜림, 2009; 이명란, 2007; 이성우, 2006; 조세형, 2005; 홍은광 2003)은 대부분 그의 이론에 대한 연구에 그치고, 실천과정에 대한 연구나 그것에 대한 분석을 통한 새로운 이론적 접근을 시도한 연구는 찾아보기 어렵다. 프레이리가 이론과 실천의 통합·실천을 통한 끊임없는 이론의 재창조(reinventing)를 강조했음을 고려할 때, 지금까지의 연구는 프레이리의 기존 이론의 해석과 평가를 벗어나지 못한다고 할 수 있다.

알린스키의 조직화론에 대한 연구 또한 진보적 기독교 집단의 몇몇 시도들을 분석한 사례 정도가 있을 뿐이다(백욱인, 1987; 박보영,

2009; 이경자, 2000; 유영재, 1987; 박정세, 1996). 그러다 보니 의식화는 '세상을 바라보는 관점(의식)의 변화', 조직화는 '문제 해결을 위한 힘의 형성' 정도로 거칠게 이해되고 있다. 그리고 연구 분야를 보더라도 프레이리의 의식화론은 주로 교육운동의 영역에서 이해되고, 알린스키의 조직화론은 사회학·사회복지 영역에서 '사회행동이론'의 한 종류 정도로 분리되어서 이해되고 있는 현실이다. 또한 한국 사회에서는 의식화나 조직화가 본디 가지고 있는 철학이나 의미와 달리 쓰이게 되면서, 운동 집단 안에서는 교조적인 운동론으로 그리고 권력을 가진 자들에게는 불온한 사상으로 낙인찍히는 부정적 효과를 낳기도 했다(홍은광, 2010, 174-177).

하지만 프레이리의 의식화론과 알린스키의 조직화론은 공통적으로 '의식'과 '실천', 또는 '교육'과 '조직화'가 분리되어 있는 것이 아니라 통합되어 있는 과정으로 이해되어야 한다.

프레이리는 이론과 실천의 통합을 가리키는 프락시스(Praxis)라는 용어를 통해서 '의식화 과정'이 단지 의식이라는 분리된 영역의 과정이 아님을 강조한다(Freire, 1972a, 105). 또한 그는 교육이 정치적임을 강조하였고 민중의 인식과 문화에 기반을 둔 민중교육이 되어야 함을 주장했다. 그리고 문해교육을 통한 실천사례는 아시아, 아프리카, 남미에도 큰 영향을 끼쳐 민중교육과 민중운동이 함께 갈 수 있는 여러 가능성들을 열어주었다. 프레이리는 민중교육의 정치적 측면과 민중운동의 교육적 측면이 상호영향을 주는 것이며 동반되어야 한다고 주장한다(Freire & Horton, 2006, 152-154). 즉 의식화와 조직화가 표현의 차이는 있지만 동전의 양면과 같다는 것이다. 이는 집단적 의식화는 조직화를 동반하며 조직화의 과정과 행동, 성찰은 의식화와 연결된다는 의미이다.

알린스키의 조직화 이론 역시 마찬가지다. 그는 직접적으로 의식화의 과정을 이야기 하지는 않았지만 힘(Power)을 만들어나가는 대중조직의 성격이나 목표 자체는 교육적일 수밖에 없다고 이야기한다(조승혁, 1983, 136). 이는 대중조직을 만들기 위해서 빈민들이 모이고 이슈(issue)를 선정하고 그 이슈를 어떻게 해결할 것인가를 논의하고 함께 실천하는 과정 자체가 교육적일 수밖에 없다는 뜻이다. 하나의 이슈는 해결하고 나면 없어지는 것이지만, 이슈를 끊임없이 만들고 분석하고 해결하는 대중조직은 순환되는 교육적 과정을 거치게 되고, 그래서 대중조직의 운영에서 교육을 중요한 부분으로 삼아야 한다는 것이 알린스키의 주장이다(Alinsky, 1971, 191).

의식화와 조직화를 조금 다른 과정으로 보는 입장도 있다. 북미의 하이랜더교육센터(Highlander Research and Education Center)의 창시자인 호튼(M. Horton)의 경우는 교육과 조직화는 실천의 현장에서 차이가 나는 다른 활동이며 교육가가 조직가와는 다른 교육적 입장을 취해야 한다고 주장하고 있다(Freire & Horton, 1990, 150-156).[1] 두 과정이 겹치거나 서로 영향을 주고받기는 하지만, 현실에서 중심목표로 두는 것이 다르다는 것이다. 교육은 구성원들의 성장에 초점을 맞추지만, 조직화는 제기한 이슈의 문제 해결이 초점이 될 수밖에 없다는 입장이다. 카스텔로(P. Castelloe)는 변화적 사회운동의 중요한 요

---

1 호튼은 조직화는 문제해결에 초점이 있기 때문에 교육과는 구별된다고 말한다. "문제 해결이 궁극적인 목적이라면 굳이 교육을 거치지 않고서도 쉽고 간단하게 문제를 해결할 수 있는 방법은 많습니다. 그러나 문제해결은 조직의 목적일 수는 있어도 교육의 목적일 수는 없어요. 이 때문에 저는 교육과 조직화는 다르다고 생각합니다. 조직화는 성취해야 할 구체적이고 한정된 목적을 가지고 있습니다. 그리고 문제를 해결하기 위한 가장 쉬운 방식을 택해야 합니다. 반면 교육은 하나의 과정이기 때문에 문제를 실제로 해결하지 않아도 됩니다. 이미 많은 사람을 교육시켰으면 그것으로 된 것이지요. 문제를 해결할지 교육을 할지는 선택의 문제입니다"(프레이리 & 호튼, 2006, 155). 이와 조금 다르게 프레이리는 교육 없는 조직화는 불가능하며, 조직화 과정 자체가 교육적 과정임을 강조한다. 조직화의 효율성을 고민하고, 진행된 과정에 대한 평가·성찰은 교육의 역할이며, 교육과 조직화가 긴장관계에 있어야 함을 강조한다.

소로 의식화와 조직화를 인식하면서 그 강점과 약점을 통해서 서로의 차이점을 드러내고 있다(Castelloe, 2002, 8-10).[2]

이렇듯 의식화와 조직화는 사회운동의 영역에서 서로를 보완하고 포괄하는 통합적 입장을 취하기도 하고 방점이 다른 영역으로 해석되기도 한다. 위와 같은 논의들은 의식화와 조직화의 관계를 좀 더 입체적으로 바라보고 서로가 어떻게 스며들고 영향을 주는지에 대한 성찰을 필요로 한다.

한국 해방 후 미 군정기 조선노동조합전국평의회(이하 전평)의 노동자 교양활동을 분석한 홍유희는 의식화와 조직화의 관계를 '뫼비우스의 띠'에 비유했다. 뫼비우스의 띠는 종이 띠를 꼬아서 겉과 안을 연결시키는데, 겉을 따라 진행하다 보면 안과 연결되며 안에서 다시 겉으로 이어지는 구조를 가지고 있다. 이러한 뫼비우스의 띠의 구조에 착안해 그는 겉으로 보면 전평의 활동이 노동자들을 조직하는 내용과

---

2 카스텔로는 조직화(community organization), 민중교육(popular education), 참여적 개발(participatory development)을 공동체 실천(community practice)의 주요한 세 영역으로 파악하면서 각 요소들의 강점과 약점에 주목한다. 그래서 조직화에 대해서는 풀뿌리 민중을 가능성 있는 집단으로 변화시키고, 만남과 행동을 조직하고 시스템 변화를 위한 전략들을 제공할 수 있는 강점이 있지만, 이슈에 대한 승리에만 초점을 맞추는 것에 한계가 있다고 분석한다. 그래서 개인적 학습과 참여에 소홀하고, 더 넓은 사회적, 문화적, 정치적, 경제적 맥락을 분석하는 것에 대한 강조가 부족하다는 것이다. 이와 달리 민중교육은 경험을 통한 학습, 대화적 그룹과정, 비판적 인식을 증진시키는 데 유용하지만 문제를 해결하는 프로젝트를 계획하고 실행하는 지침을 주기에는 덜 효과적이며, 그래서 공동체 기반 그룹이 이미 형성되어 있을 경우에는 아주 유용하지만, 민중교육 자체로 풀뿌리 민중 그룹을 만들기는 어렵다고 말한다. 마지막으로 참여적 개발에 대해서는 공동체를 평가해 프로젝트를 계획·실행시킬 수 있는 풀뿌리 그룹의 역량을 강화시키는 강점이 있는 반면, 사회적, 정치적, 경제적, 정치적인 힘들(억압과 지배와 관련된)을 의문시하고 분석하는 데는 취약해, 근본적 사회변화에 영향을 주기는 어렵다고 분석한다. Castelloe는 각 요소의 약점들을 보완하고, 강점들을 잘 혼용하여, 변화적 행동을 만들어가야 하는데, 그 핵심적 접근으로 '참여를 통한 힘'과 '행동을 통한 교육'을 제시한다(Castelloe, 2002). 아마도 이러한 분석 역시 의식화와 조직화를 결합하려는 시도로 볼 수 있다.

방식으로 보이지만, 그 겉을 따라가다 보면 '정치적 의식화'라는 학습으로 인도된다고 설명하고 있다(홍유희, 2007, 122).

의식화와 조직화의 활동은 일반적인 띠로 볼 때는 전혀 다른 활동이지만 뫼비우스 띠의 방식에서는 서로 다른 두 활동이 이어져 있고 계속해서 순환된다는 것을 알 수 있다. 어찌 보면 서로 다른 것 같은 의식화와 조직화 활동은 이 둘을 어떻게 파악하고 연결시키는지에 따라 다른 결과를 이끌어낸다고 할 수 있다. 여기서 뫼비우스 띠의 은유를 좀 더 확장할 수도 있다. 뫼비우스의 띠는 그 띠를 어떻게 꼬느냐 또는 자르냐에 따라서 여러 번 꼬인 하나의 띠가 만들어지기도 하고 꼬임이 더해진 여러 개의 띠가 만들어지는 것 같이 여러 가지 변용이 이루어질 수 있을 것이다. 즉 의식화와 조직화 역시 "의식화→조직화→의식화"라는 선형적 순환만 가지는 것이 아니라 점점 더 확장되고 심화되는 구조를 가지거나 새로운 궤적과 만날 수도 있다는 것이다.

대만의 남양대만자매회(TransAsia Sisters Association, Taiwan, TASAT)의 "의식-성찰-행동"의 순환구조, 북미 민중교육의 나선형 구조(The Spiral Model),3 엥게스트롬(Y. Engestrom)의 확장학습이론 들은 의식화와 조직화의 이러한 복합성·입체성을 설명하고자 하는 시도들이라고 할 수 있다. 이와 같이 의식화와 조직화는 하나의 행동과 과정에서도 복합적으로 나타날 수 있으며 서로가 밀접히 연관 맺으면서 사람과 사회를 변화시켜 나가는 요소들이라고 할 수 있다.

---

3 나선형 모델은 1990년대 북미 민중교육 집단에서 창안한 학습과정으로, 프레이리의 이론에 기반하고 있다. 나선형 모델은 다섯 과정으로 이루어진다: ① 참가자들의 경험과 지식으로부터 출발하기; ② 유형 확인하기; ③ 사람들이 알고 있는 유형에 새로운 정보와 이론을 보태기; ④ 실천기법, 전략, 행동계획 수립하기; ⑤ 배운 것을 현장에 적용하기. 나선형 모델은 참가자들의 경험과 지식으로부터 출발하여, 그 경험들을 공유하고 질문하는 것을 통해 필요한 새로운 내용들을 보탠다. 그리고 논의를 통해 종합된 내용들을 실천할 계획을 수립하고 실천한다. 나선형 구조는 또한 실천 이후 다시 그 경험을 토대로 진행하는 것과 같이 계속 연결되고 확장되는 구조를 가진다. 나선형 구조에 대한 내용에 대해서는 *Educating for a Change*(1991)를 참조할 수 있다.

지금부터는 CO운동 담론의 뿌리가 되었던 프레이리의 의식화 이론과 알린스키의 조직화 이론을 중심으로 살펴보고 의식화와 조직화의 특징과 차이 그리고 그 담론이 결합한 형태를 탐색해보고자 한다.

2. 프레이리(P. Freire)의 의식화론

비판적 성인교육과 사회운동에 있어서 교육(의식화)과 사회변화를 결합시키려는 시도들은 계속되어 왔다. 그중에서 파울로 프레이리의 의식화(Conscientization) 이론은 교육을 통한 사회변화를 이론으로 체계화시켰고 그 실천에서도 전 세계적인 영향을 미쳤다는 점에서 큰 의미를 가진다.

브라질에서 시작된 그의 의식화 운동은 극빈한 남미의 현실 속에서 민중이 스스로를 자각하고 사회변화에 참여할 수 있다는 가능성을 보여주었고, 남미 해방신학(Liberation Theology)과 함께 사회운동의 이론적 실천적 방향과 근거들을 제공하였다. 또한 프레이리의 정치적 망명과 맞물려 의식화 이론은 남미의 여러 지역, 북미, 아프리카 지역으로 확산되면서 광범위하게 논의되고 실천되었고 전 세계적인 명성을 갖게 되었다(한숭희, 2001; Arnowitz, 1993).

의식화 이론은 프레이리의 사상의 핵심적인 내용 중 하나이지만 프레이리의 교육이론 전부는 아니다. 프레이리의 교육이론과 실천은 성인들에게만 국한되지 않았고, 의식화 운동의 주 영역이었던 성인 문해교육에만 한정되지 않았다. 프레이리의 민중을 위한 민중 스스로에 의한 교육이론은 브라질의 공교육 개혁, 민주화를 통해서도 실천되었다. 또한 제3세계뿐만이 아니라 1세계의 인종, 젠더, 계급의 다양한 영역들에서도 연구되고 시도되었다(Arnowitz, 1993, 8-9).

하지만 프레이리 교육이론에서 의식화 이론을 떼어 놓고 생각할 수는 없다. 프레이리는 그의 이론과 실천의 전반에서 두 요소들의 변증법적인 관계와 발전을 강조했다. 프레이리의 이론 역시 자신의 이론만이 아니라 자신의 실천과 그의 이론을 적용한 수많은 실천들을 통해서 변화하고 발전했다. 그 핵심에 서 있는 것이 의식화 이론이라고 할 수 있다.

먼저 프레이리가 주장한 의식화 이론을 살펴보고 의식화 이론을 둘러싼 다양한 관계들을 살펴볼 것이다. 의식화 이론은 단순히 '어떻게 의식이 전환 또는 변화되는가'를 밝혀내는 이론이 아니다. 일종의 의식을 둘러싼 다양한 현실, 주체, 활동들의 관계맺음 속에서 어떤 양식을 통해서 의식이 변화할 수 있는가를 분석하고 실천하는 일종의 인간과 사회에 대한 변화론이라고 할 수 있다. 그래서 의식화는 중요한 여러 요소들과의 관계들을 함께 살펴 보아야 한다.

또한 프레이리가 직접 실천한 문해교육과 그의 이론을 적용한 여러 사례들을 검토하면서 의식화 이론이 어떤 실천론으로 변화·발전하는지도 살펴보고자 한다. 마지막으로 프레이리의 의식화 이론을 비판적으로 검토해보고자 한다. 프레이리의 의식화 이론은 그 이론에 대한 검토 이전에 수많은 영역과 지역에서 적용되면서 새로이 생성되기도 하고 현실에서 구체적인 결과가 없다는 비판을 받기도 하였다. 이 글에서는 실천에 대한 분석을 통해서 프레이리의 교육이론 자체를 검토하는 작업도 진행하고자 한다. 이를 통해 프레이리의 의식화 이론이 가지는 강점과 의미들을 분석하고, 아울러서 어떤 이론적 실천적 취약점을 가지고 있으며 다른 교육이론, 변화이론, 실천이론과의 접목 가능성과 보완 가능성을 살펴보고자 한다.

1) 프레이리의 의식화(Conscientization) 이론

프레이리는 그의 교육이론에 대한 그의 초기저작인 『자유를 위한 문화적 행동 *Cultural Action for Freedom*』과 그의 대표저작인 『억압받는 자들의 교육학 *Pedagogy of the Oppressed*』을 통해서 의식화 이론을 정리하였다.

> 의식화는 하나의 연합프로젝트이다. … 사람들과 함께 실제의 의식을 넘어선 최고의 잠재의식이라고 부르는 지각의 명료성을 성취하는 것이다. 의식화는 단순한 의식 파악 이상의 것이다. 의식화는 허위의식의 극복, 반자동적 또는 나이브한 의식의 극복을 내포하는 한편 더 나아가 의식화는 인간의 비신화화된 현실 속으로의 비판적 개입을 내포하는 것이다. … 비판적 의식은 행동과 성찰의 참된 결합을 통해서 이뤄진다.
> (Freire, 1972b, 67-68.)

> 의식화는 사회적, 정치적, 경제적 제 모순을 인식하고 현실의 억압 요인들에 항거하는 행동을 취하기 위한 학습이다. 자유에 대한 공포가 의식화의 위험을 들먹이고 무질서를 초래하지만 의식화는 인간을 책임 있는 주체로 만든다.
> (Freire, 1972a, 19.)

간략하게 정리하면 의식화는 사회의 제 모순을 파악하고 그 사회(속의 인간)를 변화시키기 위한 비판적인 학습 활동이라고 할 수 있다. 위 두 글에서 알 수 있듯이 프레이리에게 의식(consciousness)은 인간의 고유한 내적 활동이지만 사회의 현실과 별개로 이루어지는 것이 아니라 그 영향 속에서 형성되기도 하며 인간의 실천적 활동을 통해서 창조되기도 한다.

의식에 대한 프레이리의 이러한 생각은 실존주의와 현상학적인 방법틀과 많은 유사점을 보인다(홍은광, 2010, 22-23). 프레이리는 의식의 중요한 특성 중 하나로 '지향성'(intentionality)을 들고 있다. 현상학에서 의식은 '무엇인가를 향한 의식'이며 그 무엇인가를 의식하는 것은 다른 것과의 관계 속에 존재하는 '무엇'을 의식하는 것이다. 즉 의식은 그 대상만을 지각하는 것이 아니라 그 대상이 가진 관계성을 지각한다는 것이다. 또한 의식의 지향성은 의식대상에 그치는 것이 아니라 자신이 의식하고 있다는 의식을 의식하는 행위이기도 하다 (Freire, 1997, 120-121). 즉 의식은 그것이 지향하는 대상들 간의 의식과 의식하는 주체에 대한 의식을 모두 포함한다는 것이다.

프레이리는 의식의 이러한 특징에 마르크스주의의 변증법적인 운동 개념을 더하면서, 사회현실에서 모순을 찾아내는 의식의 변화가능성을 주장한다(Roberts, 2000, 72-73). 위와 같은 의식의 특징에 대한 사고는 거짓된 의식과 참된 의식의 구분으로 나아간다. 프레이리는 억압되고 폐쇄된 사회 속에서 의식은 현실을 객관화할 수 없으며 현실 속에서 일어나는 모순들을 정확하게 바라보지 못하고 매몰된다고 주장한다. 즉 참된 의식이 아닌 거짓된 의식을 가지게 된다는 것이다. 예를 들어 억압자들은 피억압자들을 길들이고 자신들의 권력을 계속 유지하기 위해서 공포(fear)를 만들어내고 조작(manipulation)하며 문화적 침략(cultural invasion)을 통해서 민중들의 의식을 통제하려 한다. 즉 의식의 지향에서 왜곡이 일어난다는 것이다. 왜곡 속에서 민중들은 대상들과의 관계를 정확하게 인식하지 못하며 주체인 스스로에 대한 인식도 곡해하게 된다.

프레이리는 개개인의 의식에 대한 개념을 확장하여 사회적 의식에 대한 분석까지 시도한다(Freire, 1972b, 50). 그는 마르크시즘의 생산양식과 유사한 '의식양식'이라는 개념을 통해서 사회적인 의식의 변화와 현실이 맺게 되는 관계를 분석하는데 이는 주로 종속사회, 폐쇄사회를 중심으로 한 것이다. 프레이리는 의식양식을 마술적인(magic) 반자동적(semi-intransitive) 의식, 나이브한 타동적(naive transitive) 의식, 비판적(critical) 의식으로 구분하고, 이 집단적 의식들이 지배계급과 저항계급 간의 관계 투쟁을 통해서 어떻게 변화하는지를 분석하고 있다(Freire, 1972b, 50).

먼저 반자동적 의식은 현실을 객관화하여 비판적으로 해석하지 못하는 상태이다. 이러한 상태는 저항계급에 의한 현상타파를 통해서 변화를 겪게 되고 대중 역시 스스로의 존재를 표명하면서 의식의 나이브한 변화가능성을 획득한다. 하지만 지배자들 역시 이러한 피억압자들의 반응들에 대응하며 포섭하려 하기 때문에 일정의 한계를 가진다. 비판적인 의식의 변화는 혁명적 프로젝트 즉 사회적 관계와 문화를 전체적으로 변혁하려는 작업을 통해서 성취될 수 있다고 프레이리는 설명한다. 첫 번째 변화의 단계는 주로 물질적인 저항이지만 두 번째 변화의 단계는 문화적이며 사회적인 인식구조 자체를 뒤집는 것이기에 혁명적일 수밖에 없다는 것이며 1단계의 변화와 달리 교육의 역할이 강조된다는 것이다(Freire, 1972b, 64).

프레이리의 (사회적, 집단적) 의식양식에 대한 분석은 의식화가 단지 의식만의 활동이 아닌 연합적 프로젝트임을 강조한다. 그런 의미에서 의식화는 하나의 결과이기보다는 연속적인 과정이라고 할 수 있다. 프레이리는 이 연속적인 과정을 생성(becoming)의 과정이자 인간화(humanization)의 과정이라고 주장했다(Freire, 1972a). 연합적 프로젝트로서의 의식화는 행동(action)과 성찰(reflection)의 통합으로서의 프락시스(praxis) 과정이며 그 프락시스를 진행시키는 매개이자 방법은 대화(dialogue)이다(손원영, 2000, 234).[4]

프락시스는 이론과 실천의 통합, 행동과 성찰의 통합, 주체와 세계의 통합을 말하는 것으로 역사적인 현실 속에서 상호작용을 통해서 형성된다고 주장한다. 프락시스를 통한 과정은 비판적 성찰이 실천과 융합되어 나타나는 과정임을 설명해준다. 프레이리의 의식화 프로젝트는 개인보다는 집단적 작업에 더욱 초점을 맞추고 있다. 이는 의식화 과정에서 이루어지는 '대화'의 중요성에서도 확인된다. 대화는 프레이리의 교육이론 전반에서도 핵심적인 요소이다.

> 대화는 세계의 매개를 받아 그 세계를 선포하는 사람들의 사랑의 만남이다. 이 사람들은 세계를 변형시키며, 이 변형시키는 과정에서 만인을 위하여 그 세계를 인간화시킨다.
> (Freire, 1981. 69.)

프레이리가 의식의 변화가능성을 의식의 '지향성', '상호소통성'이라는 특징에서 찾듯이 대화의 의미 역시 그 특징을 통해서 찾으려 한다. 그는 대화의 본질은 '말'(word)이며 진정한 말, 참된 말은 세계(world)를 변화시키는 것이라고 말한다. 즉 말뿐인 말이 아니라 그 말

---

4 프레이리의 이러한 관점은 비고츠키의 교육론과 유사하다. 비고츠키는 인간의 고등적 사고의 발달을 분석하면서, 외재화된 상황의 변화를 내재화하는 과정에서 '말'이 그것을 매개한다고 분석한다. 프레이리 역시 외부 환경변화에 대한 대응으로 이루어지는 행동과 그 행동과 환경에 대한 내재적 성찰의 순환 고리 속에, 개인과 집단의 상호적인 대화가 매개한다고 상정한다. 이러한 점들에서 프레이리와 비고츠키의 교육과 사회에 대한 관계를 분석하는 관점과 방식은 거의 동일하다.

을 현실 속에서 실현하거나 실현에 대한 책임성을 가진다는 것이다. 이런 측면에서 '말' 역시 프락시스의 과정이다. 또한 대화는 혼자서 이루어질 수 없고 함께(더불어) 이루어진다는 특징을 이야기하면서 집단적인 과정임을 강조한다. 그래서 프레이리는 '내가 생각한다'가 아닌 '우리가 생각한다'(We think)고 말해야 한다고 강조한다(Freire, 1981, 170). 여기에서 '우리'는 꼭 사람만을 가리키는 것이 아니라 사물과 세계도 여기에 포함되는 것이다.

프레이리는 이러한 대화의 본질 속에서 프락시스의 과정과 그 내용이 되는 주제영역(thematic universe)를 도출해낸다. 대화를 통한 의식화의 과정은 이 주제 세계를 뽑아내고 해석하고 변형시키고 현실에 개입하면서 창조해나가는 것이다. 이 일련의 과정이 행동과 성찰의 과정이다. 프레이리는 대화적 관계를 민주주의의 중요한 요소로 삼으며, 이 대화적 관계는 억압적이고 지배적인 상황에서는 생길 수 없으며 평등하고 민주적이며 타인에 대한 배려와 사랑을 통해서 가능하다고 한다(Freire, 1997, 128-131). 그의 이러한 대화적 프락시스는 세계 여러 곳에서 직접 실천했던 비판적 문해교육 활동 속에도 그대로 녹아들어가 있다. 후기에는 이론과 실천의 영역이 계급과 식민지적 상황 이외에도 인종과 젠더 문제로도 확장되었고, 집단적인 비판적 의식화에서 개인의식의 내면화된 억압성을 치유하는 치유적 의식화로 확장되었다(Schugurensky, 1998).

2) 의식화 이론의 실천과 적용

① 프레이리의 비판적 문해교육 실천
프레이리의 의식화 운동을 직접적으로 보여주는 실천사례는 그의 비판적 문해교육 활동이라고 할 수 있다. 프레이리는 1960년 브라질의 민중문화운동(Movimento de Cultura Popula, MCP)에서 민중문화의 발전과 조직화 그리고 민중교육에 대한 새로운 방법과 기술을 만들어내는 일에 참여하게 되면서 문해교육에 대한 실천을 하게 되었다.

프레이리의 의식화 문해교육 프로그램이 널리 알려지게 된 것은 1962년 히우 그란지 두 노르찌(Rio Grando do Norte)에 있는 안기코스(Angicos) 마을에서였다(McLaren, 2000, 221). 프레이리는 자신의 의식화 이론을 발전시켜 민중의 언어와 삶에 기반을 둔 '생성어'(generative word), '생성주제'(generative theme)를 만들어내고 민중과의 대화를 통해서 그들이 스스로 읽기와 쓰기를 할 수 있도록 지원했다. 그 결과로 그 지역의 문화서클(cultural circle)에 참여한 300여 명의 농민들이 40여 일만에 읽기와 쓰기를 익히는 데 성공하게 되었다(Brown, 1975, 20).

프레이리의『자유 실천으로서의 교육』과『억압받는 자들의 교육학』 그리고 브라운(Brown)의 문헌에는 프레이리가 실천한 문해교육 과정과 생성어, 생성주제 그리고 민중과 함께 토론했던 그림 자료까지 상세하게 설명이 되어있다. 당시 브라질 성인들의 비문해율은 60-70%에 달했고, 본인의 이름을 서명할 수 없는 사람들은 투표를 할 수 있는 권리도 부여받지 못했다. 프레이리는 자신의 문해교육 방법론을 크게 준비단계와 진행단계로 구분하여, 준비단계에서는 '어휘 조사-생성어 선정-편찬(codification)-일정표 작성-음소족의 분류카드 작성'의 과정을 밟았다.

프레이리는 생성어와 생성주제의 선정 그리고 민중의 언어를 다루기 위해서는 반드시 지역조사를 해야 한다고 강조하고, 초기에 그 작업을 함께 할 주민 공동조사자를 선정한다. 다음에 지역과 민중의 생활과 언어에 대한 분석을 통해서 생성어를 뽑아 목록을 작성하는데, 3음절로 된 단어를 첫머리에 두고, 덜 친숙하거나 발음이 어려운 단어들은 나중에 배치하며, 학습자들에게 구체적이면서 친숙한 토론주제를 담고 있는 어휘들로 선정한다(Brown, 1975, 21). 로버츠는 상황토론을 통해서 민중이 덜한 것(lesser)에서 훌륭하게(greater), 익숙함(familiar)이 덜 익숙함으로(less familiar), 구체(concrete)에서 추상(abstract)으로, 자연(nature)에서 문화(culture)로 그리고 말(unlettered)이 글로(lettered) 변화한다고 말한다(Roberts, 2000, 76-77).

실질적인 수업은 25-30명 정도의 문화서클이라는 형태로 진행되고 6-8주 동안 매일 진행되며 장소는 주로 지역의 교회, 학교, 공동으로 사용하는 공간 등에서 진행되었다. 수업방식은 생성주제를 담고 있는 삽화를 통해 2주 정도 토론학습을 먼저 진행한다. 이는 민중이 글자를 모르는 상태이기도 하고 그 주제와 관련된 좀 더 풍부한 토론을 통해 민중이 자신들이 이야기할 수 있는 주체라는 것을 깨닫게 하기 위함이기도 했다.

이러한 토론으로 인해서 민중들은 문해, 비문해, 노동, 창조, 문화, 글 등과 같은 주제들에 대해서 자신들의 이야기를 하게 되고 이 이야기들은 토론 후 진행되는 그림과 단어를 함께 활용한 수업에도 좋은 밑거름이 된다. 그림과 단어를 통한 학습 이후에는 단어를 중심으로 음소족, 음절 연습을 진행하면서 새로운 여러 가지 글자들을 창조해낸다.

프레이리는 민중 스스로 작업해낸 단어를 '사고 단어'(thinking word)라고 하고 그냥 남에 의해서 주어진 단어를 '죽은 단어'(dead word)로 구분하였다(Brown, 1975, 254). 수업은 정해진 독본이 아닌 삽화, 포스터, 슬라이드, 필름 등을 사용하며 음소 분절 작업과 재결합

작업을 통해서 스스로 의미 있는 단어들을 만들어내는 것을 체험하고 학습자들은 계속해서 발견 카드를 작성해나간다.

이러한 과정은 해방신학의 해석학적 과정과 유사한 과정이라고 할 수 있으며, 호기심, 거리두기, 낯설게 보기, 인식론적 순환과 같은 세부 과정들이 진행되는 것이다.[5] 프레이리의 문해교육 과정은 읽기, 쓰기의 숙달로 끝나는 것이 아니다. 프락시스와 대화하는 과정은 민중에게 열려 있는 것으로, 학습자들은 이 기본적인 학습을 통해서 그들의 주제세계와 주체로서의 인식들을 얻었기 때문에 그 다음은 행동과 제들을 만들어내고 실천으로 들어갈 수 있다.

문해교육이 끝난 뒤에는 문해 후 과정(post literacy)을 통해서 더 구체적이고 다양한 형태의 학습을 진행할 수 있게 된다. 이와 같은 작업은 기능적으로 언어의 구조와 원리를 파악하는 작업이기도 하면서 각 단어들이 가지고 있는 의미의 관계들을 파악하고 현실을 총체적 (또는 정치적으로)으로 인식하는 과정이기도 하다(문혜림, 2009, 36).

프레이리의 문해교육에 대한 성공은 당시 민주 정부였던 굴라르 (Goulart) 정권의 능동적인 문해교육 정책과 맞물리면서 브라질 전역으로 확산되었다. 프레이리는 500만 브라질 사람들을 문해자로 만들기 위해 추진한 국가 문해교육프로그램의 총괄을 맡게 되고 200만 명

---

5 프레이리와 해방신학은 불가분의 관계에 있다고 이야기할 수 있다. 엘리아스는 프레이리의 사상의 여러 측면에 종교적 시각이 관통하며, 그래서 기독교-마르크스주의 인본주의자로 분석한다(엘리아스, 2014). 이러한 종교적 경향성은 해방신학의 영향을 받은 것이며, 프레이리의 교육학 역시 '해방의 교육학'으로 일컬어졌다. 그리고 프레이리의 의식화론은 1960년대부터 중남미 기초(교회)공동체의 기본적인 방법 중 하나로 사용되었다. 프레이리의 문해교육에서 인식론적 전환은 해방신학의 해석학적 순환과 유사한 과정이다. 해석학적 순환은 현장·경험을 통해서 성서를 해석하고, 다시 이 해석을 통한 현장으로 나아가는 순환을 말한다. 문해교육의 인식론적 전환 역시 경험에서 텍스트 분석으로, 다시 새로운 경험으로 나아가는 과정을 말하는 것이다.

의 비문해자들을 2만 개의 문화서클로 구성해 문해교육 활동을 본격화하게 된다(천성호, 2008, 7-8). 하지만 이어진 브라질 군부에 의한 쿠데타로 인해 프레이리는 1964년 망명을 떠날 수밖에 없었다.

이후 프레이리는 칠레에서 문해교육의 방법론을 전파하고 실천했으며, 세계교회협의회(WCC)의 특별 자문위원으로 초청되어 잠비아, 탄자니아, 기니 비시우, 앙골라, 상투메프린시페 등지의 (주로 포르투갈어를 쓰는) 아프리카 국가와 오세아니아, 라틴아메리카의 많은 국가들의 문해교육 프로그램을 지원하게 되었다. 프레이리는 기니비사우에서의 실천을 통해 문해교육을 기초문해교육 이후로도 확장시켰다. 탈문해교육(post-literacy education)은 문자가 아닌 생성적 주제를 통해 주어진 현실을 비판적으로 분석하여 첨예한 정치적 각성을 고무하는 정치교육이라고 할 수 있다(문혜림, 2009, 39-40).

② 의식화 이론의 적용 사례

프레이리의 이론은 브라질과 제3세계에서의 문해교육의 성공과 망명생활 동안의 사상적 실천과 맞물리면서 전 세계로 전파되었다. 프레이리의 의식화 이론은 프레이리의 직접적인 실천보다는 프레이리의 이론에 영향을 받은 다양한 활동가들에 의해서 실천되었다고 할 수 있다. 그래서 프레이리의 적용사례들을 살펴보는 것은 프레이리 이론의 가능성, 새로운 변이 그리고 비판지점들을 보여주는 데 유용할 것이다. 프레이리의 이론은 남미와 아프리카와 같은 제3세계에서 적극적으로 받아들이고 실천했으며, 북미·유럽과 같은 제1세계에서도 다양한 시도로 나타났다. 또한 혁명과 같은 전체 사회를 변화시키는 활동과도 결합되고, 계급, 인종, 성, 문화, 교육과 같은 세부 주제 영역에서도 다양한 시도로 나타났다. 이러한 적용들은 통계나 큰 흐름으로 파악할 수 있기보다는 현장에서의 다양한 실천과 그 사례들을 다룬 연구들을 통해서 확인할 수 있다.

먼저 프레이리의 의식화 이론이 가장 직접적으로 적용된 문해교육 분야는 남미 전역에 영향을 끼쳤다고 할 수 있다. 아처와 코스텔로는 『문해교육의 힘Literacy and Power』에서 1970-1980년대 남미 전역에서 프레이리의 의식화 교육에 영향을 받은 문해교육의 실천사례들을 다루고 있다. 저자는 엘살바드로, 니카라과, 온두라스, 에콰도르, 멕시코, 칠레, 과테말라, 볼리비아에서 시도된 문해교육의 실천들을 분석하고 있다.

『문해교육의 힘』은, 중남미의 다양한 지역에서 프레이리의 의식화 이론, 문해교육 방법론을 적용했고, 도시, 농촌, 난민수용소, 원주민지역 등 다양한 현장에서 기초 문해교육에서부터 미디어 문해, 원주민 문해에 이르기까지 그리고 대상에 있어서도 청소년 교사부터 전문가, 공무원, 민중교육 집단, 농민, 빈민, 여성, 인디오, 혼혈인까지 다양한 사람들이 참여했음을 보여주고 있다. 특히 니카라과의 경우 산다니스타혁명집단(FSLN)에 의한 민주적 과정을 통한 집권 후 전 국가적으로 문해프로젝트(문해십자군운동, Literacy Crusades)의 진행을 통해서 혁명과 교육이 어떻게 결합했는지를 보여주는 사례이기도 하다.6 이 실천사례들은 프레이리의 이론이 다양하게 변이되고 오용되는 그리고 창조적으로 진화하는 모습들을 보여주고 있다. 니카라과

---

6 니카라과의 산다니스타 민족해방전선은 독재자인 소모사정권을 몰아내고, 1979년 선거를 통해 집권에 성공하게 된다. 이후 혁명 상황을 전파하고, 새로운 사회를 만드는 과정의 필수적인 과정과 방법으로 문해캠페인을 선택하게 된다. 프레이리의 방법론을 기초로 한 문해십자군운동(Literacy Crusade)을 통해 40만 명의 국민들이 문해교육을 받았으며, 비문해율이 50%에서 13%까지 떨어졌다. 이러한 국가적 교육운동의 공로를 인정받아 유네스코 문해교육상을 수상하기도 했다. 그 과정과 내용은 『문해교육의 힘, 라틴아메리카 혁명의 전장』에 잘 나타나 있다.

에서는 혁명의 성공 후 농촌 지역에서 그 혁명의 내용을 전달하는 도구로서의 문해교육을, 온두라스에서는 문해를 통한 협동조합을, 칠레에서는 미디어를 통한 문해교육 활동을 보여준다.

이러한 시도들은 프레이리의 문해교육이 단지 문자나 읽고 쓰기와 같은 일차적인 의사소통 수단에 그치지 않음을 보여주는 사례들이라고 할 수 있다. 그리고 멕시코에서는 프레이리의 이론이 방법론으로 전락하는 유사 프레이리 이론들이 등장해 오용되는 측면들을 보여주기도 한다. 마지막으로 남미의 특성상 수많은 인종, 혼혈이 있는 상황에서 원주민, 원주민 언어 그리고 식민지의 언어와 문화 사이의 복잡함들을 통해서 프레이리의 이론이 무엇을 더 고민하고 만들어 가야 하는지에 대한 시사점도 제공해주고 있다(Archer and Costello, 1990).7

마가리타(Margarita Berta-Avila)의 연구는 프레이리 이론의 인종 문제에 대한 적용을 보여주는 사례이다. 미국에서 살아가는 소수 인종인 치카노(Chicanos)는 헤게모니에서 배제되어 있고 잠재적 교육과정을 통해서 정신적으로 정복되어 있는 상태이다. 이 상태에서 의식화 프로그램은 현재의 상태에서 '갑작스런 중지'가 필요하며 문화적으로 동일한 자조모임(공동체의 멤버)이 함께 그 상황을 비판적으로 인식하고 자신들을 정체화하며 스스로를 사랑해나가면서 세상의 주체가 되어가는 과정을 보여주고 있다. 이와 함께 다른 인종들과 대화하며 함께 해나가는 것이 과제임을 밝히고 있다(Margarita, 2003). 프리츠

---

7 남미의 대부분의 국가들은 수백 년간 유럽 강대국들의 식민 지배를 받았고, 자연스레 언어 역시 포르투갈어와 스페인어를 사용하고 있었다. 남미 문해교육의 대부분 역시 식민지의 언어를 사용할 수밖에 없었는데, 소수 원주민(인디오)들의 경우 토착어를 계속 사용하고 있었다. 국가적 통합과 사회적응을 위해서는 식민지의 언어를 배워야 했고, 원주민 고유의 정체성과 문화를 위해서는 원주민 언어를 사용해야 했다. 이러한 복잡함은 문해교육에서도 그대로 드러나, 이중문화, 이중언어 교육을 실시하게 된다.

(Fritze)와 시아 샤오 추안(Hsia Hsiao-Chuan)은 의식화 이론이 '젠더'(Gender)에 적용된 사례를 보여준다.

프레이리는 자신의 저서에서 『억압받는 자들의 교육학』 발간 이후 페미니스트들에게 성차별적으로 언어를 구사하고 있다는 비판을 받았음을 고백하면서, 언어를 바꾸는 것은 덜 사악한 세계를 재창조하는 것임을 깨닫고, 젠더 문제에 대해서도 문제의식을 가지게 되었음을 밝히고 있다(Freire, 1997, 104-105).

프리츠(Fritze)는 지역의 가난한 여성들과의 바느질 모임을 진행하면서 대화와 토론을 통해서 어떻게 가난한 사람들이 빈곤과 여성에 대해서 이해해나가는지를 보여주고 있다. 가난한 여성들이 성적 계급적 억압으로 인해 '경계선의 상황'에 처해 있는 것을 모임과 대화를 통해서 침묵의 문화를 깨고 여성으로서 자신에 대한 정체성을 만들어가는 것을 보여주고 있다(Fritze, 1982). 그리고 대만의 결혼 이주여성 사례는 존재적으로 탈구된(dislocated) 결혼이주여성들이 동료교육(peer education)에 참여하면서, 전 세계화 과정 속의 국제결혼 과정에서 문화적 차별, 성적 차별이 어떻게 이루어지는지를 인식하고 행동-반성의 순환과정을 통해서 임파워먼트(empowerment)해나가는 과정을 보여주고 있다.

대만의 결혼이주여성들을 위한 조직인 남양대만자매회(TransAsia Sisters Association, Taiwan, TASAT)가 모국어 학습으로부터 출발해, 그림, 사진, 연극을 통해서 결혼이주여성에 대한 대만인들의 인식을 전환시키려고 하는 시도 그리고 2005년 자신들의 삶과 경험을 『나를 외국인 신부라고 부르지 마세요 *Don't call me a foreign Bride*』라는 책으로 발간하는 시도를 통해서 인식의 전환 그리고 이주민들에게 대만의 것을 일방적으로 강요하는 것이 아닌, 본토인과 이주민 사이의 '중간성 지점'(betweenness) 개념을 만들어내면서 젠더 문제에 개입해가는 상황들을 보여준다(Hsia, 2006).[8]

또한 프레이리는 기니비사우를 비롯한 아프리카 국가의 지역사회 개발 방법론에서 큰 영향을 끼쳤다. 물와는 1970년대 프레이리의 심리적 방법론이 아프리카의 개발교육 프로그램(Development Education Programme, DEP)의 기초가 되었다고 주장한다(Mulwa, 1998). 뎁은 아프리카의 사회운동과 행동을 위한 지역중심적 접근방식으로, 1970년대 케냐의 델타(Development Education and Leadership Team in Action, DELTA) 프로그램이 개발된 이후 아프리카 전역으로 확산되었다. 이 프로그램은 프레이리의 민중의 참여와 사회에 대한 비판적 이해를 통해서 민중의 역량을 강화하고 지역사회에서 직접적으로 실천할 수 있는 능력을 배양하는 것을 주목적으로 하고 있다. 주로 사회에 대한 구조적 분석과 리더십 개발 그리고 지역사회 조직화의 세부적 기술들, 지

___

8 타삿(TASAT)은 대만의 이주여성운동 단체로 프레이리의 의식화론과 아우구스또 보알의 민중연극론에 입각해 언어교육, 사회극, 글쓰기 등을 통해 탈구된 이주여성들의 정체성을 확립하려는 활동들을 진행해왔다. 이 과정을 이끌고 있는 시아 샤오 취안 교수는 파울로 프레이리의 행동-성찰의 순환과정에 기반해, 이주여성들이 실용적 젠더요구(중국어 교육)로부터 출발해, 계속되는 행동, 성찰, 계획, 그룹토론 등을 통해 전략적 젠더요구로 변증법적으로 발전해나간다고 설명한다. 타삿은 애로사항에 접할 때 보알의 민중연극을 적용해 '포럼 연극'을 통해 '거울'(mirroring)을 만들어내 성찰의 과정을 거친다(Hsia, 2008, 205).

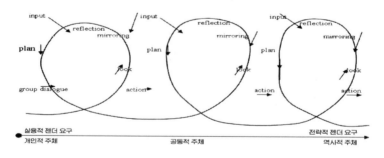

역단위 경제를 만드는 방법들에 대한 교육을 진행하고 있다.9

프레이리의 이론은 이외에도 다양한 비판적 성인교육, 노동교육, 공교육개혁, 보알(Augusto Boal)의 민중연극 등의 다양한 실천에 영향을 미쳤다고 할 수 있다.

3) 프레이리 의식화 이론의 비판적 검토

프레이리의 의식화 이론은 제1, 3세계 모두에 큰 영향을 미쳤고 실천사례에서도 보았듯이 굉장히 다양한 영역의 기초이론으로 자리 잡아 응용되었다. 역으로 프레이리 이론에 대한 다양한 이론적 검토와 비판이 있었고 실천사례를 통해서 그 적용가능성이 검토되었다.

프레이리의 의식화 이론에 대한 가장 큰 비판 중에 하나는 '사회적 행동과의 연결 부재'라고 할 수 있다. 프레이리는 프락시스를 통해서 행동-성찰의 순환과 통합을 강조하였다. 하지만 프레이리의 이론과 실천, 적용에 대한 여러 고찰 작업들은 성찰과 다양한 사고의 촉진 등에는 효과가 있지만 실질적인 행동이나 사회변화를 위한 움직임들을 끌어낼 수 없다는 비판들이다.

맥패든(Mcfadden)은 프락시스를 일상적 프락시스(praxis of ev-

---

9 프레이리의 이론은 제3세계, 특히 남미와 아프리카에 많은 영향을 주었다. 델타 프로그램은 민중의 리더십 양성 프로그램으로, 기독교 여성운동 단체인 Grail Movement의 멤버인 앤 호프(Anne Hope)와 셀리 팀멜(Sally Timmel)이 1974년부터 1982년까지 케냐에서 진행한 주민 리더십 양성 프로그램이다. 이 방법론은 이후 짐바브웨, 나이지리아, 인도 등으로 확산되었고, 20개가 넘는 제3세계의 국가에서 진행하고 있다. 델타 프로그램은 다섯 가지 요소들의 영향을 받았는데, 비판적 의식에 관한 파울로 프레이리의 이론, 그룹에서의 인간관계 훈련, 조직의 개발과 발전, 사회적 분석, 전환에 대한 기독교적 개념 들을 기반으로 하고 있다. 델타 프로그램의 구체적인 내용은 호프와 팀멜이 공동으로 쓴 *Training for Transformation: A Handbook for Community Workers*를 참조할 수 있다.

eryday life), 지성적 프락시스(intellectual praxis)와 혁명적 프락시스(revolutionary praxis)로 구분하고, 프레이리의 이론은 일상적 프락시스와 지성적 프락시스에 가까우며 그래서 억압적 상황들을 실질적으로 변화시키는 데는 공헌하지 못한다고 비판한다(La Belle, 1987, 205). 또한 카스텔로 역시 문제들을 해결하는 프로젝트를 계획하고 실행하기에는 덜 효과적이고 민중교육 자체로 풀뿌리 그룹을 건설하기에는 어렵다고 판단한다(Castelloe, 2002, 8-10). 라벨르(La Belle) 역시 프레이리의 방식이 '사회심리적(psycho-social) 방식'의 경향이 강하며 참가자들의 물질적 조건을 비판적이고 효과적으로 변화시키기에는 어렵다고 주장한다(La Belle, 1987, 204). 라벨르는 라틴아메리카의 민중교육의 역사를 고찰하면서 프레이리로부터 시작된 의식화 교육, 해방교육(liberation education)이 신좌파(New Left)와 그람시와 새로이 접목하면서 민중교육(Popular Education)으로 발전·심화되고 있음을 보여주면서 우회적으로 프레이리를 비판하고 있다(La Belle, 1987, 207-208).

하몬드(J. Hammond) 역시 프레이리가 물질적 조직적 맥락들에 주의를 두지 않았다고 비판하는데, 엘살바도르의 1970년대 민중교육 활동을 분석하면서 프레이리가 학습자들의 인지적 발전과 정치적 인식의 통합은 중시했지만 교육의 산물과 사회적 조건에서의 조직적 효과에 대해서는 신경을 쓰지 않았다고 주장한다(Hammond, 1999). 이러한 비판들은 프레이리의 이론이 방법적 실천이기보다는 정련된 철학적 인간학이라는 비판과도 맞물린다고 할 수 있다(한숭희, 2001, 175-176).

위와 같은 비판은 프레이리 자신의 이론에 내재되어 있는 부분도 있다. 프레이리는 자신의 의식화와 의식양식에 대한 설명에서, 타동적 의식에서 나이브한 의식으로의 전환이 저항계급에 의한 현상타파를 통해야 한다고 이야기했다. 즉 억압자들을 통해서 길들여져 있는 거짓된 의식이 일차적으로 깨지는 것은 교육이나 의식화가 아닌 혁명적 상황, 행동, 실천을 통해서라는 것이다.

또한 프레리이의 문해교육, 의식화 교육에 대한 실천경험은 브라질을 비롯한 중남미, 아프리카와 같은 혁명적, 사회 전체적 변화를 겪는 상황 속에서 주로 결합되었다. 즉 의식화 이론은 민중을 지지·촉진하고 성찰을 통해 인식을 전환시키는 데 강점을 지니고 있지만, 구체적 맥락과 조직과 연결되지 않으면 실천을 일으키기에는 쉽지 않다는 약점을 가지고 있다고 할 수 있다. 슈구렌스키(Schugurensky)는 프레이리가 해방과 의식을 효과적으로 연결시키는 사회변화의 정치적 개념이 부족하다는 비판에 대해 스스로도 부족함을 느꼈다고 말했다(Schugurensky, 1998). 헤이니(Heaney)도 역사적으로 프레이리의 문해에 대한 해방적 프로그램은 혁명에 따르는 시간들 동안 정부에 의해서 진행되었다고 지적하면서, 변화가 손에 있거나 정권의 획득 또는 실질적 변화가 가능한 상황 이외에는 가능성에 한계를 가진다고 비판한다(Heaney, 2005).

이러한 비판은 프레이리의 실천에 대한 약점과도 연결된다. 쿠보타(Kubota)는 프레이리가 진행했던 또는 프레이리 방법론으로 진행했던 브라질, 니카라과, 탄자니아, 기니비사우의 문해교육 실천사례들을 비교분석한다(Kubota, 1996). 쿠보타는 결과론적으로 프레이리의 방법론이 모두 실패했다고 주장하는데, 브라질은 프레이리의 정치적 철학이 빠진 채로 방법론만 남았고, 탄자니아의 경우도 민중이 사회정치적 문제제기들을 거부해 기초문해로 진행되거나 국가시책 정도로 진행되었다는 주장이다.

기니비사우의 경우 언어와 경제, 사회구조가 다른 30개가 넘는 전통적 전근대적 부족사회의 상태에서 통일적으로 식민지의 언어인 포르투갈어로 문해 캠페인을 진행했다고 비판한다. 전통적인 사회에서는 아직 문어(文語)적 전통이 없었고, 자연스레 읽고 쓰는 학습에 참여하는 동기를 부여하지 못했고, 서로 만나고 교류할 수 있는 장의 부족이나 교육 인프라의 부족으로 실패했다는 것이다. 니카라과는 산다니스타 혁명 이후 국가적 캠페인으로 진행되는 상황에서, 혁명적 지식인에 의한 토론보다는 서투른 청년들이 자원봉사에 동원되고 프레이리가 반대했던 독본을 사용하며, 창조적인 대화와 토론보다는 구두적인 질문으로 변질해 혁명적 상황에서 전통적 학습으로 회귀했다는 것이다.

그는 또 하라심(Harasim)의 비판을 인용하면서, 프레이리의 문해교육이 1950-1960년대의 산업화를 전제로 하며 현대적인 대화 개념을 전제로 하는 모델이라, 시장과 통일된 언어가 발전되지 않고 일반화된 사회적 억압 개념이 불투명한 제3세계 국가에서는 맞지 않는 모델이라고 비판한다.

프레이리는 자신의 철학적 개념들과 실천방법들이 민중과 현실의 맥락에 맞게 끊임없이 재창조(reinventing)되어야 한다고 강조했다. 이는 지배자들의 철학과 사상이 강제로 이식되지 말아야 하는 것과 마찬가지로, 혁명적 그룹인 지식인들의 사상과 방법론 역시 강제로 이식되지 않아야 한다는 것과 통하는 것이다. 이런 점에서 바라볼 때 브라질과 탄자니아의 사례는 프레이리 사상에 문제가 있다기보다는 적용에서 발생한 오류나 실천가들이 처음부터 방법론적 철학을 끈질기게 유지하지 못한 것에서 오는 문제였다고 할 수 있다.

하지만 기니비사우와 니카라과의 사례들은, 쿠보타가 주장한 바와 같이, 프레이리가 문해 프로젝트를 조직하는 데 관리적인 실천적인 지침을 주지 않았고 결과들에 대해서도 충분한 성찰과 답을 주지 못했다는 점은 수용할 필요가 있다. 중남미에서의 프레이리 방법론에 기반을 둔 문해교육 실천을 분석한『문해교육의 힘』에서도 니카라과의 바타홀라(Batahola) 지역에서는 지역 조직의 부재로 인해서 정치적 용어에 대한 설명이 어려워 바로 음절 학습으로 진행된 사례를 들고 있다. 그리고 기니비사우에서처럼 니카라과나 과테말라, 볼리비아 지역 사례에서 인종의 문제, 식민지 상황 속에서의 전통언어와 식민지 언어 사이의 관계, 혁명과 부족의 자치의 충돌 등과 같은 여러 이슈들이 복합된 상황들에 대해서 프레이리는 실천적인 답을 제시하지 못한다고 할 수 있다(Archer & Costello, 1990).

두 번째 비판으로 이론의 추상성과 장황함을 들 수 있다. 라벨르는 프레이리 담론의 언술·서술방식을 분석하면서 프레이리의 서술방식을 성서적 선례(Scriptural precedent), 예언적 비전(Prophetic vision), 폐기방식(Denunciation)의 특징을 가진다고 주장한다(La Belle, 1990, 5-7). 그래서 프레이리가 자신의 이론을 전개시키면서 이야기하는 인간존재의 불완전함(성서적 선례), 민중 스스로만이 해방시킬 수 있는 가능성(예언적 비전), 비인간화와 대비되지만 현실에서 존재하지 않는 충만한 인간(폐기방식) 등이 이론을 너무 장황하고 추상적으로 만든다고 비판한다. 또한 프레이리의 장황한 담론 방식이 은유적인 표현방식에 많이 의존하며 '혁명은 대화다'와 같은 환원주의적 언술방식을 쓰고 있고 신학적 영향 속에 있다고 주장한다.

파쿤도(Facundo) 역시 프레이리가 종교적이며 급진적 휴머니즘으로 한계를 가진다고 비판한다. 파쿤도는 억압(oppression)에 대한 용어를 설명하면서, 프레이리가 억압의 다양성, 구조, 원인들에 대한 분석 대신 억압(자)-피억압(자)에 대한 이원론적인 설명만을 시도한다는 것이다. 또한 지구화(globalization)와 같이 억압이 중층화·전지구화되는 상황에서, 프레이리의 이론은 발전된 억압-피억압에 대한 설명을 제대로 하지 못한다고 비판한다. 또한 교사(애니메이터)에 대해서는 엘리트주의로 흘러갈 가능성을 그리고 재창조에 대해서는 어떤 특정 요소로 재창조되어야 할지, 경험이 어떻게 재창조되어야 할지 가이드라인을 제시하지 않았고, 프레이리가 지배자의 신화에 대해서는 많은 비판을 하지만 정작 자신의 대안적 존재론적 전기적 형태를 명확히 하지 않았다고 비판한다(Facundo, 1984).

이후 프레이리는 '다양성 속의 통일성'이라는 개념과 진보적 포스트모더니즘을 통해서 억압의 다양성과 초기 계급중심의 이론 틀을 벗어나려 노력했다(Schugurensky, 1998). 엘리아스(Elias) 역시 프레이리의 이론이 '억압'과 같은 개념을 너무 모호하게 규정함으로 인해 혼란을 초래한다고 비판했다(Elias, 1976). 프레이리 이론의 추상성은 주로 해방신학의 강한 영향 때문이라고 할 수 있다. 프레이리에게 자본주의와 식민주의 같은 사회구조적 문제가 존재하지만, 이것보다 훨씬 큰 범위에서의 비인간화(해결로서의 인간화) 그리고 끊임없는 해방의 여정, 생성의 과정 등의 다소 신학적 언술들로 인해서 구체적 분석이 필요한 문제들이 일시적이거나 부분적으로 해석될 가능성 역시 있다고 할 수 있다.

마지막으로, 프레이리의 이론이 지식인·교육자 중심의 이론이라는 데 있다. 프레이리는 마르크스의 관점을 받아들여 민중들의 행동과 실천에 있어서 (혁명적) 지식인의 개입이 필수적이라고 했다. 그리고 프레이리의 문해교육의 실천에서도 민중들의 현실, 삶, 언어 들을 조사하고 생성어와 생성주제를 도출하는 사람이나 집단은 지식인·교수자 집단이다. 방법적으로 대화에 기반하기는 하지만 교육 내용을 구성하고 현상을 파악하고 추상화하는 과정에 민중들의 참여가 배제된 채로 진행이 된다(La Belle, 1987, 209-210). 이는 교육 활동에서 교수자의 당연한 역할이라고 볼 수 있지만, 거기에는 교수자·지식인의 조사와 체계화에 대한 객관성·진리성이 전제되어 있다고 할 수 있다.

하지만 민중들의 상황과 입장은 지식인에 의해서 대변될 수 있는 것이 아니다. 아처(Acher)는 프레이리와 참여행동연구(participatory action research) 이론가인 챔버스(Chambers)의 '문화'에 대한 관점을 비교하면서 프레이리가 민중의 현존 지식과 믿음에 신뢰를 보이지 않는 것 같다고 비판한다. 참여행동연구는 민중의 토착지식, 문화, 언어가 새로운 가능성을 만들어낼 수 있다고 보는 반면에, 프레이리에게 문화는 그들로부터 출발하기는 하지만 초월할 필요가 있는 그리고 합리적 지식을 더 칭찬하는 듯한 느낌을 받는다는 것이다(Acher & Cottingham, 12-13). 슈구렌스키 역시 프레이리의 '지도성'에 대한 논의에서 교사와 학습자의 동일성의 가능성 그리고 교사가 학습자에 대해 강요해서는 안 되는 것과 중립적이어서는 안 되는 것 사이의 긴장이 존재한다고 말한다(Schugurensky, 1998). 프레이리는 스스로 민중에게 숨기는 것 없이 이야기하되 그들의 의견에 대한 존중을 가져야 한다는 윤리를 강조한다. 하지만 윤리에 대한 강조만으로는 교사-학습자, 혁명가-민중의 위계 관계의 문제를 해결하기는 쉽지 않아 보인다.

프레이리는 학습자들이 자신의 삶과 언어, 사고를 통해서 일정 정도 객관화된 비판능력을 갖추고 행동하는 것에 초점을 맞춘다고 할 수 있다. 이와는 다른 시각에서 민중 스스로에 의해서 지식을 모으고 분석을 하는 그리고 토착적 문화와 삶의 방식이 기존의 객관성을 무너뜨리는 대항-지식이 되는 좀 더 미시적이면서 학습자 중심의 가능성에 대한 모색이 필요하다고 할 수 있다.

프레이리의 의식화 이론은 인간과 사회의 기계론적 결정론적 변화 과정을 비판하면서 이론과 실천의 통합, 그 과정으로서의 대화, 정치적 과정으로서의 교육 그리고 자유와 인간화를 위한 영속적 투쟁과 같은 이론들을 통해서 '희망의 교육학'을 만들어냈다. 이 희망의 언어는 수많은 지역과 영역에 영향을 주었고 직접적인 실천으로 연결되었다.

하지만 프레이리 이론은 실천 과정 속에서 행동과의 접목의 어려움 그리고 이론적 추상성으로 인한 변화하는 상황에 대한 분석의 혼란스러움, 교사가 중심이 되는 이론이라는 여러 과제들을 안고 있다. 프레이리가 말한 것처럼 이러한 문제의 한계들은 새로운 이론과 실천의 통합으로 재창조되어야 할 것이다. 프레이리의 의식화 이론 역시 계속적인 생성의 과정 중에 있다.

3. 알린스키(S. D. Alinsky)의 조직화론

알린스키는 흔히 '조직의 사도', '알린스키 병법'으로 사람들에게 널리 알려져 있다.[10] 사회운동에서 주체들의 조직화는 필요조건이라

---

10 알린스키 권력전술의 규칙은 다음과 같다.
　1) 권력(힘)은 당신이 가진 것뿐만 아니라, 당신이 가지고 있다고 적이 생각하는 것이다.
　2) 당신 편인 사람들의 경험을 결코 벗어나지 말아라.
　3) 가능하다면 어디에서든 적의 경험을 벗어나라.
　4) 적이 그들 자신의 교본에 따라 행동하도록 만들어라.
　5) 비웃음은 인간의 가장 효과적인 무기이다.
　6) 좋은 전술은 당신 편의 사람들이 좋아하고 즐기는 전술이다.
　7) 너무 오래 끄는 전술은 장애물이 되고 만다.

고 할 수 있다. 특정한 사회에 대해서 문제를 제기하고 그 문제를 해결해나가는 데는, 그 사회 구성원들 또는 이해당사자들이 힘과 자원들을 모아나가는 과정은 필수적이다.

전 세계적인 공황과 세계대전이 일어나 혼란했던 1930년대부터 시작된 알린스키의 조직화 운동은 미국 사회의 대표적인 무산자 운동으로 자리 잡았고 이후 중산층들의 정치참여 운동, 60년대의 민권운동, 1970년대의 풀뿌리 운동으로 발전되면서 사회운동의 대표 이론으로 자리 잡게 되었다. 또한 알린스키의 조직화 이론은 미국을 넘어서서 아시아와 유럽으로 전파되어 빈민운동과 풀뿌리 운동의 이념적 뿌리가 되기도 했다(Murphy, 2004/2005, 18). 특히 '지역사회 조직화'(community organizing)라는 고유영역을 발전시키기도 했다.

알린스키는 대학에서 범죄학 연구를 통해서 공동체의 중요성과 현실을 이해하는 방법을 배웠다. 공동체를 이해하기 위해서 공동체에서 이탈하는 비행에 대해서 관심을 가지기 시작했고, 범죄를 예방하는 중요한 수단으로 공동체의 복원을 알게 되었다. 이후 존 루이스(J. L. Lewis)[11]와의 만남을 통해서 노동운동의 조직과 전략을 배웠다. 알린

8) 여러 상이한 전술과 행동으로 압력을 계속 가하라.
9) 보통 협박은 전술 행동 자체보다 더 위협적이다.
10) 전술을 위한 대전제는 상대에 대해 끊임없이 일정한 압력을 계속 가할 수 있는 활동의 전개이다.
11) 만일 당신이 어떤 하나의 부정을 필요한 만큼 강하게 그리고 끝까지 밀고 나가면 그 부정은 반대편으로까지 뚫고 들어갈 것이다.
12) 성공적 공격의 대가는 건설적인 대안이다.
13) 표적을 선별하고, 고정시키고, 개인화하고, 극단적인 것으로 만들어라.
   (Alinsky, 1971.)
11 존 루이스(John Llewellyn Lewis)는 미국의 유명한 노동운동가로, 어렸을 때부터 광산노동자로 일했고, 미국광산노동자연합의 위원장을 지냈다. 이어 미국노동총연맹(AFL)의 지도자 역할과 산업별노동조합(CIO)의 설립역할을 했다. 알린스키는 대학 시절 일리노이 주의 광원파업에 참가하면서 존 루이스를 만나게 되었다. 알린스키

스키는 노동운동을 통해 정치적 힘의 중요성, 강한 조직의 필요성 그리고 대중들을 참여시키는 전략들을 배울 수 있었다. 이후 1939년부터 시카고의 '백오브더야드'(Back of the Yards)에서 그동안 배웠던 전략과 전술들을 슬럼·게토 지역에서 스스로 실천하는 것을 통해 지역사회 조직론을 개발했다(Reitzes & Reitzes, 1982, 47).

알린스키의 조직화 이론은 공황과 전쟁으로 미국 사회가 황폐화되고, 파시즘의 폭력이 전 세계를 뒤덮던 시기에 형성되었다. 알린스키는 전후의 미국 사회를 재건하기 위해서 전통적 미국 가치에 기반을 둔 활기찬 협력적 삶을 제안하였다(Santow, 2000, 20-21). 또한 파시즘의 광풍으로 인해 정치에 대한 시민들의 참여가 위기를 겪는 것을 보면서 시민들의 참여와 공동체를 강화하고 이를 통해 민주주의를 확장시키고 실현해나갈 수 있는 방법론을 제시하고 실천해나갔다.

알린스키의 이러한 생각은 프랑스의 정치철학자 토크빌(Alexis de Tocqueville)에게서 많은 영향을 받았다(Reitzes & Reitzes, 1987, 269). 토크빌은 국가가 점점 더 관료화되어가는 대중사회에서 개인적 권리와 민주적 실천이 줄어드는 것을 경계하였다. 사회적인 힘은 개개인이 통제하기에는 너무 크기 때문에 토크빌은 하나의 방안으로 조직·공동체의 강화를 주장하였다. 알린스키의 조직화론은 제퍼슨을 대표로 하는 미국 헌법제정론자들의 영향을 받아, 지역을 기반으로 한 독립 조직을 중앙집권화를 견제하는 중요한 방법으로 여겼다(Castells, 1983, 162). 알린스키는 이와 같이 기존의 사회운동(자유주의, 공산주의)을 비판하면서 자신의 조직 이론을 발전시켰는데, 시민들의 직접 참여, 지역사회의 구체성에 기반을 둔 운동, 풀뿌리 운동, 힘·전략·

는 존 루이스의 투쟁중심의 원칙과 현실적 판단에 많은 영향을 받았으며, 1949년 그의 활동을 중심으로 한 전기를 쓰기도 했다.

전술과 같은 정치학적 개념들은 사회운동에 큰 영향을 주었다.

1) 알린스키의 조직화 이론의 특성

알린스키의 조직화 이론의 가장 큰 특징 중에 하나는 '급진적 실용주의'이다(백욱인, 1987). 알린스키는 당시 주류 운동이었던 다원주의 학파의 운동방식은 개인에만 치중한다고 비판하며 사회주의 운동에 대해서는 계급성과 이에 기반을 둔 사회분석에 치우친 나머지 뚜렷한 효과성을 가질 수 없다고 비판한다(Marquez, 1980, 355-366).

그래서 알린스키는 "내가 원하는 세상의 모습이 아니라 있는 그대로의 세상에서부터 시작해나가야 한다"고 강조한다. 알린스키의 급진적 실용주의는 관념적 개념과 분석이 아닌 현실세계 그 자체가 운동의 출발지점이라고 본다. 그리고 이 현실세계는 '열린 사회'이다. 알린스키의 이런 사회관은 미국적 가치관의 영향이라고 할 수 있다. 열린 사회란 시민의 참여가 폐쇄적으로 닫혀 있는 사회가 아닌, 시민들의 자발성과 노력이 가능하고 다양한 시민들의 운동, 토론, 참여를 통해서 그 열린 사회가 더욱 민주적으로 운영될 수 있다는 것을 의미한다. 이는 위에서 언급한 토크빌의 민주주의와도 연결되는 지점이다.

그리고 알린스키에게 현실은 고정된 것이 아니라 열려진 상태에서 계속 변화하는 것이다. 또한 그 변화는 움직임을 의미하며 그 움직임의 과정에는 마찰, 갈등, 모순들이 존재하고 있다(Alinsky, 1971, 42). 알린스키에게 조직화는 시민들이 모순·갈등이 존재하는 현실세계, 열린 사회에 참여하여 사회를 더욱 생동감 있게 만들고 민주적인 과정으로 만들어나가는 것이다.

알린스키는 시민을 세 가지 계층, 유산자, 중산층, 무산자로 나누고 무산자들이 어떻게 자신들과 사회의 변화를 만들어갈 수 있는가에 대해서 설명한다.

먼저 알린스키는 무산자들은 자신들의 열악한 상황으로 인해 체념과 숙명론이라는 차가운 잿더미 속에 있지만 그 속에 권력을 획득할 수 있는 수단 구축을 통해 타오를 수 있는 희망의 불꽃이 있다고 주장한다(Alinsky, 1971, 60). 알린스키는 무산자들이 자신에게 힘이 없을 때는 사회와 변화에 대해서 생각조차 하지 않지만 직접 행동을 하고 상황을 바꿀 진정한 기회를 가지게 될 때부터 자신의 문제들을 고민하기 시작한다는 것이다. 알린스키에게 변화를 일으킬 수 있는 힘을 가진 대중 그리고 조직은 생동하는 '민주주의의 모터이자 기어'이다(조승혁, 1983, 112-113).

알린스키는 조직화의 과정에 조직가, 개혁가라는 요소가 굉장히 중요함을 강조하지만 주민조직의 설립은 주민들 스스로에 의해서만 가능하다고 주장한다. 이는 알린스키의 주민대중에 대한 낙관적 신뢰이기도 하지만, 이해당사자가 주민이라는 존재적 근거와 함께 소수의 지도자가 대중을 끌고나가는 것이 아니라 주민들의 직접적인 참여만이 민주주의를 생동적으로 만들 수 있다는 알린스키의 지향 때문이기도 하다.

알린스키의 조직화는 처음에는 무산자로부터 시작했지만 이후 중산층의 변화로도 확장된다. 알린스키는 사회의 좀 더 근본적인 변화를 위해서는 무산자들만의 연합체로는 어렵다는 것을 깨닫기 시작하면서 중간계급이 행동을 하도록 자극받아야 한다고 역설한다(Alinsky, 1971, 264-267). 수적으로 가장 많은 중간계급은 여러 한계들을 가지고 있음에도 의사소통을 하고 단합을 위한 다리를 찾는다면 급진적인 세력으로 변화할 수 있다고 믿는다. 주민조직의 생동적 활동은 처음에 주민들이 겪게 되는 기능적인 문제, 관계로부터 출발하지만 지역사회의 지속적인 참여를 통해서 일반사회구조와의 관계로 그 영역이 점차 확장될 수 있고 그것이 전체 사회를 민주적으로 발전시켜나갈 수 있다는 것이다.

이와 같이 알린스키는 정치적 과정에 대해서 '다원주의적 관점'에 대한 신념을 가지고 있었다(Reitzes & Reitzes, 1987, 281). 그는 조직화 과정, 힘을 형성하는 과정에 다양한 그룹들이 참여해야 하며 다양한 그룹들이 경쟁관계 속에서 힘을 얻는 것으로 생각했다.

알린스키의 급진적 실용주의는 그의 윤리론에서도 두드러진다. 알린스키는 특히 운동에서 '수단과 목적'의 윤리를 재해석하는 부분에 많은 강조점을 두었다. 알린스키는 이 부분에서 전통적인 질문인 '목적이 수단을 정당화하는가'라는 질문을 배제하고 그 질문을 '이 특정한 목적이 이 특정한 수단을 정당화하는가'로 대체하였다.

알린스키는 행동방법과 바람직한 목적 사이의 관계를 열한 가지의 법칙으로 제시하였는데 전통적인 질문이 목적과 수단과의 관계를 너무 가치적으로 도덕적으로 이해했음을 비판한다(Alinsky, 1971, 69-92). 그래서 목적은 '우리가 원하는 바다'라고 정리하면서 그 원하는 바를 실현시킬 수 있다면 수단도 정당화될 수 있다는 실용주의적 입장을 취한다(조승혁, 1983, 31-32). 그래서 주민들에게 가장 실용적인 삶이 도덕적인 삶이 되고 그 도덕적인 삶이 생존의 유일한 길임을 강조한다.

2) 알린스키의 조직화 과정과 요소들

① 지역사회 조직화의 과정
알린스키의 조직화 과정은 앞에서 이야기한 급진적 실용주의, 정치적 다원주의, 개인과 구조의 연결성, 대중조직에 대한 신뢰를 토대

로 진행된다. 알린스키는 전통적 지역조직운동이 사회 문제들을 개별
화시키고 사회적 경제적 총체와 분리시켜 인식하는 것을 비판한다
(Alinsky, 1941, 797-798). 또한 당시 미국 사회운동의 큰 흐름이었던
민권사회운동에 대해서도 민권이 최고의 가치라고 생각하는 사람들
만 가입하는 대중을 기반으로 하는 안정되고 단련된 조직이 아니라고
비판하였다.

알린스키의 조직화론에 대한 이해가 주로 이슈를 해결해나가는 과
정에만 집중이 되어있는데 이는 좁은 이해라고 할 수 있다(Reitzes &
Reitzes, 1982, 47). 알린스키는 개별 이슈에 대한 해결보다는 그 이슈
해결을 통해서 지역사회를 연합적으로 형성하고, 공동체를 강화시켜나
가는 데 중점을 두었다고 할 수 있다. 먼저 알린스키의 조직화 과정이
어떻게 진행되는지를 살펴보기 위해서 다양한 조직화 사례들을 살펴
보자. 먼저 알린스키가 '백오브더야드'에서 진행했던 과정을 살펴보면
다음과 같다.

- 빈민지역 기존의 조직들을 토대로 이웃위원회 건설
- 이 위원회가 공식, 비공식의 광범위한 지식 펀드 수집
- 지역 거주자들에 의해 규정된 이슈 표출
- 각자의 이해, 수많은 조직들이 이 프로그램에 제안하는, 제공하는 이유
  들을 분석
- 공동체 의회(community council) 건설, 다양한 지역프로젝트 진행
- 확장
  (Alinsky, 1941, 800-802).

조승혁은 쥬롱 지역의 지역사회 조직을 분석하면서 다음과 같이

조직화의 과정을 정리하였다.

- 방문-교제-정보
- 문제의 확인-시험적인 해결
- 자기 이익의 이용 - 공동의 문제 및 문제의 시험
- 타고난 지도자
- 조직된 사람들의 모임 - 위원회의 형성
- 문제해결의 과정, 문제를 심화시키는 전략
- 구조적이고 양태적인 변화를 위해 일하는 것.
(조승혁, 1983, 190-196)

마르케즈(Marquez) 역시 주로 이슈 형성을 어떻게 해나가는지
에 대해서 분석하고 있는데 간단하게 정리하면 다음과 같다.

착수(initiation, 불만원인 발견)-특수화(specification, 불만원인, 특별
한 요구로 전환)-확장(expansion)-가입(entrance, 심각한 이슈의 고
려로 공식적 아젠다로 전환)
(Marquez, 1980, 358)

위 세 가지 사례들은 대상과 지역의 차이에도 불구하고 공통되는
과정을 밟아나가고 있다. 그것을 압축적으로 정리하면 아래와 같은
단계로 진행된다고 정리할 수 있다.

1. 조직가 또는 지역조직이 지역에 대한 정보를 파악한다.
2. 지역사회를 정보를 토대로, 주민들과 만나면서 이슈를 발굴해나간다.

3. 이슈에 공감하고, 해결해나가고자 하는 사람들을 모은다.

4. 일차적 조직을 만들고, 이슈를 해결해나간다.

5. 지속적으로 이슈를 제기하면서 더 큰 주민공동체를 형성한다.

알린스키의 조직화는 '개혁적인(급진적인) 조직가'로부터 출발한다. 알린스키에게 있어 (빈민)지역은 무질서한 공동체가 아니다. 열악한 일상과 함께 빈민들은 체념, 숙명론에 빠져 있어 무관심과 비참여가 조직화되어 있는 상태이다. 이 상태에 균열을 내는 역할이 바로 조직가의 역할이다. 알린스키는 공동체의 조직화에 있어 가장 우선하는 일이 공동체의 해체라고 주장한다(Alinsky, 1971, 182). 여기에서 공동체의 해체란 낡은 질서를 파괴하고 새로운 질서를 형성하는 것을 말하는데 조직가는 이를 위해 구체적인 변화의 계기와 논점을 만들어내야 한다.

출발단계에서 논점은 주민들이 행동을 할 만큼 관심을 가지는 것이어야 하고 감정적으로 분노를 표출할 수 있는 것이어야 한다. 이 논점을 보통 이슈(issue)라고 할 수 있는데 레이츠(Reitzes)는 문제와 이슈를 구분하고 있다(Reitzes & Reitzes, 1987, 267). 이슈는 지역사회의 과제이면서 압력그룹의 정치에 의해서 수정될 수 있는 과제를 말하고, 이에 반해서 문제(problem)는 장기적으로 사회구조화된 것을 말한다.

이러한 이슈는 주민들에게 효과적인 행동의 기회를 줌과 동시에 힘(power)을 위한 조직을 만들 수 있는 기회를 동시에 제공한다. 이슈를 해결하기 위한 행동에는 힘이 필수적이며 조직가는 조직을 만드는 것에 의해서 이 힘이 모아질 수 있도록 한다. 조직가는 이 과정에서 주민지도력(people's leadership)을 세우게 된다. 조직가는 이슈를 중심으로 주민들과 만나는 과정에서 변화에 열정과 주민들에 대한 애정을 가진 건강한 주민들을 지도자로 세워낸다. 주민지도력이 세워지면 조직가는 조직의 이 지도자들과 끊임없이 소통하면서 조직의 힘을 만들어내고 이슈 해결을 위한 방법들을 기획하고 진행한다.

그 다음 과정은 실질적으로 이슈를 해결해가는 과정이다. 이슈의 해결과정에 있어 알린스키는 병법과도 같은 13가지 전술을 제안하고 있다(Alinsky, 1971, 194-201). 이러한 전술은 해결과정의 원리라기보다, 투쟁의 현장에서 유산자들의 속성을 어떻게 간파하고, 우리의 입장을 효율적으로 전달하면서 승리를 이끌 것인가에 대한 지침들이라고 할 수 있다.

알린스키는 초기 단계에서는 수많은 이슈 중에서 꼭 이길만한 것을 선정해야 한다고 주장하는데, 이는 알린스키가 앞에서 이야기했던 대중의 변화는 "변화를 일으킬 힘을 가지게 되었을 때 비로소 자신들에 대해서 생각하게 된다"라는 원리와 일맥상통한다. 일차적인 이슈 해결의 과정을 통해 주민들은 자신의 조직을 가지게 되고 스스로 자신들의 문제들을 해결해나갈 수 있다는 가능성과 희망을 가지게 된다. 변화의 힘을 통해 지역사회 조직은 계속해서 이슈를 발굴하고, 해결해나가면서 지역적 범위와 이슈의 범위를 확산시켜나간다.

알린스키가 1941년 '백오브더야드' 지역에서 진행했던 내용들은 이후 조직들이 어떤 활동을 벌여나갔는지에 관해 이해할 수 있게 해준다.

공동체 회의(Community Congress) 활동
1. 아동복지 상태의 보장
2. 지역 재창조센터를 건설하는 목적의 이웃의 광범위한 지역이면 어디나 지원
3. 5개월 이내에 공동체 기금에 대한 중요성 인지

4. 지역조사, 지역의 요구 조사

5. 적절한 안정 수준에 대한 임금투쟁

6. 주거프로젝트에 대한 협상

7. 국가청소년 연합, 개별기업의 협력에 의한 2,800개 이상의 일자리 창출

8. 퇴보 소위원회

9. 공동체 소유의 무료치과 건립

10. 지역 주간 공동체 신문

11. 일반적 공동체 발전 프로젝트-휴식 공간

12. 청소년들 자신의 문제 해결을 위한 조직

13. 연방 잉여상품 조합과의 연계로 아이들에게 매일 식사 제공

　"배트와 볼뿐만 아니라 빵과 버터도"

14. 다양한 문화 활동, 이벤트에 대한 지원. 수익은 다시 복지사업으로.

15. 스스로 구성하고 개발하는 여름캠프.

16. 지역 전시 텐트

17. 신용조합. 경제적 보호를 위한 중요한 무기

　(Alinsky, 1941, 803-805)

또한 알린스키는 이슈 해결 경험과 그 후의 조직화 과정이 굉장히 중요한 교육적인 과정이라고 주장한다(Alinsky, 1971, 121-122). 주민들의 참여는 개인의 존엄성에 대한 경험이며 자신들의 문제해결을 위해서 직접 행동해야 한다는 것을 깨닫는 과정이다. 이후 계속해서 논점들과 상황들을 만들어내고 활동으로 연결시키는 것은 조직에 있어서 핵심적인 과정이다. 알린스키는 "학습과정이 없이 하나의 조직을 만드는 것은 단순히 권력집단을 교체하는 것이다"라고 주장한다. 또한 조직화를 통한 학습과정은 흥미롭고 극적이며 실제적인 배움이

라고 이야기한다(조승혁, 1983, 136-137).

그렇다면 조직화 과정을 통해서 주민들은 어떤 변화를 겪게 되는 것인가? 알린스키는 실질적인 성취들과 함께 사람들이 서로를 인간존재로 알게 된다고 한다(Alinsky, 1941, 169-170). 처음에 나의 관심, 선호로부터 출발했지만 다양한 관심과 행동 그리고 연대정신, 리더들이 가진 철학들을 배우고 접하게 되면서 자신의 권리와 공동체라는 주제로 이동하게 된다. 그 공동체는 국가가 운영하는 것이 아닌 주민 스스로 만들고 운영하는 것이기에 새로운 사회를 구성하는 하나의 실험의 장이다. 지역 차원에서 이루어진 공동체의 실험은 더 큰 전체 사회의 이슈, 시도로까지 이어지면서 사회를 변화시켜나간다는 것이 알린스키의 생각이다. 그는 지역적 수준의 공동체만으로는 비효율적이며 실패할 수밖에 없다고 생각했다. 그래서 소규모 조직으로부터 출발해서 그 조직들이 연합적 조직을 꾸리고 더 큰 차원에서의 시민 네트워크를 통해서 국가 차원의 변화까지 유도해내는 것이 알린스키의 의도였다.

② 조직화의 요소

지금까지 알린스키의 조직화 과정에 대해서 살펴보았다. 이번에는 알린스키 조직화 이론의 중요한 요소들에 대해서 살펴보고자 한다. 이 요소들은 알린스키의 조직화 이론에서 가장 핵심적인 요소들이라고 할 수 있다. 그 세 요소는 바로 힘, 조직, 공동체이다(Alinsky, 1971; Reitzes & Reitzes, 1982, 1987; Santow, 2000). 알린스키는 조직화의 과정, 방법, 이론에 대해 이 세 가지를 끊임없이 강조를 하고 있다.

― 힘(Power)

첫 번째 요소는 힘(권력)이다. 알린스키에게 힘이란 "세상을 바꾸거나 변화에 저항하는 언제나 작동하는 본질적인 생명력이다"(Alinsky, 1971, 98). 알린스키는 힘, 또는 권력에 대해서 사람들이 부정적인 것들을 먼저 떠올리지만 사실 삶의 진정한 동력이라고 말한다. 조직화의 과정에서 이 힘은 구체적으로 시민들의 직접적인 참여이자 행동이다(Reitzes & Reitzes, 1982, 49). 알린스키는 다원주의 사회에서 집단이나 조직 사이의 관계를 구성하는 것이 바로 힘이라고 주장한다. 이 힘들에 의해서 조직과 조직 간의 그리고 지역조직과 더 큰 사회 간의 갈등과 저항이 일어남을 이야기한다. 알린스키에게 열린 사회 속에서 '갈등-대립'(conflict-confrontation)은 의견일치가 아닌 화해의 과정으로서의 타협(comprise)이라는 결과를 낳는다. 알린스키에게 타협은 자유롭고 개방적인 사회에서의 핵심 요소다(Alinsky, 1971, 107). 힘, 저항, 협상은 일종의 알린스키 프레임의 개념으로 자리 잡게 되며 힘에 대한 집중은 알린스키 이론을 다른 사회변화의 접근들과 구분되게 하는 요소라고 할 수 있다.

알린스키는 공동체 조직의 힘을 증가시키기 위해서 비폭력적 갈등을 사용한다. 알린스키는 가난하고 힘없는 자들에게는 가진 자들을 성가시게 하고 압박을 가하고 그들의 위선을 폭로하고 서로 싸움하게 만드는 방법들만이 유일한 방법이라고 주장한다. 그리고 이것이 비폭력적일 때 조직에 대한 외부적 타당성 또한 확보할 수 있다. 또한 조직의 내부적 힘의 결집을 위해서 상징(symbols)을 사용한다. 레이츠는 알린스키의 조직들이 해마다 각종 대회들을 통해서 공동체의 정체성을 높이고 조직적 신뢰들을 높이는 계기를 가진다고 말한다(Reitzes & Reitzes, 278-280).

─ 조직(Organization)[12]

조직화에서 두 번째의 요소는 조직이다. 조직은 조직화의 과정이 자 수단이다. 알린스키는 조직화를 꾀하면서 지역사회에 존재하는 다 양한 조직들 즉 교회, 노조, 운동클럽, 문화연합, 사업자 그룹들과 대화 하고 지원을 얻고자 했다(Santow, 2000, 23-24). 기존의 좌파운동들이 전통적 조직을 해체시키거나 이데올로기적으로 교육하려고 했던 것 과 달리 그 조직들의 힘을 얻어내고 연합적인 힘으로 구성하려고 시도 를 한 것이다. 산토우(Santow)는 이와 같은 도시 포퓰리즘, 지역적 연 합이 민주주의의 뼈대라고 생각하고 지역조직이 궁극적으로는 지역 의회(community council)를 만드는 것이라고 주장한다.

알린스키의 공동체 조직은 작은 그룹들로 만들어진 '우산조직' (umbrella organization)으로 형성되었다. 레이츠는 알린스키의 사 회운동이 조직의 창립에 필요한 원천들을 동기화하고 지속적 조직을 유지하고 지지하는 구조를 창출하고 조직을 강화시키는 비폭력적인 갈등들의 이용이라는 요소들로 이루어짐을 설명하면서 알린스키의 조직에 대한 관점이 당시의 자원동원이론과 동일한 맥락 속에 있다는 것을 강조한다. 알린스키의 조직화가 졸드(M. Zald)나 맥카시(J. McCarthy)의 자원동원론(Resource Mobilization Theory)[13]을 공유

---

12 알린스키의 권력에 대한 강조, 윤리에 대한 실용적 해석, 투쟁을 위한 전술 등은 많이
   소개된 반면, 조직에 대한 생각을 별로 언급되지 않았다. 알린스키의 실천 방법에 있
   어서 무산자들의 힘을 실현시킬 수 있는 가장 특징적인 요소가 바로 '조직'이라고 할
   수 있다. 우산연합과 같은 조직의 특성을 이해해야 알린스키의 방법론을 제대로 이해
   할 수 있다. 우산연합조직은 주민들의 이해관계에 기반해 다양한 조직들을 통합을
   통해, 양적인 힘을 구축하는 조직방식으로 이해할 수 있다.

13 자원동원이론은 집합행동이론에서 대표적 이론으로, 사회운동을 "특정한 사회의 구
   조 또는 보상의 분배체계에 변화를 일으키기를 바라는 사람들의 의견 및 신념의 집합"
   으로 이해한다. 그래서 사회운동부문(social movement sector, SMS)과 사회운동
   조직(social movement organization, SMO)에 대해, 돈, 시간, 참여자, 운동의 정

하고 있으며, 알린스키가 지역 자원들을 통제하고 동기화해내는 데 탁월함을 지녔음을 강조한다(Reitzes & Reitzes, 1987, 279).

특히 교회와의 관계는 특별하다. 이는 미국적 전통에서 교회가 지역사회의 기초조직으로서 기능해왔던 전통과도 연결된다. 또한 교회는 공동체의 광범위한 맥을 가지고 있으며 국가적인 차원의 지원과 자원들을 모아낼 수 있는 거점역할을 한다.

알린스키는 '백오브더야드' 지역의 조직화에서 교회조직을 다양한 그룹들을 모아내는 데 중심동력으로 사용하였다. 사회적, 정치적 행동을 결합시켜내는 것뿐만 아니라 그것이 지역사회에 뿌리내리고 자리 잡도록 지역을 조사하고, 리더들을 키우고 지역사회와 더 큰 범위의 주제를 연결시켜내는 과정이 효율성을 극대화시켜 준다고 말한다. 알린스키는 조직의 이데올로기적 요소보다는 실용적이고 경험적 요소를 더욱 중요시하면서 다양한 이슈 중심(issue-based) 위원회(committee), 공동체 의회(community council), 전문적 스텝 조직들의 그물망을 짜 나간다.

— 공동체(Community)

알린스키의 조직화에서 공동체는 물리적 공동체가 아니라 '이해관계의 공동체'라고 할 수 있다(Reitzes & Reitzes, 1982, 52). 공동체 조직은 보통 지리적 지역사회를 기본으로 하지만, 알린스키에게는 공통된 이슈(공동의 경제관계, 서비스의 공동사용)와 이것을 해결해나가는 조직에의 참여가 더 중요한 요소라고 할 수 있다. 이 공동체는 내부적으로는 힘을 모으고 지역과 조직에 애착을 가지게끔 하고 이를 위해

당성 등의 자원들을 어느 정도 확보할 수 있느냐에 따라 목표달성 여부가 결정된다고 보는 이론이다(임희섭, 1999).

잠재적 외부자를 적(target)으로 삼는다.

알린스키는 지역사회가 독립적으로 존재하는 것이 아니라 도시사회의 반영이라고 생각했다(Reitzes & Reitzes, 1987, 281). 즉 지역사회는 도시 사회의 일종의 축소판이며 지역사회 내에서 조직화의 경험은 그 확장판인 전체 도시 사회로 다시 분사될 수 있을 것이라고 믿었다.

— 조직가(Organizer)

마지막 중요한 요소로 들 수 있는 것이 조직가이다. 알린스키에게 개혁가, 조직가는 조직화에서 없어서는 안 될 존재이다. 알린스키는 여러 부분에서 조직가의 역할과 자질에 대해서 강조를 하고 있다(Alinsky, 1971, 120-124; 조승혁, 1983, 121-129).

알린스키에게 조직가는 주민 대중에 대한 무한한 애정을 가지고 있고 주민들의 경험세계를 이해하며 관계와 투쟁을 촉발시키는 사회 변화에 헌신하는 사람이다. 그래서 조직가에게 가장 중요한 요소는 주민들에 대한 애정, 신뢰, 존경과 함께, 주민들의 경험 세계를 이해하는 것이다. 조직가는 (자기가 시작하고 싶은 곳에서 출발하는 자유주의자와 달리) 현실세계로부터 출발하는 사람이며 주민들의 현실 즉 주민들의 경험으로부터 출발하고 주민들의 경험으로 소통하며 주민들의 경험을 변화시켜야 한다(Alinsky, 1971, 121-124). 그리고 앞에서 이야기했듯이, 조직가는 직접 조직을 하는 사람이 아니다. 조직가는 사람들이 스스로 결정을 내리게끔 조력하는 사람이기 때문에 실제 현장에서도 조직이 서고 나면 조직가는 조직을 떠나 새로운 관계를 맺게 된다.

지금까지 알린스키의 지역 조직화 과정과 중요한 요소들을 살펴보았다. 알린스키는 개혁적이고 창조적인 조직가로부터 출발해 지역 이슈와 주민들의 참여를 바탕으로 힘과 조직을 형성하고 이슈 해결과 이후 조직의 확산과정을 통해서 공동체가 더욱 참여적으로 되는 것을 지역사회 조직화의 목표로 하고 있다.

3) 알린스키의 조직화 이론의 적용

① 알린스키의 조직화 과정의 실제

알린스키는 1939년 시카고의 슬럼 지역인 백오브더야드(Back of the Yards)에 최초로 지역사회 조직을 만들어냈다. 이 슬럼 지역은 폴란드, 멕시코, 리투아니아, 헝가리, 독일인, 흑인들이 서로 섞여 있는 지역이고 서로 다른 민족, 인종들끼리 갈등 관계에 있는 상태였다. 그리고 당시 주민들은 다른 출구와 희망이 없는 상태에서 파시즘에 매혹되어 있었다.

알린스키는 직접 이 지역으로 들어가 주민들에게 "분노로 벗겨진 상처를 문지른다. 너희들이 행동해야 한다. 그러니 당장 한꺼번에 일어나 궐기하라"고 외치면서 파시즘에 대항했다. 알린스키는 이 지역의 대부분의 주민들이 가톨릭교회를 다닌다는 사실을 파악하고 교회와 함께 '이웃위원회'(Neighborhood Council)를 조직했다. 이 이웃위원회 산하에 실업, 병, 주거, 아동복지 등 여러 하부위원회를 두어서 주민들의 이슈를 파악하고 해결해나가도록 했다(조승혁, 1983, 201 - 202).

힐러리(D. R. Hillary)[14]는 백오브더야드에서의 조직화 과정을 자세

---

14 미국 전임 대통령 오바마와 대통령 후보였던 힐러리 두 사람 모두 알린스키의 영향을 받았다. 오바마는 콜럼비아대 졸업 이후 시카고에서 흑인 공동체 운동에 참여했으며, 힐러리는 웨슬리대학을 졸업하면서 알린스키를 주제로 논문을 썼다. 오바마가 활동한 시카고 지역은 알린스키의 지역사회 조직화가 꽃을 피운 도시라고 할 수 있다. 오바마는 시카고에서 얻은 경험을 토대로 대통령이 되기 위한 선거 전략을 세우기도

하게 분석하고 있다(Hillary, 1969). 이 지역은 축산업과 로마 가톨릭교회가 경제적, 영적 중심으로 잡고 있는 곳으로 화재로 인한 주택문제, 위생, 도로, 빈약한 문화, 높은 범죄율, 불충분한 학교 등 여러 문제들을 가지고 있었다. 이 문제들을 풀기 위한 모임은 1939년 지역 재생프로그램을 위한 자리에서 처음 시작되었고 참석자 중에 한 명이 이 모임을 공동체 회의(Community Congress)라고 부르면서 시작되었다.

알린스키는 이 지역의 문제들을 해결하기 위해서 이웃위원회를 구성하고 경제적 안정화와 지역 환경 개선을 위한 첫 번째 타깃으로 정육회사에 대한 투쟁을 벌였다. 1940년부터 지역 연례회의를 시작하고 상인연합회를 꾸리고 지역신문을 통해서 지역기반을 만들어나갔다. 이웃위원회는 통조립공장의 파업을 지원하면서 재정, 의약, 도덕적 도움을 주었고 지역교회는 어린이보호센터, 음식공급 사업, 임대료의 미지급에 대한 대응, 무료 의료 서비스 시행 등의 활동을 통해서 위원회를 강화시켰다. 1949년 위원회는 주거에 대한 통계자료 조사를 통해서 주정부를 압박해 낡은 집들을 수리할 수 있었다. 이 외에도 인근 철도의 엔진 매연이 주민들의 건강, 권리를 손상하는 것에 항의하거나 정육공장의 공기오염에 항의하여 철로개선, 공장의 자체 쓰레기 처리 시설을 얻어내는 성과를 달성했다. 이 과정에서 위원회는 모든 과정을 주민들에게 설명하고 교육을 실시하면서 지역 신용협동조합을 만들어내기도 했다(Hillary, 1969, 16-22).

알린스키의 백오브더야드의 첫 작업은 성공적인 여러 성과들을 내면서 (기업가인) 비숍 세일의 눈에 띄게 되었고 비과세 재단을 만들자는 제안에 힘입어 지역과 조직 활동을 지원하는 IAF 재단(The Industrial Areas Foundation)을 만들게 되었고 이후 이웃위원회, 공동체 조직화 작업은 시

했다.

카고, 미국 전역으로 확산되기 시작했다.

알린스키의 백오브더야드 조직의 성공은 1958년 우드론 지역조직(TWO, The Woodlawn Organization)으로 이어져, 흑인들을 위한 첫 번째 조직이 되었으며 철거라는 중심이슈를 통해서 조직을 건설하였다(조승혁, 1983, 74-75). 이 지역은 흑인이 중심 거주민으로 백오브더야드와 마찬가지로 무너져가는 집과 증가하는 범죄율, 높은 실업율과 같은 문제를 안고 있었다.

조직화는 지역 성직자들에 대한 조직 결성으로 시작되었다. 알린스키는 소그룹을 만들고 대표자 위원회를 구성하며 조직 활동을 지원했는데, 60개 지역사업자와 50 블록 안의 클럽 그리고 큰 비중을 차지하는 30개_교회들을 모아 지역조직을 만들었다. 이 지역의 가장 큰 이슈는 시카고 대학이 캠퍼스를 우드론으로 확장하려고 하면서 생긴 철거문제였다. 알린스키는 이 대학을 구체적인 목표로 삼으면서 대학에 자세한 계획을 요구했고 대학이 이를 거부하자 이번에는 시 당국을 압박해 대학 확장계획에 대한 승인을 미루게 했다. 대학은 지역사회의 반대에 막히자 알린스키와 IAF 재단에 대한 인신공격을 감행했고 이에 분노한 기독교, 가톨릭의 초교파적 행동이 일어나면서 도시재생계획을 변경시켰다. 이 투쟁은 권위적인 통제에 대한 반대와 사회적 계획 개념에 대해서 의문을 제기하는 공동체 행동 프로그램의 이정표가 되었다. 이러한 승리는 시 당국의 계획위원회에 참여하는 기회를 얻게 했고 학교문제, 흩어진 주택문제, 경찰의 안전한 보호 활동 등 지역의 다양한 문제들을 이슈화하고 해결하는 계기가 되었다(Hillary, 1969, 23-33).

앞에서 이야기한 것처럼 알린스키는 무산자 운동으로 시작했지만, 차차 더 큰 공동체의 변화를 위해서는 중산층의 참여가 필요함을 인식하고 파이트(Freedom, Integration, God, Honour, Today, FIGHT)라는 조직을 만들어 코닥사(Kodak)를 상대로 싸움을 벌였다. 이 싸움은 1964년 17세의 흑인이 경찰에게 체포되면서 시작된 일로 흑인들의 폭력 사태를 유발했고, 이 폭력 사태 이후에 많은 흑인을 노동자로 고용하고 있는 인종차별로 악명 높은 코닥사에 대한 분쟁으로 발전되었다(노정선, 1975, 136-137). 뉴욕에서 벌어진 폭동은 엄청난 인적 물적 피해를 발생시켰고 이에 대한 저항으로 지역의 사제와 알린스키가 조직을 만들게 되었다.

초기 조직은 주거, 쓰레기 문제로 시 당국을 압박하면서, 1965년 100개 이상의 '조직의 조직'을 만들게 되었다. 지역정부로부터 반빈곤 기금을 획득하여 흑인들에 대한 고용과 기술훈련을 진행했고 당시 지역에 있던 코닥사에 흑인 청소년들을 비숙련 훈련원으로 배치해달라고 요청했다. 코닥 측에서 그 제안을 받아들이면서 600여 명의 미고용자들이 24개월 이상 일을 할 수 있게 되었다. 하지만 코닥사 사장의 교체로 흑인들보다는 가난한 백인들 중심으로 고용하려는 움직임을 보이자 파이트는 코닥의 방침에 반기를 들면서 다시 투쟁을 시작하였다.

알린스키는 직접 대립이나 경제 보이콧(불매운동) 전략으로는 도저히 싸움에 이길 수 없다고 판단하고 코닥의 주주총회에 주식을 위임받아 회의장을 장악하고 위임된 힘으로 코닥을 압박하는 전술을 사용했다(노정선, 1975, 138-139). 그는 '파이트의 친구들'이라고 하는 명칭으로 주식을 위임받기로 하고 유니테리안 교회 전국회의에서 교단 소유 주식의 모든 투표권을 파이트에게 위임하면서 이 전략은 미국 전역으로 확산되어 코닥의 결정을 바꿀 수 있었다. 파이트의 조직 경험은 알린스키에게 관심 있는 중산층을 조직하는 것이 중요하다는 것을 일깨워 주었고 이후 알린스키의 조직 경험에 큰 영향을 주었다(Hillary,

1969, 35-39).

알린스키는 위와 같은 세 지역조직의 경험을 거치면서 한 지역에서 벌어지는 것은 소수일 수밖에 없고 그 소수가 다시 모여져야 실제적인 힘을 발휘한다고 보았다. 또한 인종을 넘어서서 모일 수 있는 것은 양심이 아니라 공동의 소망을 통해서이며 이를 달성할 수 있는 주제와 조직이 필요함을 주장했다.

② 조직화 이론의 적용 사례들

알린스키가 조직화를 처음 시작한 시카고에서는 이후 연이은 지역사회 조직화 운동이 진행되었다. 레이츠(Reitzes)는 시카고 지역에서 알린스키의 영향 받은 UNO(United Neighborhood Organization)와 ONE(Organization of the North East)의 지역사회 조직의 사례를 잘 보여주고 있다. UNO는 시카고 남부, 멕시코인들이 중심이 되는 지역 조직이었다. UNO 역시 알린스키의 '조직의 조직'의 방법론을 따라 지역교회를 중심으로 하여 82개의 조직을 총 4개의 더 큰 조직으로 네트워킹을 하였다. 이 조직에는 각각 전문스텝과 디렉터가 있으며 200여 명이 넘는 지역리더가 있다. 이 지역은 히스패닉계의 인구가 많아서, 주로 쓰레기 문제, 공립학교, 청소년 범죄 등이 이슈로 작용하고 있다. ONE 역시 시카고 북부, 미시간호 주변에 인구 12만이 사는 지역에, 1971년에 만들어졌다. 주 구성은 히스패닉과 흑인이며 26개 지역 리더들의 연합조직으로 4개의 위원회를 운영하고 있다. 이 지역은 주로 주거문제, 에너지 문제 등에 대해서 캠페인을 진행하거나 시당국에 요구하는 운동을 벌이고 있다(Reitzes & Reitzes, 1987).

미국 시카고에서 지역 주민조직의 성공으로 인해 알린스키의 지역사회 조직화 운동은 미국 전역으로 확대되었다. 알린스키는 지역사회

조직화를 좀 더 효율적으로 지원하고 조직가를 양성하기 위해서 1940년 IAF(Industrial Areas Foundation)를 창설하였다. 마르케즈는 알린스키가 만든 IAF가 텍사스에서 어떻게 지역을 조직해나갔는지 보여주고 있다. IAF는 1974년 텍사스 지역 조직을 처음으로 만들었는데, 그 지역의 많은 주민들은 가난한 멕시코인들이었고, 오랜 시간 동안 인종갈등이 존재하는 곳이었다. IAF는 알린스키의 이론에 따라서 조직가를 파견하고 8개 도시에 총 11개의 조직을 만들고 네트워크를 조직했다. 초기 조직가들의 지역조사 작업에 따라 교육재정의 불평등 문제를 제기했고 텍사스 주정부를 압박하는 전술을 펼쳤다. 연이어 유동성 쓰레기를 걸프만에서 처리하려는 것을 반대하는 싸움을 통해서 이슈를 이어갔으며 이후 선거권을 획득하는 투쟁으로까지 발전하였다(Marquez, 1980).

스목(Smock)은 알린스키 모델이 지난 세기말 20여 년 동안 미국의 주요한 조직화 접근법이었다고 평가하고 그것을 권력기반(power-based) 모델로 파악하면서 사례를 분석하고 있다(Smock, 2004, 9-15). 스목은 미국 내의 다양한 공동체 조직화 운동 사례와의 비교를 통해 권력기반 모델은 도시주민이 공적 영역에서 권력을 가지지 못하기 때문에 도시문제가 발생하며 이를 해결하기 위해서는 주민들이 커뮤니티의 이익을 공적인 의사결정에 반영할 수 있는 크고 잘 훈련된 대중조직이 필요하다고 설명한다. 그 구체적인 사례인 WON(The Westridge Organization of Neighbor)과 UNITE(The United Neighborhood Institution of the Eastside) 역시 종교, 사업체, 비영리조직, 세입자협회, 인종들의 상조회 등 조직의 조직이다. 주요한 이슈들은 새로운 학교 증축, 새로운 공립도서관 건설, 지역 거리 개선, 노후된 하수시설 교체, 이민자에 대한 공공보조금 확보, 지역 청소년 문화기금 확보 등이다. 이러한 지역조직들은 알린스키가 만든 IAF나 다른 지역의 연합체들과 네트워크를 가지고 상호 협력하고 있다.

위의 사례에서 보듯이 알린스키 방식에 의한 조직화는 지역 이슈에 대한 자세한 조사, 우산조직의 개발, 지역교회의 참여, 풀타임 조직가의 활용, 조직의 힘의 사용, 거친 대립 전술의 사용으로 특징화할 수 있다(Marquez, 1980, 267-269).

이러한 조직은 정치적 조직보다는 이해관계의 조직에 가까워서 정당과 관계되지 않으며 정치적 행동은 배제한다(조승혁, 1983, 201). 그리고 조직가와 주민 리더의 역할을 확실하게 구분하고 철저한 주민 중심의 조직을 건설한다. 보통 조직은 전체가 모이는 총회와 각종 하부 위원회(교육위, 주택문제위, 지역사회생활위, 회원관리위, 공공시설위, 청소년문제위 등)를 두고 실질적인 이슈 세부 조사와 문제 해결을 진행해간다. 조직가는 초기 조직의 건설을 지원하고 조직의 건설 후에는 각종 교육과 행정들을 지원한다. 그리고 한 개의 소구역을 맡거나 위원회를 하나씩 맡아서 지역을 하루 종일 돌아다니면서 사람들을 만나고 문제들을 파악한다. 그리고 알린스키 모델에서 조직가의 역할과 함께 숙련되고 강한 시민지도자의 양성이 매우 중요하기 때문에, 조직가는 개별 방문을 통해서 잠재지도자를 파악하고 이후 멘토 관계를 형성하면서 서서히 리더십과 관련된 훈련을 진행하며 정치전략가, 대중연설가로 변화·성장시킨다(Smock, 2004, 109-118).

4) 알린스키의 조직화 이론에 대한 비판적 검토

알린스키의 조직화 이론은 1960-1970년대 미국 사회운동의 대표적인 흐름의 하나로 자리를 잡았었다. 미국 전역에서 수백 개의 조직들이 지역사회에서 만들어졌다. 그리고 조직화 이론은 유럽과 아시아로까지 전파되어 지역사회 조직들을 만들어냈다.

하지만 레이츠는 현재 알린스키의 이론이 여러 지역에서 방법론으로 부분적으로 응용되고 있지만 실제적으로 지역사회 조직 모델로 쓰인 곳은 많지 않다고 주장한다(Reitzes & Reitzes, 1987, 265-266) 이어 알린스키가 만들어 놓은 조직들도 지금은 조직건설, 대치전술이 아닌 공동체 개발이나 공존으로 그 방향이 전환되었다고 한다. 그리고 지역사회 조직 경험에 대한 란코트의 분석을 인용하면서 알린스키 모델이 실제적인 주민 생활 문제들에 대해서 열악해지는 경향을 정지시키거나 바꿔 놓지 못했다고 주장하고 있다(Castells, 1983, 166-168).

급진적 실용주의를 내세웠던 알린스키 이론이 실제 현실에서 효과적이지 못했다는 것은 알린스키 이론과 방법론에 대한 검토가 필요하다는 것을 말해준다. 크레츠만(Kretzmann)은 지역사회를 둘러싼 환경의 변화를 언급하면서, 과거 외부의 타깃이 뚜렷하게 보이고 지역적이었던 상황이 현재는 가난한 사람들에게 보이지 않고(invisible target) 실질적이지도 않으며, 주요 경제 기관들이 지역에 단지 지점·지소를 두어 일종의 부속도시(branch city)로 성격이 변했다고 지적한다(Kretzmann, 1984, 15-17).

알린스키 이론에 대한 비판은 몇 가지로 나눌 수 있는데, 첫 번째는 조직의 연합적 방식에 대한 비판이다. 알린스키는 열린 사회에서의 다양한 개인, 조직들의 참여와 연합을 강조하였다. 하지만 레이츠는 지역 범위의 우산조직을 개발하는 전략은 지역공동체 조직 간의 경쟁과 갈등이라는 부분이 발생하게 되면 풀기가 어렵다는 지적을 하고 있다(Reitzes & Reitzes, 1982, 52-54). 카스텔(Castells) 역시 이 부분을 지적하고 있는데, 미국의 조직 경험에서 흑인이 지도력을 가진 경우에는 조직의 결성과 운영에 큰 어려움을 겪지는 않았지만 다른 집단이 지도력을 가질 경우 인종문제가 계속 갈등의 소지가 된다는 것이다(조승혁, 1983, 168-170). 그리고 종교, 특히 교회와의 연합에서도 갈등이 생길 경우 지역조직 유지 자체가 어렵게 될 수 있는 위험을 지적하고 있다(Reitzes & Reitzes, 1987, 283).

약간의 방점은 다르지만 맥가피(McGaffey)와 카릴(Khalil)은 여성주의의 시각에서 조직 연합 방식을 비판하고 있다. 그들은, 앞에서 언급된 인종 문제와 마찬가지로, 알린스키적 조직 연합이 젠더의 문제를 제대로 풀 수 없음을 지적하고 있다. 알린스키의 조직은 공통의 보편적인 이슈(문제가 아닌)를 집단의 힘을 통해서 변화시키는 방식이지만 계급, 인종, 젠더와 같은 사회구조적인 변화를 요구하는 문제들에 대해서는 조직된 힘을 행사하기도 어렵고, 개인적 동기부여와 네트워크를 할 수 없는 조직적 형태라는 것이다(McGaffey & Khalil, 2005). 소수자·소수집단에게 공통된, 힘에 기반을 둔 그리고 갈등중심의 전술을 사용하는 것은 위험성이 따를 수밖에 없는 것이다.

이와 같이 알린스키의 조직화론에서 '조직'은 이슈나 상황에 대한 동일성을 근거로 하는 양적 접근이라고 할 수 있다. 이러한 조직적 연합 방식의 한계는 또한 알린스키 모델이 제도 내의 사회적 개혁에만 머문다는 비판으로 이어진다. 카스텔은 알린스키 조직화 이론이 19세기 농촌 민중주의의 전통을 잇는다고 주장하면서, 자유민주주의를 보완하는 정치적 도구로 보았다(Castells, 1983, 162). 즉 근본적인 사회 문제에 대해서는 더 이상 질문을 제기하지 않는다는 것이다. 마르케즈는 알린스키 스타일의 그룹들 자체가 보수적이라고 주장한다. 그들은 정치적 수단을 통해 급진적으로 사회의 구조를 변화시키는 것에는 행동하지 않는 제한된 사회적 개혁을 수행하는 집단이라는 것이다.

마르케즈는 텍사스의 IAF 활동을 분석하면서 알린스키 이론을 적용하는 IAF 활동이 지역의 집합적 소비 부문(건설, 배수, 공공시설 등)에 대해서는 문제제기를 하고 자원을 획득해내지만, 실업의 문제, 임금의 문제, 경제적 공황의 문제와 같은 경제적인 분야에 대해서는 따져 묻지 않는다고 비판하며, IAF 활동을 이해그룹 정치의 한계라고 주장하면서 이 상황을 "굉장한 문제가 있다. 우리는 물을 얻었지만, 가난을 해결하지는 못했다"라고 표현했다(Marquez, 1980, 361-365). 이는 알린스키 모델이 앞에서 말한 대로 가능성 있는 이슈만을 중심으로 활동한다는 사실과도 부분적으로 연결된다.

알린스키는 사회변화의 가능성을 절대 거부하지는 않았다(Castells, 1983, 165). 하지만 지역사회의 문제와 활동이 전체 사회적인 측면으로까지 확대되기를 기대하고 활동에 반영을 하려고 했지만, 실질적으로 확산의 고리를 만들어내지는 못했다. 그것은 알린스키 모델의 가정 자체가 빈자들의 경제적 수준을 변화시키고 계급적 위계들을 해체하는 것이 아니라 개인적 이해관계와 동기화·조직화가 가능한 집합적 소비분야의 아젠다(agenda) 개발이었기 때문이다. 백욱인 또한 한국의 1970년대 도시 빈민운동에 대한 분석에서, 운동이 빈민 집단이라고 하는 공통의 생활양식에 근거하는 공동체를 설정했기 때문에 지역주민의 집단적 대응을 이끌어내기는 쉽지만 개량적 속성을 띠게 된 한계를 지적하고 있다(백욱인, 1987).

다음은 조직의 운영에 대한 문제이다. 밀러(Miller)는 알린스키 조직의 생명력이 5년 정도밖에 되지 않는다는 사실을 관찰했다고 하면서 이후 조직들이 관리나 행정 프로그램에 흡수되거나 소멸되었다고 비판한다. 여기에는 여러 가지 원인이 존재하는데, 그 첫째가 조직가의 역할이 과중하다는 점이다. 알린스키 모델에서 조직가는 핵심적인 위치에 있다. 초기 조직 단계에서 조직가는 굉장히 뛰어난 관점을 지니고 있어야 하는데, 지역사회의 조사에서 지도력의 발굴과 문제해결의 진행에 이르기까지 전방위적인 능력을 수행해야 한다. 하지만 IAF의 전제 조건처럼 주민조직이 서고 나면 조직가는 그 조직에서 떠나야 한다. 또한 밀러는 알린스키가 지역으로부터 출발해 관심 · 이슈의 영역을 범국가적 행동과 연결해내는 구상을 하지만 실질적으로 범국가적 행동을 연결하는 제도를 만들어내지는 못했다고 비판한다(Miller, 2010, 44-46). 레이츠 역시 조직 창설 2-4년 이후 전문화된 스텝이 떠나게 되면서 내부 권력투쟁이 심화되고, 리더십 훈련이 약화되면서 조직의 안정성과 전문성이 약화되는 결과를 초래하게 된다고 평가한다(Reitzes & Reitzes, 1987, 268-269). 즉 이슈를 통한 대중적 조직의 건설보다 대중조직이 계속 유지될 수 있는 이슈의 개발과 조직 내부의 동기를 끊임없이 만들어내지 못하면 어느 정도 시간이 지난 다음에는 조직의 운영이 어렵게 된다는 것이다.

앞에서 알린스키 이론의 특징 중 하나가 자원동원론과 같은 궤도를 가면서 주요 이슈들이 집합적 소비(수도, 전기, 공공시설 등)에 집중되는 것이라고 언급한 바 있다. 크레츠만 미국 사회의 최근 변화를 분석하면서, 미국의 경기가 계속 하락하며 도시 재생 프로젝트 역시 감소하게 되어 힘의 방정식에 상관없는 상황이 되었다고 한다. 알린스키의 갈등-대립(conflict-confrontation) 전술은 지역에서 구체적인 적인 타깃을 필요로 한다. 하지만 자본주의의 전 지구화 현상에 따라서 도시들도 부속도시가 되어가며 타깃이 지역에서 없어지는 상황들이 발생한다. 타깃뿐만이 아니라 경제 제도, 경제의 결정 효과들도 지역성을 띠지 않게 된다. 지역의 이해관계를 중심으로 한 공동체의 조직화가 어렵게 된 것이다. 즉 지역은 국가의 상황 변화에 따르는 지역

중심의 전략개발에 실패했다고 할 수 있다(Kretzmann, 1984, 15-17).

그래서 최근에는 새로운 알린스키 아젠다로 지역적 수준의 경제구축, 협동조합, 지역통화 등 지역적 권위를 수행하는 지역기반 형태의 정부를 만들거나 기존의 지역 사회사업 영역에 지역성을 주입하는 등의 아젠다를 개발하고 있다. 미국의 새로운 CO를 주장하는 델가도(Delgado)는 기존 지역사회 조직화의 비이데올로기성, 실용주의 중심을 비판하면서 참여를 확대를 위한 유연화(개인 참여방식, 대표적으로 미국의 ACORN), 사회변화를 위한 바닥 대중운동, 인종이슈, 작업장 등의 정체성과 문화를 중요시하는 모델을 제안하기도 했다(나효우, 2008, 20-21).[15]

알린스키는 지역사회 조직화 모델의 토대를 제공했다고 할 수 있다. 하지만 다양한 조직들의 연합조직을 결성하고, 갈등과 타협을 중요한 방식과 가치로 삼는 알린스키 모델은 사회구조적인 문제, 조직 내부의 갈등요소의 문제에서는 취약할 수밖에 없었다. 또한 알린스키

---

15 알린스키의 지역사회 조직화론은 사람들과 함께 시작하고, 양적인 힘을 구축하며, 토착적 리더십을 구축하고, 이를 위해 전문적 스텝을 활용하는 것 등을 특징으로 한다. 이러한 뼈대를 유지하면서, 환경의 변화에 따른 여러 가지 변화를 겪게 된다. 60년대 후반부터는 반전운동의 영향을 받고, Gary Delgado가 이끄는 새로운 방향의 조직화가 급성장한다. 새로운 방향은 참여의 극대화를 위해 조직을 유연화하고, 인종, 작업장 등 정체성과 문화도 중요한 주제로 다루게 된다. 미국의 CO운동은 알린스키가 창설한 IAF(the Industrial Areas Foundation)를 비롯, 종교에 기반을 둔 PICO(People Improving Communities Through Organizing), DART(Direct Action and Research Training Center) 등의 지원조직이 만들어져 전역에 8,000개가 넘는 CO 그룹이 형성된다. 1990년대를 넘어서면서는 조직보다는 개인들의 참여가 중심이 되어 다양한 개혁적 의제들을 중심으로 모이는 아콘(Association of Community Organizations for Reform Now, ACORN)을 만들기에 이른다. 아콘 역시 전문적인 스텝을 기반으로 하여 개인들의 가구를 가가호호 방문하면서, 다양한 이슈들을 홍보하고, 이에 동의하는 광범위한 개인들을 조직해 지역과 정부를 개혁해 가는 방식으로 조직화를 진행한다(나효우, 2008).

이론은 미국식 민주주의와 토대를 기본으로 한 이론이라고 할 수 있다. 즉 실용주의적이고, 다원주의적인 전통과 문화 그리고 미국 사회의 종교적 인종적 다양성 속에서 사적인 자발적 조직들의 존재와 역할이 시민들의 자발적 참여와 조직의 조직을 형성하는 데 기반이 되었다고 할 수 있다(김승현, 1997, 35-42).

4. 의식화와 조직화 두 이론의 비교분석

지금까지 프레이리의 의식화 이론과 알린스키의 조직화 이론을 살펴보았다. 이 두 이론은 민중의 참여를 통한 사회의 변화라는 측면에서 핵심이 되는 요소, 이론, 방법이라고 할 수 있다(Castells, 1986, 7). 두 이론은 남미와 북미에서 각각 만들어지고 발전됐지만, 아시아, 아프리카, 유럽 등지에 소개되고 전파되면서 알린스키-프레이리 모델로 진전하였다. 특히 아시아의 공동체 조직 운동, 빈민 지역 운동 그리고 아프리카의 '행동을 위한 변혁'(transformation for action) 등에는 직접적인 운동 모델로 자리 잡았다. 이 두 이론은 많은 공통점을 가지고 있기도 하지만 철학적 측면에서부터 방법·전략적인 측면까지 많은 차이점도 가지고 있다.

하이랜더교육센터(Highlander Research and Education Center)의 창시자인 호튼과 알린스키의 논쟁은 두 이론의 차이들을 대변해주는 내용이기도 하다. 호튼은 알린스키의 조직화론이 이슈를 해결하는 목표를 달성하는 결과에 초점을 둔다고 보고, 민중교육은 인간의 성장에 초점을 맞추는 과정임을 강조하면서 두 이론의 차이점을 강조하고 있다(Freire & Horton, 1990, 150-152). 프레이리는 조직화를 통한 교육의 가능성을 부인하지는 않는다. 하지만 프레이리의 의식화 이론 역시 끊임없는 인간화 과정에 초점을 맞추는 것으로 파악하면, 그 경향은 호튼의 입장에 더 가깝다고 할 수 있다. 또한 두 이론은 북미와 남미 곧 제1, 3세계라는 현실 토대의 차이를 가지고 있다. 비슷한 시기에 발전하고 여러 지역으로 전파가 되었지만 그 이론이 토대를 둔 사회현실과 문제 그리고 해결방법에서 차이를 보일 수밖에 없었을 것이다.

이와 같이 두 이론이 결합해서 하나의 모델이 되는 데는 서로 통할 수 있는 많은 유사점 또는 서로를 보완할 수 있는 점들을 가지고 있기 때문에 가능했을 것이다. 그래서 두 이론을 인간과 사회변화에 대한 관점 그리고 실천의 전략(방법, 모델, 실천과정), 교육가/조직가의 역할들을 중심으로 두 이론들을 비교해 보고자 한다. 먼저 간략하게 표로 정리해보면 다음과 같다.

주제	프레이리의 의식화	알린스키의 조직화
인간관	변화가능성의 존재	현실적 존재
변화가능성	낙관적	낙관적
계급에 대한 입장 (또는 주체)	피억압자 (계급적 입장)	무산자 (비계급적 입장)
당시대의 사회	폐쇄사회	개방사회, 열린 사회, 민주주의
사회관	변증법적	실용주의, 현실주의적
사회문제의 원인	자본주의, 계급의 문제	관료제, 파시즘
사회변화의 과정	인간화 과정, 영속적 과정	지역이슈의 해결과 대중조직화
사회변화의 동력	프락시스, 대화, 민중의 힘	시민의 직접적 참여
주요전략, 방법	교육적 방법, 교육적 성찰, 행동	힘의 조직화, 주민리더십

주제	프레이리의 의식화	알린스키의 조직화
문화에 대하여	적극적	소극적
주요 실천영역	문해교육	도시 지역사회 조직
지역성	약함, 농촌지역에 강점	강함, 도시지역에 강점
주체	민중 (자생성에 초점)	무산자+중산층 (현대인, 자유인)
모델링	행동-성찰-행동의 순환과정, 뚜렷한 모델링이 없음	우산조직을 통한 연합
지식인(선구자)의 중요성	중요 (교사)	중요 (조직가)
지식인의 역할	촉진자, 유기적(혁명적) 지식인	촉진자, 이후 조력자
지식인의 전문성, 요건	호기심, 문화적 감수성…	조직가의 덕목들
지식인-민중관계성	밀접	단계별 변화
종교의 문제	해방신학, 강한 영향	현실적 교회에 기반, 조직화의 수단

두 이론을 비교해본다면, 먼저 인간의 변화가능성에 대한 낙관적인 입장을 가지고 있다. 두 이론 모두 현실에서 피억압자와 무산자들이 의식의 왜곡, 절망, 체념, 숙명론 등을 가지고 있지만, 프레이리는 자유와 해방을 위한 끊임없는 투쟁을 통해서 그리고 알린스키는 힘을 기반으로 한 공동체 조직의 참여를 통해서 사회의 주체가 될 수 있고 사회변화의 동력으로 발전할 수 있다는 희망적(낙관적) 관점을 가지고 있다(Facondo, 1984). 또한 민중 주민 스스로가 문제 해결의 주체가 되어야 한다는 생각에서도 동일한 관점을 가지고 있다. 이러한 인간에 대한 믿음은 직접적인 행동과 대중교육을 중요시한 점에서도 드러난다고 할 수 있다.

그리고 의식화에서는 혁명적 지식인이, 조직화에서는 뛰어난 조직가와 같은 민중들을 촉진하는 기존의 상태에 균열을 내는 행위자, 매개자, 촉진자의 역할로 큰 비중을 차지한다.

마지막으로 두 이론은 모두 기독교에 기반하고 있다. 두 이론이 아시아와 같은 제3세계로 전파되고 지원될 수 있었던 배경에는 진보적 기독교 집단의 영향이 컸으므로, 종교와 밀접한 상관관계를 가지고 있었다고 볼 수 있다. 프레이리는 해방신학에 영향을 주고받을 정도로 강한 유사성·상관관계를 보인 데 비해 알린스키의 경우는 교회를 지역사회 조직의 강한 거점·통합체라는 수단으로 사용하는 경향이 강하다(노정선, 1975, 143-144).

하지만 두 이론은 유사점에 비해서 차이점을 더 크게 가진 것으로 보인다. 우선 프레이리와 알린스키가 사회와 세상을 바라보고 문제의 원인들을 어떻게 파악하는지에 대한 관점에서 가장 큰 차이를 보이고 있다. 먼저 프레이리는 마르크시즘에 근거해 계급적이고 구조적인 관점에서 사회를 분석하고 있다. 그에게 현 사회의 문제는 자본주의라는 생산체제 내에서 피억압자와 억압자의 관계이고 그 속에서 일어나는 인간의 억압과 비인간화가 문제이다. 하지만 알린스키의 경우 실용적인 관점에서 현실을 있는 그대로 보려고 하는 입장이 강하다(Facondo, 1984). 그는 또 사회 문제를 관료제로 인한 민주주의의 파괴, 대중의 참여 배제로 인식하고 문제의 해결방안 또한 대중의 참여로 민주주의의 본질을 회복하는 것이다.

그래서 프레이리에게서 근본적인 문제 해결은 끊임없는 인간화 과정으로 나타나며, 계급, 인종, 성의 문제와 같은 사회구조적인 부문들과 계속 만난다. 하지만 알린스키의 경우는 주민 대중들의 현실적 필요성(집합수단)으로부터 출발하여 계속해서 이슈를 만들어가는 이해공동체이기 때문에 현실문제의 근본적인 원인에 대해서는 질문을 던

지지 않는다고 할 수 있다. 물론 알린스키가 더 큰 이슈와 문제들로 나아가야 한다고 했지만 현실에서 잘 실행되지도 못했고 초점 역시 구조적 문제의 해결보다는 주민들이 더 큰 장에 참여하여 민주주의를 회복해야 하는 것에 있었다. 이는 두 이론가가 각자가 속해 있는 사회를 분석하면서 폐쇄사회, 열린 사회로 각각 분석한 것과도 연관이 있는 것이다. 알린스키에게 미국 사회는 헌법에 참여와 인권이 보장되어 있고 기독교 백인 남성이 중심이 되어 국가를 세웠기 때문에 불평등이 있음에도 불구하고 사회의 지향점은 이미 열려 있다고 판단하는 것이다.

둘째로 실천 영역과 방법의 차이를 들 수 있다. 프레이리는 문해교육을 중심으로 한 민중교육 영역에 강한 영향을 주었다. 그리고 주 현장은 남미와 아프리카와 같은 농촌을 중심으로 한 제3세계 국가였다. 이와 반대로 알린스키는 지역사회 조직화라는 유형의 조직과 공동체를 만드는 영역에 영향을 끼쳤고, 지역성이 매우 강하며 주로 도시지역에서 활발히 시도되었다. 프레이리의 경우에는 대화, 생성어, 생성주제, 코드화와 같은 방법론이 있기는 하지만, 이것은 의식화의 요소들이라고 할 수 있고 특별한 구체적 모델을 가지고 있지는 않다. 하지만 알린스키의 경우는 우산 지역 연합 모델이라고 하는 구체적 유형의 모델을 가지고 있다. 이는 카스텔로가 이야기했듯이 그리고 프레이리의 비판에서 보았듯이, 프레이리의 이론이 사회의 현실적 문제를 해결하는 데 취약점을 가지고 있는 반면에 알린스키는 구체적인 이슈와 타깃 그리고 구체적인 조직 형성을 통한 문제 해결이라는 강점을 가지고 있는 것이다.

셋째로 두 이론은 모두 조직가, 교육자의 역할에 중요성을 두었다. 하지만 민중과의 관계성이나 필요한 역량에 대해서는 약간의 차이를 보인다. 프레이리에게 교육가는 혁명적 지식인이다. 대중을 교조적으로 선동하는 것은 아니지만, 계속해서 민중·사회의 변화와 현실들을 읽고 적극적으로 개입하는 사람이다. 알린스키에게서도 조직가는 초기 문제를 제기하고, 선동하고, 투쟁을 일으키는 사람이기는 하지만, 일단 이슈와 주민지도자를 세우면 조직가는 철저히 지원의 입장에 서서 지원한다. 또한 조직이 형성되면 조직가는 떠나기도 한다. 그래서 알린스키의 조직가에게는 이슈, 초기 공동체의 해체, 과감한 전략과 전술에 필요한 역량들이 요구된다. 이와 달리 프레이리의 교육가에게는 호기심을 일으키고 계속 질문을 던지고 새로운 시각이 생길 수 있도록 조력하는 문화적이고 창조적인 역량들이 더욱 요구된다. 지식인(선도자)이 침묵의 문화, 무기력의 상태를 깨트리고 민중들이 주체로 설 수 있게 하는 역할과 의미에서는 동일하지만 민중들과 어떤 관계를 가지느냐에는 차이점을 보인다고 할 수 있다.

카스텔로와 스목은 두 이론의 다양성과 강·약점에 더 주목한다. 카스텔로는 참여적 변화 모델(Participatory Change)이 공동체 조직화, 민중교육, 참여적 개발 이 세 영역의 영향으로 만들어졌다고 말한다. 이어 CO는 풀뿌리 멤버들을 가능성 있는 멤버들로 만들고 그룹형성, 계획, 만남 촉진, 공동체 행동을 성취해내는 강점이 있는 반면에 이슈에 대한 승리에 초점을 맞추다보니 개인적 학습·참여를 소홀히 하고, 더 넓은 사회문화적 정치경제적 맥락을 분석하는 것에 상대적으로 부족하다고 주장한다. 반대로 민중교육은 경험을 통한 학습, 대화적 그룹과정, 비판적 인식을 증진시키는 데 유용해 사람들의 지혜와 생각들을 끌어내는 데 강점을 가지고 있다. 이에 반해 문제들을 해결하는 프로젝트를 계획하고 실행하는 지침을 주기에는 덜 효과적이라고 한다. 그래서 공동체 기반 그룹이 있을 경우에 아주 유용하지만 민중교육 자체로 풀뿌리 그룹을 건설하기는 어렵다고 말한다. 그래서 변화적 행동을 위해서는 이 두 요소가 결합된 새로운 모델이 필요하다고 주장한다(Castelloe, 2002, 8-10).

스목 역시 알린스키의 권력기반 모델이 실질적인 문제의 해결과 민중의 리더십을 개발하는 데는 가장 성공적인 반면 리더 이외의 사람들은 배제되기가 쉽다고 말한다. 반대로 프레이리에 기반을 둔 변혁 모델은 정치경제적 패러다임에 반기를 들며 대중교육과 성찰을 통한 비판적 인식능력을 고양시키는 것에 효율적이지만 주로 중산층과 지식인이 대상이 경우들이 많고 생계에 골몰하는 사람들을 조직하기에는 어렵다고 말한다(Smock, 2004, 109-118, 125-134). 이와 같이 두 이론은 참여, 정의, 공동체 조직, 행동(실천), 풀뿌리, 민주주의, 지식인의 중요성과 같은 용어(가치)들을 공통적으로 사용하고 있는 사회변화 이론이라고 할 수 있다. 하지만 계급, 정체성, 문화, 힘(power), 윤리와 같은 질적 요소들에서는 상반되거나 갈등을 일으킬 수 있을 만한 부분들을 동시에 가지고 있다고 할 수 있다.

앞의 두 이론을 고유한 체계로 놓고 비교하는 관점과 달리 상대방의 이론(영역)을 자신의 스펙트럼으로 비춰보거나 서로의 접목을 시도하는 관점도 있다. 빈(Veen)은 공동체 개발(community development) 과정이 대안적인 교육과정을 지향한다고 분석하면서 교육을 훈련으로서의 교육(education as training), 의식화로서의 교육(education as consciousness-raising), 서비스 이행으로서의 교육(education as service delivery)으로 분류한다. 훈련으로서의 교육은 행동을 위한 학습과 훈련으로 공동체 리더에 의해서 진행되는 것이며, 의식고양으로서의 교육은 행동에 따른 토론 그룹을 조직해 역사, 관계, 구조, 영향들을 배우는 것을 말한다. 마지막으로 서비스 이행으로서의 교육은 생존을 위한 교육으로 분류하면서 공동체 개발이라는 대안적인 활동, 학습에 기여할 수 있다고 주장한다(Veen, 2003, 581). 즉 공동체 개발, 공동체 조직화 과정 내에 포함된 교육적 과정을 명시화한 것이라고 할 수 있다. 델라니(Delaney)도 빈의 분석에 기반하여 CO운동에서 비형식 교육이 어떻게 접목 가능한지를 탐색하고 있다(Delaney, 2010, 11-13).

교육적 관점에서 조직화와 같은 사회운동(행동, 실천)을 분석하려 하거나 혁명적 지식인의 개입보다는 학습자의 실질적인 참여와 실천을 통한 급진적 학습을 모색하는 연구들도 있다. 핑거(Finger)와 아선(Asun)은 프레이리의 이론이 교사(애니메이터)의 역할이 중요시되는 계몽주의적인 문제를 가진다고 비판하면서 참여행동연구(PAR)를 대안적 개발이나 구체적인 지역사회 문제 해결 방법론으로 제시하고 있다(Finger & Asun, 2001). 또한 카스텔로도 의식화와 조직화의 통합적 과정을 통해서 외부적 변화행위자 접근이 아닌, PRA(Participatory Rural Appraisal)를 통해서 그 지역의 사람들이 연구자, 계획자, 행위자, 풀뿌리 리더로 변화하는 방법을 제시한다(Prokopy and Castelloe, 1999, 217-219).

폴리(Foley) 역시 투쟁에서 학습이 어떻게 일어나는지에 대한 파악이 중요함을 강조하면서, 사회운동이 일어나는 원인, 운동이 일어나는 맥락, 미시정치적 상황, 실천투쟁과 학습과의 연관성 등에 대해서 면밀한 분석이 필요하다고 주장한다(Foley, 1998). 홀(Hall)은 사회운동학습이론(Social Movement Learning)을 통해서 사회운동 내부에 참여하는 사람들이 비형식적으로 학습하는 것 그리고 사회운동 외부에 있었던 사람들이 일어난 사회운동에 대한 학습을 통한 변화가능성을 제시하고 있다(Hall, 2006). 이러한 시도들은 프레이리와 알린스키의 이론이 가지고 있는 서로의 강점·약점들을 받아들이면서 교육적 입장에서 조직화를 그리고 조직화 입장에서 교육을 재해석하고 심화시키고 통합하려는 시도들이라고 할 수 있다.

이상으로 프레이리의 의식화 이론, 알린스키의 조직화 이론을 각각 살펴보고 두 이론을 유사점과 차이점 그리고 접목 가능성을 알아보았다. 두 이론 모두 1960-1970년대를 넘어서면서 민중교육과 공동체 조직화 실천에서 중심적인 철학적 방법적 이론으로 자리 잡았다. 하지만 이론적 탐색과 실천적 적용 과정을 거치는 것과 함께 혁명운동의 쇠퇴, 신자유주의와 같은 사회조건의 변화로 인해 새로운 성찰을 해야 하는 시점에 와 있다고 할 수 있다. 또한 두 이론이 각기 다른 사회적 맥락과 철학적 전통을 가졌지만 다른 이론과 실천들과 접목되면서 다양한 주제와 담론들을 만들어냈다. 이론이 정립되고 실천으로 적용되는 시점에서 자기완결성이 강했지만 현장에서는 복합적으로 진행되며 서로의 섞임을 통해서 두 과정이 변증법적으로 서로 결합되고 성찰해야 할 부분이 있음을 확인하게 되었다고 할 수 있다.

2부

한국 CO운동에서
의식화와 조직화의
만남과 전개

I. 한국 CO운동의 소개

한국 사회에서 CO운동은 낯선 개념이다. CO운동은 40년이 넘게 지속이 되었다고 할 수 있지만, 그 명칭은 1970년대 민중선교, 1980년대 도시빈민운동 그리고 1990년대를 지나면서는 (지역) 주민운동으로 변화·발전해왔다. 뒤에서 좀 더 자세히 설명하겠지만, 한국의 CO운동은 특정 주체를 의식화·조직화하는 방향성을 강하게 가지고 있었는데(이는 한국 사회운동의 특징이기도 하다), 그 역사에서 볼 수 있듯이 민중, 빈민, 주민들을 의식화·조직화하는 운동이라고 광범위하게 이해할 수 있다. 특히 소위 '달동네'라고 불리던 가난한 사람들이 집단적으로 모여 사는 지역에서 전개된 활동이었다. 그래서 한국의 CO운동은 가난한 사람들과 함께하는 운동이고, 지역성을 강하게 띠며, 주거로부터 시작해 소비, 문화, 교육, 복지, 생활, 경제, 정치 등을 포괄하는 종합적 운동이라고도 할 수 있다. 그리고 지역의 주민들이 주체가 되어 아래로부터 만들어간다는 측면에서 풀뿌리 운동이기도 하다. 한국 CO운동의 뼈대는 알린스키의 지역조직화론에서 왔다고 할 수 있는데, 가난하고 힘없는 사람들 속으로 조직가가 들어가 주민들을 조직화할 수 있는 이슈와 주민 리더 그룹을 파악하고, 이슈 파이팅 과 과정에서 리더 그룹 형성과 확장을 통해 주민 중심의 조직을 만들고 지역사회를 변화시켜가는 것이라고 정리할 수 있다.

한국의 CO운동은 처음부터 자신들의 정체성을 CO운동이라고 일

컸지는 않았다. 여러 이론들과 실천들을 더해가면서 CO운동으로 형성해갔다고 할 수 있다. CO운동은 또한 당시의 정치경제적 상황 속에서 가난한 주민들과 어떻게 함께 할 것인지, 주민들이 어떻게 삶의 주체로 설 수 있을 것인지에 대해서 여러 이론과 전략들을 검토했다. 그래서 한국 CO운동의 분석에서는 당시의 정치경제적 상황과 함께 가난한 사람들(도시빈민)의 상황들을 먼저 검토해야 한다. 이와 함께 당시의 CO운동에 배경이 되고 영향을 주었던 여러 이론·전략들을 함께 검토해야 한다. 한국 CO운동은 아시아 CO운동과 같이 1970년대 알린스키와 프레이리의 영향과 수용으로부터 출발하였다. 1980년대에는 민중신학과 민중운동론의 영향 속에서 도시빈민운동으로 변화했다. 그리고 형식적 민주화가 이루어진 1990년대는 지역운동론을 중심으로 한 주민운동으로 변화되어갔다고 할 수 있다. 알린스키와 프레이리의 영향으로부터 출발한 한국의 CO운동은 중심 전략을 조직화와 의식화로 정리하였다. 그리고 현재까지도 조직화와 의식화를 주요한 전략으로 유지하고 있다. 그래서 이 책 2부에서는 한국 CO운동의 역사를 조직화와 의식화 전략을 중심으로 분석하고자 한다. 1970년대 이후 각 시대별로 정치, 사회, 경제적 상황과 함께 가난한 사람들(빈민)이 어떤 상황 속에 있었는지를 먼저 분석하고 그 후 CO운동 실천의 역사를 살펴보고자 한다. CO운동의 역사는 주로 당시 활동가(조직가)들이 진행한 실천과 그 과정에서 생산한 문헌을 중심으로 살펴볼 것이다. 이 활동의 역사 속에서 조직화와 의식화라는 전략을 어떻게 세우고 실천 활동을 펼쳤는지 가난한 사람들과 어떤 방법과 내용으로 함께했는지를 살펴보고자 한다. 특히 의식화와 조직화 전략이 서로 어떻게 영향을 주고받으면서 맞물려가는 동학(動學)에 초점을 맞춰보고자 한다. 이 역사에 대한 고찰을 통해서 한국의 CO운동에서 교육과 사회운동이 어떻게 만나는지를 교육적 관점에서 바라보고자 한다.

한국 CO운동의 두 전략 중 조직화 전략은 크게 두 가지 활동을 중심으로 살펴 볼 것이다. 첫째는 지역사회 이슈나 문제를 중심으로 집단적 저항을 조직하는 과정이다. 한국의 CO운동은 주로 빈민 밀집지역에서의 주거에 대한 권리를 획득하려는 활동을 중심으로 진행되었다. 이는 1970년대 이후 도시빈민의 형성 자체가 농촌을 떠나 도시로 대거 이주하는 과정에서 발생했고, 이로 인해 대단위의 무허가 주거단지가 형성되었으며, 특정 시점부터 주거단지에 대한 철거와 이에 저항하는 투쟁이 발생했기 때문이다. 또 다른 하나의 활동은 빈민 밀집지역에서 이루어진 공동체 형성 활동이라고 할 수 있다. 한국 CO운동은 가난한 사람들의 저항을 조직하는 것을 넘어 새로운 (대안적) 공동체를 만드는 활동을 꾸준히 진행했다. 빈민 밀집 주거지역 속에서 주민들을 만나가 위해 다양한 활동을 전개했으며 프로그램의 수준을 넘어서서 주민이 중심이 되는 공동체를 만들려 했다. 또한 복음자리, 한독마을, 목화연립, 송학마을 등으로 이어지는 시도는 철거지역을 떠나 새로운 정착지를 통해 공동체 마을을 형성하려는 시도이기도 했다. 이와 같이 한국의 CO운동은 조직화 전략 속에서 이슈를 통해 주민들의 저항·분노를 조직하고 대안적인 공동체를 만드는 데 중점을 두고 활동을 해왔다고 할 수 있다. 한국 CO운동에서 의식화 전략은 조직화 전략과 달리 구체성을 띠고 있지 못하다. 주요한 순간마다 의식화에 대한 논의와 시도들이 있었지만 일관된 흐름과 연속성을 가진 것처럼 보이지는 않는다. 이에 대한 이유는, CO운동의 역사적 전개과정 속에서도 살펴보겠지만, 의식화 전략이 집단적 투쟁, 공동체 형성 과정 등에 배태되어(embedded) 있기도 하고 한국 사회에서 '의식화'라는 용어나 실천이 정치적 탄압으로 굴절되어 사용되면서 이 용어보다는 좀 더 광범위한 '교육'이라는 담론을 중심으로 다양한 활동을 진행했기 때문이다. 그래서 의식화 전략에 대한 활동 내용과 분석은 조직화 과정에서 진행된 여러 학습활동(이슈나 공동체에 대한 교육, 조직가나 주민지도자에 대한 교육)과 함께 지역에서 주민들이 참여한 다양한 교육적 형태를 띠는 활동들을 함께 살펴보고자 하다.

이 책의 한국 CO운동에 대한 분석에는 여러 가지 한계들이 있다. 먼저 CO운동의 역사를 서술하는 데 활동가들의 문헌에 의존한 것이다. CO운동의 성과와 역사는 조직가의 역사이기도 하지만, 그보다 더 중요한 것은 실제 가난한 사람들의 삶과 실천의 역사라는 점이다. 조직화와 의식화의 전략이 어떻게 진행되었고 실질적 성과가 있었는지를 알기 위해서는 실제 가난한 사람들의 삶과 의식의 변화를 보아야 한다. 하지만 이 책에서는 그 부분까지는 보지 못했다. 그것은 이 책의 성격이 활동가들이 의식화와 조직화라는 전략을 개발하고 활동했던 일에 초점을 맞추기 때문이고, 또 아직 한국 사회에서 가난한 사람들에 직접적인 삶과 목소리에 대한 연구, 조사, 복원 작업이 부족한 까닭이기도 하다. 가난한 사람들의 시각에서 이루어지는 CO운동에 대한 전개와 평가는 추후 소중한 과제로 삼을 수 있을 것이다.

또 하나의 한계는 CO운동의 역사를 서울과 그 인근이라는 특정 지역을 중심으로 분석한 것이다. CO운동은 도시에서만 진행되지는 않았다. 아시아 CO운동의 경우 도시에서도 활성화되었지만 농촌지역에서도 활발히 진행되었다. 한국의 경우도 CO운동이라고 칭하지는 않았지만 농촌지역에서의 농어촌선교, 가톨릭농민회(공동체) 운동과 같은 조직화 활동도 존재했었다. 하지만 한국의 급속한 산업화·도시화는 농어촌보다는 대도시를 중심으로 조직화 운동이 전개될 기반을 제공했다. 그래서 이 책 역시 도시의 CO운동에 초점을 맞추었다. 특히 서울이라는 대도시를 중심으로 한 연구 작업이라고 할 수 있다. 이는 한국적 상황의 반영이기도 한데, 급속한 경제발전과 사회변화로 전체 인구의 1/4이 서울에 살 정도로 사회경제적 집중도가 높았다. 부산, 인천과 같은 대도시와 함께 수도권에서도 CO활동이 있었지만, 이 책에서는 그 부분들을 담는 대신 서울이라는 큰 도시를 중심으로 CO운동의 모델, 전략과 그 변화과정을 서술하는 데 초점을 맞추었다.

II. 1970년대 한국의 CO운동

1. 1970년대 정치, 사회, 경제적 상황: 농촌을 떠나 도시로, 도시로…

한국의 CO운동은 박정희 독재 정권 체제가 한창이던 1960년대 말부터 시작되었다. 박정희 정권은 정치적으로는 이승만 정부의 반공 정책을 이어받아 사회 통제를 강화해나갔다. 그리고 1962년부터 '제 1차 경제개발 5개년 계획'을 통해 본격적인 경제성장 정책을 추진해 나가기 시작했다. 베트남전 파병과 굴욕적인 한일협정을 통해 국외의 힘을 빌린 초기 자본축적은 7%라는 기록적인 경제성장률을 가능하게 했다. 박정희 정권은 이어지는 2차 경제개발 계획(1967~1971년)을 통해서 본격적인 대외 지향적, 수출 산업 중심의 공업화를 추진한다. 서울의 대도시화와 도시빈민층의 집중적인 형성은 이 시기에 진행되 었다(기사연, 1987, 11-14). 박정희 정권의 경제정책은 수출 중심의 기간산업을 육성하는 불균형 성장 전략에 기반했기 때문에 산업 간, 계층 간 불균형과 격차를 확대시킬 수밖에 없었다. 주로 외자를 통해 서 압축적인 산업화를 추진했기 때문에 수출 산업에는 여러 특혜를 주 는 반면 생산비용을 절감하기 위해 노동자들에게는 낮은 임금을 유지 하려 했다. 또한 제조업에 대한 집중 투자와 저임금 정책의 유지를 위 해 저곡가 정책을 썼고, 그 결과로 농업은 점차 등한시되고 농촌은 자 연스레 피폐화되어갔다.

박정희 정권의 불균형 성장 전략으로 인해, 1960년대 후반 대규모 이농 현상이 일어났다. 농촌의 많은 사람들이 일자리를 위해 도시로, 특히 서울로 이동하기 시작했다. 1960-1970년대에 서울로 향한 대규모 인구 이동은 전 세계적으로 전례가 없을 정도로 규모가 컸다(김수현, 2007, 12). 1960년에서 1965년까지 서울의 인구증가율은 6.5% 정도였는데, 1966년에서 70년까지의 인구증가율은 평균 9.4%로 급증했다. 또한 1960년대 전반기의 총인구 증가의 58%, 후반기의 81%는 순이입 인구였다(김형국, 하성규, 1998, 235). 지방의 농민들은 일자리를 위해서 서울(70%)이나 인천으로 이동하기 시작했고, 이로 인해 서울은 과밀 도시, 최저 생활 도시가 되었다(기사연, 1987, 14).

박정희 정권은 5.16 군사쿠데타를 통해 폭력으로 정권을 수립했고, 굴욕적인 한일협정, 베트남 전쟁 등 지식인들과 국민들의 반대에도 불구하고 이에 대한 저항을 무력으로 탄압하며 정권을 유지하려했다. 급속한 산업화 속에서 노동자들의 착취, 탄압이 진행되었는데 1970년에 일어난 노동자 전태일의 분신 사건은 폭력적 정권과 열악하고 비인권적인 노동자의 상황을 만천하에 알리는 계기가 된다. 전태일의 분신을 계기로 민주화와 노동자의 인권을 수호하기 위한 운동이 거세게 일어났다. 이에 대해 박정희 정권은 1972년 유신헌법이라는 반민주적 헌법의 개정을 통해서 계엄령을 선포하고 장기 독재의 발판을 마련하게 된다. 계엄령의 선포와 함께 긴급조치라는 무력권을 동원해 당시 독재에 반대하는 여러 운동 세력들을 탄압하게 된다. 이렇듯 1970년대는 독재 정권으로 인해 사회 전체가 무력과 탄압 속에 노출되었고 자본가들의 초기 축적을 통해서 급격하게 경제개발을 추진하려는 정책으로 인해서 농민들은 농촌을 떠나 대도시로 모여들고 노동자들은 저임금과 열악할 노동조건 속에서 일할 수밖에 없었다.

　과거에도 도시에서 가난한 사람들, 도시빈민이 없었던 것은 아니다. 조선 후기부터 농촌의 빈농들이 서울로 이주하기 시작했는데 일제 시대까지 땅을 파고 허술한 움막을 치는 토굴(土窟), 토막(土幕) 형태의 주거형식이 등장하기 시작했다(전남일, 2011, 193). 그리고 해방 이후에는 한국전쟁을 겪으면서 피난민, 이농민이 존재했었다. 그런데 1960년대 후반부터 나타난 도시빈민 그리고 도시빈민들의 집단적 불량 주거지역은 과거와 달리, 급속한 산업화·도시화에 의해서 구조적으로 발생했다는 점에서 이전과는 달랐다(이소정, 2006, 174). 해방 이후 정부는 농산물 대량 수입 정책과 농산물 저가 정책을 계속 유지했고 농민들은 소농으로 전락하거나 농가 부채의 누적, 토지 상실로 인해 영세한 구조를 피할 수가 없었다(정동익, 1985, 48). 그래서 농민들은 도시로 압출(壓出)되기 시작하는데 경제개발이 본격화되면서 1962년에서 1972년 10년 사이에 700만 명의 농민이 도시로 이주하게 된다(정동익, 1985,55). 서울의 빈민 밀집 지역의 대부분이 농촌 출신이었으며(봉천동 87, 동부이촌동 70, 송정동 61, 사당동 94%), 44.2%는 초등학교 정도의 교육 수준이었다. 그래서 대부분이 단순노동, 행상 노동, 품팔이, 공원 미장이와 같은 직종에 종사할 수밖에 없었고 실업률도 15%에 달했다(기독교대한감리회 선교국, 1982, 32). 이러한 이농민들의 대부분은 하천변이나 공원 부지에 천막을 치거나 판잣집을 만들어서 거주할 수밖에 없었고 정부에서는 급속하게 늘어나는 불량 주거지를 통제하기 위해 집단 이주정착지를 조성하게 된다.

　집단 이주정착지라는 이름으로 진행된 집단적 불량 주거지역 사업은 1958년 미아리 정착지 조성으로 시작되었다. 이 사업은 1972년까지 48,718동의 64,140가구, 인구로는 30만 명을 98개 지구, 930만

평에 정착시켰는데, 이들 지역은 공원, 임야(54%), 하천, 제방(18%)으로 주거용지는 20%에 불과했다(김형국, 하성규, 1998, 237). 이러한 방식은 빈민들의 생활에 대한 고려는 거의 없었기 때문에 실업을 면할 수 없었고 주거개발에 드는 비용까지 감당해야 하는 이중적 부담을 져야했다. 그래서 정착과 이주를 계속 반복해야 하는 상황에 놓일 수밖에 없었고 빈민들도 자신들의 힘만으로 새로운 주거지를 찾아나서야 했다.

도시빈민들의 이농 이유 중 가장 큰 영향을 준 것은 일자리였다. 그래서 도시에서 빈민들의 주거지역은 일자리 접근이 용이한 도심 주변으로 형성되었다. 도심 내 하천주변인 청계천이나 면목동, 상습 수해지역인 이촌동 일대 그리고 도심주변의 야산이나 구릉지 등의 지역들에 집단적 빈민들의 주거지가 형성되었다. 1970년에는 얼기설기 지은 소위 '판잣집'이라 불리는 주택이 18만 7,500동이나 되었다(기사연, 1987, 14). 이농해온 빈민들은 개발이 되지 않은 국공유지에 아무런 허가 없이 임시로 거주할 수 있는 집을 지었다. 집은 천막이라는 간단한 형태부터 판자나 블록을 이용하는 집까지 다양했으며 지붕은 주로 루핑이라는 재료를 사용했다. 이런 집들은 튼튼한 구조를 가질 수 없었으며 특히 불에 취약해 판자촌 지역에서는 수시로 큰 화재가 나기도 했다.

이런 무허가 건물 지대는 1961년에서 1969년 사이 8년 만에 5배로 증가했으며, 1966년 무허가 건물에 거주하고 있는 인구는 서울시 인구의 3분의 1에 해당하는 127만 명으로 어마어마한 수준이었다(김수현, 2007, 16-17). 이농해온 도시빈민들은 특별한 기술들을 가지고 있지 않았기 때문에 비숙련 임시 노동자이거나 반실업의 상태일 수밖에 없었다. 최협의 『판자촌 일기-청계천 40년 전』에는 1960년대 후반부터 청계천 일대에 자리 잡기 시작한 판자촌 주민들이 서울로 오게된 과정과 일상들이 잘 나타나 있다.

1969년 4월 3일(목요일)

이 지역은 얼마 전까지만 해도 사람들이 살지 않던 곳이다. 그러던 것이 청계천 상류 쪽에서 철거 작업이 시작되면서 사람들이 이주해 오기 시작하였다. 그러므로 이곳의 초기 이주자의 대부분은 청계천 상류에서의 철거민들이었다. 판자촌의 거주자는 대부분 세 들어 사는 사람들이어서 전출입이 잦고 따라서 이 지역에 사는 주민의 숫자를 정확히 파악하는 일은 매우 어려운 일이다.

4월 5일(토요일)

나는 오늘 김 씨 성의 목수(58세)를 만났다. 그는 한 때 마장동 철교 부근의 판자촌에서 4년 동안 살았다. 그는 충북 제천에서 태어났으나 강원도 인제에서 오래 살았다. 6.25 후 미군이 주둔하던 인제에서 김 씨는 미군부대의 목수로 14년간 일했다. 5년 전 그는 인제에서의 생활을 청산하고 새로운 직업을 찾아 서울로 왔다. 처음에는 왕십리에서 1년간 살다가 마장동으로 옮겨 왔다. 김 씨가 4년 전 마장동으로 왔을 때에는 둑방에는 단지 몇 채의 집만 있었는데 서울시에서 청계천 상류의 판잣집들을 철거하기 시작하자 철거민들이 옮겨 오기 시작했다.

4월 10일(목요일)

나는 작년에 심한 가뭄을 겪은 전북 남원에서 1년 전 상경한 두 청년을 만났다. 그들은 한 달에 3천 6백 원을 주기로 하고 방을 하나 얻어 자취를 하면서 시멘트 블록을 만드는 공장에서 일당 6백 원씩을 받고 일하고 있었다. 그들은 처자를 고향에 두고 왔기 때문에 돈을 좀 벌면 적당한 시기에 귀향하려고 하는데, 돈을 모으는 일이 생각보다 어려울 것 같다는 걱정을 했다. 저녁에 그제 들렀던 막걸리집을 들여다보았더니 세 사람이 술을 마시고 있었는데, 그들 모두가 남원에서 온 사람들이었다. 집주인이 남원 사람이니 고향 출신 손님이 많은 모양이다.

(최협, 2012).

도시를 향한 대규모 인구이동과 대단위 불량 주거지 형성을 정부가 모르고 있지는 않았지만, 국가로서도 대량의 저임금 노동자가 필요했기 때문에 빈민들이 정착하는 초기에는 정책적 대응을 하지 않았다. 또한 1950년대 전쟁으로 인한 대량의 이재민, 월남민들이 존재했기 때문에 강제적인 정책들을 펼치지는 못했다. 하지만 이농민의 수와 그들이 차지하는 불법 주거지역이 급증하면서 정부에서도 단속을 개시했고, 1960년대 후반 대도시에 대한 본격적 개발 작업에 착수하기 시작했다. 1966년에 부임한 김현옥 서울시장은 도로정비, 입체고가 설비, 여의도 중심의 한강개발, 강남택지 개발 등을 공약으로 내놓고 서울시 예산의 50%를 도시계획에 사용하겠다고 공언했다(김수현, 2007, 21). 이러한 상태에서 많은 재정이 필요했고 여러 지역에 있던 판자촌은 개발계획에 걸림돌이 될 수밖에 없었다. 이런 와중에 1966년 여름 큰 홍수로 인해서 한강변의 무허가 건물들이 유실되고 이재민이 대거 발생하면서 무허가 정착지에 대한 본격적 대응이 시작된다.

1960년대 후반과 1970년대 초반 정부의 빈민 밀집지역에 대한 정책은 크게 세 가지로 나눌 수 있다. 첫째는 무허가 건물을 양성화하는 정책으로 국공유지를 합법화하고 자재비를 보조해서 건물을 보수하는 정책이다. 하지만 이 정책은 현실적으로 주민들이 토지를 매입할 수 있는 비용과 건물을 제대로 지을 수 있는 여력이 없었기 때문에 정책 초기에 실패하게 된다.

둘째는 '시민아파트 건립정책'으로 1967년부터 1981년까지 금화동(최초 시민아파트, 금화아파트), 응암, 효창, 와우, 응봉 등의 지역에 있는 78만 평에 해당하는 판잣집들을 철거하고 8평형, 5층으로 9만 채의 아파트를 건설하는 정책이었다(이소정, 2006, 175-176; 도시빈민운동사, 작자·연도 미상). 시민아파트는 입주금 없이 각 가구당 연간 20만 원씩(매월 22,000원 납부) 15년 동안 분할상환하되 입주자가 내부공사는 책임져야 하는 형태였다. 이 역시 대부분의 철거민들이 감당할 수 없었기 때문에 70%의 사람들이 중산층에게 전매를 하고 다른 판자촌으로 이주할 수밖에 없었다. 여기에 1970년 4월 8일, 서울 마포구 창전동 와우지구 시민아파트 15동 건물 전체가 붕괴되면서 33명이 사망하고 39명이 중경상을 입는 사건이 일어나게 된다. 준공한 지 4개월 밖에 되지 않았지만 철근과 같은 재료들을 제대로 사용하지 않은 부실공사로 밝혀지면서 당시 지어졌던 아파트들에 대한 안전점검이 실시되었고 85동에 달하는 아파트가 부실시공으로 판정되었다. 이 사건으로 김현옥 시장은 물러나게 되고 시민아파트 건립 정책 또한 중단되었다. 시민아파트 건립은 개발계획과 저소득 주거문제 해결이라는 두 가지 목표를 달성하려는 시도였지만 서울시의 과도한 개발계획과 이로 인한 재정적자 그리고 부실공사로 이어지면서 실패한 정책이 되고 말았다.

셋째는 도심지의 무단 점유지역을 철거하고 도시 외곽으로 이주시키는 '집단 이주 정착지 조성 사업'이었다(이소정, 2006, 175; 김형국, 1998). 정착지 조성 사업은 도심지역에 형성된 무단 점유지역들을 철거하고 도시외곽으로 도시빈민들을 이주시키는 것을 기본 골자로 했다. 개발이 되지 않은 외곽지역에 도로선만 긋고 가구당 8-10평씩 나눠주는 방식이었다. 주로 서울에서는 미아, 상계, 중계, 구로, 시흥, 봉천, 신림, 금호 등지로 이주시키는 것이었다. 하지만 당시의 빈민들에게 가장 큰 문제는 주거문제보다 일자리 문제였기 때문에 버스로 이동하는 시간과 비용이 드는 등의 문제로 외곽에서 다시 도심으로 재이주하는 결과를 낳았다.

  정부와 서울시는 도심 내의 유휴공간이 부족하자 서울 주변에 위성도시를 건설하려는 계획을 세우고 이곳으로 수많은 도시빈민들을 집단 이주시키는 사업을 실시하였다. 1968년에 계획된 '광주대단지 조성사업'이 그것이다. 서울시는 광주군 중부면에 인구 50만 명의 위성도시를 세울 계획을 발표하고 300만 평의 택지를 조성했다. 총 6만 5,000동의 주택을 건설해 35만 명의 인구를 수용하고 백 개의 공장을 짓겠다는 무리한 계획이었다. 이러한 계획 자체가 서울의 주택문제를 해결한다기보다는 도로개발을 하고 주변 유휴지를 팔아 땅투기를 하려는 목적이 더 컸다(김수현, 2007, 34).[1] 그래서 상하수도에 대한 계획도 없었고 간이 천막만을 지어놓고 먼저 입주를 시키고 이후에 주택단지를 건설하는 무리한 계획이었기에 많은 문제를 낳을 수밖에 없었다. 1969년 용두동, 마장동, 청계천변 등에 거주하는 판자촌 주민 2만

---

1 박정희 정권은 1967년 경부고속도로 조성을 위해 토지구획정리사업을 진행하는데, 땅 주인들로부터 일정의 토지들을 국가에 무상으로 내놓게 한다. 이렇게 해서 받은 땅을 판매해 이 돈으로 도로, 공원 등 공공시설을 건설하게 되는데, 이 땅들을 체비지라고 한다(임동근 외, 2015, 117). 정부는 계속 체비지를 판 돈으로 고속도로, 공원들을 건설하게 되고, 1970년대 후반부터는 집단 체비지를 통해서 건설 자본가에게 이 땅들을 힐값에 넘겨주면서 아파트 단지를 건설하게 된다. 이때부터 국가는 땅을 팔고, 자본은 싼 값에 토지를 사들여 아파트로 막대한 수익을 올리는 카르텔이 형성된다. 『메트로폴리스 서울의 탄생』이라는 책에는 국가, 자본, 중산층의 욕망들이 얽혀서 어떻게 서울이라는 도시가 형성되어가는지를 잘 설명해주고 있다.

여 명을 시작으로 1971년까지 12만여 명이 쓰레기차에 실려 이주를 했고, 청계천 복개공사, 세운상가 아파트 공사 등 서울시의 세입을 확충할 수 있는 사업을 진행하면서 서울의 거주민들을 계속 이주시켰다. 이러한 상황 속에서 공동우물과 화장실만을 지어놓고 의료진도 1명밖에 없는 상태에서 전염병이 발생하기도 했다. 그리고 가장 큰 문제는 서울 외곽으로 오게 되면서 일자리를 구하기가 어려워진 것이었다. 그런데 1971년 7월 서울시에서 갑작스레 입주 중 전매 금지조치를 내리고 7월 분양대금 일시불 상환 고지서를 발급하게 되면서 주민들의 저항이 시작된다. 서울시가 광주대단지의 조성을 통해 개발비용을 충당하려고 했던 시도는 '대지가격 인하, 불하가격 10년 연부상황, 5년간 세금면제, 구호, 일자리대책'을 요구하는 주민들의 조직화에 의해서 충돌이 발생하게 되었다. 결국 정부 시책에 대한 주민들의 불만은 1971년 8월 10일 대규모 시위사건으로 발전하게 된다. 흥분한 주민들이 관공서에 불을 지르고 경찰들과 투석전을 치르고 차량으로 서울로 진출하려는 등 시위가 격해지자 서울시에서는 생활과 일자리, 개발 대책들을 내놓았고 이후 개발정책은 경기도로 이관되었다. 짧았지만 강렬했던 투쟁은 대부분의 요구사항을 받아들이게끔 했고 식수문제 역시 진척시킬 수 있는 성과들을 얻게 되었다(김수현, 2007).

광주 대단지 사건은 당시 농촌으로부터 대거 이주해온 이주민들에 대한 주거·생계에 대한 대책이 없는 상황에서 일방적으로 정부가 강제적으로 정리하려 한 정책에 변화를 주게 되었다. 또한 도시빈민들이 자신의 문제를 풀어갈 수 있다는 하나의 가능성 역시 제시했다고 할 수 있다. 이러한 흐름이 1970년대 CO운동을 본격적으로 출발시키는 계기가 된다. 박태순은 광주 대단지 사건을 계기로 한국 사회구성체(제3세계론)에 대한 논의가 시작되었으며, 이 사건을 계기로 대학생(기독학생회총연맹에서도 학생개발단 파견)들도 결합하게 되었고, 학생운동-노동운동-빈민운동이 본격적으로 등장하고 연대하는 계기가 되었다고 이야기한다(박태순, 2001).

이 사건은 도시빈민의 상황을 고려하지 않는 일방적인 철거와 이주로 일관해온 정부에 충격을 주었다. 정부는 좀 더 체계적인 대응책이 필요함을 깨닫고, 1973년 3월 '주택개량 촉진에 의한 임시조치법'을 제정한다. 이 임시조치법에 의해, 정부는 불량 건물에 대한 철거와 택지조성 그리고 기본시설에 대한 건설을 맡고 기존 주민들에게 환지해서 주민들이 주택을 건설하게끔 했다. 즉 불량 주거지를 합법화하여 양성화하는 제도를 만들고, 주민들 역시 무허가 주택을 소유할 수 있는 권리를 가지게 되었다(최인기, 2012, 63).

임시조치법은 1970년부터 시작된 새마을운동과 맞물려서 국가가 책임져야 하는 부분을 줄이고 주민들의 인력과 자원을 동원하는 도시전략과도 맞물리는 제도라고 할 수 있다(도시빈민운동, 연도 미상). 하지만 이 역시 앞에서 서술한 세 가지 정책과 마찬가지로 도시빈민들에게는 현실적인 정책이 아니었다. 그래서 도시빈민들은 정부의 정책으로 도시 외곽으로 이주했다가 다시 도심지역으로 재진입하려 하거나, 주택을 건설할 수 있는 비용이 없어 자신의 권리를 다른 사람에게 팔고 다시 무허가 지역으로 재이주하는 상황이 계속되었다. 정부는 광주 대단지 사건 이후 단속과 철거를 강화하면서 새로이 불법 주거지가 확장되는 것을 막으려 했다. 그러나 서울로 이주하는 사람들은 계속 증가했기 때문에 불법 주택의 증개축, 가건물 설치 그리고 새로운 불법 주거지가 생기는 것을 완전히 차단할 수는 없었다.

1970년대는 이른바 한국 사회에서 본격적으로 도시화가 진행되는 시기였다. 농촌의 피폐화로 인해 수많은 농민들이 도시로 이주했고 급속한 도시화는 이농민들에게 '잘 살 수 있다'는 욕망을 부추겼다. 이러한 욕망은 단순히 생계적인 어려움을 겪는 사람들 이외에도 학력이 높거나 중농, 부농인 가정의 젊은 사람들도 이농하게 되는 결과를 낳는다. 가족 중 일부가 도시를 경험하게 되고 도시에 대한 경험은 다른 가족, 마을에도 전파되어 도시로의 이주를 더욱 가속화시켰다. 이러한 연이은 이주는 판자촌이 과거 농촌문화와 새로운 도시문화가 공존하게 만들었고 핵가족, 성역할의 변화, 자녀교육에 대한 관심, 이웃 간의 경계심과 경쟁심의 발생 등 도시 저소득 지역에서 새로운 문화들을 만들어내게 된다(최협, 2012). 1960년대 후반부터 시작된 한국의 CO운동은 박정희 정권의 군부독재와 이에 대한 저항 그리고 압축적이고 불균형적인 성장전략과 이에 따른 대규모 도시빈민층과 주거지역의 형성 속에서 시작된다.

2. 1970년대 한국 CO운동의 이론적 배경

1) '하느님의 선교'와 민중신학

한국 CO운동의 출발은 진보적 개신교 그룹에서 1970년대 가난한 사람들과 함께하는 데 필요했던 새로운 이론과 방법에 대한 학습과 교육으로 시작된다. 여기에는 하느님의 선교(Missio Dei), 알린스키의 조직화론, 프레이리의 의식화론, 세 가지 사상이 영향을 끼치게 된다. 앞에서 살펴보았듯이 한국 사회는 일제에 의한 식민지, 해방 후 미군정에 의한 신탁통치, 한국전쟁 등을 통해 황폐해져 있었는데, 개혁적 진보적 개신교의 성직자와 신도들은 교회를 넘어서서 가난한 이들을 위한 전도·선교작업을 진행하려 했다. 그러나 1960년대 이후 독재정치와 함께 압축적 근대화가 진행되면서 민중들에 대한 정치적 억압과 함께 경제적 착취가 본격화되기 시작했다. 이 과정에서 민중의 저항이 산발적으로 나오기 시작하고, 1970년대 초 노동자 전태일의 분신 사건, 광주 대단지 항쟁 등 권력의 억압에 맞서고자 하는 민중의 저항이 터져나왔다. 특히 전태일의 분신 사건은 한국 사회가 정치적으로 억압되어 있고 경제적으로 노동자·민중의 착취를 통해 성장해나가고 있다는 사실들을 폭로했으며, 1970년대 사회운동의 성격을 변화시켜 '민중론'에 기반을 둔 이론과 실천을 형성하는 데 결정적인 영향을 주게 된다(임송자, 2010). 진보적 개신교 활동가들은 전도·선교를 넘어서서 좀 더 적극적으로 민중의 삶의 저항에 참여하고 이를 어떻게 이끌어야 할지에 대한 모색을 진행하게 된다. 이러한 새로운 모색의 과정에서 새로운 이론과 실천방법들을 학습하게 된다.

① 하느님의 선교

'하느님의 선교'는 1952년 독일 빌링엔에서 열린 국제선교협의회 (International Missionary Council, IMC) 총회에서 있었던 강연에서, 신학자 칼 하르테슈타인이 선교에 대한 신학적 각성을 '하느님의 선교'(Missio Dei)라는 말로 표현한 것에서 유래한다(김은수, 1996, 145). '하느님의 선교'의 주요 내용은, '선교'는 교회의 선교가 아니라 하느님에게 속한 것이므로, 선교 활동은 교회 안에서만이 아니라 전체 역사 속에서 이루어진다는 것이 핵심이라고 할 수 있다. 그래서 구원의 개념도 개인의 구원에 한정되는 것이 아니라 사회 전체의 구원으로 확대되고, '하느님-교회-세상'이라는 연결고리가 '하느님-세상-교회'로 변한다는 것이다(유영재, 1987, 42-43). 그래서 교회 안에서만 예수 그리스도를 만나는 것이 아니라 성문 밖 예수, 즉 노동자, 농민, 도시빈민과 같은 복음이 필요한 사람들에게 다가가는 선교가 진행되어야 한다는 것이다.

이 사상으로 인해서 선교의 경계가 확장되었으며 개인적 영성 성취를 넘어서서 사회적 해방·구원에 대한 종교계의 관심이 심화되었다(채수일, 2003, 18). 교회 역시 그 자체를 위해서 존재하는 것이 아니라 선교를 위해서 존재해야 하며, 세상과 타자를 위해 고난 받는 교회·흩어지는 교회로서의 사명이 있다는 데까지 나아간다(조승혁, 1979, 81). 하느님의 선교 사상은 그 후 개신교의 선교 이론과 방식에 큰 영향을 끼쳤을 뿐 아니라, 가톨릭의 제2차 바티칸공의회(1961-1965년 진행)에도 반향을 불러 일으켰다. '하느님의 선교'의 영향으로 한국에서도 노동자, 농민, 빈민과 같은 소외 받은 사람들을 위한 선교·전도활동이 시작된다. 먼저 1957년부터 노동자들을 대상으로 '산업전도'가 진행되었다. 주로 레크레이션과 성서읽기 정도의 활동을 진행했다. 산업전도 활동은 크게 조직사업, 교육사업, 전도계몽사업 등으로 진행되었는데, 교회를 중심으로 하는 것이 아니라 노동자들이 많은 구역으로 들어가 전도를 하는 방식이었다. 목회자들은 공장의 점심시간을 이용해 노동자들과 대화하거나 도서실에 책을 비치하거나 영화상영 등의 매체들을 통해 기독교를 전파하려 했다. 인천산업전도위원회의 산업전도의 목적에는 이러한 내용이 잘 나타나 있다.

② 전도사업의 목적

— 첫째 우리의 목적은 사회인들과 그 사회의 실정을 연구하는 것입니다. 또 이러한 구상이 구상으로 그치는 것이 아니라 구체적인 사실을 올바로 파악함으로 보다 효과적인 전도를 할 수 있을 것입니다.

— 둘째로는 성경에 있는 하나님의 말씀을 개인과 사회에 전도해야 합니

다. 한편으론 우리의 목적이 사회를 배우는 데 있거니와 다른 하나는 하나님의 말씀을 깊이 이해하는 것이며 이 말씀이 사회에 필요한 것이 되도록 우리가 노력해야 할 것입니다.

— 끝으로 우리의 목적은 하나님을 더 분명히 하는 것이며 예수님처럼 교회를 떠나 이 세상 사람들과 교제하면서 하나님의 진리를 증거하게 되면 하나님께서 그의 성령을 우리들에게 나타내실 줄 믿습니다.

(산업전도사업보고서, 1961.11~1962.11; 인천산업전도위원회, 1964)

이와 같이 하느님의 선교 사상을 통해서 성문 밖에 있는 노동자들에게 복음을 전파하려했고 이러한 활동들은 노동자들의 실태조사, 근로조건의 개선 같은 주제들로 심화된다. 이후 한국에서는 1967년 서울에서 동아시아교회협의회(EACC, East-Asia Council of Churches) 주최로 '아시아 사회들의 현대화'라는 주제로 열린 모임에서 도시화 과정의 선교를 계획적이고 능동적으로 수행해야 한다고 강조한다. 이어 1968년 기존의 산업전도에서 한 단계 발전한 '산업선교'를 실행할 목적으로 도시산업선교위원회(UIM, Urban Industrial Mission)를 설치하게 된다. 또한 1969년 1월 제 2회 전국교회지도자협의회에서 "근대화에 수반되는 상황의 변화와 선교대상의 변화에 따라 교회의 구조는 변형되어야 하며 교회의 이념적 개방이 허용되어야 한다"고 결의함으로써 도시산업선교와 도시빈민선교가 확산되기 시작한다(채수일, 2003, 17). 하느님의 선교 사상은 한국뿐만이 아니라 동아시아교회협의회(EACC)에도 영향을 주어 아시아의 다양한 지역에서의 지역공동체, 민중들을 위한 선교 활동이 일어났고, 인권문제, 민주화, 도시화의 문제, 농민과 토지문제 같은 다양한 문제들에 관심을 가지게 되었다(김용복, 1985, 101).

이와 같이 '하느님의 선교'는 기독교가 사회에서 소외받고 있는 많은 사람들에게 다가가야 한다는 기초 지침이 되었으며 이후 한국뿐만이 아니라 아시아 지역에서 농촌선교, 산업선교, 도시빈민선교의 장이 열릴 수 있는 계기가 되었다고 할 수 있다.

③ 한국의 민중신학

20세기 중반을 넘어서면서 점차 서구 식민지배가 끝나가고 많은 나라들이 독립 국가를 세우고 본격적인 자본주의화·산업화가 되면서 아시아, 아프리카, 중남미에서는 민중 해방에 대한 관심이 높아지고 있었다. 여기에 하느님의 선교신학, 제2차 바티칸공의회, 남미에서 해방신학의 등장으로 한국에서도 민중들을 위한 신학에 대한 연구와 실천들이 나타나기 시작했다. 그것이 바로 민중신학이다. 하느님의 선교 사상의 영향으로 개신교의 신학자와 신자들은 교회를 벗어나서 노동자, 도시빈민, 농민들을 만나게 되었고, 그들이 도시화와 산업화로 인해 억압받는 실상을 눈으로 목격하게 된다. 그런 와중에 노동자 전태일의 분신 사건과 광주 대단지 사건이 일어나게 되고 이 사건들을 계기로 진보적인 신학자들을 중심으로 정통신학을 비판하고 새로운 신학적 연구를 시작한다(김성재, 1998, 12). 이렇듯 민중신학의 전개는 이론적 논의로 출발했다기보다는 민중의 현실과 저항에 대한 신학자들의 반성과 응답으로 시작되었다고 할 수 있다. 채수일은 이에 대해서 1970년대의 민중신학을 제1세대 민중신학으로 규정하고, '민중은 신학에 무엇을 의미하는가'라는 것이 중심 질문이었다고 말한다(채수일, 2003, 24-25). 또한 1970년대의 민중신학은 당시 민중문학과 사회과학의 '민중론'과 함께 맞물리면서 진행되었다. 민중문학에서는 1970년 김지하가 '풍자냐 자살이냐'라는 글을 통해 폭력의 피해자인 민중이 '한'이라는 정서를 만들어내고, 우매성, 속물성, 비겁성과 같은 부정적 요소들도 가지고 있지만, 무궁한 힘과 대담성과 같은 긍정적 요소들을 가지고 있다고 주장했다(장상철, 2007). 김지하는 '한의 사제'로도 불렸는데 민중의 '한' 개념은 이후 서남동, 문동환, 안병무와 같은 신학자들에게 큰 영향을 주게 된다.

> 이 무한한 비애 경험의 집합, 이 축적을 우리는 한(恨)이라고 부른다. 한은 생명력의 당연한 발전과 지향이 장애에 부딪쳐 좌절되고 또다시 좌절되는 반복 속에서 발생하는 독특한 정서 형태이며, 이 반복 속에서 퇴적되는 비애의 응어리인 것이다. 가해당한 폭력의 강도와 지속도가 높고 길수록 그만큼 비애의 강도도 높아지고 한의 지속도는 길어진다. 비애가 지속되고 있고 한이 응어리질 대로 응어리져 있는 한, 부정(否定)은 종식되는 법이 없으며 오히려 부정의 폭력적인 자기표현의 길로 들어서는 법이다.
> (김지하, 1970.)

김지하가 민중을 상징하는 인물로 만들어낸 『장일담』은 민중신학의 민중상에 큰 영향을 주었는데, 한 풀기, 단의 강조, 동학사상의 시천주·양천주·행천주·생천주와 같은 개념에 대한 성찰을 통해 한국적 비판신학을 만드는 계기가 되었다(김진호 외, 2006, 167).[2] 또한 사

---

2 김지하는 동학의 교주였던 최제우가 최시형이 주장했던 개념들을 발전시켜, 시천주(侍天主), 양천주(養天主), 행천주(行天主), 생천주(生天主)의 네 단계를 통해 밑바닥의 사람들이 혁명을 진행시켰다고 설명한다. 시천주를 통해 천주를 마음속에 모시며, 양천주라는 천주를 키우는 과정과 함께 현실과 투쟁하는 행천주의 단계로 발전한다. 그래서 죽음을 초월하여 부활한 청명하고 소박한 민중투사로 사는 생천주로까지 나아간다(이정용, 2001, 민중과 신학 5호, "민중신학에 대한 비판적 소개"). 김지하는 『장일담』을 통해 이 과정을 형상화하는데, 백정과 성매매여성 사이에서 태어난 장일담은 도적질을 일삼다가, 의적으로 변화하고 이후 해동극락교를 주창하고 공동소유를

회과학 분야에서는 사회학자인 한완상과 민족경제론을 주장한 박현채를 통해서 '민중론'이 전개된다. 1970년대 사회과학에서 지식인들은 '민중'을 억압을 받고 있는 계층들의 총체로 파악하였다.

한국 민중신학 논의에 대한 본격적인 출발은 1975년 신학자인 서남동이 "민중의 신학"이라는 글을 발표하면서이다. 서남동은 "예수가 바로 민중이었다"라는 혁명적 선포를 하고 기독교의 해방적 전통과 한국 민중운동의 전통이 '하느님의 선교 활동'에서 합류되고 있다고 주장한다(강원돈, 1986, 249). 이 주장에 근거하여 출애굽 사건과 예수 십자가 사건에 대해 기독교 전통에 대한 새로운 해석을 내린다. 이와 함께 한국의 역사를 민중적 관점에서 재해석하기 위해서 민중이 일으킨 사건들과 함께 문학·예술사와 같은 문화사회학적 방법을 통해서 새로이 고찰하고자 했다(김성재, 1998, 27). 같은 해에 신학자 안병무 역시 "민족, 민중, 교회"라는 글을 통해서 예수가 민중이었으며 민중 역시 예수와의 관계에서 이해해야 한다고 주장했다. 그리고 '예수 사건'을 한국의 '민중사건'에 대비시켜 기독교와 민중운동을 연결시키려 하였다. 그래서 민중신학은 기독교가 해방의 역사인 것처럼 한국 민중(운동)의 역사도 해방의 역사로 파악하려 했고, 민중이 역사의 주체라고 주장했다. 또한 민중은 예수 사건과 같은 '사건'으로 자신들을 드러내기 때문에 민중신학자들은 한국의 역사 속에서 그 사건들을 발견하고 해석하려는 연구를 진행하였다. 이런 맥락에서 전태일의 분신 역시 '민중운동의 사건'이었다. 그리고 김지하의 '한' 담론에 기반하여,

---

설파한다. 장일담은 혁명을 위해 군중들과 함께 깡통을 들고 진군하였고, 내란죄로 참수형을 당한다. 장일담은 사흘 후에 부활하여, 그의 목이 지배자의 몸통에 달라붙게 되는데, 이는 피억압자뿐만이 아니라 억압자까지도 변화시킨다는 상징적 표현이라고 할 수 있다. 김규항은 김지하의 「장일담」에 대해, "'예수의 한국적 형상화'에서 '남한 인민의 구세주상'에서 가장 높은 성취"라고 표현했다. http://gyuhang.net/514.

민중들의 생활 속에서 억압의 상태를 견뎌나가고, 승화시키고, 저항하는 다양한 활동들에 대한 탐색을 펼쳤다. 그 주요한 내용들은 굿, 판소리, 탈춤, 민담 그리고 당시 '글'이 아닌 '말'로 표현될 수밖에 없는 민중들의 몸짓, 언어, 이야기들이었다. 민중신학의 문화적 경향은 그 후 현영학의 '탈춤의 민중신학'으로도 이어졌다. 현영학은 봉산탈춤이나 말뚝이와 같은 탈춤을 통해서 '한'보다는 민중의 '해학'에 주목해 민중들의 삶의 경험과 비판적 초월성 등을 이해하려 했다(김성재, 1998, 40). 민중신학의 문화적 경향은 1970년대 민중운동에서 탈춤부흥운동, 마당극운동의 영향도 있었다고 볼 수 있다. 또 과거 농촌을 기반으로 했던 사회에서 대동놀이적 두레 형식의 생산체계, 지역공동체 의식, 놀이와 축제의 민중적 정서의 공감대 등을 재해석함으로써 민중 중심의 문화운동으로 발전시켜가려는 시도이기도 했다(강원돈, 1986).

유신 체제 하에서 민중신학적 논의는 진보적 신학자들의 구속과 정권의 감시·탄압으로 인해 한동안 진행되지 못했으나, 박정희 정권이 무너지는 1979년 이후부터 다시 집중적으로 모색되기 시작한다. 잠시 중단되었던 민중신학은 1980년대를 넘어가면서 이론적 논의뿐만이 아닌 구체적인 방법으로 민중선교, 민중운동의 현장과 만나게 된다. 민중신학을 바탕으로 한 민중사건, 민중사실, 민중언어에 대한 관심은 김용복의 '민중의 사회전기'라는 방법론으로 발전한다. 김용복은 마르크스주의에서처럼 민중을 절대화해서는 안 되며, 민중을 사회구조 분석으로 이해하거나 민중 아닌 주체가 규정하는 것에 반대한다. 민중은 자기 이야기를 통해서만 규정 가능하며 이를 위해서는 민중과 대화해야 하고 민중은 이야기, 언어를 통해서 자신을 드러낸다고 주장한다. 그래서 민중의 언어는 민중의 생명과도 같으며, 민중의 사회전기가 '민중운동사'라고 말한다(김용복, 1979, 64). 이에 기반해 김용복은 "한국 원폭피해자의 사회전기"(김용복, 1982), "여성문제와 민중의 사회전기"(김용복, 1983)와 같은 작업을 통해서 민중의 사회전기를 구체화한다. 주요한 이야기의 전개 방식은 민중들이 자신들의 현실과 관련된 이야기를 서술하고 그 이후 성서와 기독교 속에서 대비될 수 있는 내용들(고난과 극복)을 비교 해석하는 방식이라고 할 수 있다. 또한 문동환은 한의 담론, 민중사건, 민중언어에 민중의식이라는 부분을 추가하여 그 뒤로 민중신학에 기반을 둔 '민중교육론'을 발전시키게 되고, 나아가 한국기독교민중교육연구소의 실천 활동으로 이어지게 된다.

1970년대의 민중신학은 민중에 대한 문학·사회과학 분야의 '민중론'과 함께 당시 독재정권 하에서 억압받고 저항하는 민중들에 대한 지식인들의 관심을 촉발시키고 참여하게 만들었다. 또한 해방의 관점에서 기존의 신학을 비판하고 '민중'을 역사적 주체로 인식하고 과거의 민중운동과 민중문화의 전통을 재해석하는 데 큰 기여를 했다고 할 수 있다. 민중의 한, 민중사건, 민중의 사회전기, 민중언어와 같은 담론은 민중에 대한 시각을 풍부하게 만들고 구조 중심의 이해나 피상적인 이해를 지양하고 좀 더 능동적이고 주체적인 이해를 갖게 만들었다고 할 수 있다. 그러나 역으로 1970년대 민중신학은 민중을 너무 낭만적으로 선험적으로 이해했다는 비판을 받는다. 장상철은 1970년대의 민중 개념의 재등장을 분석하면서 당시의 지식인들이 민중을 역사의 주체로는 인식하지만 스스로 역사적 주체로서는 자각하지 못한 '잠들어 있는 존재'로 간주하고 있다고 말한다. 그래서 지식인들이 이들을 깨우치는 사명을 부여받은 것으로 파악하는 경향이 강하다고 말한다(장상철, 2007, 135). 즉 민중들은 지식인에 의해서 발견되고 지식인의 도움을 받아 주체화되어야 하는 존재로 파악하는 경향이 있었다는 것이다. 또한 이정희는 민담, 탈춤, 무당에 대한 신학적 이해들이 정치신학과 민중적 문화신학으로 토대를 구축했다는 측면을 긍정적으로 이해하면서도 실제 그 시도에 대해서는 사회경제적 물질적 사상에 대해서는 소홀히 하고 민중문화의 적용도 과거 사회경제적 토대에 대한 이해 없이 그대로 내용을 가져오거나 전통 무속에 대한 이해 역시 종교현상학적 재인식 이상을 넘지 못했다고 주장한다(이정희, 1988, 64). 김진호는 더 나아가 1970년대의 1세대 민중신학자들이 구조적 맥락이나 사회학적 규정을 거부하고, 민중존재의 역동성을 침해하지 않아야 한다는 이유로 "민중사건, 하느님의 경륜에 따라 지금 여기에서 벌어지는 예수 사건"이라는 수사(레토릭)로만 규정하고 있다고 비판한다. 그래서 '민중은 실체를 규정할 수 없다'는 신학자들의 민중개념화가 무한히 열려진 가능성으로 남아 있거나 논의 자체를 폐쇄시켜 버릴 수 있는 결과를 가지게 된다는 것이다. 또한 민중을 총체적으로 소외된 자로 보면서 특히 정치적 소외를 중심으로 하는 집단으로 보는 관점이 강한데, 이는 신학자들의 역사 분석이 한국의 사회현실을 독재정권의 존재와 즉자적으로 결부시키는 데 그치고 사회경제적인 관점에서는 한계가 있었음을 이야기하는 것이다(김진호, 1993, 22). 그래서 김진호는 민중론이 '고통의 담지자인 민중'과 '역사의 주체인 민중' 사이의 간격을 심각하게 보지 않았고 고통을 낳는 구조에 대한 분석과 성찰이 부족했다고 주장한다(김진호 외, 2006, 102).

정리하면 1970년대 민중신학은 당시의 피억압상태에서 지식인들조차 저항하지 못하고 있는 상황에서, 사건을 일으키고 있는 민중에 대한 (관념적인) 신학자들의 반성과 선험적 해석이었다고 할 수 있다. 침묵하던 지식인들은 민중의 저항에 존재론적 반성을 하게 되고, 민중에게 역사의 주체라는 무거운 가능성을 얹게 된다. 지식인들이 파악하는 억압의 실체는 독재 정권(권위적 정치)이었다. 신학자들은 기독교의 역사와 성서를 통해서 신학을 재해석했고 이와 함께 민중의 주체성과 가능성을 재발견하기 위해서 민중운동의 역사와 민중문화의 전통들을 재발견하려 했다. 하지만 당시의 신학자들은 민중의 존재조건들을 사회경제적 상황에서 총체적으로 파악하지 못했고 민중들의 부정적 모습들에 대해서도 피상적으로만 이해했다고 할 수 있다. 그리고 민중의 자발적 문화들에 대한 연구는 있었지만 민중이 구체적으로 변화할 수 있는 과정과 방법들에 대해서는 추상적이거나 과거회귀적일 수밖에 없었다고 할 수 있다. 1970년대 민중신학은 1980년대 중반까지 민중선교 활동에 큰 영향을 끼쳤지만 1980년대 중반을 넘어서면서 민중 당사자들의 운동이 성장하고 계급담론을 중심으로 한 2세대 민중신학이 등장하면서 여러 비판들을 받게 된다.

2) 알린스키 조직화 이론의 수용

한국 CO운동의 본격적 시작은 알린스키의 지역사회 조직화 운동의 수용과 적용에서 비롯된다고 해도 과언이 아니다. 한국에서 가장 먼저 알린스키의 조직화 운동을 접한 이는 1960년대에 기독학생운동을 하고 있던 오재식이었다. 오재식은 1950년부터 다양한 기독청년 사회운동을 해왔던 대한기독학생회전국연합회(KSCF)에 가입하여 회장으로 활동한 이후 1960년에는 기독학생회(KSCM), 기독교청년회(YMCA), 기독교여성청년회(YWCA) 세 기독학생 운동단체들을 연합한 한국기독학생회총연맹(KSCC)의 실무자 역할을 맡았다. 이후 함께 활동했던 선교사의 제안으로 1964년 미국 유학길에 오른다. 예일대 유학을 마칠 때쯤 함께 공부했고 당시 미국 장로교의 도시산업선교

부장이었던 조지 토드(George Todd)의 제안으로 1966년 여름 알린스키의 2주짜리 여름 조직가 훈련 코스를 접하게 된다(전민경, 2010, 26; 한겨레신문, 2013. 2. 27). 오재식은 이 세미나를 통해서 "빈민들이 내부 반발심에 의해서 에너지를 만들고, 이것이 성숙되어서 정신적인 힘이 된다는 것"에 크게 감명을 받고 다시 한국에 돌아와 알린스키의 조직화에 기반을 둔 학생사회개발단을 만들게 된다(전민경, 2010, 48).

오재식과 조지 토드의 인연은 이후 연세대학교 도시문제연구소를 설립하는 데까지 이어진다. 1968년 조지 토드는 오재식에게 도시빈민들을 위한 선교조직을 만들자고 제안했고 이에 관심을 보인 연세대학교 노정현 교수, 박형규 목사와 연결이 되어 1968년 12월 도시문제연구소가 문을 열게 된다(한겨레신문, 2013. 3.7). 도시문제연구소의 운영을 위해서 조지 토드가 속한 미국 북장로교에서 매해 3만 불씩 지원하기로 했다. 알린스키의 조직화 이론은 도시문제연구소 조직가 훈련의 기본 주제로 자리잡게 된다. 또 오재식이 중요한 역할을 하고 있던 학생사회개발단에서도 이 원칙들을 공유하고 있었다. 도시문제연구소와 학생사회개발단에서 당시 기본적인 원칙으로 정리한 내용들은 다음과 같다.

— 오직 주민 스스로만이 그들 자신을 도울 수 있다.
— 지도력은 주민 자신들로부터 나와야 한다. 에너지를 외부의 목표로 향하게 해야 한다.
— 조직의 기초는 이해관계이다. 기독교 윤리적인 입장에서 어떻게 받아들여야 할 것인가에 대해서는 논쟁의 여지가 있기도 하다. 알린스키는 "인간의 야심과 이기심을 그대로 받아들여서 조직 활동에 적절하게 사

용할 수 있어야 한다"고 했다. 그러므로 조직가는 지역주민들의 이기심을 자극하고 "적의"에 부채질함으로 갈등의 시점까지 끌고 들어가서 갈등상황을 조성시킬 수 있어야 하고 그들의 분노와 좌절, 불평과 증오를 휘저어 논쟁으로 이끌어 가는 "트러블 메이커"가 되어야 한다. 자유주의자들은 조직 활동에 있어서 인간의 이기심을 장애로 생각한다. 알린스키는 인간의 이기심이야말로 협조심을 자극하는 유력한 무기가 될 수 있다고 한다. 훌륭한 조직가는 탐욕을 선으로 변화시키고, 인간의 명예심과 경쟁심을 잘 자극시켜, 이것을 이용함으로 멋있는 조직을 할 수 있다. 그러나 이기심은 초기에 사용할 수 있는 전략이다. 후에는 사회정의에 근거한 행동

― 조직은 권력의 전제조건이다.

― 투쟁은 대부분의 경우 변혁을 위해 불가피하다.

― 특정한 목적인 특정한 수단을 정당화한다. 조직가는 수단과 목적의 문제를 실질적이고 전략적인 견지에서 봐야 한다는 것이다.

(연세대학교 도시문제연구소, 생산일자 미상.)

이러한 원칙들은 알린스키의 조직화 전략의 뼈대를 그대로 가져온 것이라고 할 수 있다. 주민 중심의 조직, 이해관계에 기반을 둔 조직화, 힘의 강조, 조직의 조직과 같은 기본 개념들을 원칙으로 소개하고 적용한 내용들이라고 할 수 있다. 그런데 알린스키의 전략들은 소개 당시 낯설거나 한국에서는 당황스러운 부분들이 있었을 것이다. 도시문제연구소의 알린스키 원칙에 대한 소개에서는 "주민의 이해관계, 이기심을 이용한다"는 부분에 대해 "기독교 윤리적인 입장에서 논쟁의 여지가 있으며, 이기심은 초기에 사용할 수 있는 전략이다"라는 설명을 덧붙이고 있다(도시문제연구소, 일자미상a).

또한 도시문제연구소의 조직가 훈련생이면서 필리핀에 가서 알린 스키의 조직화 과정을 이수한 권호경은 한국의 유교문화와 정부가 강 력하고 주민들이 상대적으로 심약한 환경이 알린스키 방식이 가능하 지 못할 것이라는 조언을 들었다고 한다(권호경, 2001, 19-20). 알린 스키 또한 1972년 아시아 지역에서의 CO운동에 대한 조사를 위해 한국, 일본, 홍콩, 필리핀, 싱가폴, 인도네시아, 필리핀을 방문하면서 한국과 인도네시아, 인도와 같이 시민들의 참여에 제한이 있는 국가 에서는 지역조직화는 어려우며 게릴라 조직화 방식이 적합하다고 제 안을 했다고 한다(권호경, 2001, 183-185). 그래도 당시의 진보적 종 교인들은 알린스키의 조직화 이론이 주민들의 권리를 찾고 의식을 일 깨우는 데 좋은 도구가 될 것이라고 생각했고 대도시(특히 서울)의 급 속한 빈민 인구의 증가와 문제들에서 알린스키의 전략을 필요로 했다. 이러한 알린스키의 조직화 전략은 도시문제연구소의 설립으로 구체 화되어 조직가 훈련과 지역 조직화로 연결되고 좀 더 구체적인 현장 활동은 수도권선교위원회 활동으로 이어진다.

3) 프레이리의 의식화 이론의 수용

프레이리의 의식화 이론의 수용 역시 알린스키의 이론 수용과 마 찬가지로 진보적 기독교 인사들을 통해서 이루어졌다. 국내에서 프레 이리 의식화 이론을 가장 먼저 접한 이는 한신대 문동환 교수였다. 문 동환 교수는 1964년부터 1970년까지 세계교회협의회(WCC) 이사로 활동하고 있었고 그 활동과 교류를 통해서 '하느님의 선교' 신학을 접 하면서 사회문제로 관심의 지평을 넓히게 된다. 그러던 중 1970년 대 학의 안식년을 맞아 미국 뉴욕 유니온 신학대학원에서 1년을 지내게 되는데, 여기에서 해방신학과 함께 파울로 프레이리의 교육론도 만나게 된다(이금만, 1998, 100; 홍은광, 2011, 154-155).

당시 WCC는 1968년 웁살라 총회를 통해, 교육의 중요성을 인식하고 교육국을 신설했는데 일반교육 부분의 책임자가 프레이리였다. 이 시기는 프레이리가 브라질에서 진행했던 의식화 교육의 이론과 활동 내용들을 전 세계적으로 전파하기 시작한 때였다. 문동환 역시 웁살라 총회에 참석한 이후 "웁쌀라 대회와 기독교 교육"이라는 논문을 집필하게 되고, 안식년 이후 1971년 "파울로 프레이리의 교육이론과 한국교회"라는 논문을 통해서 프레이리의 이론을 더욱 구체화시킨다(이은주, 2008). 이후 문동환은 공동체성과 프락시스를 기반으로 한 기독교교육론을 확립하는 작업을 진행한다. 이렇듯 1970년대는 진보적 신학자들에 의해서 프레이리의 이론이 소개되었고 한국 사회에 어떤 의미를 가질지 이론적인 탐색을 하는 시기였다.

프레이리의 내용적 핵심인 '의식화'라는 용어는 한국 사회에서 이전부터 사용되고 있었는데, 언론에 '의식화'라는 용어가 등장했던 것은 1920년대부터였다. 이 때 의식화는 주로 '계몽, 배움, 의식의 깨달음(각성)' 정도의 의미로 사용되고 있었다. 주로 독립운동이나 일제시대 사회주의 운동계열에서 의식화라는 용어를 사용했다. '의식의 각성, 깨달음'이라는 측면에서 당시에 사용된 의식화라는 용어는 프레이리의 의식화와 공통되는 면이 있기는 하지만 해방 전에 사용된 '의식화'의 의미는 '의식화된 자가 의식화되지 않는 자를 계몽시킨다'는 의미가 더 강했다. 그래서 의식화는 주로 '의식화되다, 의식화하다, 깨닫게 되다'라는 수동적인 의미로 주로 사용되었다. 내용적으로는 급진적인 노동운동, 농민운동, 사회주의 운동(교원노조운동, 적색농조운동 등)에서 의식화는 역시 계급의식이 없는 민중들을 계급의식을 갖게 만드는 의미로 사용되었다.3 프레이리가 주장한 민중들의 경험, 지식, 언어로부터 출발해 스스로를 해방시키는 의미의 의식화와는 일정한 차이가 있다고 할 수 있다. 즉 프레이리의 의식화 이론은 수용 당시에는 과거에 써왔던 의식적 각성 이외의 의미를 발전시키지는 못했다고 할 수 있다.

프레이리 이론의 소개 후 크리스천사회행동협의회에서는 1971년 프레이리의 의식화 이론에 대한 교육을 진행했고, 이후 1972년 프레이리의 책을 『의식화와 해방』이라는 제목으로 번역해 활동가와 단체들에게 보급하기 시작했다(크리스천사회행동협의회, 1972). 진보적 기독교 그룹의 프레이리 이론 소개는 강연(기독청년회분과위 주최 "기독청년과 의식화문제")과 프레이리 책의 번역으로 이어졌다. 활동가들이나 학생들은 프레이리의 『억압받는 자들을 위한 교육학』을 비공식 번역본으로 읽기 시작했고 의식화 이론은 하나의 중요한 사회운동사상으로 자리를 잡아 나갔다.

하지만 프레이리의 의식화 이론은 현실과 접목되기 시작하면서 탄압을 받기 시작한다. 정부는 1979년 도시산업선교의 활동에 대해 "도시산업선교회가 근로자들을 의식화하면서 계급의식을 조장하고 있

---

3 한국 사회운동의 역사에서 의식화라는 용어를 언제부터 쓰기 시작했는지 확실히 알 수는 없으나, 1920년대를 넘어가면서 본격적으로 의식화와 조직화라는 용어가 사용되기 시작한 것만큼은 확실하다. 의식화라는 용어는 주로 노동운동, 교원노조운동, 적색농조운동 등 정치적 계급적 의식을 가지는 의미로 사용되었다. 고혁준과 유성상은 1920년대 이후 '의식화' 개념의 한국적 해석을 신문기사에 대한 분석을 통해 진행했다. 이 연구에서도 의식화 개념은 1970년대 이전에는 계몽의 의미로, 무의식적으로 사는 것과 반대되는 개념으로 주로 사용되었고, 1970-1980년대를 거치면서 민중교육운동의 핵심 개념이 되고, 반공 프레임과 결합하면서 '좌경 의식화'라는 왜곡된 의미가 되어간다고 밝히고 있다(고혁준 · 유성상, 2011). 하지만 이 연구에서는 일제 시대 때 민족운동, 사회주의 운동에서 의식화 개념을 어떻게 이용했는지에 대한 분석은 빠져 있는데, 이에 대한 분석이 필요하다.

다"고 왜곡 기사를 내고 탄압을 하게 된다(경향신문, 1979. 8. 20; 동아일보, 1979. 9. 14). 이후 '의식화'라는 용어는 부정적이고 체제를 위협하는 용어로 해석되기 시작한다. 그리고 광주민중항쟁, 군부에 의한 5공화국의 탄생으로 이어지는 공안국면 속에서 사회운동 전반(특히 학생운동)의 활동에서 '의식화'는 폭력집단, 좌경집단, 불순세력에 의해 순진하고 선량한 국민·노동자들을 좌경화시킨다는 의미로 사용되기 시작한다. 이러한 분위기 속에서 프레이리의 책들 또한 탄압의 대상이 되어 1979년 공식적으로 책이 출간되었지만 곧 바로 금서 목록에 오르게 된다.

프레이리의 의식화 이론은 1970년대 진보적 신학자들에 의해서 소개되고 전파되었다. 하지만 의식화론은 정권의 탄압으로 이론적 탐색에 그치고 구체적 방법론으로까지 발전하지는 못했다. 그러다 보니 이전부터 사용되던 계몽·의식적 자각을 뜻하는 '의식화' 용어와 결합하면서 다소 추상적이고 관념적인 차원에서 프레이리의 이론과 개념은 굴절되어 사용되었다. 또한 구체적 전략으로서 의식화-조직화보다는 보편적 사회운동의 개념으로 의식화-조직화라는 개념이 사용되기 시작했다.

3. 1970년대 한국 CO운동의 전개

1) 도시문제연구소와 조직가 훈련 프로그램의 시작

배경에서 살펴본 것처럼 1970년대 한국 CO운동은 1960-1970년대 독재와 경제적 착취에 저항한 민중들의 상황에 자극(충격)받은 진보적 기독교의 목회자와 신도들로부터 출발하였다. 이론적으로는 하느님의 선교와 한국의 민중신학 그리고 알린스키의 조직화 이론과 프레이리의 의식화 교육이론이 기초가 되었다. 1960년대 산업전도,

기독학생운동 등 도시빈민들의 계몽과 조직화를 위한 작업들은 있었지만, 공동체 조직화 운동으로 본격화된 것은 도시문제연구소의 설립 이후라고 할 수 있다.

연세대 내에 설치된 도시문제연구소는 세계교회협의회 도시산업선교 책임자였던 조지 토드가 오재식에게 제안을 하고 연세대의 노정현 박사가 결합하면서 만들어졌다. 초기 자금은 미국 장로교에서 3년간 3만 불씩을 지원하기로 했다(박형규 외 대담자료 중). 1968년 9월 연세대학교 내에서 발족을 하고 산하에 연구위원회와 연수위원회를 두었다. 도시문제연구소는 연세대라는 대학 내에 세워진 것에서 알 수 있듯이 전문가 그룹과 이를 바탕으로 한 연구 활동이 하나의 축이었다.

1970년도의 연구 활동 보고서에 따르면 운영위원들은 주로 대학 총장, 교수, 선교사 등이었고 서울시의 제2 부시장도 운영위원에 포함되어 있었다. 그리고 교수들로 연구계획위원들을 구성하고 교수 및 각 교단의 기독교인을 도시선교위원으로 두었다. 그러다 보니 연구소의 연구 내용은 지역사회 조직화보다는 지역사회개발에 초점이 맞춰져 있었다. 지역사회개발과 그 과정에서 주민들의 역할, 지도력에 대한 것이 주요 내용이었으며(도시문제연구소, 일자미상b), 당시 도시지역의 영세민·저소득 근로자 등에 대한 실태조사를 진행하였다(도시문제연구소, 1970). 연구 작업과 함께 저소득 주민들이 밀집해 있는 지역에 교육생을 파견하여 지원하거나 커뮤니티 센터 활동을 진행하기도 하였다.

커뮤니티센터 활동은 주로 당시 세워지기 시작했던 시민아파트에 초점을 맞추었는데 주부 생활교실, 유치원생과 초등학생을 대상으로 한 여름학교, 신용협동조합, 아파트의 주민 지도자에 대한 교육과 간

(사진: 연세대 도시문제연구소, 출처: 미래에서 온
편지http://laborzine.laborparty.kr/?tag=%EC%8B%AC%EC%9E%AC%EC%98%A5)

담회 등이 주요활동 내용이었다. 이와 같은 연구와 커뮤니티 지원 활동은 과거에 진행되어온 도시선교에서 진일보한 것이었지만, 전문가 그룹이 지역사회 개발 연구의 중심이 되고, 행정 역시 이를 지원하는 형태였으며 서울시에서 강사를 파견하기도 하는 것과 같은 행정과의 협조 체계도 갖추고 있었다.

또 하나의 축인 연수위원회는 지역사회에서 활동할 조직가를 연수하기 위한 조직이었고 박형규 목사가 위원장을 맡았다. 이후 조직가 연수를 위해 조지 토드는 당시 미국에서 알린스키와 함께 지역사회 조직화 작업에 함께했던 허버트 화이트(Herbert White) 목사에게 도움을 요청하여 화이트 목사가 한국으로 건너오면서 본격적인 조직가 훈련 작업이 시작되었다.

화이트 목사는 알린스키와 함께 조직 활동을 진행했던 목사로 1966년 흑인 노동자들을 조직화해 코닥사와의 투쟁을 전개했던 파이트(FIGHT)라는 조직을 만드는 데 큰 몫을 담당했던 조직가였다(한겨레신문, 2013. 3. 7). 1969년 1월 3일, 1기 지역사회실무자교육(조직가 교육, 행동훈련 프로그램)이 시작되었다(김혜경, 2003, 169). 도시문제연구소는 조직가 훈련 코스를 장기적 훈련이 아닌 단기적이면서 집중적인 훈련을 통해서 가능하면 많은 사람들에게 CO운동의 개념을 소개하는 방식을 채택했다. 그래서 이론을 중심으로 한 교육이 아니라 실제 현장으로 나가서 시행착오를 겪으면서 학습을 해나가는 과정이었다(김성훈, 2006). 1기 조직가 훈련은 6명이 받았는데 대부분 기독교 관련 인사이면서 사회운동 참여 경험이 있는 목사·신학생이었고, CO운동에 대해서는 모두 첫 경험이었다.

훈련은 주로 빈민 현장에 나가서 주민들을 직접 만나고 이야기를 듣고 또 이슈와 해결방법에 대한 판단을 내리는 과정이었다. 3기 훈련생이었던 권호경 역시 "판자촌 주민조직 훈련의 교과서는 판자촌 자체다"라며 당시 훈련과정이 매일 동네를 돌며 조사하고 자신의 생활을 육하원칙에 의거해 기록하며 지역 지도를 작성하고 자기 행동을 반성하고 다음날 실천할 일들을 육하원칙에 의해 계획하는 일이라고 했다(권호경, 2001, 242-243). 화이트 목사는 주로 훈련생들의 보고서와 이야기를 듣고, "무엇을 봤는지, 그것에 대해서 어떻게 생각하는지, 생각하면 어떻게 행동을 해야 하는지, 빈민들의 걱정과 생각은 무엇인지" 들에 대해서 끊임없이 질문하고 조직가와 훈련생들이 함께 이야기하는 보고 자리를 만들었다(권호경, 2001, 242-243). 최협의 『판자촌 일기』에는 당시 동대문구 숭인동에서 활동한 여성 훈련생의 일기가 실려 있는데, 그 일기는 당시 훈련과정과 훈련생들의 활동을 잘 보여주고 있다.

4월 11일
… 동네 아주머니들이 나에게 물었다. 지금 무엇을 하고 있느냐고 하면서

왜 혼자 사는가 하고 물었다. 나는 지금은 학생으로서 공부하고 있으며, 언니 집이 수리 중이라 몇 개월간만 여기서 살 것이라고 말했더니 금방 '학생 색시'라는 이름으로서 불러 주었다.

… 이곳 아주머니들 중에는 광주리 장사꾼이 많고, 집에는 문발을 짜는 처녀들과 부인들이 많이 있다. 생활수준은 창신동보다는 높은 것처럼 보이나 실제로는 어떤지 아직 모르겠다.

이 동네 구조는 다른 곳보다 특수하게 생겼다. 공터를 중심으로 집들이 연결되어 있고, 이 동네에서 어떤 일이 생기면 누구든지 쉽게 소식을 알 수 있게 짜여 있다.

… 여기는 화장실이 각자 집에 있지 않고 공동으로 사용하는 공중변소이다. 매일같이 청소는 하는데, 당번제로 하기 보다는 항상 하는 사람이 하고 있어 불평을 많이 하고 있다. 이 동네에는 미장원이 세 군데 있고, 이발소도 세 군데 있다. 지나다 보면 손님들이 드물게 보이며, 이발소보다는 미장원에 손님이 더 많은 것 같다. 오늘은 200미터쯤 떨어진 미장원에 갔는데 마담까지 일하는 사람이 세 명, 모두 서울 사람이 아니었다.

… 고향을 떠난 이유는 시골에서 농사만 짓고 있는데 학교도 못 가고 시집은 가기 싫고 해서 기술을 배워 서울에서 돈을 벌어 시집을 가고 계속 생활하겠다고 한다. 자기들의 희망은 좋은 남자 만나서 시집가 잘사는 것이며, 시골에 부모님들과 형제들에 대해서는 큰 책임을 느끼지 않고, 이젠 부모님들도 자식들 마음대로 하라는 말씀을 한다면서 자기들도 좀 더 자유스러운 생활을 원한다고 말한다.

6월 2일

오늘은 숭인동 2통 14반과 13반을 중심으로 한 영세민 실태조사를 해 보았다. 이 조사는 모 연구소에서 만든 질문지를 갖고 조사하게 되었다. 사실

영세민 실태조사라고 하여 그 명단을 어떻게 작성할 것인지가 중요하다. 여기의 실정으로는 대부분의 사람들이 영세민이라고 생각된다. 아무 집이나 갈 수가 없을 것 같아 취한 방법은 숭인동 동사무소에서 영세민 카드를 뽑아 그 명단을 조사하는 것이다. 그래서 나는 내가 살고 있는 이 2통 14반과 13반을 중심으로 해서 실태조사를 하게 되었다.

… 여기서 볼 수 있는 것은 몇 년 전에 영세민으로서 대상을 선택했던 기준이 어느 정도의 경제수준이었는지를 잘 알 수 없었다는 점이며, 또 임시로 이곳에서 거주하던 자로 대상에 올랐던 사람이 지금은 다른 곳으로 이사를 갔기 때문에 주소의 착오도 많이 볼 수 있었다. 이곳 주민들의 반응은 금방 달아졌다. 즉 오랜만에 나라에서 무상배급이라도 주는 것으로 오해를 하여 영세민 대상에 없는 사람들까지 야단법석을 떨었다. 또 외적으로 봐서는 생활이 안정돼 있어 보이는 집도 실제로 그 안에 들어가 보니 생각보다 차이가 많이 있는 것 같았다.

6월 5일

오랜만에 내가 전에 살아 보았던 창신동을 방문했다.

… 아파트가 건립이 되면 될수록 주민들의 마음은 초조하고 더욱 밤잠을 못 잔다고 한다. 이유는 아파트에 들어가기 위해서는 말로는 입주금은 없다고 하지만 실질적으로는 내부수리비와 공공시설비가 부담이 크기 때문에 이것을 준비할 수 있는 주민은 겨우 20퍼센트 정도라는 것이다. 이들은 도시계획에 따라 이번에 철거를 당한 후 텐트 생활을 하고 있었으며, 아파트를 실질적으로 반대하고 있었다.

… 그래서 창신동에서는 실제적으로 장 씨와 이공엽 씨 두 사람이 주민들의 대변인으로서 한 사람은 조직과 전략적, 체계적으로 일을 계획하고 또 한 사람은 이 일이 이루어지도록 실제로 실천하여 나가기 때문에 호흡이

잘 맞고 따라서 주민들도 이 두 사람에게 자연적으로 흡수되고 있는 상태다. 이공엽 씨처럼 행동파이고 또 영웅적인 심리를 갖고 있는 사람이 있기 때문에 이 사람을 아는 사람들은 누구나 그를 이용하여 지역 일을 하도록 하고 있다. 그래서 지금 창신동에서 철거된 사람들은 앞으로의 아파트 입주 방식과 내부수리비 문제를 갖고 또다시 주민들이 조직되어 시당국에 건의할 것을 협의 중에 있다.

(최협, 2012.)

이 일기에서 보는 것처럼 훈련생들은 지역으로 자신의 신분을 숨기고 들어가 지역의 상황, 실태, 문제점들을 파악했다. 또한 지역 주민들을 계속해서 만나면서 성향들을 파악하고 문제를 풀어나가는 데 주도적인 역할을 할 수 있는 지도자들을 찾아내는 역할을 진행하였다. 특히 지도자를 찾는 것에 많은 관심을 기울였는데 마을의 기존 지도력이나 권력 관계를 검토·분석하기도 하고 리더가 될 만한 새로운 인물들을 탐색하기도 했다. 아래 훈련생의 일지에는 주민 지도력의 분석에 대한 내용이 자세히 기록되어 있다.

각 동의 공식적인 지도자들은 다음과 같았다. 동장 한 명, 비밀 경찰 가구 하나 그리고 한 층의 지도자였다. 또한 소위 말하는 동네 유지들이 있었다. 그러나 그들은 어떤 문제든 정부와의 통로를 통해서 풀려고 하는 종류의 지도자들로 정부 측에 서 있었다. 다른 한 편 몇몇 주민들은 나서지 않는 잠재적인 사람들의 지도자들로 간주되었지만 그들은 설득력과 많은 지지자를 가진 강력한 리더십을 유지했다. 이들은 동네의 문제들에 대해 정말로 이웃들과 함께 일하고 싶어 하는 사람들이었다. 다음은 우리가 최초에 접촉한 그런 지도자들 중 몇 명이다.

(권호경, 2001, 128.)

　훈련을 통한 조직화는 이와 같이 지역의 잠재적 지도자를 찾아내고 이후 자신들의 문제를 자신의 손으로 해결할 수 있다는 믿음을 가지도록 하고, 이를 위해서 조직된 힘을 만들고 활동을 통해 이 힘을 확인시켜 주는 단계를 거쳤다. 개별적인 훈련과 함께 몇 명씩 묶어서 2개 조로 나눠 지역현장에 직접 들어가는 훈련도 포함했다. 한 팀은 구 러시아 공사관 자리의 5천 여 세대가 살고 있는 곳으로 또 다른 팀은 창신동으로 들어갔다.

　훈련생들은 동네에 그들이 거주할 방을 얻고 먼저 주민들과 개별적으로 접촉을 하면서 동네 이슈에 대한 정보들을 수집했다. 구 러시아 공사관 지역은 주택, 어린이 교육, 공공시설, 특히 식수가 큰 문제였다. 우선 쓰레기와 식수문제를 풀기 위한 단합된 행동을 조직하고자 했다. 또 하나의 훈련지역은 창신동이었다. 그 지역 역시 하수, 쓰레기, 기반시설 부족의 문제와 함께 재개발 문제가 있었는데 바로 광주 대단지로 옮기는 계획이 있던 지역이었다. 주민들은 도심 재개발 사업이 논의될 때마다 수없이 집을 철거하고 다시 세우는 것을 반복했던 터여서 광주 대단지로 옮겨간다는 것을 믿지 않았다.

　당시 훈련생이었던 김혜경은 직접 광주로 가서 아직 공사 중인 것을 확인하고는 다시 주민들에게 이 사실을 알려 700여 명의 창신동 주민들이 서울시청으로 몰려가 시장면담을 요청하고 경찰에게 연행되어 벌금형을 물면서도 끝까지 항의해 철거를 연기시켰다(김혜경, 2003, 171-172). 철거연기와 함께 대부분의 사람들이 입주권과 임시 거주시설을 확보하게 되었다(권호경, 2001, 84~85). 하지만 이 사건을 계기로 CO운동은 차츰 감시의 대상이 되었다.

당시 도시문제연구소의 훈련을 통한 실천 활동은 『가난한 사람들의 함성-주민조직운동을 통한 선교』에 자세히 나타나 있다. 여기에 실려 있는 한 사례는 당시 가난한 사람들의 상황과 이를 조직하려고 한 방식과 내용들을 확인할 수 있다.

*모든 집에는 화장실 시설이 있었다. 하지만 긴 파이프가 없는 것들이었다. 그래서 하수가 골목에까지 넘쳐 얼어버린다. 추운 날이 지나간 후 날씨가 따뜻해질수록 얼었던 하수는 녹아 골목을 진흙탕으로 만들어 버리면 사람들은 골목을 걸어 다니기가 힘들다고 생각한다. 추운 날씨에 하수는 두꺼운 얼음 덩어리 형태로 아무데나 지저분하게 널려 있다.

그러므로 하수 처리는 사람들에게 중요한 문제로 인식되었다. 그 지역은 고지대여서 오물 처리 트럭이 오려고 하지 않았다. 평지 지역에는 20원을 청구했지만 이 지역에서는 분뇨 청소하는데 60원을 청구하였다. 공정한 요금을 청구해 달라고 청소부에게 구걸해야 했기에 그들은 기분 상했고, 분노했다. 이 때문에 몇몇 가구는 그들의 분뇨를 골목으로 연결하는 공공 배수구에 처리하였다.

문제를 해결할 방법을 찾으려 노력하는 동안, 나는 기존의 지역 사회 개선 협회를 발견했다. 나는 몇몇 대표를 방문해서 지역 사회를 위한 좋은 사업의 일환으로 그들이 구청을 방문하여 쓰레기와 하수 처리 문제에 대한 도움을 청해야 한다고 제안했다. 효율적인 처리 방안을 위한 술책으로 나는 협회 대표들에게 시위할 때 사람들이 쓰레기와 오물을 던지곤 한다는 것을 구청 공무원들에게 상기시키라고 말했다. 대표들은 이 메시지를 구청 공무원에게 전달했다. 그 후 구청은 그 지역의 쓰레기와 하수를 부지런히 청소해 주었다.

*나는 시청에서 나온 청사진을 가지고 거의 모든 세대를 방문해서 그들에게 시청에 가서 사실을 확인하라고 설득했다. 이때에 한 신문에 창신동 판자촌이 모 일에 철거되리라는 기사가 실렸다. 주민들은 충격을 받았고 소문이 사실임을 깨달았다. 그 신문에 따르면 철거는 2월 20일에서 28일 사이에 이루어질 것이다. 나는 사람들을 모집하기 시작했다. 나는 리더로 행동하지 않고 그 지역주민의 한 사람인 것처럼 살았다. 나는 주민들에게 무엇을 해야 하는지 충고하였고 사람들 사이에 다리를 놓아주었다.

…

2월 22일에는 철거일에 시위가 있으리라는 소문이 돌기 시작했다. 2월 25일 오전에 약 300-400여 명의 부인들이 낙산교회 주변에 모였다. 그들의 가장 효과적인 시위는 시청으로 행진해 가서 시장 면담을 요구하는 것이라고 결론을 내렸다. 분노와 두려움 그리고 단결력에 대한 새로운 자각에 자극된 부인들은 시청에 도착해서 떠들썩하게 시장 면담을 요구했다… 시위는 26일과 27일에도 계속되었다. 시 당국은 주민들의 요구사항에 관해 협의하자고 제안했다.

(권호경, 2001, 71-81.)

여기에서 보듯이 훈련생들은 식수, 쓰레기, 화장실 문제 그리고 철거에 대한 이슈들을 중심으로 해 지역에서 인적 물적 자원을 찾고 주로 시위·청원을 중심으로 한 알린스키의 갈등-대치 전술을 사용했다고 할 수 있다. 이러한 형태의 조직가 훈련은 2-3기에서도 이어졌다. 2기는 주로 청계천변에서 진행이 되었는데 곧 철거가 될 용두동과 답십리 지역이었다. 여기에서도 전기, 철길 봉쇄 문제, 부당한 행정 대우 등의 문제들을 주민들과 함께 풀어나갔다.

훈련과정 중에 와우아파트 붕괴 사건이 발생했다. 당시 훈련생 두

팀이 금화아파트 단지와 1기 훈련생들이 조직에 참가했던 창신동 아파트단지에서 어머니교실, 탁아소, 야학 등을 운영하면서 훈련 중이었다. 조직가와 훈련생들은 일단 금화, 창신, 연희B동의 아파트 주민 지도자들을 조직하는 연합모임을 구성했다. 와우아파트뿐만이 아니라 많은 시민아파트가 부실공사로 밝혀지고 있었기 때문이다. 이를 통해 1970년 4월, 12,547세대가 모인 서울시 시민아파트 자치운동 연합회를 결성하게 되었다. 이 연합회를 통해 주민들을 조직했고 서울시의 골조비 상환을 백지화시키고 광주대단지 역시 위성도시계획을 취소하는 등 소기의 성과를 거두었다. 이러한 활동들은 주민들이 자신들의 권익을 위해서 직접 움직여야 하고 상호 협력한다면 스스로 문제를 해결해나갈 수 있다는 자신감과 용기를 심어주었다. 당시 한 훈련생은 학습과 조직 활동을 통한 자신의 변화들을 아래와 같이 표현했다.

이 경험이 의미하는 바를 한 마디로 이야기하는 것은 어렵다. 그것은 사회의 다른 한 면을 볼 수 있는 기회와 사회적 정치적 활동에 참여할 수 있는 기회를 나에게 선사했다. 나는 주민조직운동이 활동가(조직가)의 기능이 전통적인 개념과 다르다는 것을 깨달았다.

상호간의 협력은 사회에서 살아가는 가장 중요한 방법이다. 나 같은 주민 조직운동 조직가는 우리가 살아가는 세계에 필요하다. 어떤 문제가 자신의 이익과 관련되지 않았다면 사람들은 거의 관심을 두지 않는다. 이런 경험을 통하여 나는 기존에 조직된 부패의 본체가 어떤 수단을 써서라도 교정되어야 함을 깨달았다.

이 경험은 내가 사회에서 성장하고 인간 존엄성을 깨달을 수 있는 한 계기가 되었다. 그런 사건을 통해서 주민들은 그 일들이 다른 사람이 아니라 그들 자신의 것임을 깨닫게 됐고 상호간의 협력의 중요성을 알 수 있게 되었다. 권력자 앞에서 사람들이 약하다는 것은 모든 나라에서 공통적인 것이다. 권력이 강하다고 하더라도 권리는 사람들로부터 나오는 것이다. 그래서 권리가 악용될 때 사람들은 그것을 참아낼 수 없다.

(권호경, 2001, 84-85.)

조직화 활동들이 성공하면서 점차 정치적 탄압과 감시가 시작되었다. 훈련생들은 경찰에 체포되어 경찰서 유치장에 수감되고, 밤새 심문을 당하기도 했으며(권호경, 2001, 61), 창신동 철거반대 시위는 청와대까지 보고되어, 그 뒤부터 중앙정보부나 경찰의 감시를 받기 시작했다(권호경, 2001, 82). 감시와 탄압은 반공주의와 연결되어 주민들에게도 빨갱이·간첩 등으로 오해받는 일들이 생기기 시작했다. 화이트 목사도 강력한 중앙 집권 정치와 사회구조, 공산주의 북한과의 관계라는 심리적 긴장 상태, 한국 개신교의 보수적 전통 등이 한국에서 CO운동을 어렵게 만드는 요인이라고 생각했다(권호경, 2001, 112).

연세대 도시문제연구소에서 시작한 주민조직가 훈련은 1973년까지 지속되었지만, 1971년 도시문제연구소는 연세대에서 분리된다. 주민들을 조직하고 이를 담당하는 조직가들을 훈련시키는 데는 현장과 더욱 밀착되어야 하고 점차 정치화해야 하기 때문에 대학 내에서는 한계가 있었기 때문이다(박형규 외 4인 대담). 도시문제연구소는 한국 CO운동에서 최초로 알린스키의 조직화 이론을 현실에 적용해 조직가들을 교육하고, 직접 현장에 들어가 조직화하려는 시도였다고 할 수 있다. 이 시도들은 이후 수도권선교위원회의 활동으로 이어지게 된다.

도시문제연구소의 교육훈련은 알린스키의 조직론을 중심으로 한 것이었는데 '교육—훈련'이라는 용어에서 보듯이 행동 중심의 학습방식이었다. 알린스키의 조직론 원칙을 뼈대로 하고, 바로 빈민 현장으로 들어가 직접적인 지역조사로부터 이슈 파악, 주민 지도자 파악, 이슈 실행과 이를 통한 지도력의 형성, 주민 조직의 건설로 이어지는 과정을 훈련생이 직접 몸으로 부딪쳐 학습하고 진행해보는 일종의 실행연구(action research)였다. 트레이너 역할을 하는 화이트 목사는 훈련생들의 실천 과정을 꼼꼼히 기록하게 했고 그 기록과 실천을 토대로 계속해서 상황을 분석하고 이후 활동을 계획하는 논의와 문답과정으로 진행되었다.

한국 CO운동의 시작은 새로운 운동론을 수용하고 학습하는 것으로부터 시작되었다. CO운동 이전에는 선교를 목적으로 한 기독교가 중심이 되어 가난한 사람들과 함께하는 활동이 존재하기는 했으나, 전태일의 분신 사건, 생존의 권리를 지키기 위한 빈민들의 저항 등 이를 위한 실천들이 계속되면서 기존의 활동에 대해 한계를 느끼게 된다. 하느님의 선교 활동을 통해서 교회 밖 민중들(노동자, 빈민)을 만나기 시작했고, 독재라는 정치적 상황과 민중들의 억압과 착취라는 상황을 직접 경험하면서, 복음을 전달하는 선교활동만으로는 새로운 사회를 만들기가 어렵다는 인식에 도달한 것이다.

이에 현실에 대한 새로운 이해와 학습에 대한 필요를 느낀 활동가들은 알린스키와 프레이리 이론을 수용하고 도시문제연구소의 교육 프로그램을 새롭게 기획하는 등 정치사회적인 변화와 이에 대한 민중들의 저항 그리고 이를 위한 민중선교활동의 새로운 방향 설정을 위해 노력했다.

2) 교육받은 조직가 지역으로 들어가다: 수도권선교위원회와 학생사회 개발단

한국의 CO운동은 앞에서 보았듯이 도시문제연구소를 중심으로 한 조직가, 활동가들의 교육훈련으로 시작되었다. 훈련생들은 알린스키 조직화론을 중심으로 실제 빈민현장에서 조직 활동을 하기 시작했고 점차 훈련생에서 조직가로 변화하게 되면서 좀 더 조직적으로 활동을 진행하게 되는데, 수도권선교위원회와 한국기독학생회총연맹의 학생 사회개발단의 활동이 가장 대표적인 경우라고 할 수 있다. 이 두 조직의 활동은 도시빈민들을 위한 본격적인 조직화 활동이라고 할 수 있다.

① 학생사회개발단의 조직화 활동

하느님의 선교의 영향으로 60년대 후반부터 기독교 내에서 다양한 선교활동이 시작되고 이를 위한 단체가 꾸려지기 시작한다. 먼저 1964년 가톨릭과 개신교가 공동으로 "사회발전과 노동문제 대강연" 을 통해서 노동문제에 대한 신구교의 연합운동이 태동되었다. 그리고 1968년 WCC 총회 이후 알린스키의 지역사회 조직론과 도시산업선교 의 영향으로 1969년 한국기독학생회총연맹(Korea Student Christian Federation, KSCF)이 발족된다. 이 단체는 교회 운동보다는 사회 현 장 운동을 강조하는 조직으로 그 활동을 구체화하기 위해 학생사회개 발단(이하 학사단)을 만들게 된다. 학사단은 당시의 시대적 흐름을 분 석해 3단계 전략을 짜게 되는데, "1단계 농촌으로부터 도시에로, 2단 계 자선사업에서 사회계획에로, 3단계 개체운동에서 사회운동으로" 라는 내용으로 구체화했다(한국기독학생회총연맹, 1974). 이러한 활동 전략에 따라 학사단 활동은 주로 도시산업선교, 도시빈민선교의 현장에 밀접하게 결합하였다. 학사단은 1970년, 도시지역의 연희동 아파트지대, 봉천동 연립주택, 이문동 저탄지대, 광주대단지 등에서 23개 팀 162명이 지역 활동을 할 정도로 활발했다(KSCF, 1982). 학사단은 주로 공장지대, 슬럼지대, 고지대 등의 현장으로 들어갔고 시설문제, 식수난, 공해문제, 의료문제, 복지문제 등을 주요 이슈로 다루었다. 아래 사례는 1970년대의 학사단 활동의 내용과 특징을 잘 보여준다.

(사례)

연세대학교 ― 연희지구 아파트와 슬럼지대
4월 6일부터 8일까지 이대 다락방에서 제1차 훈련을 받고 6개 팀으로 분단하여 현지에 나가 활동한다. 매주 1회씩 단원 정기모임을 갖고 활동보고와 전략연구를 하면서 도시문제연구소와 상호협조를 하며 활동한다. 교내에서는 사진전시회 및 슬라이드로 사회문제점을 고발시키고 있다. 여름방학 동안에는 현지에 투입하여 지역주민과 함께 생활하며 지역학교를 열어 체육대회 및 여러 방법으로 지역사회개발 활동에 박차를 가할 계획이다. (18명 참가)

이화여자대학교(파워크럽): 공덕동 385-1 대지문제 지대
대지문제를 현주민 43세대와 한국전력 학원 간에 불협화를 이루고 있는 지역이다. 지난 5월 22일 제1차 교육하고 매주 1회 전략연구 모임을 갖고 활동을 전개하며 5월 29일에는 기독교회관 소강당에서 지역주민, 변호사, 학사단 단원들이 참석하여 세미나를 열고 주민의 사기와 용기를 모아 정의를 위해 투쟁할 재다짐을 하였다. 4팀으로 분단하여 아저씨, 아주머니들과 만나고 각계에 진정 및 사회 캠페인을 벌이고 있다.…이는 파워크럽에서 여론조성과 공판 때마다 방청하고 판사, 변호사들과의 대화를 나누고 끈질

긴 정의의 투지를 주민과 동체가 되어 보여준 증거임을 주민일동은 기뻐하고 용기를 얻고 있다. (8명 참가)

숭실대학: 봉천동 연립주택지대

철거민을 위한 주택지로 시에서 5-6가구씩 한 집에 살게 하여 주택난을 해결하고 있는 지역으로 5월경엔 식수난으로 다툼 끝에 살인까지 있었던 곳이다. 제1차 훈련을 받고 3팀으로 분단하여 지역주민 파출소, 동사무소 등과 접촉하여 현지 활동을 하며 지역사회 개발을 위한 조직 활동을 하고 있다. 3차에 걸친 전략연구모임을 갖고 여름방학에는 현지에 투입하여 활동을 계속한다. (6명 활동)

(1970년도 학사단 현황 자료 참조.)

학사단의 활동은 도시문제연구소의 조직가 훈련방식과는 약간의 차이를 보인다. 대학생이라는 신분 상태였기 때문에 지역으로 들어가 사는 방식보다는 팀을 형성해 지역으로 수시로 들어가는 전략을 택했다. 그래서 도시문제연구소가 1-2인이 한 지역을 맡았던 방식과 달리 10여 명의 인원이 팀을 이뤄 역할을 나누는 방식으로 진행되었다. 그러다 보니 주민조직을 통해 저항을 조직하는 방식보다는 지역사회를 개발하는 전략에 초점을 맞추었다. 그러나 지역의 이슈를 파악하고 문제를 풀어가는 방식에서는 도시문제연구소와 유사했다. 대신 대학생들이 직접 문제를 해결하기보다는 도시문제연구소나 기독교 조직의 지원을 통해 문제들을 해결하려 했고 대학 내에서는 빈민들의 문제를 공유하려 했다.

이후 1971년 9월 개신교 6개 단체(영등포 산업선교회, 기독교도시산업선교회, 한국기독학생총연맹, 크리스챤 아카데미, 대한YMCA대학생협의회, 대한YMCA연맹), 가톨릭 4개 단체(가톨릭노동청년회, 가톨릭노동장년회, 대한가톨릭학생총연합회, 안양근로자연합회관)가 함께하는 신구교 선교단체 연합조직인 크리스천사회행동협의회의(Korea Christian Action Organization, KCAO) 결성으로 이어진다. 이러한 흐름은 당시 아시아의 기독교 연합조직과 연결되어 이론 소개 등이 큰 영향을 주고받았다고 할 수 있다. 농촌, 노동, 빈곤을 중심으로 활발했던 기독교의 사회행동은 유신헌법으로 위축된다.

그 뒤로 KCAO의 활동을 이어받기 위해 1973년에 에큐메니칼현대사회선교협의체로 개칭하고 활동을 재개하지만, 그 해 남산부활절 사건으로 다시 탄압을 받게 되자 1975년 2월에는 한국교회사회선교협의체로 개편하였고, 1976년에는 단체 활동보다는 실무자 중심 활동을 진행하는 한국사회선교협의회(이하 사선)를 발족하게 된다. 그리고 KSCF는 점차 노동문제에 대한 중요성이 커지고 활발해지면서 도시빈민 운동보다는 노동운동 쪽으로 무게의 중심을 옮기게 된다 (KSCF, 1982, 13). 기독교를 중심으로 한 이러한 다양한 선교활동과 조직은 1970년대의 독재라는 억압적 상황에서도 가난하고 소외받은 사람들과 함께 투쟁했고 1970년대 빈민선교와 1980년대 도시빈민운동으로까지 이어지는 흐름에 버팀목이 되었다고 할 수 있다.

② 수도권도시선교위원회의 활동

도시문제연구소에서 시작한 한국 CO운동은 조직가 훈련을 통해서 조직가가 배출되고, 몇몇 현장에서 성과를 거두면서 더욱 적극적인 역할을 요구받게 된다. 그래서 1971년 9월 기독교의 목회자, 신도들을 중심으로 수도권도시선교위원회(이하 선교위원회)를 조직하기에 이른다. 선교위원회는 자선적 선교, 정부, 사회사업가들이 행한 하향식 지역사회개발을 지양하고, 주민들 스스로 자각과 단결된 힘으로 자조적인 문제해결이 필요하다고 여기고 다음 세 가지를 목표로 삼았다.

— 현실분석과 철저한 시민의식 훈련을 통하여 주민의 통찰력을 개발하고 그들이 자신의 문제와 이익에 민감하게 한다.
— 주민의 단결력과 행동력을 촉진시켜서 반복적인 성취 경험을 하게 한다.
— 권력과 공력에 대치할 수 있는 힘은 오직 조직을 통하여서만이 이룩된 다는 확신을 갖게 한다.
(한국특수지역선교위원회 사업보고서, 1976.)

이즈음 아시아 지역에서도 아시아기독교협의회(CCA)의 영향으로 도시산업선교위원회(UIM)가 만들어지고 여기에 가톨릭아시아주교회의(FABC) 내의 인간개발위원회(OHD)가 결합하면서 아시아 CO운동의 연합체인 악포(ACPO)가 만들어지게 된다.

이와 같이 1970년대 초반은 하느님의 선교 사상과 알린스키의 조직화 이론, 프레이리의 의식화 이론이 아시아에 본격적으로 소개되고 영향을 미치면서 다양한 민중조직들을 지원하는 그룹들이 생겨나게 되었다. 수도권도시선교위원회는 1973년 1월 수도권특수지역선교위원회로, 다시 1976년 5월 한국특수지역선교위원회로 명칭이 바뀌었고, 1979년 공식 해체된다.

한국기독교사회문제연구원이 발간한 『민중의 힘, 민중의 교회』는 수도권선교위원회의 활동을 세부적으로 기록하고 있다. 이경자는 『민중의 힘, 민중의 교회』의 내용을 기반으로 해 수도권선교위원회의 활동을 4기로 나누어서 설명하고 있다.

구분	1기 (1971~1972.10)	2기 (1972.11~1973.4)	3기 (1973.6~1976)	4기 (1976~1979)
조직	수도권도시 선교위원회	수도권도시 선교위원회	수도권 특수지역 선교위원회	한국특수지역 선교위원회
주요 활동 지역	신설동, 광주대단지, 금화시민아파트, 남 대문시장, 도봉동 등	청계천, 답십리	신설동, 답십리, 중랑천	서울, 농촌 등으로 확장
주요 이슈	이주대책, 소방시설, 탁아소, 의료 등	실태조사, 육성회 비, 재개발, 화재민 구호활동	답십리에서 중 랑천센터로 옮김. 철거대책 활동	자선사업, 진료사업, 야학, 탁아소 등
활동 전략	지역의 이슈를 발굴 하고 주민들이 해결 할 수 있도록 지원	지역 분산에서 답 십리로 집중 활동	교회를 세우기 시 작(뚝방교회, 사 랑방교회, 갈릴리 교회 등)	교회중심전략 (성남 주민교회, 동월교회, 거여동 사랑방교회)
기타 (관련 사건, 내용)	10월 유신헌법	1973년 4월 부활 절 연합예배사건	1975년 실무자 들 석방.1976년 반공법사건	1979년 특수지역 선교회 해체

* 이경자(2000), 한국기독교사회문제연구원(1987)의 내용을 토대로 재구성.

　　그는 1기는 수도권선교위의 설립과 1972년 10월 유신이 선포되는 시기, 2기는 1972년 11월에서 1973년 4월 부활절 연합예배 사건으로 선교위의 실무자들이 대거 구속되는 시기까지, 3기는 1973년 6월에서 1976년 반공법 사건이 일어나는 시기, 마지막으로 4기는 한국특수지역선교위원회로 개칭된 때부터 1979년 해체가 되는 시기까지로 구분한다(이경자, 2000, 57-58). 수도권선교위원회의 활동은 도시문제연구소에서 출발했던 조직가 훈련과 지역사회 조직화를 이어받은 활동이라고 볼 수 있다. 선교위원회는 도시문제연구소가 했던 것처럼 주로 신설동, 청계천, 남대문시장, 도봉동, 답십리, 성남 광주대단지, 월곡동, 중랑천, 영등포, 창신동 등 판자촌 지역을 근거로 삼아 활동을 벌였다. 주요한 방식으로는 알린스키 방식을 통해서 지역의 이슈를 발굴하고 이를 토대로 주민들을 조직하는 방식이었다.

　　선교위원회는 알린스키의 산업지역재단과 유사한 형태의 지역사회 조직 기구였고, 독일의 세계급식선교회(BFW, Brod fur Welt)의 지원과 일부 후원금을 받아 운영되는 초교파 조직이었다(이경자, 2000, 45-46). 하지만 앞의 시기구분에서 보듯이 선교위원회는 설립된 지 얼마 되지 않아서 독재정권의 탄압을 받기 시작했다. 도시문제연구소 훈련과정에서 진행했던 철거지역 조직화 작업의 성과들이 기사화되면서 정권의 감시를 받게 된다.

당시, 1967년경부터 여러 철거지역에서 철거에 반대하는 시위, 집단행동, 심지어는 경찰들과의 투석전까지 오고가는 빈민들의 자발적인 행동과 투쟁들이 연달아 일어나면서, 독재정권에서도 위기의식을 느낀 것이라고 할 수 있다. 앞에서 보았듯이 서울시에서는 1967년부터 본격적으로 무허가 판잣집들에 대한 정리 작업을 시작했고, 이에 맞선 철거 대상지역에서 주민들의 저항들이 산발적으로 일어나기 시작했던 것이다.[4] 아래의 두 신문기사는 당시의 철거와 저항의 상황들을 잘 보여주고 있다.

기동경관과 주민들 충돌

30일 상호 7시 반쯤 서울 웅봉동 산7 판자촌을 철거하던 구청직원 및 기동경찰과 주민들이 난투극을 벌여 30여명이 중경상을 입었다. 이날 성동구청 직원과 인부 4백여명, 기동경찰 1백5명은 국유 및 시유지에 세워진 판잣집 2백여 가구를 강제철거하다가 주민들과 충돌한 것이다. 이 사고로 주민 10여명과 구청직원 10명, 경찰관 10명이 각각 중경상을 입었다.

---

[4] 1960년대 후반부터 판자촌에서 철거투쟁 사건이 계속 일어나게 된다. 1967년 10월 부산충무동 시위, 1967년 12월 동자동 시장실 시위, 1968년 9월 웅봉동에서 철거반원과 투석전, 1969년 2월 창신동 시청 시위, 1969년 3월 중구 도동 투석전, 1969년 3월 삼청동 시청 항의방문, 1969년 4월 광진교, 천호동 구청 데모, 1969년 6월 러시아 영사관 투석전 등 여러 지역에서 산발적으로 이러한 사건들이 이어졌다.

(「경향신문」 1968. 9. 30.)

판자촌민, 철거반원투석전 모두 60명 중경상

서울시의 철거계획에 맞서 말썽을 빚어온 서대문구 구 러시아 영사관 부지 일대의 무허가 판자촌 주민 일백 오십 여명은 삼십일 아침 육시 경 철거반 원과 기동경찰 일백오십 명에게 투석전을 벌여 경찰과 주민 등 육십여 명 이 중경상을 입은 소동을 빚었다.

이 날 오백 오십여 가구의 주민들 중 자진철거에 반대하는 이들 일백오십 여명의 주민들은 판자촌 입구 골목길에 리어카와 문짝 등으로 바리케이드 를 치고 철거반원과 경찰에 한시간 반 동안이나 투석전을 벌였으며 경찰도 이에 맞서 돌을 던지고 최루탄 일발을 쏘는 등 소동 끝에 남택선 경위 등 삼십 여명의 경찰과 구청철거반원이 돌에 맞아 중경상을 입었고 주민들도 배덕철 씨 등 십칠 명이 중상, 김해수씨 등 이십 여명이 경상을 입었는데 중상자들은 적십자병원과 경찰병원에 입원 가료중이다. 경찰은 바리케이 드를 넘어 홍성표 씨 등 오십 여명의 주민을 연행했으며 주민들은 모두 자 진철거를 시작했는데 이 투석전으로 서울예고 본관 유리창 일백 십여 장이 깨졌다. 이들 주민들은 오는 십월 녹신동에 건립될 시민아파트에 입주할 때까지 녹번동의 임시수용천막촌에서 거주하게 된다.

(동아일보, 1969. 6. 30.)

선교위원회는 1972년 10월 유신헌법이 선포되기 전까지 주로 지역 실태조사와 함께 청소년들을 위한 야학을 열거나 철거 반대운동과 당시 도시빈민들의 문제 중 하나였던 의료문제에 대한 대응책으로 주민진료소 또는 주민병원 설립 그리고 화재예방 대책 등과 같은 주민생활을 개선하는 이슈들을 중심으로 활동하고 있었다. 그리고 이슈의 선택에서 경찰의 감시를 피할 수 있는 내용으로 선별적으로 접근할 수밖에 없었다.

활동방식은 각 지역별로 한 명씩의 조직가를 정하고 조직가가 중심이 되어 지역의 실태조사와 함께 이슈들을 파악하고 이 이슈들을 중심으로 주민들을 조직하는 방식으로 진행되었다. 정부의 감시 때문에 무리지어 활동하는 것은 부담이 되었고, 신분을 숨기고 드러나지 않는 상태에서 활동을 할 수밖에 없었다. 각 지역의 상황들은 위원회의 실무 회의와 정기 연구모임들을 통해서 종합하고 대안들을 만들어갔다. 이러한 방식은 지역에 기반시설이 대부분 갖춰져 있지 않았고, 주민들의 생계 문제가 심각했으며, 1960년대 후반부터 서울시에서 빈민 밀집지역에 대한 집중적인 철거작업을 동시다발적으로 진행되면서 동네의 이슈들이 계속해서 드러나고 있는 상태였기 때문이다. 당시 활동가들이 작성했던 실태조사서, 활동보고서, 프로그램 계획서 등에는 지역의 현황과 당시의 활동내용들이 잘 나타나 있다.

〈프로그램 계획서: 청계천 판자촌 특수지역(답십리 4동 11~30통)〉, 이규상, 김혜경(1973)

1. 지역현황

한국 근대화의 최대의 상징인 대도시 서울 그 중심을 흘러 온갖 희귀한 배설물이 집합되는 하수처리장 주변에 판자촌이 산개해 있으며 삼일고가도로가 끝나는 지점에는 대도시의 면모에 커다란 수치감을 가진 양철울타리가 있고 그 뒤편에서부터 용두1동의 판자촌은 시작된다. 눈길로 쫓을 수 없을 만큼 판자 주택군의 꼬리는 길어만 있고 청계천을 중심으로 왼편에 동대문구 용두1동 답십리3동, 답십리4동이 자리해 있으며 오른편에 성동구 마장1동 2동 사근동 송정동이 자리 잡고 있다.

	세대수	세대당 가족수	인구	밀도	면적	선교지구
용두1동	1400	7.5	10500	2.1	0.005km	제1지구
답십3동	2000	7.5	15000	1.5	0.009	제2지구
답십4동	5400	7.5	40500	1.35	0.03	제3지구
계	8800	7.5	76000	1.65	0.044	

a. 출신도

	서울	부산	경기	강원	충북	충남	전북	전남	경북	경남	제주	무응답	계
수	25	9	15	5	5	9	14	13	8	5	0	1	100
%	25	9	15	5	5	9	14	13	8	5	0	1	100

b. 세대주 연령

	21~25	26~30	31~35	36~40	41~45	46~50	50 이상	무응답	계
수	1	1	8	27	23	17	21	2	100
%	1	1	8	27	23	17	21	2	100

c. 세대주 학력

	무학	국퇴	국졸	중퇴	중졸	고퇴	고졸	대퇴	대졸	무응답	계
수	0	1	54	3	17	무	15	0	2	8	100
%	0	1	54	3	17	무	15	0	2	8	100

d. 직업

	노동	운수	회사	공무원	상업	이발	기타	무응답	계
수	42	4	6	5	20	0	6	7	100
수	42	4	6	5	20	0	6	7	100

e. 월수입

	5000원 이하	1만 이하	1만~2만	2만~3만	3만 이상	무응답	계
수	5	8	16	24	14	33	100
%	5	8	16	24	14	33	100

f. 주택 소유상황

	월세	전세	자가	계
수	27	24	49	100
%	27	24	49	100

2. 활동목적

예수 그리스도는 아버지 하나님으로부터 "가난한 자에게 복음을 전하고 상처받은 자를 치료하고 포로된 자를 해방하고 눈먼 사람을 눈뜨게 하고 눌린 자에게 자유를 주고 주의 은혜의 날을 전파하기 위해서"(눅 4,18) 이 땅에 보내지셨으면 그를 통해서 우리는 해방되고 그 해방을 통해서 역사적 인 이 세상을 새롭게 재창조할 수 있는 자유의 능력을 부여받게 된다. 우리 는 하나님의 은총 안에서 진정한 인간성을 얻는다(골 2,9) 그것은 곧 "영 혼과 육신, 개인과 사회 그리고 인류와 신음하는 모든 피조물(롬 8, 19)의 구원인 것이다. 악은 개인적인 생활에서 뿐 아니라 인간을 비천하게 만드 는 착취적인 사회구조에서도 행하여지는 것이기 때문에 하나님의 정의는 죄인을 의롭게 하는데 대해서뿐만 아니라 사회, 정치적 정의를 실현하는 데서도 행하여진다".

이 지역에 대한 상황보고에서 나타난 것처럼 가장 하층구조 속에서 사는 가지지 못한 군상사회의 부조리가 잉태해 놓은 빼앗긴 백성, 배고픔과 병고에 시달리는 하나님의 자녀들, 어쩌면 하나님의 복음으로부터도 소외되어 있는 축복받도록 지음 받은 하나님의 피조물들이 1㎢당 백만 이상의 인구밀도를 자랑하는 청계천변에 판자 몇 조각으로 비바람을 피하며 서울의 온갖 오물의 흐름을 역겹도록 바라보면서 살고 있다. 이곳에 그리스도는 오시는 것이다. 사랑하는 백성의 신음소리를 가슴 아프게 들으실 뿐 아니라 그 속에 오셔서 같이 빼앗긴 채 사시는 것이다. 그리스도를 닮아 살아야 할 우리생의 의무가 소외된 백성을 다시 소외해서는 안되는 것이다. 여기에 우리의 선교목적과 자세가 있다.…

3. 문제

이런 활동을 하다 보면 지역이 내포하고 있는 많은 문제점들이 드러나게 되는데, 문제점을 보면 ①철거의 불안 ②식생활 해결 ③구직 ④직장의 안정 ⑤건강문제 ⑥수돗물 사정 ⑦자녀교육 ⑧변소문제(공동변소를 사용하고 있어 배설하는 소리, 그 소리로부터 판자촌의 새벽은 깨어가는 것 같은 인상이다) ⑨호적문제(대부분의 아이들이 출생일보다 호적신고가 늦다) ⑩문패문제(이것 때문에 생활이 거의 마비된다) ⑪성문제(비윤리적이고 개방적이다) ⑫과부들의 문제 ⑬너무 식구가 많다.

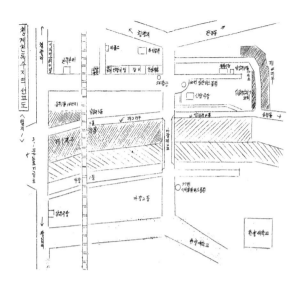

청계천특수지역선교도, 이규상, 김혜경(1973), 출처: 민주화운동기념사업회

〈청계천 판자촌 빈민선교 보고〉, 정진영(1974) (1974년 1월-8월까지)

Ⅰ. 지역상황과 특수성

1. 서울특별시 동대문구 답십리 4동 청계천변 오물냄새가 나는 곳이다

2. 2만 4천 평에 4만 2천 명이 판잣집에 밀집 거주하고 있다(약 1만 5백 세대)

3. 농촌에서 살지 못하여 서울에 왔지만 도시생활에 잘 적응치 못하여 어쩔 수 없이 살고 있다. 지방별 비율을 보면 호남 60%, 영남 20%, 충청 10%, 기호 5%, 이북 5%

4. 영세농민과 비슷한 문화권을 형성하고 있다

5. 범죄자의 피신처 은거처가 되고 있다

6. 이 지역의 정신력을 지배하는 종교 상황

   은광교회(예장합동) 신도 100명   경성교회(기독교연합) 신도 70명

   청계천교회(예장통합) 신도 150명   무당(점치는 자) 23명

II. 문제점

1. 무허가 정주자들이라서 철거의 위협을 느끼고 있다

2. 별다른 기능이 없기 때문에 생활에 위협을 느끼고 있다

3. 정신적 신체적 무력상태에 있다(못 먹고 병들어 힘이 없어 게으르다)

III. 하여야 할 과제

1. 의식화 작업

   1) 왜 우리는 여기서 살아야만 하는가?

   2) 왜 우리는 기능이 없는 사람이 되었는가?

   3) 왜 우리는 무력상태에 놓여 있게 되었는가? 그 원인을 깨달을 수 있는 의식화 작업이 필요하다.

2. 의식된 사람이 모여서 자기 권익을 효과적으로 쟁취할 수 있는 활성화 작업이 필요하다

3. 이들의 활동이 기능력 있게 움직일 수 있는 활성화 작업이 필요하다

VI. 주민 속에 어떻게 들어가 활동했나?

1. 접근방법

— 방을 구하기 위하여 여러 집을 방문하였다

— 가장 요긴한 집을 선택하였다

— 계약금을 걸어놓고 약속을 고의로 이반하였다

— 계약금을 받으러 가는데서 그 집을 자주 찾아가는 구실을 만들었다

— 그 집에서 동네 아줌마들과 친교를 가졌다

— 그들의 이익과 직결된 호기심을 야기시켜 102명이 부녀회를 조직

— 그들 스스로가 내가 이 지역에서 일하도록 청빙서를 나에게 제출토록
했다. 즉 내가 그들에게 필요로 하는 사람이 된 것이다.

2. 오물세 면제

… 오물세 면제통고가 왔다

3. 화재민의 권익투쟁

청계천 판자촌에 뜻하지 않은 화재가 발생하므로 152세대 721명의 화재
민이 보잘것 없는 가구와 짐을 몽땅 태우고 갈 곳 없이 노천 천막에 거주하
게 되었다. 이들의 권익과 생존권을 위하여 기민한 CO활동이 요청되었다.

4. 양시장의 허위공약 폭로

5. 구속 교역자 석방을 위한 기도회

6. 공장에 다니는 청소년 교육: 교과내용 , 국어, 영어, 수학, 역사, 노동법

7. 천막교회의 설립과 파괴

(정진영, 1974)

위의 계획에서 보듯이 선교위원회는 도시문제연구소의 훈련방식
과 같이 판자촌이나 철거를 앞두고 있는 지역을 중심으로 실태와 이슈
를 파악하고 주민들을 모을 수 있는 프로그램을 진행하거나 철거를 반
대하는 투쟁을 조직하려 했다. 그리고 활동 지역이 계속 늘어가면서
실무자, 조직가들을 훈련시키는 작업도 계속 진행하였다. 조직가 훈
련은 도시문제연구소와 마찬가지로 판자촌을 교재 삼아 실제 조직화
를 진행하면서 육하원칙에 의거한 대화를 중심으로 진행해나갔다. 권
호경의 묘사는 이러한 훈련 형태를 잘 보여준다.

훈련생, 우리 지역의 공식적 지도자는 통장이지만, 쌀과 연탄가게를 하는
김 씨가 실제적인 실력자입니다.

훈련자, 김 씨는 평판이 좋습니까?

훈련생, 나쁘지는 않습니다.

훈련자, 그러면 왜 김 씨의 영향력이 큽니까?

훈련생, 많은 주민들이 그에게서 돈을 빌어 쓰고 있기 때문입니다.

훈련자, 통장과 김 씨의 사이는 어떻습니까?

훈련생, 겉으로는 친하나 속으로는 그렇지 않은 것 같습니다.

훈련자, 그렇게 판단하는 근거는?

훈련생, 내가 김 씨와 술을 먹을 때 김 씨가 통장을 은근히 헐뜯었습니다.

훈련자, 청년들 중에서는 누가 영향력이 큽니까?

훈련생, 장 씨집 큰 아들이 힘도 세고 의협심도 있고 성실해서 청년들
　　　중에서는 가장 유망합니다.

훈련자, 아줌마들 중에서는 누가 지도적입니까?

훈련생, 4반 반장 아줌마가 이 동네 토박이고 매사에 적극적입니다.

(기사연, 1987, 70.)

하지만 이 대부분의 활동은 유신헌법 선포로 대부분 중단되고 만
다. 유신헌법 선포 후 선교위원회는 조직가들이 흩어져서 활동하는
데 따르는 한계와 빈민선교의 전형을 만들어내는 것이 급선무라는 판
단으로 청계천 지역을 중심으로 집중적 활동을 펼치게 된다. 1973년
청계천변을 4개의 지역으로 분할하고 지역실태조사를 통해 조직 활
동을 체계화하고, 야학설립, 주부교실, 어린이교실, 의료협동조합 등
을 운영하고 계층별로 주민들의 모임(청년회, 부녀회, 학부모 조직 등)
을 꾸려내기 시작한다.

　그러나 이 역시 1973년 유신헌법의 철폐를 촉구하는 진보적 기독
교인들의 부활절 연합예배 사건과 이어지는 1974년 긴급조치 위반,

1975년 5월 긴급조치 9호 등으로 선교위의 중심적인 인물들이 구속되면서 중단된다(민주화운동기념사업회, 2009, 680). 선교위원회에서는 점차 더해가는 국가의 감시와 탄압에 대해 "정치적 민주화가 선행되지 않으면 주민조직도 불가능하다"는 결론 하에 직접적인 정치투쟁을 선택했고, 이로 인해 1970년대 내내 국가의 견제·탄압에 시달리면서 모이고 흩어지고를 반복하게 된다. 이러한 정권의 탄압 상황을 겪으면서 선교위원회는 탄압에 대한 보호막이 필요했고 지역 내에 일종의 거점으로 교회를 설립하게 된다.

가장 먼저 1971년 청계천 송정동 뚝방 지역에 활빈교회가 세워졌고, 이어 1972년 성남시에 주민교회가, 청계천 지역에 뚝방교회가 세워졌다. 이후 1974년 사당동에 남서울복음교회, 1976년 중랑천 주변에 사랑방교회, 같은 해 하월곡동에 동월교회 등이 세워지게 된다. 선교위원회는 1976년 명칭을 한국특수지역선교위원회로 변경하게 되는데, 기독교의 선교활동이 수도권을 넘어 지방·농촌 지역으로 확장되면서 특수지역선교위라는 명칭을 쓰게 되었다. 선교위원회는 1976년을 넘어서면서 교회 중심의 전략으로 변경하게 된다. 당시의 정치적 탄압 상황 속에서는 목사라는 종교인의 신분과 교회라는 합법적 공간을 통해서만이 주민조직 활동을 계속 진행할 수 있다는 판단에서였다. 당시 교회중심 전략의 정리된 내용은 다음과 같다.

* 한국특수지역선교위원회(1976. 5)

1. 교회중심 선교의 전략

오늘 한국 땅에 한국의 문제, 한국민의 문제를 꿰뚫어 보면서 새교회운동을 주민의 교회, 민중의 교회에 초점을 두고 선교하는 것이다.

1) 주민의 자발적인 욕구나 의식에 따라 교회를 세워서 기성교회의 폐

쇄성, 수입신학, 수입예배의식, 수입교회형태, 수입예수쟁이성을 지양한다.

2) 교인으로 구성된 각 연령층 조직 내지 욕구별 조직을 통해서 교회 밖의 주민을 참여시킨다.

3) 각 조직을 통해서 문제를 발굴하게 하고 발굴된 문제를 함께 추적하는 훈련을 하도록 한다.

4) 이 훈련을 통해서 민주적 소양을 개발하여 자발적 참여와 자유의식을 길러 하나님 나라의 초석이 되게 돕는다.

5) 지역의 교회가 전 주민의 심부름꾼이 되고 지역 주민의 권익과 복지를 위해서 주민과 함께 크고 작은 외부의 집단과 대결과 협상을 통해서 주민의 의식을 훈련시킨다.

6) 선교를 위한 조직활동의 구체적인 사건을 연구 정리하여 한국의 문제 속에 오시는 그리스도를 예배할 수 있는 순수 한국적인 예배의 틀을 추구한다.

2. 지역 주민조직 중심 선교의 전략

1) 실무자가 자기의 신분을 은폐하고 하나의 주민으로 산다.

2) 주민의 특성과 지역상황을 조사한다.

3) 주민 접촉과 대화 및 친교를 통해서 주민의 욕구를 점검한다.

4) 주민의 욕구에 따라 지도 능력있는 자를 발굴하여 주민을 조직한다.

5) 조직된 주민을 통해서 깊은 친교와 유대를 갖게 한다.

6) 조직된 주민이 그들의 욕구를 충족하기 위한 일을 스스로 계획하고 스스로 실천한다.

7) 조직된 주민의 행동 과정에서 욕구가 충족되는 여부는 별문제로 하고 주민의 민주적 훈련을 통해 권위주의나 개인주의를 배격하게 돕는다.

8) 조직된 주민으로 하여금 자신들의 모습을 깊숙이 관찰하게 하고 문제를 일으켜 물질주의를 극복하게 돕는다.

9) 조직된 주민의 의식된 힘을 통해서 사회의 제도와 구조를 변혁하는 데 앞장서게 한다.

3. 선교를 통한 학생 및 성직자 외부 조직 전략

1) 지역주민조직의 개발 육성을 위한 협력자로서의 학생 및 성직자 훈련 및 조직

2) 양심적 세력으로서 사회 개혁의 촉진을 위한 인사 훈련 및 조직

(한국특수지역선교위원회, 1976.)

이러한 전략의 변화는 1976년 5월에 일어났던 반공법 사건으로 실무자의 상당수가 연행되고 정권의 주민통제 전략으로 '반상회'⁵라는 관주도의 주민조직이 만들어지면서 조직가가 지역으로 들어가 주민과 접촉하고 주민들이 자생적인 지도력을 만들어내는 것이 불가능하게 되면서이다(기사연, 1987, 116). 또한 정부를 중심으로 한 새마을 운

---

5 반상회라는 관주도 통치조직은 일제강점기부터 시작되는데, 1938년 조선인을 통치하기 위한 목적으로 애국반이 만들어진 것이 그 시초라고 할 수 있다. 해방 이후 이승만 정권에서는 1인 집권 체제의 유지를 위해 국민반이 만들어졌다. 국민반 역시 국민들에 대한 통제와 공산세력에 대한 감시 그리고 선거 때는 조직적 선거 동원 조직으로 활용되었다. 박정희 정권 시에는 재건반으로 이름이 변화되어 국민들을 체계적으로 동원하는 체계로 확장된다. 유신 이후 반상회는 사회불만세력, 정권저항세력을 통제하고 신고하는 방식으로 동원된다. 1975년 5월 13일 긴급조치 9호 선포로 학도호국단 설치령, 사회안전법, 방위세법, 교수재임용제 등이 공포되었고, 민방위법에 따라 전국민이 준군사 조직에 편입이 된다. 반상회가 국가적으로 통제되고 동원된 것은 1976년 5월 31일 저녁 6시 전국 25만 개의 반에서 일제히 반상회를 실시하는 것으로 실행되었는데, 참석률은 78.4%에 달했다고 한다. 이러한 방식을 통해 박정희 정권은 '만인의 만인에 의한 감시체제'를 통해 국민들을 통제하게 된다(김환표, 2011).

동(1971년부터 본격적 시작)이 적극 추진되면서 빈민운동의 생활영역
이 잠식되기 시작했다(민주화운동기념사업회, 2009, 680). 선교위원회
는 지역사회 조직보다는 주로 교회를 중심으로 한, 지역에 정착하면서
지역사회개발(Commnuity Develop ment) 활동에 집중하게 된다. 교
회는 용공으로 매도될 수 있는 위험을 피하고 주민들을 대상으로 하는
프로그램(의료협동조합, 주민병원, 공동주택조합, 탁아소, 신협 등)을
시도할 수 있는 근거지가 될 수 있다는 판단이었다(김성훈, 2006).

선교위원회는 도시지역에서는 탄압으로 인해 자유로운 활동이 어
려워지고, 1977년 이후는 농촌지역을 중심으로 활동 영역을 이동했
지만 서서히 활동이 침체되기 시작하여 1979년 공식적으로 해체한
다. 선교위원회 활동은 도시문제연구소에서 시작한 한국의 CO운동
이 본격화한 활동이라고 할 수 있다. 지속된 조직가 훈련으로 조직가
들이 배출되었고, 선교위원회는 일종의 지역 이슈를 촉진해 지역 주
민조직을 만드는 활동을 지원했다. 한국의 정치사회적 특수성(독재정
권, 유신헌법, 반상회 등 관주도 주민조직의 감시와 통제)으로 인해서 알
린스키 전략으로 시작한 한국의 CO운동은 '주민 중심'의 원칙을 유지
하면서 감시와 통제를 피해 교회를 중심으로 한 조직화 전략으로 변화
되었다.

3) 가톨릭의 공동체 운동: 삶의 자리(A Place to Live) 운동

수도권선교위원회의 활동은 초교파적으로 이루어진 활동이긴 했
지만 주로 개신교 그룹을 중심으로 한 활동이었다. 이와 함께 가톨릭
쪽의 공동체 조직화의 움직임도 있었는데, 복음자리마을이라는 주택
공동체를 건설한 제정구가 판자촌으로 들어가서 그들과 "함께 산다"는

방향을 제시하고 실천한 것에서 '삶의 자리 운동'이라 정리할 수 있다.6

가톨릭의 도시빈민운동은 주로 공동체를 만드는 것에 초점을 맞추었는데, 도시문제연구소 1, 3기 훈련생이었던 김혜경은 1973년 부활절 연합예배 사건으로 선교위원회의 중심적 인물들이 구속되면서, 김수환 추기경의 소개로 신림동의 난곡(낙골공소)으로 활동공간을 옮기고 국수모임 · 희망의료협동조합 등의 활동을 펼치게 된다(김혜경, 2003, 174-177).

난곡 역시 다른 지역과 마찬가지로 1960년대 후반부터 홍수로 인해 서부 이촌동 주민들이 이주하기 시작해 대방동 등지의 철거민들이 모여들면서 만들어진 달동네였다. 난곡의 활동은 1973년 국수클럽으로 시작되었다. 당시 난곡의 엄마들이 점심도 제대로 먹지 못하고 일을 하는 것이 안타까워 한 달에 한 번 국수라도 끓여먹자는 취지에서 국수를 먹는 모임을 만든 것이다.

이 모임을 통해서 주민들은 서로의 어려움들과 이야기들을 나누게 되었고 애를 봐 준다든지 물건을 싸게 공동구매하는 상호부조 활동을 진행하게 된다. 지역에 있는 5곳의 우물을 공동 관리하게 되고 생활비를 절약하기 위해 영등포시장에서 물품을 공동구매 하였다. 주 멤버가 엄마들이다보니 생활, 교육, 건강 문제가 중심 이슈가 되었는데

이러한 노력으로 국수클럽은 이후 '난곡의료희망협동조합'(이하 난협)으로 발전하게 된다. 당시 난곡에는 주민들을 위해 무료 진료를

---

6 CO운동 그룹에서는 '주거'라는 표현 대신 '삶의 자리'라는 표현을 사용했는데, 단지 물리적인 집과 생활이라는 의미를 넘어, 좀 더 근본적인 사회적인 위치, 공동체의 삶을 의미하는 것이라고 할 수 있다. 1989년에는 한국에서 민중주거쟁취아시아연합(ACHR)이 주최하는 아시아 도시빈민대회가 열렸는데, 이때의 모토 역시 "삶의 자리, 아시아 민중들의 대화(A Place to Live , Asian People's Dialogue)"였다. 그리고 1990년대 주거권 운동을 진행했던 '주거권 실현을 위한 국민연합'의 주거교육자료집의 제목 역시 '삶의 자리'였다.

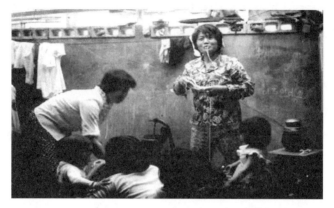

(사진, 난곡국수클럽, 난협10주년 , 출처 :오마이뉴스 우리동네 난곡 블로그,
http://blog.ohmynews.com/nangok/)

하고 있던 대학생들이 있었고 이것을 주민들의 힘으로 직접 풀어보자
고 해서 만들어진 것이다. 1976년 회비 100원을 118가구가 모으는
것으로 시작한 난협 활동은 10년 만에 회원이 2,200가구로 늘어날 정
도로 주민들의 큰 호응을 받았다(오마이뉴스 우리동네 난곡 블로그).

난협의 활동은 난곡이라는 지역에 빈민운동이 자리잡게 되는 계기
가 되었고 이후 주민조직인 난곡주민회를 만들어가는 모태가 되었다
고 할 수 있다. 여기에 1970년대 후반(1978년)에 진행된 빈민야학인
낙골야학이 1980년대 들어 졸업생 청년들을 중심으로 한 자조모임으
로 변하고, 빈민선교가 접목되면서 낙골교회가 만들어지게 된다.

낙골교회는 빈민야학의 졸업생들이 중심이 되어 사회과학에 대한
학습과 집회에 참석하는 등의 활동을 진행하다 1982년 허병섭 목사
의 초청강의를 계기로 민중교회를 만들게 된다(김기돈, 2002). 빈민야
학의 자유스러운 분위기와 민중교회 활동이 만나면서 낙골교회는 형
식의 틀을 깨는 예배와 함께 지역 활동, 사회 활동 등에 적극적으로
결합하게 된다. 지속적인 학습을 진행하면서 1980년대 집중적으로

일어났던 철거운동에 함께 결합하게 되고, 이후 일용건설노동조합추진위원회의 주축 멤버로도 활동하게 된다(허준, 2001).

그리고 1973년에 만들어진 남부고등공민학교(남부야학)가 지역 활동과 결합하기 시작하고, 1989년 지역 청소년·청년들을 중심으로 한 난곡주민도서관이 만들어지면서 난곡 지역의 지역 활동은 다양화되기 시작한다. 1988년에는 남부고등공민학교의 땅 소송 문제로 지역의 단체들이 함께 모이게 되고, 이를 통해서 통합된 지역조직을 지향하여 난곡지역협의회 결성으로까지 나아간다. 난곡 지역은 과거부터 국수모임과 난곡의료협동조합운동을 통해서 만들어진 그룹과 함께 민중교회, 도서관, 야학, 공부방 등의 활동이 더해지면서 빈민운동의 대표적인 현장으로 성장되게 된다.

이와 함께 제정구와 정일우(존 데일리) 신부는 판자촌의 철거민들을 데리고 재이주해 새로운 지역에 정착하는 실험을 시도한다. 제정구는 대학생 시절 독재를 반대하는 시위로 학교에서 제적당하고 1972년 송정동 활빈교회의 배달학당의 교사를 맡아달라는 부탁으로 청계천으로 들어가게 된다. 청계천 송정동 지역이 철거계획이 진행되자 이 지역은 두 그룹으로 나누어 집단이주를 하게 된다.

활빈교회의 창립자인 김진홍 목사를 중심으로 50세대 정도가 남양만으로 귀농을 하였고,[7] 제정구를 중심으로 '내 집 갖기 운동'이라는

---

7 활빈교회가 있던 청계천 및 중랑천 일대를 철거한다는 통보를 1975년 받게 된다. 1970년대 초반 새마을운동의 시작과 함께 귀농하는 사람들에게 정착 지원금을 지급하고, 새마을 공장에 대한 우선 취업을 알선하는 지원책이 발표되었다. 이에 활빈교회는 도시화와 지속된 빈곤에 대한 대안으로 귀농을 선택하고 주민들에게 귀농할 의사를 물어 1973년부터 귀농과 관련한 준비를 시작했다. 1975년에는 귀농 의사를 보인 100여 세대를 중심으로 활빈귀농개척단이 꾸려지고 최종적으로는 50세대가 남양만으로 집단이주를 하게 된다. 이후 남양만주민회를 만들어 지역사회개발활동을 진행하게 된다(유성상, 2000).

이름 하에 240세대 정도가 잠실 쪽 방이동 지역으로 이주하였다. 하지만 방이동 집단 이주는 서울시가 건축허가를 내주지 않아 실패로 끝나고 다시 상계동과 양평동으로 이주하게 된다(유성상, 2000, 61).

이곳에서 제정구는 1975년 정일우 신부를 만나서 함께 양평동 판자촌으로 들어가 "빈민으로 그냥 살자"라는 마음으로 빈민들과 함께한다. 옮겨간 양평동 판자촌은 1966년 안양천에 쌓은 제방을 중심으로 무허가주택이 세워지면서 형성되었다. 1976년 서울시의 도시미화사업의 일환으로 무허가 판자촌이 철거되기 시작하면서 제정구와 정일우 신부는 주민들과 집단 이주계획을 구상한다.

이주 계획은 택지구입을 위한 목돈은 외부로부터 지원받고, 정착촌 형성에 들어가는 재정부담은 이주하는 가구들이 부담하는 형태였다. 1977년 김수환 추기경의 주선으로 서독 가톨릭주교회의가 구성한 단체인 미제레오르(MISEREOR)로부터 10만 달러를 지원받게 되고, 서울에서는 부지를 구하지 못해 경기도 시흥군 소래읍 신천리(현재 시흥시 신천동 33번지)에 5,400평을 매입하게 된다(정일우, 1989, 87).[8] 처음에는 양평동 인근 동네 철거민들까지 신청의사를 보여 1천여 가구에 이르렀으나 최종적으로는 170 가구만이 자신들의 집을 자진 철거하고 이주해가게 되었다. 1977년 4월 본격적으로 공사를 시작해 6평 75세대, 9평 45세대, 12평 40세대, 15평 10세대로 총 170세대를 짓게 된다. 이 마을의 이름은 김수환 추기경이 짓게 되는데, '복음자리마을'이라고 하였다. 주민들이 부담해야 하는 돈은 6평이 538,000원,

---

8 복음자리마을이 자리를 잡아가는 과정에 중앙정보부의 도움도 있었다고 한다. 시흥시사에는 제정구가(?) 중앙정보부의 차를 타고 다니면서 부지를 매입했다는 내용과 이주한 세대의 임시거처 문제를 중앙정보부 보좌관의 도움을 받아 서울시청으로부터 15인용 비상천막 75개를 빌려 천막 하나에 두 세대씩 입주하게 하여 해결했다는 내용이 나온다(시흥시사, 2007).

15평이 1,345,000원이었고 특별한 입주금은 없었다. 돈이 없는 사람은 융자를 해주었는데 이후 100% 상환되었다. 주택건설과 함께 공동으로 하수로를 만들고 대부분 자녀들을 두고 있었기 때문에 장학회를 만드는 등 지역 공동체를 형성하려는 활동을 진행했다. 당시 복음자리 마을에서 진행되었던 활동들은 다음과 같다.

1. 주간 모임, 토의, 주민교육
2. 3-4일간의 마을잔치
3. 마을개량사업
4. 신협
5. 청소년조직 결성
6. 가내공업사업
7. 생산협동사업(토끼, 소 등의 사육)
8. 주간교육(지원자에 한하여)
9. 월례 생일 파티
10. 한국전통 가면 무도회
11. 청소년 연극회
12. 연례 축구시합
13. 연례 마을잔치, 노래자랑
14. 장학기금조성
15. 바자회
16. 여름캠프 소풍 등
(정일우, 1989, 91.)

복음자리 프로젝트는 건설에서부터 주민들 공동의 참여를 기본으로 하고 있었다. 비용에 대한 비용부담, 주민에 의한 주택 공사와 감독 등을 직접 진행했으며, 터고르기 등의 공동작업은 함께 진행하고 기공식이나 터고르기 등의 과정에서 잔치판을 만들어 함께 어울리도록 했다(천주교빈민문제연구소. 1987). 정일우 신부는 복음자리 공동체 건설을 통해서 다음과 같은 중요성을 발견하게 되었다고 한다.

1. 주택문제를 생각할 때 공동체 개념을 생각해야 한다. 정부 재개발은 공동체를 파괴하는 행위였다. '우리'라는 것이 중요.
2. 재개발하여 집을 지을 때 주민들이 무엇을 필요로 하는가를 알아야 한다. 사회주의 같은 경우도 상품은 많은데 질은 낮고 공동체도 없고 필요한 시설도 없다.
3. 건평 6평짜리는 상향이동을 위한 다리역할을 할 수 있다.
4. 경제발전과 함께 주택정책은 바뀌어야 한다. 수출도 중요하나 국내시장도 중요.
5. 한꺼번에 모두 해결하려 하지 말고 단계적으로 일을 해야 한다.
6. 자연부락 건설에는 150세대가 한 공동체를 형성하기에 적당.
7. 없는 사람을 착취하는 가장 좋은 수단으로 집이 이용되고 있는데 문제.
8. 대부분 사람들은 임대주택을 원한다.
9. 도시빈민들은 기다리는 시간이 중요하지 않다. 문제는 터전을 빼앗기고 쫓겨나기 때문에 생기는 것. 합당한 계획을 한다면 10~20년을 기다림.
(정일우, 1989, 94-95.)

이러한 복음자리의 공동체 활동은 주거문제를 넘어서서 가난한 사람들의 인간성 자체를 치유하고 성숙시키는 과정이었다. 그래서 집은 상품이 아니라 사람들이 함께 살아가는 터, 삶의 자리라는 것을 깨닫게 되었다(천주교빈민문제연구소, 1987, 3)

철거민들의 재이주 정착활동은 복음자리마을이 처음은 아니었다. 수도권선교위원회 활동에서도 소규모로 다른 지역으로 이주하거나 청계천의 철거민들과 이주한 활빈교회(김진홍 목사)의 사례가 있기는 하지만 재정착 이주를 통해서 공동체를 형성하고 이후 본격적인 지역 개발 활동으로까지 이어진 사례는 복음자리가 처음이라고 할 수 있다. 복음자리는 인위적으로 구성된 마을이었기에 다양한 지역주민들이 결합된 상황이었고 이주민들을 통합하고 지역을 개발하기 위해 '잔치'라는 매개를 활성화시키기도 하였다(시흥시사, 2007, 359).

그리고 공동체 경제활동을 위해 1978년 "일인은 만인을 위해, 만인은 일인을 위해"라는 구호를 내걸고 복음신협을 만든다. 신협에는 주민들의 90%가 가입할 정도로 참여율이 높았고 신협을 통해 독일에서 받은 융자금도 완납할 수 있었다. 또한 협동조합과 일반교양 강좌와 같은 교육프로그램도 진행하였다. 1983년에는 자라나는 미래세대를 위한 복음장학회를 만들어 마을의 많은 청소년들에게 장학금을 지급하였다.

이러한 복음자리마을의 시도는 이후 1979년 시흥동, 사당동, 양평동, 양남동과 안양 일대 철거민들을 위한 주택단지인 한독마을과 1980년대 중반 목동지역의 철거민들을 위한 목화연립의 건설로까지 이어진다(시흥시, 2007). 한독주택은 두 번째로 만든 마을로 당시 건축법의 변화로 주민들이 직접 건축에 참가할 수는 없었다. 사전교육을 진행하고 마을회관을 공동으로 건립했지만 복음자리와 같은 공동체성을 살리기는 어려웠다. 연이은 목화연립은 목동 철거투쟁에 끝까지 함께 했던 사람들을 위한 3층 연립 3개 동의 주거시설로 105세대

중 43세대가 1년 이상 천막 속에서 함께 살았던 철거민들이었다. 이곳 역시 공동작업, 공동노동을 할 수 없었기 때문에 공동체 주거를 달성하기는 어려웠다.

제정구와 정일우는 일련의 공동 주거, 생활의 경험을 통해서 집이 단순히 상품이나 거주시설이 아니라 인간의 삶을 이어가는 중요한 '자리'이며 그래서 집을 짓는 것은 인간을 짓는 것이며 이를 달성키 위해서는 이웃이 함께 지어야 함을 강조하고 있다(천주교빈민문제연구소, 1987, 8).

이와 같이 가톨릭 쪽에서는 이슈에 대한 발굴, 알린스키 전략에 의한 조직화보다는 빈민들과 집단으로 이주할 정착지역을 만들고 이 속에서 생활적인 공동체를 만드는 것을 주요한 과정으로 삼았다. 이러한 방향은 1980년대 천주교도시빈민회를 중심으로 한 공동체 활동과 연결되어 계속 이어졌다.

4. 1970년대 한국 CO운동의 조직화·의식화 전략

1) 조직화 전략

① 알린스키의 지역조직화 전략

1970년대에 시작된 한국의 CO운동은 민중신학, 알린스키의 조직화 전략, 프레이리의 의식화 교육의 영향을 받아 시작되었다. 1970년대 CO운동은 주로 알린스키의 지역사회 조직화 전략에 의해서 진행되었다고 해도 과언이 아니다.

도시문제연구소의 조직가 훈련은 알린스키의 제자인 화이트 목사에 의해서 진행되었고 학사단 역시 알린스키의 전략을 활동 중심 전략으로 잡았다. 또한 진보적 기독교 그룹들(협의체들) 역시 알린스키의 책을 번역하고 보급하는 활동을 통해서 도시 빈민운동뿐만이 아니라 노동운동, 농촌운동의 주요 전략으로 채택하였다. 훈련생, 조직가들은 판자촌 자체를 훈련 교재로 삼고 직접 지역으로 들어가 살면서 지역을 조사하고 주민들을 직접 만나며 그 지역의 이슈를 발굴하고자 했다. 이슈의 발굴은 개인의 이해관계를 공동의 이해관계로 승화시키고, 그 이해관계의 힘으로 이슈를 풀어나가면서 지역주민들을 조직하는 전략이었다.

이러한 전략의 시도는 알린스키의 지역조직화 이론을 그대로 적용하는 것이었다. 도시문제연구소와 학생사회개발단의 전략이 이를 잘 보여주는 사례라 할 수 있다. 수도권선교위원회의 활동에서 보았듯이 1970년대의 조직화 전략은 조직화를 진행할 활동가, 조직가를 양성하고 조직가가 빈민밀집지역으로 들어가서 주민들과의 대면접촉 또는 실태조사 활동을 통해 이슈를 발굴하고 이 이슈들을 주민들이 스스로 해결할 수 있도록 정보를 제공하고 지원하고 행정적인 문제제기와 자원을 발굴해 연결하는 형태로 진행되었다.

선교위원회는 각 지역으로 흩어진 활동가들이 서로 정보를 교류하고 문제해결을 위해 함께 고민하며 다양한 자원들을 연결하는 중심축 역할을 진행했다. 도시문제연구소의 훈련과 조직의 방식을 이어받아 훈련생들은 조직가, 실무자가 되었고 지역에 대한 좀 더 치밀한 조사들을 진행하고 활동계획을 세웠다. 그리고 단발적 이슈 해결이 아닌 그 지역을 스스로 변화시켜 나갈 부녀회, 어린이회, 노인회, 청년회와 같은 계층별 조직을 만드는 활동을 진행했다.

그런데 수도권선교위원회로 변화·발전하면서 독재정권의 탄압에 마주하게 된다. 이에 조직가들은 위협을 느꼈고 정치적 민주화 없이는 주민조직화 CO운동은 어렵다는 판단하게 정권에 대항하는 행동을 만들었지만 더 큰 정치적 탄압을 받게 되면서 교회 중심의 전략으로 전략을 재수정하게 된다(임정세, 1996). 이는 알린스키의 지역사회 조직화가 시도된 미국 사회와 한국 사회가 가지고 있는 차이 때문이다.

즉 당시 미국 사회는 정치적 자유(집회, 시위)는 보장이 되어 있었고 또한 다양한 비영리 조직, 비즈니스 조직이 지역사회 내에 많이 존재하고 있었다. 알린스키의 '조직의 조직'이 가능했던 이유가 여기에 있다. 또한 1970년대 CO운동이 가능했던 아시아의 필리핀의 경우도 빈민지역 주민조직화를 진행했던 조토는 조직 구성 인원이 18만 명이었고 인도의 다라비 지역은 빈민 단일지역의 인구가 40만 명에 150개의 집단주택위원회(committee)가 존재했었다.9

하지만 1950년대의 전쟁 후 산업화로 인한 한국의 빈민지역은 '조

---

9 보론 "아시아의 CO운동" 참조.

직의 조직'을 만들 수 있는 지역 자원이 별로 존재하지 않았다. 또한 조직가를 뒷받침하고 지역을 지원할 수 있는 재원도 없었으며 정치적으로 억압되어 있던 한국 사회에서는 주민들의 이해관계를 폭발시키는 계기인 집회·시위 같은 집단적 힘의 발휘가 쉽지 않았다. 거기다가 공산주의 이데올로기로 진보적 기독교인들을 빨갱이로 몰아가고 반상회와 같은 주민 통제 조직이 작동되자 지역으로 들어가는 것조차 조심스러울 수밖에 없는 상황이었다. 그래서 조직가들이 지역에 머물수 있는 기간이 길 수 없었다.

또 1960년대 후반부터 확장되기 시작한 판자촌이 1970년대를 넘어서면서 문제가 되자 도심에서 도시 외곽지역으로 이주시키는 강제철거가 이루어지게 되는데, 철거 자체를 막기는 어려웠다. 그래서 철거가 되면 지역 자체가 해체되어 그동안의 주민 조직화의 노력이 수포로 돌아갈 수밖에 없는 상황에 놓이게 되기 때문이다.

알린스키는 한국과 같은 억압적 상황에서는 지역사회 조직화가 어려우며 게릴라적 방식으로 변형될 수밖에 없다고 이야기한다. 도시문제연구소와 이어진 선교위원회의 조직화 방식이 이슈의 내용에서는 알린스키와 유사하지만 조직화 방식에서는 조직가가 개별적으로 들어가고 지역의 조직들이 아닌 외부 기관들의 도움을 얻는 방식으로 진행된 것을 볼 때 알린스키의 게릴라식 방법을 적용한 것으로 보인다.

한국교회사회선교위원회(이하 사선)는 15년간의 기독교선교연합체의 자체 활동에 대한 평가에서 선교위원회의 활동이 "기반이 부족한 상태에서는 정치적 행동과 지역 조직화 활동의 역할을 분담할 수 없었다"고 평가했다(한국교회사회선교협의회, 1986, 8). 즉 유신독재를 무너뜨리면 곧 민주주의가 오고, 그런 상황이 되면 제대로 된 CO운동이 가능할 것이라는 판단하에 유신독재에 항거하는 정치행동으로 나아갔지만, 오히려 이 행동이 정부의 탄압과 반상회라는 주민통제 조직을 불러왔다는 것이다. 또 민중의 힘을 성장시키기보다는 활동가가 중심이 되어 정치적 변화를 가져오려고 했던 정치투쟁이 우선되는 전략은 조직의 역량을 손실시키는 결과를 가져왔다고 보았다(민주화운동기념사업회, 2009, 673). 또한 커뮤니티 전체를 조직하는 체계적인 전략·전술이 부족했고 특수한 그룹(취학아동이면 학부모, 결핵이면 결핵환자 등)에 해당하는 이슈에 치중하다 보니, 조직적 접근이 어려웠다는 것이다.

이후 변화된 '교회를 중심으로 한 전략'은 1970년대 후반으로 가면서 하나의 방식과 모델로 여겨지고 지역에 정착하는 교회들이 늘어나기 시작한다. 교회 역시 정권과 주민들의 감시를 피할 수는 없었지만, 그래도 지역에서 무언가를 할 수 있는 발판 역할을 할 수는 있었던 까닭이다. 1970년대 한국의 CO운동은 알린스키 전략에서 출발했지만 교회를 중심으로 한 전략으로 바뀌었고, 교회가 중심이 되어 주민들에게 필요한 프로그램을 제공하는 지역사회개발(community development)의 형태로 변화되어갔다고 할 수 있다.

② 지역사회 개발(community development, CD) 전략

수도권 선교위를 중심으로 한 지역사회 조직화·정치적 조직화 전략은 독재정권의 탄압으로 인해 교회 중심의 전략으로 변화하게 되었다. 교회 중심의 전략 변경으로, 선교위원회는 통합적인 움직임보다는 활동가가 중심이 되어 개별적으로, 지역에 초점을 맞추어 교회를 근거로 한 다양한 지역사회 개발 작업들을 진행하기 시작한다. 그중 가장 대표적인 내용이 협동조합이었다. 당시 빈민지역에서는 일상경제를 비롯하여 의료, 교육, 주택 등에서 여러 가지 어려움을 겪을 수밖

에 없었고 동원할 수 있는 자원은 많지 않았다. 그 같은 상황에서 두드러지게 나타난 것이 협동조합의 결성이었다.

한국의 협동조합은 1960년 메리놀회, 부산의 성가정신용협동조합을 필두로 하여 점차 활성화되기 시작했다(신철영, 2002, 75). 민중선교 영역에서는 1969년 영등포산업선교회에서 만든 신협이 최초라고 할 수 있다. 도시빈민 영역에서는 1973년에 성남 주민교회가 의료협동조합을 만들었고, 1979년에는 교인 47명의 출자로 주민교회신용협동조합이 설립된다. 하월곡동의 동월교회와 삶의 자리 운동을 진행한 복음자리마을에서도 신협이 설립되었다. 그리고 난곡 지역에서도 1976년에 국수모임이 발전되어 난곡의료협동조합이 생겨났다(에츠조, 2006, 339). 하월곡동의 경우에는 주민들의 주택 문제를 해결하기 위해 공동주택 조합을 결성하기는 했지만 실제로 작동하지는 못했다.

협동조합 이외에도 지역사회에 다양한 자치조직이나 문제해결 조직을 만드는 활동들이 있었다. 1975년에 세워진 사당3동의 희망교회의 선교 보고서는 이 내용을 상세하게 기록하고 있다(기독교대한감리회 선교국, 1982). 희망교회도 1976년 다가올 철거에 대비하기 위해서 새희망신용협동조합을 창립했다. 그리고 철거대책위원회를 조직해 미리 대비하고자 했다.

그밖에도 부녀교실을 운영하면서 월 1회 교육과 '부인회'를 조직했고, 일자리가 없는 지역 청년들을 위해 '자활회'를 조직했다. 또 주민도서관을 만들어 400여 권의 책을 주민들에게 대출해주었다. 그리고 지역의 환경개선을 위해 무료진료를 진행하고 부업을 알선하거나 상담을 해 주는 활동을 진행했다. 1974년에 설립된 청계천의 뚝방교회(구실로암교회) 역시 교회중심의 활동(평신도 훈련, 교역자 모임, 어린이회), 지역사회 봉사활동(탁아소, 도서시설, 주민상담, 의료상담)과 소방시설(방화수)을 설치하고 의용소방대를 조직하고, 부녀자를 위한 교육, 중학교 교육, 경노회 등을 조직해서 운영했다(수도권특수지역선교위원회, 1974).

이러한 지역사회 개발활동은 CO운동이 시작되기 전부터 빈민선교 차원에서 진행해오던 내용으로 1970년대에는 교회 중심의 선교전략을 통해 교회가 세워지고, 교회나 교단의 지원과 연결에 의해서 지역과 지역주민들에게 필요한 기관과 프로그램을 만들어가는 형태였다고 할 수 있다.

1970년대 한국의 CO운동은 '하느님의 선교'의 영향으로 노동자, 도시빈민, 농민들과 만나게 되는 계기를 만들게 되었다. 그리고 알린스키의 지역사회 조직화 전략이 보태지면서 구체적인 활동가의 훈련과 빈민지역을 중심으로 한 조직화 활동이 진행되었다. 그러나 독재라는 한국 사회의 정치적 상황 속에서 정치투쟁에 결합하게 되고, 이에 대한 탄압으로 지역사회 자체를 조직화하는 데는 실패하게 되었다. 하지만 정권의 탄압을 피해 교회를 세우고 그 근거지를 중심으로 조직활동을 펼치면서 또 하나의 지역사회 조직화의 축으로 지역사회 개발전략을 펼치게 된 것이다.

2) 의식화 전략

알린스키의 조직화 이론과 함께 프레이리의 의식화 이론도 1970년대 CO운동에 영향을 주었다. 하지만 진보적인 신학자들에 의해 프레이리 이론이 '의식화'라는 이름으로 소개되고 도입되었지만 전략적인 부분과 구체적 활동 내용에 영향을 주지는 못한 것으로 보인다. 프레이리의 책이 번역되고 활동가들에게 배포되었음에도 불구하고 직접적인 영향을 주지 못한 이유는 무엇일까?

프레이리의 의식화 이론은 제3세계에서 피억압자들의 의식적 상태에 대한 분석과 '의식적 각성'(Consciousness of Raising)이라는 부분에 대해서는 시사점을 주었다. 그러나 프레이리의 구체적 활동전략이 문해교육을 중심으로 한 것이었기 때문에, 한국 사회에 바로 적용하는 데는 무리가 있었고 그 적용방법에 대한 연구도 부족했다. 한국에서는 1954년과 1961년 500만 명에 이르는 비문해자들에게 국가주도의 다소 형식적인 문맹퇴치 사업을 진행하면서 문해교육에 대한 정책적 관심이 줄어들었다(천성호, 2009, 626). 당시 한국은 북한과의 대립·경쟁 상태에 있었고, 그것이 정책 시행의 최우선 기준이었기 때문에, 정부는 한국의 비문해 상황이 해결되었다고 판단해서 더 이상 비문해를 주요 정책으로 삼지 않았고, 비문해자들은 실제로 광범위하게 존재했음에도 불구하고 '보이지 않는 존재'들이 되었다. 또한 가난한 사람들의 열악한 상황과 1960년대 후반부터 밀어닥친 강제철거는 안정적인 의식화 작업을 어렵게 했다.

상대적으로 알린스키의 이론은 1960년대에 이미 광범위하게 일어나고 있는 철거지역의 산발적 투쟁, 극심한 빈곤상황, 이에 대한 빈민들의 분노에 쉽게 적용될 수 있었다. 그리고 지역사회 조직화라는 구체적 모델이 있었고, 한국의 빈민지역의 상황은 이를 직접적으로 적용할 수 있는 조건을 형성하고 있었다. 조직가들 역시 빈민들이 쉽게 움직일 수 있는 이슈와 지역을 중심으로 집단적 행동을 일으키는 전략을 택했다. 그런 이유로 1970년대에 프레이리의 이론은 주로 학생, 노동자, 진보적 종교인들에게 의식을 일깨우는 교육이라는 의미로 확대 해석되어 활용되었다. 1972년에는 기독학생단체가 연합으로 '신입 기독 학생을 위한 의식화 훈련과정'을 진행했고, 1975년에는 인

천도시산업선교회에서는 노동자들을 위한 의식화 교육 프로그램을 열었다.

하지만 프레이리 이론의 수용과 별개로 1970년대 이전부터 지역 사회에서 풀뿌리 교육 활동들은 이미 진행되고 있었다. 1960-1970년대 빈민지역의 활동은 주로 아동, 청소년들을 위한 교육 활동들을 진행했다. 빈민야학이라는 이름과 형태로 진행된 야학에는 가난 때문에 학교를 다닐 수 없어 방치되어 있거나 농촌에서 도시로 올라오면서 배울 기회를 가지지 못한 청소년들이 배움을 위해 찾아왔다.

도시문제연구소와 선교위원회 활동과 맞물려서 빈민야학들이 확산되기 시작했다. 1971년 도시문제연구소 훈련을 받은 최규성 목사의 주도로 성남 감나무골에 '서울고등공민학교'라는 천막학교를 열었다(한국기독공보, 2015. 2. 10). 그리고 1973년에는 성남 주민교회에서, 1974년에는 마장동 뚝방에 자리 잡은 모갑경 목사와 경동교회 대학생부가 힘을 합쳐 뚝방야학을 열었다(천성호, 2009, 314). 1972년 청계천에 세워진 배달(Bethel)학당도 이러한 학교 중 하나였다. 청계천 송정동에 세워진 배달학당은 청소년, 청년들을 위한 야간 중학과정으로 진행되었는데, 국어, 수학, 영어, 물상, 사회, 역사, 생물 등 기존 학교교과들을 중심으로 배움의 기회를 제공하는 것에 초점이 맞춰져 있었다(배달학당수업시간표, 1972).

— 학생모집합니다 —

귀댁에 하나님의 은혜가 깃들이시기를 빕니다.

금번 활빈교회에서 송정동 13통, 16통 지역의 주민 교육사업의 일환으로 중학과정의 송정지역 사회학교 배달학당을 개학하게 되었습니다. 배움에의 열의는 있으나 경제사정으로나 연령이 초과되어 뜻을 이루지 못하고 있는 분들들 위하여 세워지는 학교입니다.

서울시내의 어느 중학에도 손색이 없는 유능한 교사진으로 알찬교육을 실시코저 하오니 뜻이 있으신 분은 아래 원서를 쓰셔서 제출하시기 바랍니다.

— 아래 —

원서제출: 3월 6일-9일까지

면접일자: 3월 10일 저녁 7시-10시

합격자발표: 3월 11일

모집인원: 40명

모집대상: 15세-35세

수업시간: 매일 저녁 7시-10시 사이 4시간씩

(배달학당 학생 모집안내: 활빈교회 중학과정 사회학교 배달학당, 1972. 3. 6.)

이러한 교육 활동의 일환으로 부분적으로 프레이리의 이론을 적용한 의식화 교육이 실시되기도 했다. 1975년에 설립된 사당동의 희망교회는 주요한 선교 프로그램 중 하나를 의식화 프로그램으로 인식하고 유치원과 무취학 아동교육 및 직장청소년 야간학교 그리고 성인 의식화 교육 프로그램을 진행하였다(기독교대한감리회 선교국, 1982). 부녀교실은 주로 여성으로서의 역할, 가족에 대한 내용으로 진행되었다. 그리고 야간학교의 경우 인간화 교육을 목표로 두고 능동적이고 능력 있는 인간으로 성장할 수 있도록 야학을 운영했다. 기타 청장년 시민교육과 노인학교를 월례강좌 형태로 진행했다. 그리고 지역사회 문제를 공유하고 교육하기 위해서 의식화 교육을 위한 슬라이드를 제작했는데 이는 프레이리의 방법론을 직접적으로 적용한 것이라고 할 수 있다.

산동네 이야기', '희망교회 선교활동'으로 제작된 두 편의 사진 슬라이드는 주민들이 이 사진 슬라이드를 보면서 우리 동네의 문제가 무엇인지 우리가 어떤 마을에 살고 있는지 주민으로서 무엇을 해야 하는지에 대한 대화를 나눌 수 있도록 제작하고 모임을 진행하였다.

이러한 방법은 프레이리의 생성어와 생성주제 방식을 적용한 것인데, 구체적 상황과 이론적 상황을 연결시키는 것이고 편찬(코딩)과 해석(디코딩) 과정을 통해서 민중들의 프락시스를 만들어가는 교육이라 평가되고 있다(기독교대한감리회 선교국, 1982, 62). 그리고 형식적이지는 않지만, 야학과 부녀교실, 다양한 형태의 협동조합 활동들은 자신들의 상황에 대해 인식하고 스스로 해결해나갈 수 있다는 의지들을 가지게 만드는 학습적인 효과를 주었다고 할 수 있다.

프레이리의 의식화 이론은 1980년대로 접어들면서 직접적인 교육의 영역(야학, 민중교육운동)으로 확장되고 민중교육론의 본격적인 검토와 함께 행동·실천되기 시작한다. 그래서 프레이리의 '의식화 이론'은 조직화와 함께 하나의 쌍을 이루며 의식화와 조직화라는 사회운동의 대표적인(중심적인) 이념·전략의 용어로 쓰이게 되었다.
1970년대는 민중선교라는 차원에서 알린스키와 프레이리의 이론을 수용하고 실험하면서 CO운동의 기초를 잡았던 과정이라고 할 수 있다. 하지만 채 기반이 쌓이기도 전에 정치적 탄압과 그에 대한 저항으로 조직화·의식화 전략은 안정적으로 진행될 수가 없었다. 조직화 전략의 경우 알린스키의 이론과 전략을 통해 조직가들을 훈련하고 그 조직가가 지역의 주민지도자를 발굴하고 조직화를 해야 하는데 정치적 상황은 활동가들을 가만 두지 않았다.

프레이리의 의식화 전략 역시 이론과 그의 저서들을 번역하고 자료집을 배포하면서 운동의 중심 전략으로 삼으려 했지만 과거부터 쓰이던 계몽, 의식고양 중심의 '의식화' 개념의 틀을 벗어날 수 없었다. 이는 과거부터 내려오던 의식화와 프레이리의 의식화가 어떤 차이를 가지는지에 대한 분석이 부족했고 주로 문해교육을 중심으로 해온 남미와 한국적 상황이 달랐기 때문에 의식화 전략이 구체성이 없는 상태에서 진행되었다고 할 수 있다.

III. 1980년대 한국의 CO운동

1. 1980년대 정치, 사회, 경제적 상황: 강제철거, 철거반대투쟁, 도시빈민운동

1970년대는 한국에서 CO운동이 씨를 뿌린 시기라고 할 수 있다. 하지만 유신헌법을 비롯해 독재체제를 유지하기 위한 수차례의 긴급조치로 CO운동은 탄압을 받을 수밖에 없었다. 1979년 박정희 대통령의 죽음으로 독재정권은 막을 내렸지만 이어진 쿠데타로 인해서 군부정권은 계속 유지되었다. 1970년대 독재정권에 대한 반대운동을 했던 경험으로 새로운 군부정권에도 저항을 했지만, 1980년 전라남도 광주 일대에서 일어난 민중항쟁이 군부에 의해 무참히 짓밟히면서 다시 정치적 암흑기를 맞이하게 된다.

하지만 광주민중항쟁은 정치적 투쟁과 함께 무장투쟁, 해방공동체에 대한 가능성들을 보여주면서 군부정권의 부당성과 폭압성 그리고 배후에 미국이 있음을 폭로하면서 1980년대 '변혁운동'이 일어나는 기폭제가 되었다. 또한 광주 대단지 항쟁과 전태일의 분신을 통해 지식인들이 도시빈민과 노동자에 대한 관심을 가지게 된 것처럼 광주항쟁 마지막까지 투쟁을 한 사람들이 도시빈민임이 드러나면서 도시빈민들에 대한 관심이 다시 한번 일어나게 되었다(서울대학교 인류학과, 1987, 91).

민중들의 저항을 폭압적으로 진압하고 정권을 잡은 전두환 대통령은 박정희 정권에 이어 소수 재벌에게 특혜를 부여하면서 경제력을 집중시켰다(한국도시연구소, 1999). 1978년 2차 오일쇼크로 인해서 한국 경제는 마이너스 성장률을 기록하는 큰 타격을 받게 되었다. 이에 전두환 정권은 수입자유화를 통해 개방화정책을 펼치고 1980년대 초반 한-미간 경제협력 방안을 맺게 되는데 사실상 이 때부터 한국경제는 대외에 종속되고 신자유주의적 흐름으로 진행된다(서울대학교 인류학과, 1987, 53).

이러한 개방정책은 독재에 대한 부분을 미국에게 승인받는 대신, 1983년 외국인 투자 유치법을 개정해 자본의 대외유출을 자유롭게 만들어주었다. 이로 인해 한국의 대외부채가 폭발적으로 증가하게 된다.

1980년 이란-이라크 전쟁으로 인해서 중동 경기가 하락하자 건설경기는 침체된다. 전두환 정권은 수출전략과 건설경기의 하락으로 인한 경제적 위기를 국내로 눈을 돌려 대규모의 아파트 건설사업을 진행하게 된다. 1986년부터 3저 호황(저달러, 저유가, 저금리)으로 인해서 한국의 수출중심 전략은 유리한 조건을 만나게 되어 1988년까지 급속한 경제성장을 하게 된다. 이 과정에 1986년 아시안게임과 1988년 올림픽을 유치하여 대내·대외적으로 '한강의 기적'이라 불릴 정도로 한국의 위상을 높이게 된다.

하지만 이러한 과정은 노동자들에 대한 저임금의 유지와 군부정권에 반대하는 저항에 대한 탄압에 의해서 가능했다. 1970년대의 반독재투쟁은 1980년대 민주화운동으로 이어졌고 결국 1987년 6월 항쟁으로 대통령 직선제를 골자로 하는 '형식적 민주화'의 과정을 거치게 되었다. 6월 항쟁은 이후 이어진 노동자 대투쟁으로 인해서 한국 사회 변혁의 가능성을 보여주었다. 그러나 직선제 이후 치러진 대통령 선

거에서 야당 후보의 분열로 인해서 다시 군인출신 후보자에게 정권을
내주게 된다.

1970년대에는 대도시의 정착지 조성사업으로 인해서 도시빈민들
은 시 외곽지역으로 집단 이주하게 되었다. 일자리에 대한 욕구로 인
해서 도시빈민들이 다시 도심지로 이동했지만 계속되는 철거정책과
이주에 대한 단속으로 외곽지역의 '판자촌'이 대규모로 형성되었다.
도시빈민들은 여러 가지 불편함을 감수해야 했지만 저렴한 집값 때문
에 어쩔 수 없이 그 지역에서 살아갈 수밖에 없었다. 1970년대 초가
이농을 통해 대도시의 도심지역으로 이주와 철거를 반복했던 시기라
면, 1970년대 후반부터는 도심에서 강제이주 당했던 주민들이 도시
외곽에 정착하면서 대규모의 판자촌·달동네가 만들어지는 시기라 하
겠다.

한 지역의 사례를 통해 1980년대 도심 외곽지역에 달동네들이 안
정적으로 자리 잡아가는 과정을 살펴볼 수 있다. 대표적인 달동네였
던 사당2동 역시 1965년 도심인 충무로, 명동의 양동, 대방동 철거민
4천여 명을 집단 이주시키면서 만들어진 지역이다.[1] 애초 울창한 숲
이었던 이곳은 이후 사당 2동 17번지, 산 21번지, 산 24번지, 가마니
촌 등으로 계속 이주하면서 대단위 무허가 정착지가 되었다. 산을 기
준으로 높은 곳에는 무허가 집들이, 아래쪽 논밭이었던 곳에는 허가

---

1 1980년대 재개발지역에 관한 연구 중에는 사당 2동과 관련한 연구가 가장 많았다. 아
마도 이 지역이 가장 큰 재개발 지역 중에 하나였고, 재개발 이전까지는 시역이 안정적
으로 형성되었기 때문일 것이다. 사당 2동 지역에 대한 아래 서술 내용은 조은, 조옥라
의 『도시빈민의 삶과 공간 — 사당동 재개발지역 현장연구』, 정자환의 「서울 사당2동
지역의 도시화 과정」, 조혜란의 「도시재개발지역내 일상생활과 주민운동에서의 여성
과 남성—서울시 사당2동 사례분석」의 내용들을 중심으로 재정리한 것이다. 당시 판
자촌의 주택적 구조, 사회적 경제적 관계망의 특징, 주민들의 상황들은 위 자료들을
보면 더 구체적으로 확인할 수 있다.

를 받는 집들이 들어서기 시작했다.

정착 초기에는 나룻배를 타고 한강을 건넜고 수도시설도 공동화장실도 없었다. 학교 역시 2킬로를 걸어가야 했다. 주민들은 자력으로 골짜기의 샘에 펌프를 묻어 식수로 사용하기 시작했고 공동화장실을 만들었다. 그리고 방범대를 조직해 자율적으로 치안을 유지하려 했다. 인근인 반포 지역이 매립되고 아파트가 지어지면서 포장된 도로가 들어섰고 마을 앞 수로에 다리가 놓였다. 1980년에는 수도가 들어오고 버스가 다니기 시작하면서, 이주 인구가 급속히 늘어나게 된다.

1984년 과천의 개발로 마을 입구까지 8차선 도로가 들어오고, 1985년 지하철 4호선이 개통되면서 빠르게 대규모 지역으로 변화했다. 파출소와 유아원이 생기고 소방도로도 포장된다. 초기 주민들이 직접 만든 생활시설들에 교통이 편해지면서 이 동네는 2,198동의 가옥, 3,564 가구, 22,814명이 사는 큰 동네가 되었다. 인구가 많아져 1시간을 걸어가야 했던 학교는, 34학급에 학생수가 1만 명이 넘었고, 3부제 수업을 하는데도 한 학급이 백 명이 넘을 정도였다.

주택환경은 여전히 불안하고 좋지 않았지만 동네가 안정화되고 각종 기반생활시설들이 생겼다. 그리고 도시의 외곽이지만 교통수단 발달로 인해 접근성은 좋아지고 적은 돈으로 주거, 교육, 생활시설들을 이용할 수 있는 가난한 사람에게는 효율적인 지역으로 자리 잡아간다. 1970년대에 집중적으로 들어온 주민들의 평균 거주 연수가 10년을 넘어서면서 지역 내에서 다양한 관계가 만들어진다. 주택은 전세가 45%, 월세가 28%였고, 전세금은 다른 지역에서는 월세 보증금도 안되는 300만 원 이하가 60%를 차지했다. 가구주의 직업은 건설노동이 40% 이상이었고, 부인들도 절반 가량이 일을 했는데 주로 파출부, 영세 판매, 서비스직, 부업 등이었다. 하지만 평균 가구 소득이 40만 원

(사진: 사당2동 가마니촌과 테레사수녀의 방문, 출처: 동작뉴스,
http://www.dongjaknews.com/sub_read.html?uid=9163&section=sc10)

정도로 4인 가족 기준 월 최저 생계비의 70%도 안 되는 소득수준이
었다. 건물은 10평의 대지에, 7~8평 주택에 2평이 안 되는 방 2개가
고작이었다. 시간이 지나면서 2층을 올리는 경우도 많아졌고 4~5가
구가 공동으로 생활하는 경우도 많아졌다.

　조은·조옥라의 책에는 이농한 가구들이 서울로 와 사당동에 정착
하는 다양한 상황이 나와 있는데, 이 중 한 가지를 소개하면 다음과
같다.

올해 48세인 F씨는 10여 마지기도 채 못되는 빈농 출신으로 8세때 양친이
사망해 초등학교도 못 다니고 남의 집 일을 거들었다. 17세 때 고향 친구의
소개로 서울에 올라왔으며 처음에는 조그만 점포의 종업원으로 취직했으
며 돈은 한 푼도 모아지지가 않았다. 막노동이 나을 것 같아 노동판에 뛰어
들었고, 22세에는 그러한 사람들이 모여 사는 양동에 정착했다. 그때부터
이웃 사람들을 따라 본격적으로 건설노동을 하게 되었다. 이웃의 중매로

31세에 결혼했다. 서빙고 무허가 판잣집에 보증금도 없는 월 몇 천 원짜리 사글셋방에서 살림을 시작했다. 당시에는 한강에서 삽으로 모래를 차에 싣는 일을 했다. 첫아들과 딸을 낳고는 살던 집이 철거당해 사당3동으로 다시 보증금 없는 사글셋방을 얻어 이사했다. 39세 되던 해 막내를 낳고 생활비가 많이 들게 되자 더욱 궁핍한 생활을 하다가 막내아들이 3살 되자 부인은 1년 3개월 동안 아파트 청소부 일도 했다. 목돈을 벌기 위해 F씨 나이 45세 때 사우디아라비아에 취업했다. 경비 일이었는데 1년 동안 월 12만 원씩 송금했으며 부인은 2만원만 생활비로 쓰고 10만원은 저축했다. 생활비는 부인이 시장에서 침, 나물 등을 떼어다가 파는 노점장사로 메꿨다. 이때 모은 돈으로 인근 사유지의 200만 원짜리 전세방으로 옮길 수 있었다. 몇 개월을 쉬던 F씨는 다시 해외취업을 위해 있던 방값을 빼서 인근 무허가주택지로 월세방을 얻고 소개료까지 쓰면서 중동취업을 시도했다. 그러나 70만원의 소개비만 사기 당했다. 그 이후 F씨는 다시 건설노동으로, 부인은 아파트 청소부로 나갔는데, F씨가 공사장에서 다치는 바람에 몇 개월 쉬고 나니 생활이 더욱 어려워졌다. 이 때 사당3동이 철거되어 이곳으로 이사했다. 1986년 10월 F씨는 중풍 증세를 보이면서 생활이 극도로 어려워졌다. F씨 가구는 현재 생활보상대상자로 월세를 살고 있다. F씨 부인이 5년 전부터 해온 아파트 청소부로 5식구의 생계를 꾸리고 있다. (조은 · 조옥라, 1992, 61).

이와 같이 재개발지역의 주민들은 불안정한 직장과 정보부족, 건강, 주거 등의 문제로 계속해서 불안정한 상황일 수밖에 없었다. 그런 상황에서 거주기간이 길어지고 대부분 비슷한 업종에 일하게 되면서 주민들은 지역 내에서 생계를 위한 연결망을 만들어갔다. 남자들은 가족, 친척, 친구 등을 중심으로 건설업을 하는 20~30명 정도의 팀을 만들었다. 또한 여성들은 공장의 하청을 받는 부업 망이나 목돈을 마련할 수 있는 계모임을 조직했다. 노점상 역시 지역의 단골들을 중심으로 품목을 계속 바꿔가면서 운영했다. 지역의 안정화로 인해서 주민들은 비슷한 상황에 있는 사람들끼리 생활을 어려움을 해결하기 위해 자생적인 네트워크를 만들어나갔고 설령 이주를 하더라도 이 관계가 유지될 정도로 관계들이 안정화되었다고 할 수 있다.

1980년대 중반까지 도시 외곽지역은 사당2동처럼 규모가 점차 커지고 안정적인 지역이 되어간다. 하지만 1980년대 중반부터 이 지역들에 대한 본격적 개발이 시작된다. 정부는 1980년 주택 5백만 호 건설을 골자로 하는 '공공주택건설 및 택지개발기본계획'을 시행하게 된다. 이 계획은 당시 76.5%인 주택보급률을 90%까지 올리기 위해서 1991년까지 공공부문에서 2백만 호를 개발하고 민간부문에서 3백만 호를 건설한다는 계획이었다(경향신문, 1980. 10. 2).

당시 정부는 이란-이라크 전쟁으로 인한 건설경기의 하락 때문에 생긴 유휴장비와 인력을 국내시장에 활용할 계획을 세운 것이다(민주화운동기념사업회, 2010, 842). 또 쿠데타로 인한 정당성을 확보하고 중간층의 정치적 동의를 끌어내기 위해 중대형 아파트들을 건설하는 것을 통해서 그들의 욕구를 채우려 했다. 이후 공영과 민영 개발을 동시에 추진하려 했으나 철거지역의 주민들의 저항을 우려해 민영화 쪽으로 급선회하게 된다(김형국 · 하성규 외, 1998, 267).

또 서울시는 대규모 국제행사 유치라는 명목으로 도심의 60개 지구의 재개발사업과 41개 지구의 주택개량 재개발 사업을 1982년부터 1986년까지 진행하는 도시개발 5개년 계획을 수립한다(이소정, 2006, 181). 도시개발계획은 1983년 목동 신시가지 조성계획으로 본격화된다(김수현, 1999). '합동공영재개발'이라는 형태로 이루어진 이 계획은 국가가 토지를 매입하고 주민들이 주택조합을 만들며 건설사가 건물을 지어 조합원에게 선분양하고 나머지는 일반분양하는 형태로 이루어지는 것이다. 이러한 합동재개발 방식은 1980년대 내내 이어지는데, 1985년 11월 당시 총 15개 지구에서 14만 평의 땅에 4,010동의 주택을 건설하고 90여 동의 아파트를 건립했거나 진행 중이었고, 1986년에서 1992년까지 서울에서만 236개 빈민지역을 재개발지역으로 고시할 정도로 매우 압축적이고 대규모 사업이었다(최인기, 2012, 86).

기존의 불량주택 밀집지역에서는 대부분의 주민들이 자신의 땅이 없이 무허가로 집을 지어 사는 형태였기 때문에, 합동재개발 방식은 가난한 사람들을 강제로 쫓아낼 수밖에 없었다. 합동재개발사업으로 국가는 막대한 국공유지를 매각하면서 수익을 창출하고, 건설자본은 주민을 통해 싼 값으로 토지를 매입하고 아파트 분양을 통해 막대한 이익을 챙겼다(홍경선, 1990).[2] 이러한 흐름 속에서 1980년대 내내 도시 빈민지역에서는 강제철거와 이에 저항하는 철거 반대투쟁이 치열하게 전개되었다.

또 전두환 정권 초반에는, 권력에 대한 정당성을 만들기 위해서 복지예산을 대폭 증가시켰고, 아동복지법이나 장애인복지법과 같은 관련법들을 제정한다. 또한 1986년에는 국민연금제도, 의료보험제도의 전 국민 확대 실시, 최저임금제도와 같은 복지정책들을 내어놓는데 이는 정권의 변화보다는 점점 거세지는 노동자의 저항들을 무마시키기 위해 정치공학적인 정책들이었다(서울대학교 인류학과, 1987, 26).

---

2 목동 개발의 경우 아파트의 실공사비는 680만 원 정도였는데, 2,100만 원에 분양되었다. 그래서 개발을 통한 순수익만 1조 2,600억에 달했다. 합동재개발이 실시된 상계동의 경우 공사액이 135억, 서울시의 국공유지 매각 수익이 46억, 주민과 건설회사가 분배받는 이익이 80억에 달했다.

민중들에 대한 군사정권의 회유·포섭적인 복지정책들은 노태우 정권에게까지도 이어져 1988년 1월 최저임금법이 실시되고 1989년 7월 의료보험이 전 국민으로 확대되고 사회복지 정책 역시 급증하게 된다 (박병현, 2001, 28-29).

이와 같이 1980년대는 박정희 정권이 무너지고 새로운 군부정권이 등장했고, 군부정권은 건설자본과 결탁하고 중산층을 포섭하기 위해 대규모의 아파트를 건설하려 했다. 아파트 건설을 위해 서울시 곳곳에 산재해 있던 판자촌들을 강제 철거하게 되고, 다른 한 편으로는 국민들의 저항을 무마시키기 위해 복지정책들을 내놓고, 관련법들을 제정하게 된다. 이 상황 속에서 도시빈민들은 강제철거에 집단적으로 저항할 수밖에 없었다.

2. 1980년대 한국 CO운동의 배경

1) 철거반대투쟁

〈철거민의 겨울〉이라는 제목으로 전해지는 한 소녀가 적은 글은 1980년대 한국 CO운동의 배경이 된 도시생활의 한 상황을 잘 보여주고 있다.

차가운 북풍, 펄럭이는 움막을 가르고
허기진 육신을 깨운다

얇은 스티로폴 한 장 위에 세 남매 잠재운 엄마
암탉이 병아리 감싸듯

마지막 체온까지 태우고 태운다

추위와 허기에

얼굴은 버섯처럼 부풀어 오르고

온 몸은 천근같이 무거워도

맥박은 아직도 잔명의 여음을 보내는구나

춥고 긴 이 밤이 지나면 새벽이 오고

따스한 햇살이 움막을 비추리라

희미한 미소지어 설친 잠을 달랜다

봄이 오면 삼라만상 기뻐 춤추는데

봄 기다리는 이 가슴 무겁기만 하구나

방패 든 전경대 까마귀처럼 몰려오고

흉측한 무뢰한들 길길이 날뛰며

무정한 가옥주들 늑대처럼 설치리라

지리산 공비 토벌이나 나온 듯

구청직원 신나서 날뛰고

배부른 아파트 주민 재미있어 웃는구나

천막은 찢기우고 헌 가구 사방에 흩어지는데

엄마는 멍하게 하늘만 쳐다보고

겁에 질린 어린 아이 울음마저 막혔구나

우리에겐 딛고 설 한 뼘의 땅도 없는가

오척단구 누일 한 칸의 방도 없는가
부숴진 처마 밑에 웅크리고 앉으면
'불법주거점용' 경고장 날아오고
움막치고 누우면
'불법설치물' 계고장 날아오네
따스하고 자비로운 주님의 손길만이
우리의 마지막 도움인데
형사나리, 교회성당 찾아가
쌀 보내지 말라 눈을 흘기네

전투기 폭격하듯 처참하게 집 부수고
전기수도 끊었으면 되었지
무슨 원한 그리도 많아서
오는 구호품도 못 오게 막느냐

이웃 돕고 살자는 반상회 열리면
억지 쓰는 악질이라 철거민을 헐뜯어
초췌한 얼굴 들 수도 없다네

수업료도 못 내어 퇴학당한 어린 아들
골수염에 죽어가는 엄마 구한다고
오늘도 떨며 군고구마 팔러가고
영세민 카드 받아 병 치료 돕는다고
동사무소 찾아가 여러 차례 애걸해도
무정한 동직원 고개만 흔드네

돼지우리를 가옥대장 만들어

배를 채운 구청직원 아무런 죄 없고

돈 없어 갈 곳없는 철거민

무슨 죄가 그리도 많더냐

적자생존 약육강식 많이 들은 말이다만

이건 너무하지 않느냐

넉넉한 사람 것 조금 나눠주면

빈궁한 사람 굶지는 않으련만

없는 사람 숨 조여

배부른 사람 더욱 더 배부르게 할 셈이냐

길바닥의 이름 없는 잡초들

짓밟히고 짓밟혀도

그 생명 질기게도 남아서

뿌리는 더욱 더 깊숙이 내리고

봄이 오면 싹이 트고

여름 오면 잎도 무성하리라

〈강동구 암사동 철거민 소녀, 1987. 1. 20.〈철거민의 겨울〉〉

　　이 시에는 1980년대 강제철거에 내몰린 철거민들의 현실과 국가
와 건설자본이 이윤을 위해 가난한 사람들을 몰아내는 상황이 잘 나타
나 있다. 도시빈민 운동은 1980년대에는 철거 반대투쟁이 중심이 되
었다고 해도 과언이 아니다. 정부의 압축적이고 집중된 개발정책과
건설자본의 이윤창출이 결합된 재개발 방식은 대규모의 도시빈민 밀
집지역에 대한 철거를 야기했다. 1970년대가 주로 도심에서 도시 외

곽으로 이주하거나 현지개량을 하는 것에 초점이 맞추어져 있었다면, 1980년대는 빈민들을 몰아내고, 거기에 막대한 이윤창출이 가능한 아파트를 짓는 것이 초점이었다. 또한 아시안게임, 올림픽 등 국제적인 행사의 유치로 도시미관을 해친다는 미명 아래 철거는 더욱더 집중적이고 급속도로 진행되었다(민주화운동기념사업회, 2010, 842).

1970년대도 간헐적인 철거투쟁이 있었지만, 1980년대 목동에서 진행된 대규모 개발과 철거투쟁을 기점으로 강제철거와 철거 반대운동이 하나의 방식으로 자리 잡게 된다. 목동은 1964년부터 숭인동, 대방동, 대현동, 후암동, 이촌동 일대의 무허가 주택들을 철거한 후에 정착지 사업을 통해 이주단지로 조성했던 곳이었다. 1966년 안양의 제방이 축조되면서 이주가 가속화되었고, 여의도 개발바람과 서울도심의 철거로 인해 큰 단지가 되었다. 목동단지는 가옥주가 2,359가구, 세입자가 2,846가구였고, 세입자만도 1만여 명이 넘는 굉장히 큰 단지였다(최인기, 2012, 86). 목동의 신시가지 개발은 목동, 신정동 일대 136만 평을 택지로 개발하고, 1986년까지 9천억을 투입하여 2만 4천~3만 가구, 인구 10~12만 명이 살 수 있는 신시가지를 건설하는 계획이었다.

목동의 신시가지 개발계획은 그 규모와 이익 면에서 과거 철거사례와는 비교할 수 없을 정도로 큰 규모였는데, 순이익만 1조 2,600억 원이었고, 실공사비 680만 원짜리를 2,100만 원에 분양할 정도로 차익이 컸다(도시빈민연구소, 1988). 합동공영재개발로 이루어진 목동 신시가지 개발은 애초 서울시가 시행주체가 되었지만, 직접적인 철거에 대한 반대여론을 피하기 위해 조합을 만들고, 대기업의 건설회사들이 참여하면서 절차적 정당성을 확보하는 형태로 개발이 진행되었다. 개발주체인 서울시에서는 가옥주에게 입주연고권을 지급하고, 임대아파트 1만 세대를 건설하겠다는 대책안을 내놓았지만, 개발지구인 목1동(24,506명, 5,427가구), 신정1동(14,366명, 3,237가구), 신정2동(32,661명, 7,010가구), 고척2동(27,119명, 5,868가구)의 주민들에게는 허울뿐인 대책이었으며, 세입자들을 위한 대책은 거의 없는 상태였다. 이후 별도의 시영아파트 건설이나 집단 이주단지의 조성과 같은 보완책을 내놓았지만 여전히 부족한 상태였고, 주민들은 시장 면담과 진정서 제출을 시작으로 철거투쟁에 들어간다.

이러한 대대적이고 급속한 개발방식에 세입자들을 중심으로 한 목동의 주민들은 저항으로 맞섰다. 1,000여 명의 주민들은 8월 27일 양화교 점거농성을 시작으로 100회가 넘는 대대적인 투쟁을 벌였다. 목동의 주민들은 강제철거를 저지하기 위해서 경인고속도로 차단 시위, 공사저지투쟁, 시청 앞 시위, 민한당사 농성, 현장 열병합실 습격과 방화, 바리케이트, 투석전, 자녀들의 등교 거부 등 주민의 창조력에 의거한 다양한 방법으로 결사적 투쟁을 전개했다(도시빈민운동사, 연도 미상).

그러나 1985년 3월 강서구 부구청장과의 대책요구협상이 감금으로 언론에 왜곡 보도되고, 연이은 원인불명의 한국건업현장사무소의 방화사건 등으로 중심적인 주민들이 구속되고 여론 역시 악화되고 반대투쟁이 약화되면서 1985년 3월 최종적으로 막을 내리게 된다. 이후 주민들은 여러 지역으로 흩어지고, 마지막까지 입주권을 거부하면서 싸웠던 105세대는 천주교 쪽의 지원으로 경기도 시흥시 신천동으로 이주해 목화연립을 공동으로 만들게 된다.

목동투쟁의 방법, 목표, 전술, 조직들은 이후 연이어 일어난 철거반대투쟁의 전형이 되었다. 결국 철거를 막지는 못했지만 목동 철거민들의 이러한 투쟁으로 인해서 세입자들에 대한 방 한 칸에 해당하는 아파트 입주권과 아파트 단지 내에 임대아파트를 의무적으로 짓게 하는 등의 성과를 낳았다(조미혜, 1989).

또 장기적이고 투쟁적인 저항운동은 도시빈민운동, 철거반대운동
을 사회적으로 주목하게 만들었다. 목동의 철거반대투쟁은 도시빈민
들의 어려운 상황들을 보여줌과 동시에 무허가이긴 하지만 자신의 삶
의 터전이라고 생각하여 세금을 납부하며 자신들의 노력으로 직접 일
구어온 공간들을 국가와 자본이 폭리를 취하며 강제로 빼앗는 사회적
현실들을 고발하는 계기가 되었다. 투쟁과정에서 주민들이 쓴 호소문
에는 이런 내용들이 잘 나타나 있다.

> 인간으로서 눈을 뜨고 이 처참한 광경을 보고 눈시울을 적시지 않는 사람
> 은 없었습니다. 하오나 우리 주민은 인간에게서 제일 중요한 주거를 마련
> 한다는 굳은 신념으로 쓰라린 난관을 극복하고 육체적인 고통을 감수하고
> 조금 후에는 전기를 끌어왔으며 움막집과 루삥집을 벽돌과 기와로 바꾸어
> 놓았으며 오직 우리의 힘으로 수도를 마련하였으며 전화와 텔레비전을 구
> 입하여 문화생활도 영위하고 있는 실정입니다.
> 세상 사람들이 이 딱한 사정 좀 들어보라고 어쩔 수 없이 시위를 했습니다.
> 그런데 결과는 갖은 수모와 구타 심지어 머리가 찢겨 얼굴이 피투성이가
> 되는 사태까지 벌어졌습니다. 우리가 무슨 잘못을 했습니까? 살아보겠다
> 고 살게 해 달라고 아우성치는 우리들에게 어떻게 해야 합니까? 정의사회
> 구현이 이런 겁니까? 힘없고 가난해도 생명이라고 살아보려고 바둥대는
> 우리들을 군화발로 짓밟고 부유하고 돈 많은 사람들을 위해 호화아파트를
> 짓고 그 돈으로 공원 만드는 것이 정의사회란 말입니까?
> (허병섭, 1987.)

목동에서 시작된 대대적인 철거와 주민들의 철거 반대운동은 사당

동, 상계동 등의 다른 대단지 정착 이주지역으로 이어졌다. 도시빈민 연구소의 자료(1988)에 따르면 합동재개발이 시작된 1983년 이후 5년 동안 무려 4만 8천 동의 집이 철거되고 72만 명의 주민들이 거주지를 잃었으며, 재개발이 이루어진 지역만 해도 서울의 16개 동에 해당될 정도로 컸다고 한다.3

목동에 이어 사당동에서 1985년 연이어 철거가 시작되자 1,052세대의 세입자대책위원회 조직이 세워져 2년 6개월간의 투쟁이 진행되었다. 사당3동(산24번지)의 개발은 목동의 정부 중심 무작위적 개발방식에 한계를 느낀 정부가 개발방식을 공영개발방식에서 합동재개발 방식으로 전환하게 된다(도시빈민운동사, 연도미상). 합동재개발방식은 공영개발과 달리 완전 민간형 재개발 방식으로 가구주인 주민들이 중심이 되어 재개발추진위를 구성하고, 추진위가 건설 회사를 시공업자로 선정한 후, 건설회사 역시 참여조합 자격으로 주택을 건립해 지역주민들에게 먼저 분양하고, 나머지는 일반 분양하는 방식으로 이루어진다. 정부(지자체)는 행정지도를 하게 되어 있지만 각종 업무 인가를 맡게 되어 있고, 무허가 토지인 경우 정부가 싸게 사들여 비싸게 토지를 파는 방식으로 큰 이득을 보게 되어 있어서, 형식과 달리 실질적인 주체 아닌 주체 중 하나였다.

앞에서 상세하게 설명한 사당 2동의 경우 합동재개발로 진행되었는데 재개발의 대략적인 진행과정은 다음과 같다.

1973. 12. 1.   재개발구역 고시(서울시 470호)
1974. 12. 6.   지적고시(서울시 고시 제 108호)

---

3 한국도시연구소가 1998년 발간한 『철거민이 본 철거—서울시 철거민 운동사』는 60년대부터 시작되어온 한국의 철거민 운동사가 잘 정리되어 있다.

1982. 4.26.	지역변경설정 고시(서울시 고시 제155호)
1984. 8.	합동재개발 방식에 따른 재개발사업 추진위원회(주민총회) 결성
1984. 9. 1.	주민총회에서 시공업자 선정 건설
1984.12.13.	지역추가변경 고시(서울시 고시 제748호)
1985. 8.22.	개발구역 고시(건설부 고시 제 364호)
1985. 9.25.	사당 제4주택개량 재개발구역 지적승인 (서울시 고시 제647호)
1985.12.27.	사업계획 결정고시 및 건축심의안 통과 (서울시 고시 제887호)
1987. 3.	자진철거 시작
1988. 1.	재개발 조합 승인
1988. 7. 1-8. 7.	사업승인을 위한 공람기간
1988. 9월	사업승인
1988. 11월	무단점유 가옥 강제 철거
1989. 8.	전면 강제철거
1989. 9.	아파트건설 시작

(조혜란, 1991. 35-36).

위 과정에서 보듯이 1970년대 초반부터 계획상에 들어갔던 재개발은 1980년대 초반부터 정부에 의해 급속하게 추진되었고 합동재개발 방식으로 변경되면서 수년 안에 주민총회부터 아파트 건설까지 빠르게 진행된다.

사당3동의 경우에는 목동의 이전 투쟁이 있었기 때문에, 철거가 시작될 때까지 기다리지 않고 사전에 철거의 부당성과 도시빈민의 권리 등을 알리고 주로 공공기관에 대한 저항을 투쟁방식으로 삼았다. 지역구 민정당 사무실, 구청, 여의도 등과 같은 정치적 장소를 공격했고, 1985년 11월 사업이 장기간 연기된다. 1987년 6월 항쟁 이후 10월 대대적으로 철거가 되기는 했으나 빈민들의 대중단체를 결성하는 데 중요한 기반투쟁이 되었다. 사당3동 투쟁으로 인해 재개발에 대한 대책으로 두 달 생계보조비로 5인 기준 88만 원, 방 한 칸 입주권, 340만 원에 해당하는 이주비를 받게 되었다(조미혜, 1989, 179).

또한 활동가·대학생들이 주민들과 결합하여 경제투쟁만이 아닌 정치활동도 함께 진행하였다(도시빈민운동사, 연도미상). 사당3동의 철거과정은 주민들이 악몽—광주항쟁으로 느낄 정도로 폭압적인 과정이었다. 건설회사가 고용한 철거업체는 살인에 버금가는 폭력을 가했고, 정부와 서울시는 노골적으로 건설회사의 편을 들며 폭력을 방조했다. 당시 강제철거 상황에 있었던 주민의 증언은 당시의 살인적인 상황을 잘 말해주고 있다.

세입자 대회가 끝나고 맨 나중에 올라가다가 보니까 애기엄마가 쓰러졌는데 한 십여 명이 막 각기목으로 때리고 있더라고. 내가 맞아서 죽을 생각도 안하고 우선은 그 엄마부터 끄집어낸다는 생각에 가다 보니까 근데 그 털보라고 있어요. 우리 집 철거하는 날 내가 짐을 내놨는데 내가 걔하고 시비가 붙었을 때 맞아서 전신에 마비가 왔거든. 경찰이 어째서 그렇게 됐냐길래 내가 걔를 집어주었어. 그래서 그 사람이 그 전날 경찰서엘 들어갔다 와서 그 보복을 하는가봐. 처음에는 갈비뼈를 한 대 때리더라구요. 그것은 분명히 야구방망이었어. 내가 봤을 때 분명히 야구방망이로 두 대를 때리길래 내가 억 하고 두 바퀴를 때굴때굴 구르니까 재차 대가리를 또 때리더라구. 그랬더니 머리가 터졌는지 어쨌는지 난 몰랐어요. 그래가지고 때굴

때굴 뒹굴었는데 궁뎅이를 맞았는지도 모르겠고, 언제 때렸는지도 모르겠고, 근데 어떤 엄마가 질질질 끌려 가더라고. 어떤 엄마진도 나는 몰랐어. 대가리에 피가 난다고 흙이 있는 데로 질질질 끌고 가더라고. 나중에 들었는데 너무 피가 많이 흐르더래. 나는 몰랐어. 근데 어떤 차에 실려 병원엘 갔나봐. 병원에서 꿰매고 또 올라갔지. 그것도 나는 모른 거에요. 너무 악이 나니까 다시 꼬매고 가다가 파출소로 들어가려니까 못 들어가게 해. 전경이 막길래 왜 못 들어가게 하냐, 너들 눈에 보듯이 피가 났다, 나는 항의하러 왔는데 왜 못 들어가게 하냐 응, 나 때린 놈을 잡아줘야 할 게 아니냐 했더니 그냥 못 들어간대요. 그래서 동회를 쳐들어갔어. 동장이 없대요. 현장에 올라갔대요. 현장에 올라갔다는 동장이 가 보니까 현장에 없었다. 분명 없더라고. 내 눈에. 재차 또 함성이 터질 때 내려와 보니까 진짜 제2의 광주사태는 유도 아니었을 거야. 여기저기 엄마들의 전신에 피투성이, 다리 부러지고 팔 부러지고 했을 때 진짜 볼 수가 없었어요. 무서워서… 그때 그러더라구요. 저 씨팔년, 00바지 입은 년 썹 가랑이를 찢어서 갈기갈기 찢어 죽여라, 내가 책임지겠다, 저년 집에는 살림살이 하나 남기지 말고 포크레인으로 푹 찍어라, 네 분명 그러더라구요… 우리 갈 곳이 없으니까 남 보기는 거창하지만 보상금 몇 푼 받고나면 가옥주들이 애가 몇이오? 그런 중에 방 얻으러 갈 능력도 없구. 진짜 사글세 낼 능력이 없으니까 여기 있지, 이런 피비린내 나는 싸움이 뭐가 좋아서 여기 있겠어요. 다 호화맨션, 호화주택에 가서 살면 좀 좋아요. 없으니까 다 이 지랄하지.

_ 여 37세. 머리 10여 바늘 꿰맴(4주)

(윤철민, 1988, 2-3).

올림픽 개최를 앞둔 정부는 건설자본의 폭력적인 강제 철거가 이루어지는 합동재개발 과정을 방관하고 용납함으로써 수많은 철거지역 주민들을 희생을 낳았다. 당시 철거투쟁은 1차적으로 건설자본이 가장 많은 이익을 가져갔음에도 건설회사에 대한 직접적인 투쟁보다는 주로 국가나 지자체에 대한 저항과 요구가 대부분이었다. 사당3동의 투쟁 과정에서 이러한 저항 과정들이 잘 나타나 있다.

1985. 6.11.	민정당 허청원 의원, 신민당사 방문무산
1985. 6.14.	동사무소 방문, 구청장 면담 주선 요청
1985. 6.22.	구청장 면담
1985. 6.25.	허청일 의원 방문
1985. 7.27.	YMCA 방문 호소
1985. 8. 6.8.	시청민원실 방문
1985. 8.12./9.26.	구청, 시청방문
1985.10.29.	100여명 동회 앞에서 시위
1985.11. 4.	80여명 동회 앞에서 시위
1985.11. 8.	대책위 소강상태
1987. 9. 2.	강제철거 자행
1987. 9. 3.	100여명 도로 및 동사무소 시위
1987. 9.10.	민정당사 앞 시위
1987.10. 4.	한가위 도시빈민 대동제
1987.10.13./14.	폭력철거 자행
1987.10.19.	폭력철거규탄대회 이후 지역정리

(주거권실현을위한국민연합, 1992, 24-25).

연이어 일어난 국제적으로도 악명 높았던 강제철거는 아시아주거권연합의 실태조사를 통해서 세계적으로도 알려졌다.[4] 이후 상계동으로도 대단위의 철거와 재개발이 진행되었다. 상계동 역시 520세대의 세입자들이 1년에 걸친 철거반대운동을 벌였다. 그리고 상계동은 목동으로부터 시작된 도시빈민들의 철거반대운동을 소중한 운동의 한 영역으로 인식하기 시작한 학생운동 그룹이 결합하면서 단순한 주거운동이 아닌 도시재개발에 대한 전면 철폐 주장까지 하면서 정치적 성격도 강하게 띠기 시작했다.

상계5동은 주로 1960년대 때부터 한남동·청계천 등지에서 철거된 철거민들이 이주한 지역으로 가옥주가 1천 세대, 세입자가 520세대 정도 되는 지역이었다. 1985년 지하철 4호선이 준공되어 교통이 편해지자 주거지로서의 가치가 높아지게 되면서 재개발이 시작되었다. 상계동은 1985년 4월 재개발 예정지로 고시가 되었고, 1985년 3월 철거계고장을 받게 된다. 가옥주와 세대주 간의 갈등이 복잡하게 일어났던 이 지역은 세입자들을 중심으로 1986년 3월 세대위를 꾸리게 된다.

서울시에서는 포천으로의 집단 이주안을 제시하면서 세대위를 분열시켰다. 5월경에는 160세대만 남고 대부분의 주민들이 이주안을 받아들여 그 지역을 떠나게 되었다. 당시 천주교도시빈민사목협의회는 주민들에 대한 교육을 통해 세대위를 지원했다. 11월이 넘어가면서 그 지역만의 투쟁으로는 한계가 있다고 판단해 광범위한 연대투쟁을 전개하게 된다. 다른 지역의 철거민과 연대를 모색하고 사회운동

---

4 민중주거쟁취아시아연합(Asian Coalition for Housing Rights, ACHR)은 1988년 태국에서 열린 세계주거문제협의회의 아시아 지부결성을 위한 민간단체들의 연합적 세미나의 회의 결과로 만들어진 조직이다. 민중주거쟁취아시아연합은 1988년 9월 5~10일까지 서울에 머무르면서 한국의 재개발과 강제철거에 대한 실태조사를 실시했고, 한국의 재개발사업이 정부와 건설자본들이 각자의 이익을 위해 모종의 합의에 의해 진행되고 있으며, 세계인권선언을 비롯한 각종 국제협약에 위배되는 철거를 중단할 것을 요청했다(도시빈민연구소, 1988).

단체, 학생운동 조직과의 연대투정을 진행하는 과정에서 주민들은 거의 매일 밤 모여 회의를 하는 것은 물론 100여 명의 단식, 철거문제 공청회 개최 등 지속적이고도 강도 높은 투쟁을 벌여나갔다. 1987년 4월에는 지역의 문제를 세상에 알리기 위해 명동성당의 천막농성을 진행하였다. 이 시기에 6월 항쟁이 일어났고 상계동의 주민들은 이 과정에도 참여하게 된다. 하지만 점차 투쟁이 길어지면서 세입자들은 수십 세대씩 새로운 주거지를 찾아 떠나가기 시작했다. 마지막까지 천막농성을 진행하던 35세대는 1988년 1월 경인고속도로의 바로 옆인 부천시 고강동으로 집단 이주하였다. 그리고 상계동의 세입자들은 결국 포천 동교리(165세대), 부천시 고강동(30세대), 보람마을, 배밭 나래마을(30세대) 등 세 곳으로 나눠서 집단이주를 하게 되었다.

상계동의 철거투쟁은 철거반대투쟁이 세입자들만의 싸움, 권리가 아닌 대정부투쟁, 많은 서민들을 위한 투쟁이라는 것을 보여주었고 다양한 운동세력들이 연대투쟁을 한 사례들을 보여주었다고 할 수 있다. 하지만 상계동의 철거투쟁은 계속해서 주민들의 의견이 나눠지고 여러 지역의 이주로 조직이 갈라지면서 철거투쟁에 대한 회의론·반성론이 생기게 된 계기이기도 했다. 투쟁 후반부 명동성당으로 들어간 뒤 지역을 수호할 것인지 새로운 이주지로 이동할 것인지를 놓고 분란이 일어났고 결국 봉합하지 못한 상태에서 뿔뿔이 흩어지게 되는 결과를 초래하였다. 이러한 계속된 철거투쟁은 양평동, 돈암동을 비롯해 수십 개 지역으로 확산되었다. 목동 이후 서울에서 철거반대운동이 일어난 지역은 아래와 같다.

년도	주요한 지역(내용)
1985년	목동(택지개발) / 평화촌(합동재개발)
1986년	상계동, 오금동, 신당동, 하왕십리, 사당3동, 창신동(합동재개발) / 양평동(도시계획)
1987년	상계동(지역철거 후에 명동성당에 농성), 사당2,3동, 창신동, 면목동, 신당동(합동재개발) / 철산리(택지개발) / 서울시철거민협의회 결성(7월 17일)
1988년	사당2동, 도화동, 신림1,2,10동, 구로3,6동, 남현동, 대현동, 온수동, 목동, 신정동, 중계동(합동재개발) / 서초동 부근 3지역, 우면동, 신가촌(비닐하우스촌)
1989년	전농동, 답십리동(합동재개발) / 도곡동, 신대방동, 신정동, 잠원동(조합주택) / 신문로, 봉래동(도심재개발) / 원효로(도시계획)

(김수현, 1996, 100)

철거민들의 투쟁으로 인해 이주비 쟁취, 아파트 입주권 확보, 세입자의 권리 확보 등의 성과를 남기기도 했지만 또한 많은 철거민들이 사망하거나 부상을 입는 등의 많은 인명피해와 사회적 손실을 남기기도 하였다. 1980년대의 강한 철거반대투쟁으로 인해 노태우 정부는 주택문제 해결을 우선 문제로 삼고 200만 호의 주택공급을 약속했고, 1989년 주민의 주거환경 개선을 위한 임시조치법이 제정되었다. 1990년부터는 재개발 시행인가를 받은 지역은 영구임대주택을 건립토록 하는 등 공공에서 주택문제를 해결하도록 하는 발판을 만들기도 하였다(민주화운동기념사업회, 2010, 854).

1980년대의 철거와 이에 저항하는 철거투쟁은 1970년대 산발적으로 일어났던 것과는 차이를 보였다. 1970년대는 이농으로 인해서 대도시에 무허가정착지가 형성되는 시기였다. 국가 역시 대량의 저임금 노동자가 필요했고 초기 도심지역에 형성되었던 무허가정착지들이 도시개발계획과 맞물리면서 도시외곽으로 정리하는 정책이 추진되었다. 도시외곽에 만들어진 새로운 정착촌들은 시간이 지나면서 자리를 잡아나가기 시작했고 1970년대 부족했던 기반시설들이 만들어지는 것과 함께 건축·봉제 같은 직업들을 중심으로 한 연결망이 촘촘하게 짜여졌다. 그래서 판자촌은 여전히 부족하고 어려운 생활공간이지만 빈민들에게 희망을 꿈꿀 수 있는 공간으로 자리를 잡아나가고 있었다.

그러나 1970년대의 철거가 서울시와 같은 행정이 중심이 되는 방식이었다면 1980년대의 철거는 국가와 자본이 결합한 그리고 점차 자본이 중심이 되는 방식이었다. 이 시기의 재개발은 '아파트'의 대규모 건설이라는 형태로 중산층의 욕망을 자극했고 공영개발에서 자본이 중심이 되는 합동재개발이라는 형태로 변화했다. 합동재개발은 개발의 주체로 주민들을 내세우는 방식을 택함으로써 가옥주-세입자, 해당자-비해당자와 같이 한 지역에 살던 주민들을 자신의 이익에 따라 분열시켰다. 즉 1980년대의 재개발은 국가와 자본이 결탁해 정권을 유지하고 막대한 수익을 창출하고 이를 은폐시키기 위해 중산층과 판자촌 주민이라는 대립구도를 만들고 다시 가옥주와 세입자라는 구분을 만들고 각종 회유책을 통해 계속해서 주민들을 분열시키는 구도를 만들어나갔다고 할 수 있다.

철거반대투쟁은 자신의 문제와 관련된 상황들을 구체적으로 인식하고 문제 해결을 위한 조직을 형성하며 자신들을 억압하고 통제하는 집단에 저항하기 위해 자원을 동원하고 집합행위를 하는 활동이라고 할 수 있다(박유미, 1989, 73). 상계동의 철거투쟁 과정을 분석한 박유미는 그 과정을 아래와 같이 표현했다.

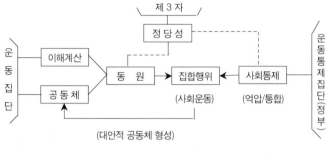

(박유미, 1989, 73에서 인용)

　　철거민들은 먼저 자신들의 삶을 위기로 만든 상황과 대상을 이해해야만 한다. 삶의 터전 자체가 뿌리 뽑히는 상황 속에서 철거민들은 혼자의 힘으로는 문제를 해결할 수 없다는 판단 하에 문제 해결을 위한 조직을 꾸린다. 이해관계에 기반을 둔 1차 조직은 여러 욕구와 상황들이 뒤섞여 있는 상태에서 분열, 갈등, 재결합, 핵심 리더의 형성 등을 거치면서 새로운 조직으로 전환한다. 이 과정에서 협상과 투쟁을 위한 내부의 자원들을 모으고 외부에도 이 사실을 알리는 활동을 진행하고 조력집단을 모색한다. 항의방문, (관련기관) 점거, 성명서 발표, 서명운동, 물리적 저항 등의 집합행위 전술을 펼쳐나가면서 조직은 사회운동의 성격을 띤 공동체로 전환한다는 것이다. 이 속에서 주민들은 자신들을 통제하려는 집단에 대한 본질들을 이해하기 시작하고 여기에 효과적으로 저항할 수 있는 다양한 방법들과 힘을 모으기 위한 관계성의 형성들을 학습해나간다고 할 수 있다.

　　철거투쟁의 과정은, 목동이나 사당동의 사례에서 살펴보았듯이, 가난한 사람들이 스스로 일구어온 삶의 터전을 국가와 자본이 자신들의 이해에 기반해 강제적으로 빼앗으려 한 의도를 폭로하는 과정이었다. 또한 혼자만의 힘으로는 풀 수 없는 문제들을 힘을 합친다면 해결할 수 있다는 공동체의 중요성을 깨닫게 해준 과정이기도 했다. 철거투쟁을 통해 쌓은 공동체 정신들이 철거 이후 새로운 정착지를 마련하고 이후 공동체를 형성하는 데도 큰 영향을 끼쳤다고 할 수 있다. 아래 철거투쟁에 직접 참여했던 주민들의 증언은 철거투쟁이 단지 개인의 이익을 지키는 이해관계에 기반을 둔 것을 넘어선 과정이었다는 것을 보여준다.

철거투쟁을 통해서 주민들의 변화된 모습을 감지할 수 있다. 생각의 변화가 많았다고 느낀다. 왜냐하면 예전에는 주민들이 주거권이니, 삶의 자리니 하는 것을 도저히 생각할 수도 없었고, 여기서 쫓아내면 그냥 쫓겨날 수밖에 없다고 생각했던 것인데, 막상 현실에 부딪쳐서 상상도 못했던 것을 이루어내고 나니, 생각이 달라질 수밖에 없었을 것이다. 힘을 합쳐, 그동안 사회생활하면서 보지 못하고 듣지 못했던 일들을 통해서 사람대접 받는 절차를 거쳤기 때문이다. 주민들은 많은 생각과 느낌을 가졌을 거라고 본다. 그리고 인간 사회에서 혼자 해결할 수 없는 일을 함께 해결할 수 있다는 자신감도 생겼다고 보여진다.
철거투쟁을 통하여 공동체의 중요성을 깨닫고 서로 협력하면 권리를 요구하고 쟁취할 수 있다는 의식과 두려운 대상이었던 관공서에 대한 의식 변화, 가치관 변화 등 주민들에게 많은 변화가 있었다. 그러나 주민 대부분은 철거투쟁과 공동체 생활로 주민들의 평균적인 삶의 수준이 향상되었다고 느끼지만, 일부 주민들은 오히려 철거투쟁과 공동체 생활로 인해 손해봤다는 생각을 가지고 있다(노기덕, 2003).

2) 민중교육론

한국의 CO운동은 1970년대에는 프레이리의 의식화론을 받아들이기는 했지만 주로 알린스키 이론에 기반을 둔 조직화 전략을 취했다고 할 수 있다. 도시문제연구소를 통한 빈민밀집지역에서의 조직화 전략을 추진했지만 유신체제 하에서 독재정권의 탄압으로 게릴라 방식의 조직화 전략을 취할 수밖에 없었다. 이후 교회 중심의 전략을 취하면서 지역에서 안정되게 뿌리를 내릴 수 있었고 이를 통해 야학, 공부방, 어머니학교 등과 같은 민중교육을 진행할 수 있었다. 1970년대는 민중교육론이 본격적으로 시도되었다기보다는 조직화를 중심으로 한 상태에서 자신들의 문제를 푸는 주체가 가난한 사람들 본인(당사자)이라는 정도의 인식 전환이 이루어지는 데 그쳤다고 할 수 있다.

그러나 70년대 후반으로 오면서 교회를 중심으로 한 민중선교 방식이 안정화되기 시작하고, 지역사회개발을 위한 다양한 프로그램들도 시도하게 된다. 그래서 지역사회개발과 함께 '선교'에 대해 집중할 수 있는 환경이 조성되고, 그 방법 중의 하나인 '교육'에 대해서 중요성을 부여하기 시작한다. 또한 잠시 중단되었던 민중신학에 대한 논의들이 1970년대 후반부터 진행되면서 민중문화운동, 한의 담론, 민중사실, 민중언어 등과 같은 내용들을 중심으로 민중교육에 대한 담론들을 정리해나간다.

가장 먼저 민중교육론을 정리하려 했던 신학자는 문동환이었다. 앞에서 이야기했듯이 문동환은 안식년에 미국 유니온 신학대학에서 해방신학과 프레이리의 의식화 이론을 접하고 한국에 소개했으며 1972년 『자아확립』, 1979년 『인간해방과 기독교교육』이라는 저서를 통해서 기독교교육에 입각한 민중교육론을 정리하였다(이금만,

1998, 100). 문동환은 파울로 프레이리의 의식화론을 정리해 의식화를 네 과정으로 분석했다. 첫 번째는 자신이 소중한 존재라는 확고한 인식을 가지고, 두 번째는 그들 밖에서 그들을 억누르는 악의 정체를 바르게 보는 일, 세 번째는 문제에 부딪힌 다음 문제를 분석하는 것, 네 번째는 주체성이 확립된 만큼 가로막은 장벽을 위해서 행동하는 과정으로 분석했다(문동환, 의식화란 무엇인가). 이 과정은 "주체 — 반(反)으로서의 악(惡) — 악의 지양을 위한 분석과 행동"이라는 변증법적 과정이었다.

문동환은 민중교육과 관련된 여러 글들을 정리해 1985년 『아리랑 고개의 교육』이라는 책으로 집대성하게 된다. 『아리랑 고개의 교육』은 그동안 전개한 민중신학의 논의들을 '교육'이라는 주제를 중심으로 정리한 책이라고 할 수 있다. 이 책에서 '아리랑 고개'는 프레이리가 주장한 '프락시스' 개념의 한국적 이해(해석)라고 할 수 있다. 끊임없이 삶에서 행동하고 반성을 통해서 깨달음을 얻고 다시 행동으로 옮기는 연속적 과정을 말하는 것이다(문동환, 1985, 30).

문동환은 김지하의 '한'(恨)의 철학을 받아들이면서 이 '한'은 민중의 감정을 이해할 수 있는 단서이기도 하지만 민중에게 '한'의 지속은 부정적인 영향을 끼칠 수밖에 없는데 이를 끊어버릴 수 있는 '단'(斷)이 필요하다고 말한다(문동환, 1985, 23-25). 이 책의 핵심은 '한'과 '단'을 어떻게 이해하고 어떻게 '단'을 이룰 것인가였다.

문동환은 이 과정의 출발이 지식인의 반성, 민중에 대한 이해, 현장참여로부터 이루어져야 한다고 생각한다. 그래서 지식인은 민중의 사회전기(이야기)를 통해서 몸으로 살아가는 민중을 이해하고 민중의 한과 꿈을 이해해야 한다고 강조하고 있다. 문동환은 이 과정 속에 새 사람, 새 공동체를 창조할 신접한 메시야, 참 무당이 필요하다고 말하

면서 예수 사건이 그 교육
적 완성이라고 본다. 그리
고 현실에서 이 일을 하는
신접한 사람들이 필요하다
고 하면서 그 예로 최제우,
최시형, 전봉준, 전태일, 장
준하와 같은 사람들을 예로
들었다. 그래서 문동환에
게 민중교육은 옛 것(恨)을
'단'하고 새로운 삶을 받아
들이며 새로운 대안공동체
를 만들고 궁극적으로는 각
성한 메시야적 백성이 되는

(사진: 문동환의 아리랑 고개의 교육 표지)

계약공동체를 탄생시키는 것에 있다고 보았다(문동환, 1985, 244-254).[5]

문동환의 민중교육론은 민중신학의 교육판이라고 할 수 있다. 서
양의 교육학적 개념과는 다른 '한'과 '단'의 개념을 통해서 인간의 변화
를 이해하려 했고 프레이리의 프락시스와 민중신학의 영성이라는 개
념을 통해서 교육과정을 이해했다. 이 방식은 합리적 분석방식은 아
니었으나 민중들의 정서적 상태를 이해하고 변화시킬 수 있는 교육을
정립하는 데 큰 의미를 가진다고 할 수 있다. 하지만 문동환의 민중에
대한 이해는 1970년대 민중신학에서 민중에 대해 가졌던 이해의 한

---

5 문동환은 자신의 신념과 사상을 직접 실현하기 위해 1972년 '새벽의 집'이라는 공동체
실험을 진행하게 된다. 다섯 가정의 15명 정도가 이 공동체에 참여했는데, 다섯 집은
방학동 인근지역으로 거주지를 옮기고, 매주 월요일 함께 모여 성경을 읽고, 공동체에
대한 학습을 진행했으며, 생활 나눔과 함께 다양한 공동체적 실험들을 진행했다(한겨
레신문, 2008. 8. 24).

계처럼 다소 추상적이었고, '단'의 과정에 대해서도 종교적 변화에 기댐으로써 구체적인 방법론을 제시하지는 못했다. 또한 신학을 중심으로 한 논의였기 때문에 보편적인 교육 방향과 방법으로 자리잡기에는 어려움이 있었다.

문동환의 신학과 신학자로서의 한계를 현실중심으로 이끌어오고 또 좀 더 보편적인 CO운동으로 민중교육론을 정립한 사람은 허병섭이었다. 허병섭은 한신대 수학 시절 문동환의 애제자였다(KBS, 2004). 허병섭의 실천활동은 1970년대 수도권 선교위 활동을 시작으로 1976년 하월곡동의 동월교회를 통한 활동으로 이어졌다. 허병섭은 특히 인간의 변화와 교육에 대한 관심이 컸고 동월교회 내에서도 다양한 교육프로그램을 진행하면서 민중교육을 현장에서 실천해나갔다.

그는 문동환과 함께 1979년 한국기독교민중교육연구소를 설립하면서 민중교육에 대한 관심과 실천은 본격화된다. 허병섭은 주로 수도권선교위원회와 동월교회를 중심으로 한 도시빈민선교에 집중했지만 개신교의 민중선교 활동은 산업선교와 농민선교를 겸하고 있었기 때문에 허병섭이 중심적으로 활동했던 한국기독교민중교육연구소에서의 연구·실천 내용은 도시빈민선교에만 국한되지는 않았다. 허병섭은 자신이 직접 실천하고 있는 현장인 도시빈민 활동 이외에도 노동자들과의 대화, 기독교의 야학운동 등 교육작업을 광범위하게 진행하게 된다. 그 경험들을 토대로 엮은 민중교육 책이 바로 『스스로 말하게 하라』이다.

프레이리의 책들이 1970년대 초에 번역되어 소개되었고, 1970년대 후반부터 생겨난 노동야학이 1980년대로 넘어가면서 학생운동을 중심으로 급속하게 증가했다. 1982년 「야학비판」이라는 팜플렛은 당시 야학을 중심으로 한 민중교육 활동이 얼마나 급성장했는지를 보여주는 자료라고 할 수 있다(이장원, 2009). 그리고 1985년에는 각 운동 분야의 민중교육에 대한 담론과 실천론이 『한국민중교육론』이라는 책으로 출간된다. 민중신학 담론의 집중적인 증가도 이 시기와 일치한다. 허병섭은 그 책에서 사회운동의 논리와 교육의 논리가 다르다고 역설하고, 그것을 조화롭게 만드는 것이 선교이며, 민중교육의 핵심은 민중에게서 배우는 것이고, 이것은 하나님이 인간이 되신 사실에서 찾을 수 있다고 주장한다. 그래서 민중을 알기 위한 방법으로 민중의 삶과 언어에 대한 이해, 민중학습법, 민중사회 학습법 등을 제시했다(한완상 · 허병섭 외, 1985, 223).

『스스로 말하게 하라』는 어쩌면 한국 역사에서 민중교육과 관련된 담론이 가장 활발한 시기에 나왔다고 할 수 있다. 허병섭의 『스스로 말하게 하라』는 민중신학담론, 프레이리에 대한 관심과 활발한 적용, 민중교육 현장(야학)의 활성화가 맞물린 결과물이라고 할 수 있다. 허병섭은 문동환을 중심으로 한 민중신학에서 교육담론의 많은 부분을 수용하고 있다. 교육과 선교에 대한 관점, 민중의 한, 민중사실, 민중 언어의 중요성, 민중학습법 등은 대부분 민중신학을 기반으로 발전시킨 교육론의 관점이라고 할 수 있다. 하지만 그는 민중신학이나 민중교육이 민중이 잘 이해하지 못하는 신학의 언어로 쓰이는 것을 비판적으로 생각했다. 그래서 그는 민중들이 직접 쓴 수기, 일기, 호소문, 진정서들을 통해서 민중의 정서와 인식들을 파악하려 애썼다. 그리고 사회과학적인 민중에 대한 시각 중심에서 소홀히 하고 있는 인문과학적 관점에서도 민중을 바라봐야 하며 이 두 가지가 통전적으로 통일되는 것이 가장 바람직하다는 결론을 내렸다(허병섭, 1987, 9-11).

허병섭은 한국기독교민중교육연구소 활동을 통해서 노동자들의 의식 실태 조사를 진행하고 노동자 · 도시빈민들이 다양하게 써 낸 자

료들, 노동자·도시빈민들의 수기, 호소문, 진정서를 분석하고 교육의
중심자료로 쓰고자 했다. 이 자료들과 현장을 통해서 지식인은 먼저
'민중을 학습'해야 한다는 생각이었다. 그는 민중의 경험과 의식으로
부터 민중교육의 출발점을 삼았다고 할 수 있다. 수도권선교위원회에
서 만든 민중선교 실무자 강령6은 지식인과 활동가들이 민중의 경험

---

6 수도권선교위원회 실무자강령(1977)

  1) 우리는 우리가 사랑하는 주민을 안다. 그들의 얼굴과 표정을 알고 그들이 어떻게
성장해 왔는지도 알아야 한다. 그들의 성격과 기호, 감정의 세세한 측면들을 알아야
한다. 그래야 우리는 그들과 전면적 관계를 맺을 수 있고, 함께 사람됨의 길을 찾아나
갈 수 있다.

  2) 우리는 우리가 사랑하는 주민이 살고 있는 현장을 안다. 인구수, 세대수, 어떤 시설
이 필요한지를 알아야 한다. 주민의 생활 형편, 생업을 알아야 한다. 주민이 가장 곤란
을 겪는 문제가 무엇인지 알아야 한다. 사람됨의 문제가 지역 환경과 분리될 수 없기
때문이다.

  3) 우리는 지역의 문화를 안다. 주민은 여가를 어떻게 보내며 텔레비전이나 라디오에
의해서 어떤 영향을 받는가를 알아야 한다. 특수한 지역의 주민이 사용하는 특수한
언어도 알아야 한다. 그들의 주거 형태와 생업수단이 정신문화에 어떤 영향을 미치는
가도 알아야 한다. 주민들이 어떠한 가족 문화를 만들고 있는지 알아야 한다. 사람됨은
건전한 문화를 바탕으로 해서 발전되기 때문이다.

  4) 우리는 주민간의 인간관계를 알아야 한다. 사람들이 자연스럽게 모이는 장소와 거
기서 이루어지는 대화의 중심 내용, 그에 숨겨진 뜻을 알아야 한다. 어떤 종류의 다툼
과 가정불화가 생기는지, 글에 대한 주민의 반응은 어떤지를 알아야 한다. 모든 공식
적, 비공식적 인간관계의 끈을 파악해야 한다. 사람됨은 이런 생생한 인간관계 위에서
이룩되기 때문이다.

  5) 우리는 현장의 주민을 통해서 자신의 모습을 정직하게 파악해야 한다. 그리고 선입
관이나 편견을 버리고 있는 그대로의 현장과 주민을 배워야 한다.

  6) 우리는 주민을 사랑하기 위해 사랑의 기술을 익혀야 한다. 사랑은 기술이고 예술이
다. 주민과 대화하는 방법, 그들의 생각을 일깨우는 방법, 창의적인 행동을 유발하는
방법을 알아야 한다.

  7) 우리는 주민이 역사의 어떤 시점에 와 있고 세계의 어떤 지점에 놓여 있는지 알아야
한다. 우리는 주민에게 그들의 현 주소를 명확히 알려 주어야 한다. 주민이 이 세계
및 이 나라 역사의 주인으로 살 수 있도록 고무해야 한다. 세계 변화의 주체는 바로
그들 자신임을 일깨워야 한다.

  8) 우리는 하나님의 일을 맡은 청지기임을 명심해야 한다. 우리는 개인적 야망이나

으로부터 출발해야 한다는 사실을 잘 보여주는 사례라고 할 수 있다. 여기에 허병섭은 프레이리의 의식화 이론과 방법을 적극적으로 받아들이고 적용하면서 한국의 민중교육을 정리해나간다. 민중교육을 프레이리의 프락시스 개념으로 받아들이면서 민중들은 역사의 주체로 생성(becoming)해나간다고 주장하고, 프레이리의 생성어와 생성주제의 방법을 사용해 민중들과의 대화를 전개해나가는 방식을 적용한다. 그리고 민중교육을 통한 '민중성'을 민중의 집단의식, 공동체 의식에서 찾으려 했다. 도시빈민 현장을 통해서는 '지역', '지역사회개발'이라는 개념을 민중문화에서 '마을', '마을공동체'라는 개념으로 이해하면서 민중들이 주체가 되는 지역사회를 만들어가야 한다고 주장했다.

허병섭은 또한 그간의 '의식화'에 대한 이해가 도식적이고 파편적이었다고 지적하면서, 민중들의 잠재적 가능성, 실천, 표정, 몸짓과 같은 요소들을 총체적으로 이해하면서 민중들의 소외의 현상(이로 인해 드러나는 상황들 즉 소외, 문화적 침묵)과 함께 주체의 동력을 함께 바라보아야 한다고 강조한다(허병섭, 연도미상[1985년 이후]). 그리고 그 가능성은 민중과 공동체 내에서 관계성을 중심으로 한 구조와 힘의 흐름에 대한 분석을 통해서 가능하다고 했다.

허병섭은 민중교육을 사회과학적으로 인식론적으로만 이해하는 것에 반대했다. 이는 허병섭 이전 민중신학 운동에서 민중문화라는 부분에 주목했던 것에 대한 영향도 있었고, 허병섭이 직접 빈민들과 함께하면서 그들의 집단적 빈곤 상황 속에서의 민중의 정서적 왜곡 그리고 존엄에 대한 욕구, 희망에 대한 가능성을 체험한 덕분이라고 할

흥미로 이 일을 하는 것이 아니다. 어떤 편협된 이상주의나 비성서적, 비신앙적 요소를 전적으로 배제해야 한다. 우리는 일이 하나님의 뜻에 합당한지 항상 묻고 기도하고 성서를 읽어야 한다(기사연, 1987, 128-129).

수 있다.

　허병섭의 민중교육에 대한 실천과 담론에 대한 정리들은 당시 제3
세계의 민중교육론을 수용하면서 한국의 민중교육론을 가장 체계적
이고 종합적으로 정리하려 한 시도라고 볼 수 있다. 허병섭의 민중교
육론은 당시의 산업선교, 도시빈민선교, 교회야학, 노동교육 등에 큰
영향을 미쳤다고 할 수 있다. 허병섭은 민중운동과 민중교육이 접목
되어야 하고, 민중교육은 민중의 경험과 생각, 언어, 문화로부터 출발
되어야 하며, 그 가능성을 민중의 집단적 민중성에서 찾고자 했다. 추
상적인 민중신학 중심의 교육담론에서 현장과 민중중심의 담론으로
진일보했다고 할 수 있다. 하지만 허병섭은 지식인이 민중을 어떻게
이해해야 하는가에 대한 부분을 넘어서 민중은 어떻게 학습하는가,
민중의 학습과 교육은 어떻게 가능한가, 민중의 학습을 통한 변화의
구체적 모습은 무엇인지에 대해서는 구체화시키지를 못했다.

3) 변혁운동론과 빈곤문화론

　1980년대는 한국 사회의 사회과학적 구조적 분석을 통한 운동론
정립을 위한 시도들이 본격화되었던 시기이다. 독재정권이 막을 내렸
지만 쿠데타로 다시 신군부 정권이 등장하고 미국의 방조 하에 광주항
쟁이 무자비하게 진압되는 등 일련의 상황들에 대해서, 진보적 지식
인들을 중심으로 한국 사회의 여러 모순들이 어떻게 발생하고 어떤 운
동들을 통해서 이후의 새로운 사회를 계획해야 하는지에 대한 분석을
하게 된다. 이를 보통 '사회구성체 논쟁'이라고 하는데 주로 마르크시
즘에 의한 사회분석과 제국주의에 대한 영향을 중심으로 한 분석이 진
행된다. 사회구성체 논의들은 1980년대 초반에는 거센 탄압의 분위

기 속에서 비공식적으로 진행되어 오다가, 1984년 유화국면을 지나면서 합법화되고 공식적인 공간 속에서 진행되기 시작한다(정성기, 2005).[7]

조희연은 한국 사회운동의 '저항담론'의 변화와 분화에 대한 연구를 통해 사회 분석의 주요한 쟁점으로 첫째는 노동자계급·노동자 정치세력이 외부의 급진주의에 어떤 태도인지, 둘째는 국가중심형 혁명을 사고하는지, 셋째로 계급적대 중심인지와 다양한 사회적 적대에 주목할 것인지, 넷째로 일국적 급진주의와 지구적 급진주의인지 내용들로 정리한다(조희연, 2004, 90). 위의 네 가지 쟁점들을 어떻게 분석하느냐에 따라서 여러 가지 운동론들이 등장하고 서로 경합하는 양상을 보인다고 이야기한다.

기본적으로 사회구성체 논쟁은 한국 사회를 어떻게 분석하고 변혁할 것인가에 대한 논리적 근거라고 말할 수 있다. 이러한 변혁운동의 논의는 도시빈민운동 진영에도 영향을 미치게 된다. 목동을 비롯한 전투적인 철거 반대운동의 영향과 함께 변혁운동론에 영향을 크게 받은 학생운동 집단 역시 1980년대 중반을 넘으며 빈민지역 활동에 결합하면서 도시빈민운동과 관련한 변혁운동론 논의에 힘을 보탠다(KSCF, 1985, 36).

그리고 1970년대 후반부터 등장하기 시작한 '도시빈민'을 주제로 한 연구물들이 1984년을 넘어서면서 집중적으로 쏟아져 나오기 시작

---

7 전두환 정권은 정권을 잡은 이후 폭압적인 통제 정책을 사용하다, 1984년 유화책의 일종으로 '학원자율화 조치'를 발표했다. 이 조치를 통해서 대학 내의 공권력은 철수하게 되고, 시국 문제로 인해 해직된 교수·제적된 학생들은 모두 복직·복학 처리된다. 이후 대학의 학생조직이 본격적으로 결성되고, 지하 운동조직들도 민주 노조 건설을 진행하면서 노학연대가 활성화된다. 이 흐름은 학생운동조직, 노동운동조직, 재야단체들의 운동이 연결되고, 제도권 야당과도 힘이 보태지면서 1987년의 6월 항쟁으로까지 이어지는 계기가 된다.

한다. 1985년 정동익의 『도시빈민론』, 1989년 김영석의 『한국사회 성격과 도시빈민운동』 등은 도시빈민을 둘러싼 변혁운동의 담론들을 정리한 책이라고 할 수 있다. 도시빈민에 대한 사회과학적 논의들은 도시빈민 운동에 대한 과학적 분석을 가능하게 하였고, 도시빈민 운동이 좀 더 큰 범위에서 다른 세력들과 결합할 수 있는 그리고 사회를 변화시켜 나가는 데도 도시빈민들이 어떤 역할을 해야 하는지에 대한 단초를 제공해주었다고 할 수 있다.

변혁운동을 중심으로 한 도시빈민 운동에 대한 논의에서 주요한 내용은 도시빈민 집단의 개념화와 도시빈민 운동의 지위와 역할에 대한 것이라고 할 수 있다. 대표적인 논의로는 생활상태론과 비공식 부문론, 상대적 과잉인구론을 들 수 있다(최인기, 2012, 284).

생활상태론은 주로 빈민들의 문제를 소비구조와 생활 영역에서 파악한다. 그러나 이 이론에서는 공통된 생활양식의 문제들을 중심으로 빈곤 문제를 해결하는 것에 초점을 맞추다보니 빈곤의 원인을 구조 속에서 파악하지 못하는 한계가 있다. 1970년대 종교 중심의 도시지역 특수선교 활동이 주로 이 맥락이라고 할 수 있다.

비공식 부문론은 남미 종속이론의 영향을 받은 이론으로, 도시빈민을 주변부 자본주의에서 필요적으로 존재하는 독자적인 계급으로 바라본다. 비공식 부문은 공식에서 배제된 불안정한 자영업자와 불완전 취업자들을 주로 일컫는 용어로, 눈에 보이는 현상을 파악하는 것에 초점을 맞추다보니 생산관계에 기반을 둔 구조를 분석할 수 없다는 한계를 가지고 있다.

마지막으로 상대적 과잉인구론에서는 자본-임노동의 관점에서, 도시빈민들을 과잉인구와 피구휼 빈민이 퇴적되는 것으로 이해한다(서울대학교 인류학과, 1987, 11). 즉 노동력을 저렴한 상태로 유지하게끔 만들어 잠재적 실업자로서 자리가 있으면 언제든 그 자리를 메꾸어 일을 수행하는 과잉인구로 파악하는 것이다. 그래서 빈민지역은 생활 영역의 운동뿐만이 아니라 생산관계에서 계급갈등이 일어나는 장이며 분배의 영역에서도 주택을 둘러싼 투기의 장으로 파악한다(서울대학교 인류학과, 1987, 99).

이러한 변혁운동론의 분석은, 도시빈민 운동이 노동운동과 동맹할 수 있는 전략적 부문운동이냐, 독자적 계급은 아니지만 국가권력의 대립을 주임무로 하는 완결적 부문운동이냐, 특별한 노동운동의 독특한 전개양식을 가진 전술적 대오냐, 계급적 실체보다는 다계급이 연합한 도시사회 운동이냐는 여러 관점들을 낳게 된다(작자미상, 연도미상c).

또한 변혁운동 차원의 논의는 도시빈민의 존재 자체에 대해서 구조적으로 분석할 수 있게 해주고, 도시빈민 운동이 주택이나 생활문제의 해결을 넘어서서 근본적으로 사회 자체를 변화시키는 운동으로 담론 자체를 확장시켜 주었다. 사회구성체 논쟁을 기반으로 한 변혁운동론은 실제 철거투쟁의 현장에서도 차이를 보이면서 투쟁 방향을 설정하는 부분에서 많은 논쟁과 갈등을 낳게 된다.

이러한 논쟁은 기존의 빈민운동에 학생운동과 같은 다른 운동세력이 결합하면서 더욱 심화되었는데, 대표적인 논쟁의 자리는 상계동과 사당동의 철거투쟁 현장이었다. 상계동의 철거지원 그룹은 한국 사회를 주변부 자본주의로 분석하고 철거정책을 폐지하고 대중조직을 건설하는 지역수호론의 입장을 펼쳤다. 이와 달리 사당3동의 지원그룹은 한국 사회를 국가독점 자본주의로 파악하고 '선대책 후철거'를 주장하는 정치투쟁을 중심으로 빈민연대투쟁론을 전개했다.[8]

---

8 1980년대의 철거투쟁은 크게 두 가지 방향을 띠게 되는데, 지역수호론과 빈민연대투

하지만 변혁운동론은 거꾸로 구조적 분석으로 인해서 과잉된 해석과 기대를 낳게 한 측면도 있다. 1980년대에 이루어진 강렬한 철거투쟁은 도시빈민 집단이 사회변혁의 주체로 인식될 수 있는 계기들을 제공할 수 있었다. 하지만 철거투쟁의 과정에서 이권을 중심으로 내부의 분열이 일어나거나 철거투쟁이 끝난 후에 흩어지는 경험들을 반복하는 과정에서 도시빈민들이 경제적인 투쟁을 넘어서지 못하는 한계들에 대해서는 설명을 하지 못했다. 이는 도시빈민 집단에 대해서 과학적이고 구조적인 틀로 분석하는 경향이 강했고, 상대적으로 도시빈민들의 정서, 문화, 인식들을 파악하는 데 실패했기 때문이라고 할 수 있다.

김원은 1970, 1980년대의 '민중론'과 관련한 담론이 한국 근현대사의 재해석을 통해 역사적 주체로서 민중을 다시 구성해낸 것으로 파악하면서 민중담론이 '상상적 성격'으로 인해서 민중을 사전에 결정된 대상, 혁명의 주체라는 낙관적 비전을 만들어냈다고 비판한다(김원, 2008, 264). 김원의 이런 비판에 따르면 1980년대 도시빈민들에 대한 과학적 규정과 담론들은 빈민들에 대한 다각도의 분석을 통해서 주체성과 지위를 파악했다기보다는 구조적인 가능성을 탐색한 정도에 그

쟁론이 그것이다. 지역수호론은 이주·보상에 대한 협상이 아닌, 지역을 끝까지 지켜내는 데에 방점이 있었다. 그래서 작은 지역이라도 역량을 집중해 모범을 창출하는 것을 통해 대안을 만들자는 방향이었다고 할 수 있다. 이와 달리 빈민연대투쟁론은 보다 공격적 입장으로, 선진대중을 중심으로 정치투쟁과 여러 지역·세력 간의 연대투쟁으로, 재개발 정책을 폐지하거나 임대주택법을 쟁취하는 목표를 두었다고 할 수 있다. 이러한 노선은 〈지역수호론-주변부자본주의-외국어대-상계동-철거정책폐지-대중조직〉, 〈빈민연대투쟁론-국가독점자본주의-서울대-사당3동-선대책후철거-정치투쟁〉라는 형식들로 도식화되기도 했다(천도빈 약사, 1990). 그래서 각 철거투쟁 현장 별로 어떤 지원그룹이 결합하느냐에 따라 운동의 구호와 방향이 다르기도 했으며, 학생운동, 도시 빈민운동 조직에서는 이러한 노선갈등을 계속 겪게 되어, 철거운동 조직도 서철협과 주거연합으로 분리되는 중요한 원인이 되었다.

치는 것이다. 즉 1970년대의 '민중을 섬기는' 그리고 '지식인이 조력해야 하는' 자유주의적 민중론에서 변화해 '민중을 혁명의 주체'로 인정해 버림으로써 도시빈민의 다양한 모습들과 한계들에 대한 논의는 소홀할 수밖에 없었다.

도시빈민들에 대한 또 하나의 논의로 1980년대를 넘어서면서 인류학자인 오스카 루이스가 주장한 '빈곤문화론'에 대한 약간의 학술적 논의들이 있었다(김광억, 1982; 박윤영, 1998). 오스카 루이스의 빈곤문화론은 빈곤의 상황과 세습이 가난한 사람들의 특징적인 문화·행동들에서 기인한다는 다소 논쟁적인 이론이었다. 빈곤문화론의 옳고 그름에 대한 여부를 떠나서 빈곤문화론은 빈민들에 대한 부분들을 다각도로 검토해볼 수 있는 하나의 유용한 틀일 수 있었다. 경제 구조적 관점 이외에도 문화적 의식적 조직적 차원의 미시적 연구들이 빈민들에 대한 복합성을 이해하는 데 도움이 됨에도 불구하고, 도시빈민 현장과 이와 관련한 연구에서 이에 대한 담론은 거의 형성되지 못했다. 빈곤문화론을 다루는 대부분의 학자들은 "빈곤의 원인과 변화하지 못하는 상황들이 가난한 사람들의 특정한 문화에 있다"는 것에는 반대하지만, 빈곤의 문화가 빈곤 상황을 강화시키거나 가난한 사람들이 주체가 되게끔 하는 데 하나의 중요한 장애 요소라는 점에 대해서는 의미가 있다고 생각한다(박윤영, 1998, 195).

파울로 프레이리도 '침묵의 문화'를 통해 의식화에서 문화의 중요성을 이야기했으며, 필리핀의 CO운동에서도 빈민지역에 '가난의 문화'가 있으며 CO운동은 이 문화를 깨트리고 변화시키는 것이 중요하다고 주장한다(COPE, 1992). 하지만 빈곤문화론은 직접적인 현장을 중심으로 분석을 하거나 의미 있는 논의가 진행되지는 못했다. 물론 한국 사회 빈민 밀집지역의 상황은 제3세계의 슬럼과는 차이가 있었

다. 대단위의 비공식 주거지역이 형성되기는 했지만 곧 이어진 개발
정책들로 인해서 빈민 주거지역은 긴 역사를 가질 수 없었다. 또한 초
기에 이농해온 가난한 사람들은 압축적인 경제성장 속에서 어떻게든
돈을 벌려 노력했다. 한국의 눈부신 경제성장은 이러한 가난한 사람
들의 희생 속에서 만들어졌다고 할 수 있다. 그래서 빈곤문화론에 대
한 이론적 탐색은 빈곤문화가 빈곤의 원인이기보다는 결과로 파악되
면서 구체적 논의는 더 크게 진행되지 못했다. 빈곤문화론은 빈곤의
원인과 결과에 대한 논의가 중심이었지만, 우리 사회의 빈민과 빈곤
지역의 특성, 고유한 문화, 주거를 비롯한 다양한 생활양식을 분석할
수 있는 탐색의 가능성도 있었다. 하지만 빈곤문화론은 이론에서도
현장에서도 더 구체적인 분석은 이루어지지 않았다.

1980년대의 변혁운동론은 '도시빈민'을 사회변화의 주체로 검토
하고 가난한 사람들의 상황을 계급투쟁의 장이라는 구조로 바라볼 수
있게 하는 계기가 되었다. 치열한 철거 반대투쟁을 통해 드러난 도시
빈민들의 상황에 변혁운동론이 더해지면서 많은 사람들이 도시 빈민
운동에 관심을 가지게 되었고, 다른 여타의 사회운동, 학생운동과 결
합되었다. 그러나 변혁운동론은 구조적 분석이 앞서다 보니 주체들에
대한 과잉된 해석을 낳기도 하였다.

3. 1980년대 한국 CO운동의 전개

1) 민중선교 활동의 확장

1970년대부터 시작된 CO운동은 정치적 억압상황으로 인해 교회
중심의 전략으로 변화되었고 1970년대 후반 민중선교 활동의 중심이

었던 한국특수지역선교위원회는 해체되었다. 또 노동선교와 농민선교가 상대적으로 활성화되면서 빈민지역의 선교활동은 상대적으로 다소 위축되었다. 1980년대 초반 민중선교활동은 개신교 쪽 사당동의 희망교회, 성남의 주민교회, 하월곡4동의 동월교회 등을 중심으로 진행되었고 천주교 쪽에서 시흥 복음자리와 난곡을 중심으로 진행되었다. 교회를 중심으로 한 선교활동은 1970년대에 진행되었던 다양한 교육·복지 프로그램들을 안정화·확장시키는 형태로 진행되었다.

그리고 민중신학의 심화와 함께 교회의 갱신, 새로운 교회의 시도들(특히 동월교회)이 보태어졌다. 한국특수지역선교위원회가 해체되고 나서는 주로 개별적인 선교활동들을 펼쳐 나갔으며 80년 한국교회사회선교협의회(이하 사선)가 만들어지고 여기에 도시주민선교 분과위원회가 생기면서 흩어졌던 빈민선교 실무자들이 다시 모이기 시작했다. 1982년까지는 새로운 활동보다는 교회 중심의 전략을 정착시키는 시기였고, 향후 있을 철거, 민중교육, 의료, 새로운 민중선교의 시도 등을 중심으로 다양한 모색을 하는 시기였다.

1970년대부터 시작된 지역사회개발활동들은 1980년대를 거치면서 그 양과 질에 있어서 발전을 하게 된다. 주민들을 위한 교육활동들은 그 대상이 점차 확장되고 신협, 의료협동조합 활동들도 크게 성장을 하게 된다. 주민들의 필요에 따라서 다양한 프로그램 활동들이 생겨나게 된다. 그리고 점차적으로 지역사회개발활동에서 주민들이 중심이 되는 주민조직을 건설하는 방향으로 나아가게 된다.

하월곡동의 동월교회를 중심으로 한 활동들은 그 확장과 변화의 사례를 잘 보여준다. 황미영의 연구는 하월곡동이 민중선교로부터 시작해서 '우리마을발전추진회'라는 주민자치조직으로 변화하는 과정을 잘 보여주고 있다(황미영, 1989). 하월곡동은 1976년부터 허병섭이 지역에 들어가 살고 동월교회를 세우기 시작하면서 지역 활동이 시작되었다. 동월교회는 먼저 주민들을 위한 자선사업이나 진료사업을 진행했다. 이는 1970년대의 정부의 감시가 있는 상태였기에 그랬다. 무료진료 사업은 주민들의 교회에 대한 경계심을 없애는 데 도움이 되었다. 1979년 야학이 시작되기는 했으나 허병섭의 정치적 탄압에 의한 도피로 좌절되었다.

동월교회의 주민 프로그램은 1980년대부터 본격화된다. 허병섭은 1978년에 세워진 난곡의 해송보육학교를 방문해 아이디어를 얻고 빈민지역에서 최초로 1981년 미취학 아동들을 보호 교육하는 탁아소인 '똘배의 집'을 만들게 된다. 해송보육학교는 어린이들을 가르치는 교사를 양성하는 실험야학이었는데 1980년부터 유아원을 만들고 8명의 해송보육학교 출신 교사들이 160여명의 아이들을 가르쳤다(이부미, 2001). 허병섭은, 당시 어려운 생계 때문에 부모가 모두 일자리로 가야 했고 아이들이 방치되는 지역 상황에 주목했다. 똘배의 집은 열자마자 성황 속에 운영이 되었지만 불교회 신도회에서 탁아소를 구청에서 위탁운영하게 되고, 정부도 이에 영향을 받아 탁아소를 위한 법을 제정하면서 없어지게 된다(허병섭, 연도미상 2). 미취학 아동을 위한 탁아소는 다음 단계인 유치원(산돌이네)과 1984년 방과후 공부방(산돌공부방)으로 연결된다(주교회의 인성회, 1990). 산돌공부방은 초등학생들을 보호 교육하면서 자연스레 자녀들의 어머니 모임을 결성하게 되고 이 어머니들이 중심이 되어 공부방 운영을 진행하게 된다. '자모'들은 공부방의 운영회의에 참여하고 부모교육에 참석했으며 공부방 재정을 위한 활동들도 진행하게 된다.

그런 가운데 효성 가톨릭대 손덕수 교수의 빈민여성에 대한 조사와 연구 활동이 결합되면서 자모들을 위한 어머니학교를 1987년 6월에 개설하게 된다(정병남, 1991). 어머니학교는 3-4개월 과정의 단기 야간 과정으로, 주로 국졸이나 중퇴의 학력을 가진 30-40대 여성들을 대상으로 글쓰기, 한문, 영어반을 야간에 개설하였다. 어머니교실은 기본적인 상식들을 배우는 내용과 함께 자녀 육아에 대한 교육과 함께 올바른 여성관을 심어주고자 하는 내용들로 신문·동화 등의 자료를 활용해 진행되었다. 이와 같이 아이들을 위한 활동은 아이들에만 머무르지 않고 자모들을 위한 교육 조직 활동과도 연결되었다. 이 연결을 통해서 어머니회는 아이들의 교육환경에 좋지 않은 오락실을 항의방문하고, 어머니 큰 잔치, 돌산장날, 단오축제 등 지역사회 활동으로까지 확장되었다(주교회의 인성회, 1990, 87-90).

아이들과 어머니들을 위한 활동 이외에도 청년들을 위한 교육 프로그램도 진행되었다. 청년 프로그램은 초기 야학을 중심으로 진행되었으나 후속화 작업이 잘되지 않아 친목계를 통한 모임 형태로 진행되었고 1987년 대통령 선거에서 공정감시단 활동을 통한 정치적 교육도 부분적으로 진행했다(허병섭, 1990). 이와 함께 동월교회는 지역사회 활동 이외에도 교회 갱신을 위한 활동도 진행하였다. 예배의 형식에 파격을 두거나, 국악찬송가를 도입하고 예배 시간에 광주항쟁과 관련된 비디오를 상영하는 등 교회의 갱신을 위한 다양한 시도와 실천을 했다. 이러한 힘들이 바탕이 되어 1989년 3월 주민을 중심으로 한 '우리마을발전추진회'(이하 우발추)를 결성하게 된다. 동월교회가 무허가 건물이라는 이유로 두 번에 걸친 철거를 당하고 이 과정에서 교회를 증축하기 위해 신자들과 주민들이 서명활동을 벌이면서 우발추가 만들어지게 된다(황미영, 1989, 28).

교회 철거 과정에서 동월교회는 많은 지식인들의 주목을 받게 되고 주일학교 교사가 빈민상담실을 개설하자는 제안을 하게 된다. 이 논의를 교회의 지역사회부 논의로 발전을 시키면서 주민들의 지지가 필요하다는 생각에 주민들에게 제안해 우발추로까지 확장이 되었다.

우발추는 '사람다운 삶으로의 발전'을 조직의 목적으로 잡고 주민들의 의식 변화를 위한 '월요강좌', 경제문제 해결을 위한 주부공동부업(미숫가루), 마을 소식지, 단오마을잔치, 어린이 문화교실 그리고 재개발과 관련된 주거환경 개선사업에 관한 공청회를 개최하는 활동들을 진행하였다(황미영, 1989, 35-46). 황미영은 우발추의 활동 전략을 분석하고 정리하면서 과업 중심보다는 과정 중심 그리고 과거 지식인들 중심의 대상화 교육에서 도시빈민들 자신의 문제를 해결하고 인식을 공유하는 장으로서 의미가 있다고 분석하고 있다(황미영, 1989, 57). 즉 1970년대 조직가를 중심으로 한 단기적인 이슈개발과 행동 촉진 프로그램에서 장기적인 주민 중심의 지역사회개발과 의식 변화를 중심으로 하는 활동으로 변화되었다고 할 수 있다.

하월곡동과 난곡지역의 활동들은 지역 활동이 안정화되고 확장되어간 사례라고 할 수 있고, 1990년대 도시빈민 지역운동론의 탐색에서 대표적 지역사례로 언급된다. 또한 수도권선교위의 해체 이후에도 개신교와 천주교의 민중선교 활동은 사선을 통해서 계속 교류를 했고 다른 지역으로 유사한 활동들이 확장되어 갔다. 또한 1980년대 후반에는 본격화된 민중교회운동을 통해서 탁아소, 공부방, 협동조합, 야학, 도서관 등의 지역사회 개발활동이 하나의 모델로 전파되고 시도되었다(황홍렬, 2004).

2) 철거투쟁에 대한 지원: 조직화를 위한 교육

1980년대 도시빈민의 상황에서 보았듯이, 1980년대는 '강제철거,

철거투쟁의 시대'였다. 1980년대 가장 먼저 일어난 철거 사건은 1981
년 사당3동 가마니골 철거민 사건이었다. 이후 목동의 신시가지 개발
계획 발표로 인한 목동 철거 투쟁이 진행된다. 이 목동 투쟁에 가톨릭
쪽의 활동가들이 지원을 하기 시작하는데, 당시 사선 도시주민사회분
과위원회 위원장이었던 제정구를 중심으로 목동지역에 결합하게 된
다. 가톨릭 쪽은 사선 도시주민사회분과위원회를 중심으로 해 주민들
을 교육하고 또 한편으로는 목동의 사목자들이 지원하기 시작했다.
투쟁이 끝나가는 시점에서 제정구, 정일우 신부는 목동지역 세입자
일부와 함께 부천의 목화마을에 주민 공동체를 건설하게 된다.

이후 1985년 천주교도시빈민사목협의회를 조직해 목동문제에 대
한 성명서를 발표하고 같은 해 철거지역에 있는 30여개의 동의 주민
들을 모아 주민모임을 진행한다. 주민모임은 철거지역 주민들의 각
지역상황과 대책 경험 나누기, 재개발 관련 강연회와 토론회, 참가지
역 상호간의 연락망 구성, 구체적인 지역 철거대책과 관련한 대책수
립 등의 활동을 진행하였다. 이 모임은 1987년 주민연대모임으로 이
어진다. 이후 상계동, 신당동, 양평동의 투쟁현장에서도 천주교도시
빈민회(이하 천도빈)가 지원을 하면서 목동 철거투쟁에서 진행했던
지원과 주거공동체 창출을 위한 작업을 진행하였다.

천도빈은 철거 상황을 주도적으로 이끌기보다는 주민들이 철거라
는 상황을 정확하게 이해하고 이에 대응할 수 있는 조직들을 만들고
해결 방안을 찾는 것을 지원하는 데에 초점을 맞추었다. 그래서 재개
발, 철거와 관련한 설명회를 열고 관련 문제들을 상담해주는 방식을
선택했다. 철거가 목동뿐만이 아니라 상계동, 사당동 등 다른 지역으
로도 확산되면서 천도빈은 여러 철거지역에 있는 주민들을 모아 주민
연대 모임을 진행했다. 월 1회 주민연대 모임을 통해서 각자의 상황과

경험들을 공유하게 하고 서로의 경험을 통해서 배우고 재개발과 철거의 문제가 혼자만의 문제가 아닌 공동의 문제이자 이 문제를 함께 풀어가야 한다는 것을 강조했다. 1987년 아홉 번째 열렸던 주민연대모임에서는 다음과 같은 주제들이 논의되었다.

1. 하는 일 — 도시빈민 삶 위한 자리쟁취냐, 정치운동이냐

2. 도빈운동-지역특성상 요구사항 차이 — 극복이냐 그대로냐

3. 싸움-감정 삭막-순화 필요(미사 기도회 등)

4. 천도빈이냐, 기빈협이냐 문제 — 정확히 정리해 줄 수 있는 것 포함, 밝혀 달라

5. 싸움과정 — 사상자 처리문제

6. 싸움의 통제부분 진행과정 등의 문제

7. 회장단의 생계문제 해결 방향

8. 철거 중 나간 이들은 도빈에서 떠난 것인가?

9. 국민운동연합의 도빈관계 명단, 운동이란?

10. 타지역 어떻게 개발, 발굴?

11. 문정도(이리저리 분산위치-한둘 계속 철거) 어떻게?

12. 가옥주와의 싸움 어떻게 해야 하나?

13. 도시개발 재개발의 문제는 뭔가?

14. 철거싸움 해결후 회장단 등이 계속 도빈운동에 관여할 수 있는 길(운동의 틀)

15. 10-1, 발굴 후속 조치는? 회장단 결성 후라 해도 의식 수준의 차이를 어떻게 극복할 것인가?

16. 천도빈, 기빈이 도빈의 요구를 어떻게 당국에 건의하는가?(채널, 방법)

17. 연대위를 어떻게 할 것인가? 평가, 연대설명 등

18. 회장단 신뢰문제(주민들의), 회장단과 주민관계

19. 박정희와 전두환의 재개발 차이점.

(천도빈, 1995).

천도빈은 철거에 대한 지원과 주민모임에 대한 것을 기반으로 이후 소모임 공동체 운동을 전개한다. 이러한 경험은 1970년대부터 이어져 온 '복음자리'와 같은 공동체 경험이 뒷받침이 되었다고 할 수 있다. 천도빈의 이러한 '삶의 자리 운동' 전략은 남미의 기초공동체 운동의 맥락과도 맞닿아 있다(천주교도시빈민사목협의회, 1987).

천도빈에서는 1980년대 후반 다양한 공동체 사례를 연구하면서 활동방향을 잡아나갔다. 이러한 관심은 상계동 철거 투쟁 이후 소모임 운동에 대한 제안으로 나아간다. 철거투쟁 자체가 주민들이 상황에 따라 서로 갈등하고 투쟁이 끝나고 나면 사라지는 운동의 허약함을 보고 철거를 포함해 교육, 문화, 여성, 의료, 탁아 등 다양하고 총체적으로 접근하되 조직의 방법은 소모임을 통해서 접근하는 것이었다(천주교도시빈민회, 1988). 소모임 방법은 기도 및 성서연구 모임을 진행하거나, 자모회 내 소모임, 목동 공동체(성서모임으로 시작해 철거싸움으로 결합) 등의 형태로 전개되었다(천도빈, 1988).

다음의 표는 천주교 도시빈민회에서 빈민현실과 빈민의식을 정리한 내용인데 소모임 운동을 통해서 변화시켜나가야 할 빈민들의 현실과 방향을 제시하고 있다.

천도빈은 소모임 운동에서의 빈민들의 문제를 각각 부분으로 보는 것이 아니라 전체적으로 보아야 한다고 강조했고, 활동가보다는 주민들의 공동체가 되어야 하며 삶의 운동으로서 참된 빈민의식을 고양하고 인간다운 사회를 건설하는 것을 기본 방향으로 삼았다.

빈민현실	빈민의식
1.개인중심	1.사람답게 살아 보자는 것
2.집단이기주의(철거지역의 경우)	2.사건을 통해 내면이 성숙되는 것
3.상호불신	3.공동체의식
4.공명심, 영웅심(투쟁성과시)	4.삶의 뿌리가 뽑히지 않는 것
5.운동을 직업화하려는 것	5.민주적 절차를 중요시하는 것
6.의존성(누가 도와줄 것이라는	6.이웃의 입장을 들어주고 수용하는 것
생각)	7.개인의 과시보다는 공동투쟁을
7.힘(폭력)을 과시하는 것	중시하는 것
8.이웃을 생계수단으로 보는 것	8.주체적이고 독립성, 자주성이 강한 것
(나만 잘 지내면 된다는 생각)	9.모든 것을 공유하는 자세
9.자기만 알려고 하는 것	10.한 일, 행동에 대해서 책임지는 일
(어떤 정보에 대하여)	11.문제 해결을 공동의 이익에
10. 금력에 예민한 것	우선하는 것
(공금에 대한 중요성 경시)	12.공과 사를 구분하는 일
11.공과 사를 구분하지 못하는 것	13.집단이기주의를 극복하는 자세
12.책임회피	14.궁극적으로 인간답게 살아보자는 것
13.권한남용	따라서 인간다운 사회를 건설해
14.공동결정에 비공식적으로 비	보자는 것
판하는 것(비판을 위한 비판)	15.기타 등등
15.기타 등등	

(천주교도시빈민회, 1987. 5. 소모임운동의 실천적 접근을 위한 소론)

이러한 철거운동의 지원은 도시빈민들의 당사자 조직인 서울시철거민협의회(이하 서철협)가 조직되면서 줄어들기 시작한다. 이는 서철협의 자발적이고 능동적인 철거 반대 중심의 활동이 생겨나기도 했고 서철협의 건설과정에 있어서 학생운동을 중심으로 한 다른 민중운동 그룹의 영향이 생겨난 것도 그 이유 중의 하나라고 할 수 있다. 이후 기독교 그룹에서 도시빈민들에 대한 지원과 조직화는 철거 반대운동보다는 지역을 중심으로 한 주민조직의 건설에 초점을 맞추게 된다.

목동투쟁은 1980년대의 도시빈민 철거투쟁의 모델이 되었다고 할 수 있다. 끈질기고 강력한 투쟁과 주민(세입자)을 중심으로 한 조직 그리고 정치권과 건설 자본에의 저항과 같은 이후 철거반대 투쟁의 한 유형을 만들어냈다고 할 수 있다.

또한 이 과정에서 CO운동 그룹의 역할도 새로이 모델링되었다고 할 수 있다. 1980년대 철거반대투쟁은 알린스키 방식처럼 조직가에 의해서 이슈가 발굴되고 주민지도자를 중심으로 진행되었다기보다는 광범위하고 압축적인 철거 이슈가 먼저 생겨나고 거기에 CO(활동가) 그룹이 지원을 하는 방식으로 진행되었다고 할 수 있다. 주민들에게 정보를 제공하고 풀어나갈 방법론을 제시하면서 문제해결을 위한 주민조직을 만들게 하고 철거반대투쟁을 함께 해나갔다. 이 과정 속에서 문제 해결과 이후 대안을 위한 교육을 실시했다.

그리고 1980년대 후반 광범위한 철거가 진행되는 과정에서는 한 지역에 머무는 것이 아니라 이것을 정치적인 차원에서 문제제기를 할 수 있는 연대의 틀을 제공했다. 하지만 이러한 활동들이 지역의 해체라는 상황을 막을 수는 없었다. 철거 과정에서 대부분의 주민들은 지역을 떠날 수밖에 없었고 마지막까지 투쟁에 참여한 사람들은 복음자리와 같이 소규모의 새로운 지역으로 정착할 수밖에 없었다. 철거반대투쟁은 국가와 건설자본의 개발에 맞서 저항을 했으며 이를 통해 가난한 사람들의 권리를 쟁취하고자 했다.

3) 도시빈민연대운동

목동에서 시작된 1980년대 대규모 철거반대투쟁은 다양한 민중

선교활동, 공동체 운동 등의 활동과 함께 도시빈민에 대한 사회과학적 담론의 심화 그리고 학생운동을 중심으로 한 여타 민중운동 등과 결합하면서 분화·확장되기 시작한다. 종교그룹에서는 한국특수지역 선교위 해체 이후에 사선이 만들어지고 도시주민선교분과위원회를 중심으로 천주교와 개신교가 통합적으로 빈민운동에 결합하였다. 이후에는 개신교와 천주교에서 각각 논의가 발전하여 독립적인 조직을 만들기에 이른다. 목동투쟁을 겪은 이후에 1985년 3월 천주교를 중심으로 천주교도시빈민사목협의회, 이어 조금 더 확장된 조직인 천주교도시빈민회가 만들어지게 된다. 그리고 1984년 기독교주민선교위원회였던 개신교 그룹의 조직은 1986년 기독교도시빈민선교협의회(이하 기빈협)를 만들게 된다. 1980년대 중반부터 진행되었던 도시빈민운동에 대한 종교 그룹의 지원은 천도빈과 기빈협, 이 두 단체를 중심으로 진행되었다고 해도 과언이 아니다.

기빈협과 천도빈은 한편으로는 지역을 중심으로 한 교회, 센터, 주민 조직에서 직접 활동하고, 다른 한편으로는 대도시 지역에서 폭발적으로 일어나는 철거 반대운동들을 지원하고 조직하는 역할을 진행했다.

사당동과 상계동의 철거투쟁은 주민들 중심의 강력한 철거반대투쟁의 가능성을 보여주었고, 학생운동·민중운동 그룹의 결합으로 조직적 힘을 받으면서 도시빈민운동에 대한 다양한 논의들이 진행되었다. 천도빈이 지원한 주민연대모임에서 다양한 지역의 철거민들이 만나게 되는 경험들을 하게 되고 사당동, 양평동, 상계동 등지의 철거운동에서는 '빈민연대'의 경험을 가지게 된다. 그리고 먼저 철거투쟁을 경험한 주민들이 다른 지역의 연대투쟁에 참여하고 투쟁을 이끄는 활동 속에서 연대에 대한 필요성을 느끼게 되었다.

1987년 5월 상계동의 오동근 어린이 압사 사건을 계기로 '서울시철거민 대책협의회'라는 조직을 세우게 되고 그 해 7월 서울지역의 27개 철거민들이 참여하는 서울시철거민협의회(이하 서철협)을 세우게 된다(전빈협, 1993). 천도빈은 가난한 사람들의 하부연대가 아닌 상부협의 모임이라는 이유에서 서철협 결성을 반대했다(천도빈, 연도미상, 19). 역으로 서철협의 멤버들은 종교 조직들이 철거현장들을 지원하기는 했지만 당장의 주거권 쟁취보다는 이후 투쟁에 대한 교육을 진행하는 것이 투쟁의 동력을 떨어뜨린다고 비판했다. 결국 철거 반대운동은 이분화되었고 천도빈과 기빈협은 1990년 6월 또 다른 주거권 운동 조직인 '주거권실현을위한국민연합'(이하 주거연합)을 설립하게 된다.

같은 해 여러 빈민지역에서 활동하던 지역사회탁아소연합회(이하 지탁연)가 설립된다. 그리고 상계동 투쟁 과정 중에 6월 항쟁을 맞이하게 된다. 6월 항쟁을 계기로 해서 생긴 국본의 결성에 맞춰 도시빈민 운동 진영에서도 1987년 11월 '국민운동본부 도시빈민 공동위원회'(이하 도빈공위)를 세우게 된다. 도빈공위는 급속하게 진행되는 강제철거에 저항하고 이후의 대통령 선거에 공동으로 대응해 투쟁해야

(사진: 주거연합 창립, 출처: 오픈 아카이브)

한다는 제안으로부터 출발하였다.

도빈공위는 도시빈민 운동단체(철거민조직, 도시노점상연합회) 간의 최초 연대활동이었는데 형식적인 활동 이상을 펼치기에는 어려웠고 1987년 노태우가 당선되는 대선 패배로 큰 타격을 입게 된다. 이후 1988년 사당동 투쟁에 참여했던 사람들을 중심으로 일용건설노동조합이 결성된다. 그리고 1988년 8월에는 '반민중적 올림픽 반대와 도시빈민 생존권 쟁취 공동투쟁위원회'(이하 도빈공투)가 결성되는 등 도시빈민운동의 연대활동은 사회운동의 활성화와 함께 계속 진행되었다.

연이은 도시빈민들의 연대활동이 있었지만 내실 있는 활동은 되지 못했다. 그래서 지역단위의 하부체계를 갖고 대중조직으로서 위상을 갖는 도시빈민 자주연합의 건설이 필요함을 공감하고 1989년 3월 6개 조직이 참여하는 전국민빈연합 준비 소위원회를 꾸리게 된다. 이 흐름이 중심이 되어 1989년 11월 전국빈민연합(이하 전빈연)을 결성한다(전빈협, 1993). 하지만 이 과정에서 천도빈, 기빈협, 지탁연과 서공연은 전빈연이 지역운동 노선에 대한 배려가 없고 당장 시급한 과제에만 치중하고 있고, '지역의 대중적 토대 없는 빈민운동의 활로는 장기적으로 보장되지 않는다'는 이유로 불참하게 된다.

지역운동을 중심으로 했던 단위들은 대중들이 참여할 수 있는 주거권 운동을 풀어나가기 위해 1990년 6월 서울, 인천, 성남, 부산, 수서, 분당, 일산 등 30개 지역 철거민들이 참여하는 주거연합을 만들게 된다(전빈협, 1993). 이후 1992년 대선이 있는 해 7월, 6개 협의조직들이 다시 모여서 전국도시빈민협의회(이하 전빈협)를 결성하게 된다. 하지만 과거 전빈연의 건설과정에 있었던 문제가 다시 불거져 빈곤의 발생원인, 빈민운동에 대한 정체성 규정(지역운동이냐 부문운동이냐)에 대한 소모적 논쟁은 계속되었다. 이러한 상황에서 전국연합 의장단 선출에 전국노점상연합회이 탈퇴하고, 철거조직의 분화, 종교단체들의 역할과 전망부재 등으로 전빈협은 해체된다(최인기, 2012, 146-147).

도시빈민연대 활동은 1980년대 중반부터 진행되었던 대대적인 철거에 맞서 철거민, 도시빈민운동의 다양한 조직들이 철거투쟁이 개별적인 개인의 문제가 아니라 구조적인 문제이며 공동으로 풀어가야 함을 보여준 활동이었다. 연대활동을 통해서 철거 현장들이 서로를 지원하고 협력했으며 이 과정 속에서 기존의 도시빈민운동 조직과 철거민조직과 노점상조직 등 가난한 사람들과 함께하는 조직들이 생겨나고 하나의 운동세력으로 자리 잡게 되었다.

하지만 철거투쟁이라는 특성상 철거싸움이 끝난 뒤에는 운동이 지속되기 어려웠으며 압축적으로 진행된 집중 철거 속에서 안정적이고 지속적인 활동은 어려웠다. 그리고 활동가를 중심으로 하는 집단과 철거투쟁 속에서 배출된 선진빈민주민, 함께 결합한 학생운동 세력 간의 이견들이 도시빈민운동의 연대를 어렵게 만들게 되었다고 할 수

(사진: 도시빈민쟁취대회, 출처: 오픈아카이브, http://archives.kdemo.or.kr)

있다. 전빈협의 활동 정체 이후 CO운동 그룹은 1990년대를 넘어서면서 빈민지역운동론에 대한 논의로 넘어가게 된다.

1980년대의 철거반대투쟁은 한국 CO운동에서 이슈를 통한 조직화의 최전선이었다. 1970년대 철거의 규모와는 비교할 수 없을 정도로 짧은 시간 안에 여러 지역에서 동시다발적으로 일어났다. 또한 철거민들에 대한 폭력 역시 극대화된 시기였다.

CO운동 그룹에서는 주민들이 이 상황들을 인식하고 집단적인 힘을 모을 수 있도록 정보를 제공하고 협상과 투쟁에 필요한 내용들을 교육했다. 철거민들은 자신들의 터전과 생존권을 지키기 위해 철거반대투쟁을 했고 조직을 만들고 관공서를 항의방문하고 경찰과 대치하는 등 자신들을 지원하는 여러 세력들과 만나면서 몸으로 학습을 진행했다. 비록 무허가이긴 했지만 자신들이 마을을 일구고 수도와 전기를 놓고 홍수를 예방하는 작업을 한 땅에서 아무런 대책도 없이 건설회사에 의해서 쫓겨나는 현실에 대해 분노하고 저항하였다. 그리고 이를 적극적으로 비호하고 무력까지 동원하는 국가를 비판했다.

또한 활동가들은 철거민들이 자신들의 철거 문제를 뛰어넘어 다른 철거 지역 주민들을 만나게 다리를 놓고 서로 연대하게끔 지원하고 교육했다. 혼자만 잘 사는 것이 아니라 다 함께 잘 살아야 한다고 강조하면서 빈민의식을 형성해 가고자 했다. 철거민들 간의 연대는 주로 리더 그룹이기는 했지만 철거민 당사자 조직 결성으로도 이어졌다. 1980년대 이러한 과정들은 '도시빈민'을 변혁의 주체로까지 사고할 정도로 여러 가능성들을 보여주었다고 할 수 있다.

4) 지역주민들을 위한 의식화 교육: 한국기독교민중교육연구소의 활동

프레이리의 의식화 이론은 1980년대로 접어들면서 직접적인 교육의 영역(야학, 민중교육운동)으로 확장되고 민중교육론에 대한 검토를 본격적으로 시작한다. CO운동에서 민중교육론은 민중신학에 대한 모색과 관점으로 진행되었다.

1970년대의 민중선교 활동은 주로 지역사회 조직을 중심으로 한 활동으로서 일부 교육적인 시도가 있기는 했지만 주민들의 의식 개선 활동 수준을 벗어나지 못했다. 이에 민중신학자들은 독재와 산업화의 상황 속에서 신학이 어떻게 응답을 해야 하는지에 대한 방법을 모색하던 중 민중운동을 바라보는 선교적 관점과 교육적 관점이 유사하다는 사실을 인식하고 민중신학론에 기반을 둔 민중교육론을 정리하고 실천하기 시작했다.

1980년대에 지역(교회)을 중심으로 한 조직화 전략이 뿌리를 내려 안정화되자 이와 함께 변혁운동, 민중교육론이 구체화되면서 다양한 민중교육 활동들이 본격적으로 시작되었다. 이 중심에 민중신학자들과 허병섭 그리고 한국기독교민중교육연구소(이하 민중교육연구소, The Christian Institute for Min-Jung Education)가 있었다. 문동환과 허병섭을 중심으로 한 민중교육론의 모색은 한국기독교민중교육연구소를 통해 좀 더 이론적으로 심화되고 현장에 적용되기 시작한다.

한국기독교민중교육연구소는 민중신학에 관련된 연구물들이 집중적으로 발표되었던 1979년 문동환을 중심으로 설립되었고, 1981년 11월 사선의 부설기구로 병합되었다. 민중교육연구소는 진보적 민중신학자였던 문동환, 김성재와 하월곡동에서 민중선교를 실시하고 있던 허병섭이 주축이 되고, 1981년 11월까지 독일 기독교개발원조처(EZE)가 지원을 하면서 추진되었다. 이후 사선으로 편입되면서 BGW와 크리스챤에이드(Christian Aid)의 지원으로 공식적인 활동을 시작하게 된다(한국기독교교회협의회 도시농어촌선교위원회, 1985, 69).

민중교육연구소는 문동환의 민중신학의 교육적 해석과 함께 프레이리의 이론을 본격적으로 수용하고 적용하는 것을 통해서 다양한 민중운동의 현장에 교육내용을 제공하고 한국적 민중교육 이론들을 정리하려 했다. 민중교육연구소는 인간의 욕구와 열망을 여섯 가지(신체적 좋음, 사랑하고 사랑받을 욕구, 삶에 대한 진실과 사실을 알 욕구, 노동하고 창조할 수 있는 욕구, 삶에서 즐기고 노는 욕구, 축하하고 숭배하는 욕구)로 분류·분석하고, 이 욕구들이 어떻게 가로막혀 있는지를 프레이리 방식에 근거한 생성주제와 생성어를 사용해 교육을 진행했다(한국기독교민중교육연구소, 일자미상). 민중교육연구소는 지식인들이 위와 같은 욕구들을 토대로 하여 대화를 해야 한다고 강조하며 생성주제를 위해 그림 자료를 활용하기도 했다. 민중교육연구소가 생성적 대화를 통해 의도했던 효과는 프레이리의 의식화 과정과 거의 유사한데 그 내용은 다음과 같다.

3. 대화자료 사용으로 예상되는 결과(요약정리)

첫째, 이 대화를 통해서 잠재된 민중의 의식이 표출될 수 있을 것이다.

둘째, 이 대화를 통해서 민중과 지식인의 의식을 객관화시켜 볼 수 있을
    것이다…이 확인과 반성은 자기 성장을 가능케 한다.

셋째, 이 대화를 통해서 부분적으로 의식된 사실을 총체적으로 인식하게
    될 것이다.

넷째, 이 대화를 통해서 현실을 읽고 쓰는 훈련을 할 수 있을 것이다.

다섯째, 이 자료는 소그룹에 소속한 사람들 사이에 가로막힌 담을 열 수
    있고 웃음이나 눈물, 생각과 느낌, 표정과 태도를 교환할 수 있을 것이다.

여섯째, 그림을 통한 대화가 각자의 경험을 서로 교환하도록 발전된다면
    삶에 도움이 되는 지식을 교환할 수 있을 것이다.

― 주제별 그림의 제목(일부 발췌)

1. 일용할 양식과 신체적 안정을 위한 욕구와 열망

    1) 목구멍이 포도청

    2) 내손을 찌르는 미싱이

    3) 일용할 양식을 위한 노동

    4) 산업재해

    5) 물도 안 나오는 가난한 산동네

    6) 위험한 공사판

    7) 셋방살이의 설움

    8) 편안하다 못해 불면증에 걸린 사람의 잠

    9) 노동에 지친 삶

    10) 쫓기는 행상과 거리질서 확립

    11) 추석에 송편도 빚을 수 없는 우리집

(한국기독교민중교육연구소, 1983)

12) 병든 아버지

13) 쥐꼬리 월급

14) 위험한 직업

15) 허리를 조르세요

4. 창조하고 싶은 욕구와 열망

1) 일하러 가는 긍지

2) 생활을 좀 더 알차고 보람있게

3) 실직자

4) 나는 성실파

5) 조각가와 여공

6) 미인의 조건

7) 자화상

8) 나를 짓누르는 공장일

9) 주고 싶은 마음 먹고 싶은 아이스크림

10) 수확의 기쁨

민중교육연구소의 위와 같은 작업은 인간의 보편적인 욕구를 매개삼아 민중의 맥락에서 각각의 욕구에 해당하는 세부 상황과 내용들을 도출하고 이를 토대로 스스로의 상황들과 바람, 문제의식들에 대해서 스스로 말할 수 있게 하는 작업이라고 할 수 있다. 즉 욕구평가(needs assessment)를 통해 민중들의 목소리를 듣기 위함이었다.

또한 노동자, 농민, 도시빈민 그룹들과 함께 공동작업을 통해서 성경연구를 위한 가이드 작업, 문화교육에 대한 연구, 노동관련 출판, 노동자 정체성에 대한 사례연구, 노동교육에 대한 가이드북을 연구하고 출판하는 활동을 진행했다. 이후 1987년 인천지역에서 지역연구소의 일환으로 인천기독교민중교육연구소가 창립되기도 한다(인천기독교민중교육연구소, 1987). 당시의 실천과 내용들은 허병섭의『스스로 말하게 하라』라는 책에 집대성되어 있다고 할 수 있다. 민중교육연구소는 민중신학의 이론에서 민중사실, 민중언어, 민중학습법, 민중문화운동(탈춤)의 내용들을 토대로 다양한 교육자료들과 프로그램들을 개발했다. 먼저 다양한 학습자료, 연구자료들을 개발해냈는데 그 결과물들이『우리와 함께 하는 성서』그리고 연희연구 자료들이다(예수전, 예수의 생애, 난장이가 쏘아올린 작은 공, 콩가루판, 함평고구마, 들국화, 사나이 중의 사나이, 특근하던 날, 메마른 땅에, 어디로 갈이거나, 쌀풀이 돌아와요 내고향에 등). 연희자료는 연극을 위한 대본의 성격으로 민중신학의 마당극, 굿, 탈춤 등 문화적 부분들에 대한 영향이라고 할 수 있다. 민중교육연구소에서 펴낸 연희자료들을 정리하면 다음과 같다.

이 자료들은 민중의 시각과 언어로 성서를 읽거나 노동자, 도시빈민들에 의한 사건들을 재구성한 자료들이라고 할 수 있다. 연희 자료들의 주인공들은 대부분 농민, 도시빈민, 노동자이며 주요 내용은 이

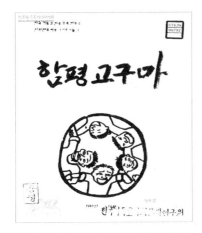

(사진: 연희자료 표지, 함평고구마, 출처: 오픈아
카이브)

들의 생활과 일어나는 문제들, 구체적인 사건들이 중심이 된다. 형식은 통상적인 연극의 형태부터 마당극, 노래굿(노래극)까지 다양하며 민요, 민중가요, 노가바(노래가사 바꿔 부르기) 등이 들어가고 해학적이고 창조적인 대사가 더해지면서 하나의 풍성한 종합예술의 내용이자 의식화를 위한 교재라고도 할 수 있다.

또한 민중문화운동의 일환으로 탈춤에 대한 자료집(『탈을 만들자』)과 만화에 대한 자료집(『만화를 그리자』)들을 펴냈다. 이와 함께 민중언어, 민중사실들에 대한 내용을 전파하기 위하여 노동자, 도시빈민들의 글을 담은 「모퉁이돌」이라는 무크지를 발행하기도 했다. 「모퉁이돌」은 총 5권까지 발행이 되었는데 주로 문집의 형태를 띠고 있었으며, 농촌, 빈민지역, 공장 현장에 있는 아동, 청소년, 노동자, 여성들의 글이 주를 이루고 있다. 여기에 신문기사, 기고글, 만화와 노래, 노가바, 탈춤 등의 내용이 버무려진 민중문예지라고 할 수 있다. 「모퉁이돌」의 주요한 성격은 창간 취지와 그 목차를 통해서도 알 수 있다.

제목	발간 년도	주요 내용	특징
예수전	1983		
예수의 생애	1983	예수 사건에 대한 내용	예수가 중심이 되기보다는 주변 민중들을 중심으로 전개. 마당극 형식으로 변경
난장이가 쏘아올린 작은 공	1983	도시빈민, 철거문제	동명 소설의 내용을 각색
콩가루판	1983	이농, 도시빈민 문제	거지, 깡패, 창녀 등 하층민의 이야기를 중심으로 사회비판
함평고구마	1983	1976년 함평고구마 수매 사건 내용	다양한 노가바, 농민들의 해학이 두드러짐
들국화	1983	농촌문제, 농약문제	창작동화 '고갯길에 핀 들국화'를 각색
사나이 중의 사나이	1983	농촌 공동체	농업의 중요성, 공동작업과 삶의 중요성 강조
특근하던 날	1984	봉제공장의 상황, 노동조합	1982년 한벗야학의 문집 "깨침"에서 옮겨옴
메마른 땅에	1984	이농, 공장생활, 노동권	드라마 구성방식으로 주인공이 상황에 대한 의문을 갖는 방식으로 진행
어디로 갈거나	1984	도시빈민, 판자촌 강제 철거, 광주 대단지 사건	광주 대단지 사건을 중심으로 전개
쌀풀이 돌아와요 내고향에	1984	농민문제, 쌀수매	상황설명보다는 문제를 중심으로 압축, 비약적인 표현
내손으로 뽑자구	1984	농촌문제, 농협 조합장 문제	노래굿의 형태로 짧은 상황장면과 상황을 담은 노래들로 짜여져 있음
일-일-일-뗏일!	1984	노동조건, 노동자의 권리	대사 위주의 문학적 연극
뭉치면 올라간다	1987	노동조합, 노동문제	노동조합을 결성하는 과정과 투쟁의 과정을 보여주고 있음
떠 다니냐?	1987	노동자의 변화	시, 만화, 노가바 등 다양한 자료의 활용

(사진: 모퉁이돌 표지 1, 3권 사진, 출처: 오픈아카이브)

모퉁이돌 1집(1983)

모퉁이돌을 시작하며…(허병섭)

이 작은 책자를 만들어내는 것도 바로 이런 뜻이 담겨있다. 이 책이 노동자
들을 만나고 대화하는 지면이기를 바라고, 이 대화를 통해서 인간다운 삶,
즉 창조적이고 주체적인 우리의 삶을 고양하기를 바란다. …
자기를 잊어버리고 타인에 실려서 살아가게 되는 위험도 도사리고 있다.
그러므로 노동자는 자기의 삶을 정직하게 표현하고 객관화할 수 있어야 할
것이다. 또한 지식인은 노동자들 기존의 틀이나 주관으로 판단하고 규정하
지 말아야 할 것이다. 이러한 과정을 겪음으로써 우리의 성장이나 도약의
발판이 주어지게 되는 것이다. 우리가 함께 살 수 밖에 없는 필연성 앞에서
우리의 유대를 강화하고, 이에서 생기는 힘으로 우리가 사회 발전에 이바
지하게 될 것이다. 이때 비로소 「민중」이 이 나라의 민족역사 속에서 그
얼굴이 드러날 것이며, 그 얼굴에서 새 질서와 희망의 빛을 찾을 수 있을

것이다.

모퉁이돌 3집(1985) ─ 우리의 봄을 찾아서

* 동생들을 보면서

─ 촌, 도시

─ 변한도시, 버스타기

─ 우리마을 달동네(하월곡동에 사는 소녀)

* 이 세상을 어떻게 움직이나

─ 일본 망령이 웃고 있다

─ 선거를 맞이하여

─ 아아! 이 겨울을

* 마음에서 마음으로

─ 보리 같은 삶을

─ 탈풀이

─ 촛불

─ 눈

─ 걸레

─ 동료애

─ 농부

* 놀이 마당

─ 노가바 놀이

─ 홍길동 놀이

─ 만화를 함께 그려 봅시다.

* 생각하는 마당 ─ 부정부패와 두 얼굴의 사나이

* 민담 ─ 마음 때문에 생긴 병

* 다시 생각해 보는 역사 — 원산에서 일어난 총파업 이야기

「모퉁이돌」은 기본적으로 노동자, 빈민, 아동, 여성들이 살아가고 있는 이야기들과 활동을 통해 생긴 긍정적인 측면들과 변화들을 직접 담으려 했다. 이와 함께 당시 문제가 되는 정치사회적 문제에 대한 정보를 전달하고 노래, 만화, 놀이 등과 같이 민중들의 건강한 문화를 위한 작업도 빼놓지 않았다. 민중들이 스스로 겪는 문제 상황들 삶의 문제와 싸워나가는 과정의 변화들을 스스로 이야기해야 한다는 신념에서 나온 시도라고 할 수 있다. 민중교육연구소는 당시 진행되고 있던 민중선교의 현장(산업선교, 도시빈민선교, 농촌선교)의 활동들과 결합하면서 다양한 교육이론과 내용들을 제공했는데 이 중에서도 산업선교 활동이나 노동자와의 작업이 많았다. 1980년대 들어서면서 노동운동이 민중운동의 중심으로 부각하기 시작했고 노동자의 권익 개선, 투쟁, 노동조합을 만들려는 다양한 시도들을 교육적 내용의 중심으로 하였다. 하지만 민중교육연구소는 도시빈민 현장의 교육적 시도는 그리 많지 않았던 것 같다. 허병섭이 『스스로 말하게 하라』라는 책을 통해서 도시빈민 활동과 빈민들의 사회전기에 관심을 가지기는 했지만 구체적인 교육내용으로 반영하지는 못했다. 아마도 그 이유는 1980년대 중반을 넘어서면서 변혁운동에 대한 담론이 증가하고 이러한 논쟁과 중심들이 노동자, 노동운동을 중심으로 진행돼 민중교육연구소의 관심이 노동운동에 가 있었기 때문일 것이다.

한국 CO운동의 초기였던 1970년대는 주민들의 배움에 대한 욕구를 충족시키는 교육에 초점을 두었다고 할 수 있다. 야학, 학당, 부녀교실 등은 최소한의 배움의 기회조차도 갖지 못했던 여성, 아동, 청소년들에게 학교 교육에 준하는 기회를 제공했다. 본격적으로 의식화

이론을 현장에 적용한 것은 민중론, 민중신학이 무르익기 시작한 1980년대였다. 주로 민중신학자들을 중심으로 프레이리의 의식화 이론을 한국에 맞게 민중교육론을 정립하였고 민중교육연구소 활동들을 통해 민중운동 현장에 민중교육을 적용하려고 했다. 한국의 민중교육론은 과거 민중들의 운동과 역사에 대한 신학적 해석과 응답으로부터 출발했다고 할 수 있다. 이를 위해 민중들의 전기, 삶, 언어, 문화들에 초점을 맞추어 민중들의 주체로서의 가능성을 탐색하려 했다. 한국의 민중교육론은 '민중'을 입체적으로 역사적으로 파악하기 위해서 특히 민중의 생활과 문화에 관심을 가졌다. 프레이리의 의식화론이 지배구조(지배-피지배), 민중의 가능성 그리고 민중이 교육을 통해서 어떻게 변화할 수 있는가를 탐색했다면, 민중신학적 민중교육 담론은 민중들의 삶, 문화적인 측면에 집중했다. 그러다 보니 민중을 좀 더 풍부하게 이해하고 과거 지식인들이 인식하지 못했던 민중의 모습들을 학습하는 데는 의미를 가졌지만, 정작 민중들이 스스로의 학습을 통해서 어떻게 변화할 수 있는지에 대한 부분에서는 구체화된 방법과 내용을 가지지 못했다고 할 수 있다. 그렇지만 민중신학과 민중교육론 그리고 민중교육연구소의 활동들은 이후 주민들을 위한 대중교육에 대한 이론적 기초가 되었고, 이슈 해결을 위한 조직화를 넘어서서 가난한 주민들의 삶, 일상, 문화들을 성찰하고 교육의 중요한 내용으로 삼은 것은 높게 평가받아야 한다. 민중사실, 언어, 문화, 전기는 민중들의 집단심성을 발견하려고 하는 지식인들의 노력이었다. 또한 민중교육연구소의 연희자료, 수기, 자서전, 모퉁이돌 등과 같은 시도들 역시 그러한 맥락의 시도였다. 민중들의 꿈, 희망, 고단한 삶으로부터 벗어나고 싶은, 다른 곳을 바라보고, 꿈꾸는 민중들의 이야기를 담으려고 한 것이다.

5) 조직화의 자양분, 주민대중교육[9]

　한국 CO운동은 1970년대 후반 교회중심의 전략으로 전환하면서 각 지역별로 주민들을 위한 사업들을 진행하게 되는데 그중 가장 중심적이었던 내용이 바로 주민대중교육이다. 주민대중교육은 주로 지역에서 일상을 보내는 아동, 청소년, 여성들을 위한 활동으로, 1970년대부터 이어져 내려오던 교육활동이 1980년대 이후 각 지역들에서 안정적으로 정착하기 시작하면서 활성화되기 시작했다. 또 지역별로 흩어져서 활동을 하기는 했지만 활동가들이 연결망을 가지고 있었기 때문에 그 내용들을 다른 지역으로도 확장되면서 대중화되었다. 지역

청년들을 대상으로는 하는 빈민야학은 1980년대를 지나면서 대부분 생활, 노동야학으로 방향이 전환되어 빈민지역을 중심으로 한 야학은 줄어들게 된다. 이와 반대로 탁아소, 공부방, 어머니학교, 도서실과 같은 활동들이 확산되기 시작한다. 앞에서 보았듯이 하월곡동에서 동월교회가 중심이 되어 똘배의 집이라는 탁아소를 만들

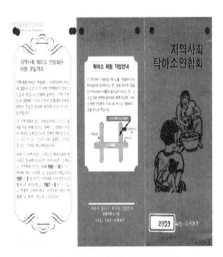

(사진: 지역사회탁아소연합회 리플렛,
출처: 오픈아카이브)

---

9 아동, 청소년, 여성 등 저소득 주민들을 중심으로 대상으로 다양한 교육형태를 진행한 측면에서 주민대중교육으로 칭하였다. 또한 사례로 든 탁아소, 공부방, 어머니학교, 도서실들은 1990년대 이후 여러 지역으로 대중적으로 확산되었다는 의미도 가지고 있다.

고 이후 공부방 그리고 공부방 자모들이나 지역 여성들을 위한 어머니 학교라는 형태로 확대발전하게 된다.

① 탁아소 운동

탁아소 운동은 빈민지역에서의 아동, 여성들을 위한 활동으로 1970년대 후반부터 시작되었다. 당시 어린이집, 탁아소는 존재했지만 전국에 600여 개 4만여 명 정도만을 수용할 수 있을 정도로 부족한 상황이었고 가난한 사람들은 더더욱 탁아시설을 이용할 수 없었다. 빈곤 가정은 경제적 형편 때문에 아빠·엄마가 동시에 일을 나가야 하는 경우가 많았고 빈곤 여성들의 경우 육아에 대한 부담 이외에도 열악한 상황의 근로조건들, 가정 살림, 남편의 폭력 등 여러 가지 힘든 상황에서 가정을 꾸려가야 했다. 이런 상황에서 가난한 사람들에게 아이들에 대한 보호, 교육은 큰 과제 중에 하나였다. 더구나 1980년대 중반 이후 마을의 철거라는 상황이 더해지면서 더 큰 위기에 처하게 된다.

빈민지역 최초의 탁아소는 1975년 사당동의 희망선교원에서 연 탁아소였다. 이후 1980년 난곡지역의 해송유아원과 중구 양동에 구걸하는 맹인 자녀들을 위한 한벗유아원이 생겨났다. 이어 1981년 앞에서 이야기한 하월곡동의 똘배의 집이 설립된 이후에 탁아운동이 확산되기 시작한다. 탁아소는 1985년에서 1987년 사이 급속히 늘어나 1988년 당시 탁아소의 70% 이상이 이 시기에 생겨났다(지역탁아소연합회, 1988, 16). 지역사회탁아소연합회의 조사에 따르면 1988년 서울, 인천, 부천, 성남, 안산, 안양, 대구, 전주, 부산, 광주, 군산 등에 70여 개의 지역사회탁아소가 있었으며, 그 유형도 빈민탁아, 노동탁아, 광산탁아, 농촌탁아 등으로 다양했다. 그리고 평균적으로 16명 정도의 아동을 보육하고 있었고 탁아시간은 오전 8시부터 오후 8시까지 였다.

아이들은 만 2세~6세까지가 대부분이었고 전체 아동 중 8% 정도 는 결손가정의 아이들이었다. 또한 탁아소에 오기 전 어머니가 집에 서 데리고 있는 비율은 18%에 불과했다. 탁아소는 운영을 위해 부모 들에게 15,000원~40,000원 정도의 비용을 받았다. 재정과 운영에 있어서는 부모회를 통해서 자치적으로 운영되는 것을 가장 좋은 사례 로 꼽고 있었다. 사당2동에서 운영한 샛별탁아소의 회지에는 당시 탁 아소 운영에 대한 방향과 내용이 잘 나타나 있다.

O **샛별탁아소 현황**

1. 대상아동: 맞벌이부부의 자녀를 우선하며, 결손 및 붕괴가정의 자녀

2. 탁아시간: 오전 8시부터 오후 7시(일요일은 쉼)

3. 탁아내용: 점심, 오전 오후 간식, 놀이, 연령에 따른 아동교육

4. 아동수: 12명(정원 20명)

5. 보육비: 1만5천원

6. 아동현황: 만 2세부터 5세까지

7. 시설: 놀이방, 유치부방, 마루, 부엌, 마당, 화장실, 그네, 미끄럼틀

8. 종사자: 보모 2명과 유치부교사 1명 그리고 자원봉사자들

9. 재원: 보육비 + 개인후원금

10. 위치: 서울시 동작구 사당2동 118-37 6/5

O **자모회 소식**

* 제4차 자모회, 1988. 4. 23 토 오후 7시

1. 참석: 엄마 7명

2. 토의안건

　1) 소풍 - 5월 14일 토요일 어린이대공원으로

　2) 00엄마 - 박실 후보가 탁아소에 대해서 관심을 보였는데

　　나는 이왕이면 나의 문제를 고민해 주는 사람을 찍고 싶다.

　3) 자모회의 필요성과 탁아소의 올바른 모습

　　― 탁아소는 엄마들과 함께 아이들 문제뿐만 아니라 엄마들 자신이 갖

　　고 있는 문제도 서로 함께 나누고 해결하는 곳이다.

○ 엄마랑 아빠랑 함께 읽어 주세요

… 가난과 싸워야 하는 여성들의 사회진출은 사회의 강제적인 요구인 것이

다. 그로 인해 어머니 품안에서 자라나야 할 우리의 아이들은 갈 곳을 잃어

거리에서 방치되거나 우울한 하루하루로 집을 지키며 지내게 되었다. 이에

따라 아이들이 안전하게 보호될 수 있는 시설이 시급하게 되었다. 그 시설

로 탁아소란 장소가 늘어나고 있다. 탁아소란 말 그대로 어머니가 일하러

나간 시간동안 아이를 맡아서 보호, 지도하는 사회적 시설을 말한다. 즉

탁아소는 저소득 맞벌이 부부의 경제적 도움과 아동의 전임교육 및 보호를

위한 것이다. 더 나아가 가족의 발전과 사회의 문제 해결을 위한 역할까지

도 되어져야 하는 것이다. 그러므로 개인차원에 의한 탁아소가 아닌 국가

적 차원의 탁아소 시설지원이 해결되지 않으면 안 되는 것이다.

탁아소는 주체인 아이들과 탁아의 전문성 있는 교육으로, 끊임없는 사랑으

로, 이끌어 나가야할 교사들과 탁아소를 믿고 맡기는 엄마들의 신뢰와 함

께 어려운 상황으로 인한 고통까지도 개방하려하는 엄마 아빠들의 주체적

인 자세도 필요하다. 또한 지역의 발전을 위해 탁아소의 필요성을 인식하

는 지역주민들의 따뜻한 관심과 도움도 빠질 수 없는 필요조건인 것이다.

가난은 우리 모두의 책임이다. 소수에 의해 주도되는 사회는 되어서도 안

되며 그렇게 되었을 때 우리 모두가 배타성과 이기심을 버리고 가장 절실
한 사랑의 실천으로 사회적 모순을 해결해 나가야 한다.
(샛별탁아소, 1988.)

탁아소는 유아들에 대한 보육, 교육과 함께 빈곤여성들의 조직화
도 중요한 과제로 삼았다. 그래서 부모회, 자모회를 꾸려 보육에 대한
교육과 함께 도시빈민운동과 연결할 수 있는 조직활동도 전개했다.
이후 탁아소 운동은 1985년 지역사회아동교사회로 연합적인 활동을
시작해 1987년 전국 100여개가 넘는 탁아소 회원을 가진 지역탁아소
연합회(이하 지탁연)로 발전하게 된다(지역탁아소연합회, 1990, 5).
지탁연은 교사의 전문성 강화와 자모들의 조직화 그리고 탁아입법을
위한 활동들을 전개하게 된다.

② 공부방 운동

탁아소가 가난한 가정의
유아들을 대상으로 한 보육 중
심의 활동이었다면 공부방은
학령기 아동들을 대상으로 한
보육, 교육 활동이었다. 하월
곡 지역의 산돌공부방 사례에
서 알 수 있듯이 탁아소로 왔
던 아이들이 성장하고 학교에
들어가면서 자연스레 탁아소
이후 과정에 대한 요구와 이에
대한 시도가 진행되었다고 할

(사진: 공부방 사진 , 출처: 오마이 뉴스)
http://www.ohmynews.com/NWS_Web/view/a
t_pg.aspx?CNTN_CD=A0000085192

수 있다. 공부방운동은 처음에는 성남이나 사당동 지역에서 주일학교, 계절학교 형태로 진행되었다. 본격적인 공부방 형태는 1979년 남대문 양동에 개인이 문을 연 양동공부방이었다(전국공부방협의회, 2008). 하지만 실무자를 구하지 못해 1년 만에 문을 닫게 된다. 이후 1984년 하월곡동의 산돌공부방(개신교)과 밤골어린이네 공부방(천주교)이 활동을 시작하면서 공부방운동이 본격화된다.

밤골어린이네 공부방의 경우 천주교 신자 2명이 1983년부터 빈민 지역에서 기초공동체에 관심을 가지고 1년 동안 함께 살면서 맞벌이 부부를 위한 애기를 봐주기로 결심하고 천주교 사회복지회의 도움으로 탁아소인 밤골아이네를 열게 되었다. 실무자들은 단순히 아이들에 대한 보육뿐만이 아니라 이를 토대로 해 가족들을 중심으로 소규모의 공동체를 만들어가는 작업도 함께 진행하였다.

> 1984년 10월경, 탁아소를 통하여 만나게 된 3쌍의 노동자 부부와, 평소 동네에서 알고 지내던 2쌍의 노동자 부부 5가족이 모여 생활나눔의 모임을 시작했다. 목적은 우리 모두 농촌의 이주민으로서 객지에서 서로 믿고, 희노애락을 나눌 수 있고, 어떻게 하면 보다 바람직하게 살 수 있는가 의논해 보자는 취지에서 시작하였다. 모임은 처음에는 한 달 2회, 1회에 2-3시간 정도로 토론하였고, 주제는 그 때 그 때 정하여서 하였는데 가정 가계부에 대해서, 소비에 대해서 등등… 3개월 후 우리는 우리와 비슷한 처지와 목적으로 회합을 하고 있는 가톨릭 노동장년회에 가입키로 결정하고, C.W.M. 방식에 따라 생활키로 하여 1년 동안 지속하였는데 그 동안 2부부를 더 참여시켜 종사자를 포함 8가족이 되었다.
> (천주교도시빈민사목협의회 그리스도교기초공동체분과, 1987, 50.)

산돌공부방 역시 앞에서 보았듯이 아이들의 교육에만 그치지 않고 오락실 항의 방문, 다양한 지역 활동들을 겸하면서 공부방 졸업생 모임, 하월곡동 어머니회 등으로 확대된다. 산돌공부방의 소식지인 「산돌」에는 어머니회의 활동이 잘 나타나 있다.

우리 어머니회는요! / 박선녀(산돌 어머니회 회계)

안녕하세요?

저는 산돌공부방이 자리 잡고 있는 월곡 4동에 살고 있는 한 주민으로서 우리 공부방 어머니회에 대해 몇 자 소개하고 싶습니다. 매월 둘째 주 일요일이면 어김없이 찾아오는 어머니회의 날이옵니다. 한 달을 생활하는 동안 이 날이 제일 기쁘고 즐거운 날이 아닌가 싶습니다.

먹고 살기 위해, 눈 뜨면 집을 나서서 밤이 어두워야 집이라고 찾아오는 우리 어머님들, 이 날 만큼은 꼭 참석하셔서 그동안 못다 한 이야기들을 나누면서 그동안 쌓였던 스트레스를 풀어버리지 않나 생각이 듭니다. 우리 어머니회에서는 월 회비 3,000원을 받고 있습니다. 3,000원 회비는 연탄 값, 자원봉사자 선생님들 점심을 위한 주식비, 모든 행사 등, 그 밖에 여러 가지로 지출되고 있습니다. 우리 어머니회는 회장님을 비롯하여 총무, 서기, 회계, 감사, 오락부, 신문부, 연락부, 생활부로 이끌어 가고 있습니다. 처음에는 어머니회가 잘 되질 않아 어려운 점도 많았습니다. 우리 어머니회에서는 오늘이 있기까지 모든 어려움을 아끼지 않았습니다. 일 년 동안 결석을 하지 않으면 연말에 상품도 줍니다. 어머니회가 잘 되지 않을 때는 여러 가지 벌칙도 정하기도 했죠.

오늘날 우리 어머니회는 얼마나 잘 되고 있는지 모릅니다. 봄이 되면 야외로 놀러가고 가을이 되면 '장날'을 열어 어려운 이웃들과 두터운 정도 나누구요. 동네에 있는 오락실도 없애려고 어머니회에서는 많은 노력을 아끼지 않았습니다.… 돈 많은 사람들은 과외공부에다 학원에다 가정교사까지 두고 아이들을 공부시키는데 우리 가난한 아이들은 거기에 따라갈 길이 없어요. 비록 우리가 가난하더라도 산돌공부방을 찾는 아이들은 명랑하고 구김없이 자랐으면 좋겠구요. 좀 더 욕심이 있다면 공부도 잘했으면 좋겠어요. (산골공부방, 1990c, 23-24.)

이렇듯 공부방은 아이들만을 위한 공간이 아니라 청소년, 어머니, 자원활동 교사, 졸업생들이 모이는 일종의 지역 거점의 역할을 하였다. 공부방은 민중교회 운동의 한 모델이 되어 전국적으로 확산된다. 1988년 인천 만석동에 기차길옆공부방, 부산 우리누리공부방 등이 활동을 시작했고 1989년에는 수도권에만 39개소가 활동하는 것으로 파악되었다(전국공부방협의회, 2008). 공부방의 확장으로 인해 1988년 서울과 안산에서 공부방 실무자모임이 생겨나고 1989년 서울지역 공부방연합회가 발족한다. 1990년대 이후에는 대구, 광주지역에도 공부방이 생겨나면서 전국에 100여 개의 공부방이 활동하였다.

③ 어머니학교

어머니학교는 하월곡동과 난곡과 같은 지역에서 아이들을 위한 탁아소, 공부방 운동이 자모회로 확대되면서 시작된다. 빈곤지역에서 여성들은 경제활동, 보육, 가정 운영을 도맡아야 했고 전통적인 성차별과 가부장적 질서에 시달려야 했다. 하월곡동의 아이가 지은 시에는 이러한 빈민여성들의 상황이 그대로 담겨 있다.

울 엄마 이름은 걱정이래요
여름이면 물 걱정

겨울이면 연탄 걱정
일 년 내내 쌀 걱정

낮이면 살 걱정
밤이면 애들 걱정
밤낮으로 걱정 걱정

울 엄마 이름은 걱정이구요
울 아빠 이름은 주정이래요
내 이름은 눈물과 한숨이지요.
(기사연, 1983, 70.)

빈민여성들은 행상노점과 같은 일을 가장 많이 하고 있었으며 이후 단순노동, 자영판매, 파출부 등의 일을 했고 대부분 5만 원 이하의 소득이었다(당시 중견 사원의 1/10도 안 되는 금액). 그래서 일을 하면서도 가내부업을 해야 했고 가내부업도 공급이 적어서 하고 싶어도 못하는 경우들이 많았다. 그리고 70% 가까이가 40대 이하인데도 불구하고 44%가 초등학교 졸업의 학력 수준이고 그중 17%는 무학이었다(기사연, 1983, 23). 어머니학교는 하월곡동의 산돌공부방 자모들을 중심으로 먼저 시작되었다. 어머니학교의 학생들은 공부방의 자모들로 30, 40대의 여성이었고 학력은 국졸, 중퇴가 대부분이었다. 과정은 3-4개월로 내용은 한글, 글쓰기, 영어, 한문 등의 내용이었다. 월곡어머니학교의 학생모집 안내문에는 그 취지와 내용 학생들이 피곤한 몸을 이끌고도 왜 배우려고 하는지에 대한 내용이 잘 나타나 있다.

* 무엇을 배울까요?

ㅇ 글쓰기반

어머니들이 그 동안 살아온 이야기들을 글로 표현해 보는 시간을 갖습니다. 어려운 말뜻이나 낱말도 배우며 적절하게 쓰이는 것에 대하여도 배웁니다. 이 밖에 남 앞에서 떨리지 않고 조리있게 말하는 연습도 합니다. 아마 글쓰기반을 마쳤을 때에는 활기차게 살고 있는 자신을 발견 하실 것입니다.

ㅇ 한글기초반

한글을 전혀 몰라 남몰래 고민 하시는 분은 누구든지 환영합니다. 초등학교 1학년이 처음부터 한글을 배우듯이 한 자 한 자 차근차근 배웁니다. 재미있는 이야기를 교과서로 만들어 전혀 지루하지 않고 재미있게 배우실 수 있는 최대의 기회가 되실 것입니다.

ㅇ 영어 중급, 기초반

요즘에는 한글을 알아도 영어 글자를 모르면 까막눈과 같이 답답함을 느끼는 세상이 아닙니까? 가정에서나 일터에서나 늘 부딪히는 답답함을 풀 수 있는 기회가 되실 것입니다. 기초반에서는 에이 비이 시이부터 튼튼히 기초를 배우며 중급반에서는 기초반을 거친 사람들이 생활에 필요한 영어를 배웁니다.

ㅇ 한문반

신문을 봐도 우리를 답답하게 하는 것은 한자가 많고 또 무슨 뜻인지 몰라서입니다. 한문반에서는 우리들이 살면서 필요한 한자나, 조상들께서 남기신 말씀들을 한자로 배우면서 한시간한시간을 알차게 보내려고 합니다.

* 제 5기 어머니학교 학생모집

1주일은 169시간!

어머니 자신을 위해 사는 시간은 얼마나 됩니까?

늘 자식걱정, 먹고 살 걱정 때문에 자신이 누구인지 잊어버릴 수밖에 없지요.

여기, 어머니들 자신을 위해 그동안의 삶을 뒤돌아보며 자신 있고 젊게 살

수 있는 자리를 마련했습니다. 지금이라도 늦지 않았습니다.

언제, 7월 둘째 주(7월 9일)부터 매일 저녁 9시-10시 30분

어디서, 산돌공부방

무엇을, 한글기초반 - 월요일 / 한문반 - 화요일

영어중급반 - 수요일 / 글쓰기반 - 목요일

접수일 면접, 6월 25일 -7월 4일까지

입학생 발표, 7월 5일

정원, 각반 7명

* 나는 왜 어머니학교를 오게 되었는가? 김혜선, 3기 졸업생. 89. 4

글씨를 모르기 때문에…

남 앞에서 하고 싶은 말이 있어도 망설여지고 글쓰기를 써도 받침 자가 틀

리기 때문에 문안 편지 한 번 제대로 쓸 수 없었다.

나는 그래서 배우고 싶었다. 그런데 우리 애가 다니는 산돌공부방에서 어

머니학교를 연다고 했다. 그래서 무척 기뻤다.

그런데 집에서 고민이 되어 잠을 제대로 잘 수가 없었다.

이제 와서 배우자니 남 보기 챙피하고 다른 사람들에게 비친 내 모습이 어

떨까?

혹시 초라해 보이지나 않을까? 하는 생각에 무척 고민이 되었다.

그러나 우리 애가 물어볼 때 대답할 수 없었던 마음에 비하면 그게 무슨

상관이랴!

지금이 배울 때라고 생각하였다. 앞으로는 물어 보는 것을 가르쳐 줄 수

있는 엄마가 되고 싶다.

(월곡동어머니학교, 1989.)

어머니학교에서는 단순히 글자, 글만 배우는 것이 아니라 글들을 통해서 자신과 자신을 둘러싼 사회현실들에 대해서 함께 이야기하는 것을 통해 직장에서, 가정에서, 동네에서 받았던 무시, 설움들을 극복하는 것에 초점을 두었다. 어머니학교의 교재에는 주제별 읽을거리와 토론거리들을 함께 실어 수업을 진행했다.

* 복받치던 설움이 한꺼번에

창문사이로 햇살이 비치면 아이들 등교 준비에 이부자리를 들치고 일어나야 한다. 일어난 우선 밥을 앉히고 아이들을 깨워야 한다. 아이들은 뭐가 그리 고단한지 여러 번 목청을 높여 불러야 졸린 눈을 비비며 한껏 짜증난 얼굴로 일어난다.

아이들 학교를 보내고서 나의 하루가 시작된다. 생활 때문에 나간다는 게 겨우 파출부 일이지만 역시 여유 없는 집은 늘 허덕이게 된다. 파출부 일처럼 육체보다 마음이 아픈 일이 있을까? 어떤 여자는 남까지 부리면서 자기 집 살림을 남에게 맡기는데 한편에선 늘 시달려 남의 집 살림까지 눈치 보며 해줘야 하다니 정말 한심하고 서러울 때가 한두 번이 아니었다.

이렇게 남의 집에 가서 일하고 집에 돌아오면 어떤 날은 더욱더 짜증이 날 때가 있다. 엄마의 마음을 모르는 것처럼 온 집안을 더럽혀 놓은 모습을 보면 복받치던 설움이 한꺼번에 쏟아져 아이들에게 화풀이를 하게 된다.

(이 글은 현재 산돌어머니회 신문부장이신 이복순 씨께서 쓰셨습니다.)

* 함께 이야기해 봅시다

– 우리들은 대부분 이중 삼중의 노동을(집안일, 직장일, 아이들 키우는
일) 하고 있습니다. 이런 몇 중 노동에서 우리들이 벗어날 수 있는 대책
은 무엇입니까?(정부에서 해야 할 일, 집안에서 식구들이 해야 할 일을
구체적으로 이야기 합시다)

– 가사노동(집안일)은 꼭 여성만이 해야 하는 역할일까요?

(산돌공부방, 1990a.)

이와 같이 빈곤지역의 여성들은 일을 마치고 집으로 돌아와 가족
들의 저녁을 챙기고 집안을 정리해 놓고 피곤한 몸을 이끌고 어머니학
교로 왔다. 그들은 자녀들의 공부를 도와야 하는 상황과 직장에서 관
리자로서 승진하더라도 일과 사람들을 관리하는 상황을 해결하지 못
하고 스스로 퇴직하는 등의 상황들을 겪으며, 배움에 대한 필요성을
느꼈기 때문일 것이다. 어머니학교는 성인들이 사회생활을 하는데 있
어 기본적으로 필요한 지식을 공부하고 가난한 여성의 입장에서 자기
이야기를 풀어낼 수 있는 기회도 제공했다고 할 수 있다. 봉천동에서
진행한 어머니학교 문집에는 빈곤여성들의 삶의 이야기가 고스란히
실려 있다.

1남 4녀 중 큰딸로 태어나서 시골에서 일만 빡빡하고 결혼하고서도 일만
하니 일이 이젠 무서워요. 어렸을 적엔 엄마가 시골에서 장사하고 농사짓
고 짐승 키우고 엄마가 저희 5남매를 키우면서 농사짓고 장사하고 짐승 키
우고 하는데 아버지는 맨날 양반같이 일을 안 하고 펜대만 잡고 동네일만
보시고 우리 엄마가 불쌍했어요. … 친정에서도 딸만 많은 데서 살았는데
내가 시집와서 딸만 셋 두었어요. 옛날엔 돈 걱정 안하고 살았는데 지금은

돈 신경 쓰랴, 자식 걱정하랴, 서방님 걱정하랴 나를 걱정한 겨를도 없이 하루하루가 지나갔어요.

6년 전 봉천 11동 원당시장에 풀빵, 쥐포, 오징어 등을 구워 팔아 하루하루 피땀 흘려 벌어서 먹고 살 때가 그래도 건강했기 때문에 행복했던 것 같다. 지금은 아빠가 청소일해서 밥은 먹고 살았으니까. 조그마한 집에 편안히 살고 있으니까 집도 장만하고 아이들도 3명이나 있으니까. 그때는 어떻게 잘 사냐 하는 것보다 입에 풀칠하기가 바빴었다. 그나마 쫓겨 다니면서 구루마를 끌어다 반죽하고 팥을 삶고 온갖 것 모두 길 모퉁이에다 엎어서 리어카를 일으키면 울기도 많이 했다. 동사무소 직원들이 위에서 노점상 때문에 길이 지저분하다고 치우라고 했다고 길에 못 놓게 했다. 아이 하나는 업고 하나는 리어카 옆에 세워 놓고 셋이 장사해서 입에 풀칠하는 것을 못하게 했다. 지금 생각하면 억척으로 살려고 노력했다.
「나는 누구인가?」, 「노점상 이야기」, 봉천동『어머니학교 문집』중에서.
(구동회 외, 1995, 109.)

하월곡동과 난곡에서 시작된 어머니학교는 1990년대 이후 상계동, 삼양동, 봉천동, 금호, 행당 등으로 확장된다. 어머니학교의 출발이 탁아소와 공부방을 기반으로 하고 있었기 때문에 학교로서 역할과 함께 지역의 여성회와 같은 창구역할도 맡았다고 할 수 있다. 그래서 공부방 운영을 위한 활동이나 의료 활동, 마을잔치 준비와 같은 역할도 담당했다. 어머니학교는 1987년 항쟁이후 활성화된 지역운동론의 좋은 모델이 되어 지역청년회를 중심으로 한 한글학교로도 확장이 되고 1990년대 이후 '문해교육'으로 전문화되어간다.

④ 주민도서실

또한 1980년대 후반부터 지역 청소년, 청년들을 대상으로 하는 주민도서실 운동도 시작된다. 빈민지역에서의 도서실 운동은 1980년대 후반(1989년 추정) 난곡의 주민도서실, 부천의 약대글방, 구로의 두레방 등의 지역에서 출발한 운동이다. 지역 도서실 운동은 ⓐ 지역의 문화적 사회시설인 공공도서관 이 절대적으로 부족한 데 그 원인이 있으며 ⓑ 다양한 방식의 '의식화, 조직화'가 전체 한국 사회운동의 과제로 등장하면서 사회민주화 운동의 한 방식으로 나타났다고 설명하고 있다(이용훈, 1994). 즉 한국 사회 자체가 문화에 대한 관심과 지원이 부족했고 빈민지역이나 공단지역, 농촌지역 등에서는 문화적으로도 더더욱 소외되어 있었던 것에서 발생한 운동이라고 할 수 있다. 주민도서실은 기본적으로 지역주민들이 책을 접하게 하고 소모임 활동 등을 통해서 지역문화를 활성화시키고 회원제를 중심으로 한 틀과 내용들을 통해 지역사회의 조직화에 기여하는 활동들을 진행했다. 아래 내용은 각 주민도서실이 책 대여 이외에도 조직화를 위한 다양한 활동과 프로그램들을 진행했음을 알 수 있다.

난곡주민도서실의 경우 1989년 10월 도서관학을 전공한 사서들이 중심이 되어 문을 열었는데 책 대여 활동과 함께 중학생들을 중심으로 '글밭'이라는 소모임을 만들고 이후 시사토론반을 통해 지역 청년들로 모임을 확장했다. 그리고 이어 주민들을 통한 도서실 운영을 위해 '새숲회'를 결성하였다. 이후에도 비디오 감상모임, 책읽기 모임, 기타 노래교실, 청소년문화학교, 등산모임 등 다양한 소모임들을 통해 지역주민들이 건강한 생활문화를 만들어가고 도서실 운영에 참여하는 것을 통해 민주적 학습을 진행해 나갔다(난곡주민도서실, 1999). 이러한 주민도서실 활동은 1987년 민주화항쟁 이후 지역운동론을 중심으로

각 주민도서실 활동표

도서실명	지역	소모임 활동
난곡	신림동	시사토론반, 도서관 바로알기, 편집모임, 좋은책고르기, 새숲회 모임
두레방	구로	울림 노래반, 자욱문학반, 햇살여성모임, 영화감상반, 풍물반, 독서토론반 계획중
약대글방	부천	기타 노래반, 수석사진반, 영화감상반

(도서실관련, 기독교도시빈민협의회, 1991. 4월. 일어서는 사람들 12호)

펼쳐진 지역 활동에서 주요한 하나의 프로그램으로 자리 잡기 시작한다.

탁아소, 공부방, 어머니학교, 주민도서실 활동의 공통점은 주로 지역에 밀착되어 생활을 하는 주민들을 중심으로 한 교육활동이라고 할 수 있다. 또한 기존의 공교육으로부터 소외된 주민들이었다. 그래서 정치적 의식화보다는 건강한 아동, 청소년으로 성장하는 것 건강한 여성의식을 가지는 것 그리고 배움을 통해서 교육에 대한 소외를 풀어가는 데 주요 방향을 두었다고 할 수 있다. 그래서 주로 어머니학교(교실)의 내용들도 글쓰기, 영어, 한문 등에 집중이 되었다.

주민대중교육 활동은 교육에 대한 소외를 해결하는 것에만 그치지는 않았다. 주민들은 낮에는 일을 하고 밤에는 어머니학교, 도서실을 찾았다. 그리고 주간에는 아이들을 탁아소와 공부방에 보내고 일이 끝난 저녁이나 주말에는 자모회에 참여하여 아이들과 가정, 지역에 대한 고민들을 나눴다. 배움이 모자라서 또는 자식들을 가르치기 위해서이기도 했지만 자신의 가능성을 발견하기 위해서, 뭐라도 배우고 쓰기 위해서, 자신의 자존감을 높이기 위해서 힘든 몸을 끌고 이곳을 찾았다. 주민대중교육의 장은 가난한 사람들을 안아주고 이야기를 들어주고 자신들의 이야기를 할 수 있는 고민을 나눌 수 있는 곳이었다.

이러한 흐름들은 1990년대 이후 공부방 운동, 여성학교 운동(문해교육 운동), 작은 도서관 운동 등으로 변화 발전하게 된다. 지역주민들과 함께 한 다양한 교육활동들은 지역에 밀착해 각 계층별로 주민들을 만날 수 있는 통로였으며 1990년대 초반 도시 빈민지역 운동론의 전개에 기본적인 활동으로 모델이 되면서 점차 확장되기 시작했다.

6) 조직가, 주민들에 대한 훈련

1970년대 도시문제연구소를 통해서 조직가들의 훈련이 진행되었고 그 이후는 1981년 한국교회사회선교협의회 훈련위원회를 통해서 6기까지 진행이 되었다(한국도시연구소, 2012). 조직가들에 대한 훈련은 이론에 대한 학습과 현장에 대한 훈련으로 6개월에서 1년 과정으로 진행되었다. 1980년대 초반에 진행된 교육내용은 사회과학에 대한 학습과 함께 1970년대 도시문제연구소의 훈련 과정과 유사한 지역문제 파악, 조직가 자질 개발, 주민언어 파악, 대화, 민중 학습법 등의 내용이 포함되어 있다(한국도시연구소, 2012). 1980년대 후반으로 가면서 빈민과 한국 사회에 대한 사회과학적 분석 그리고 변혁운동론, 대중의 조직과 선동 그리고 1988년 4기 훈련 계획안에는 '지역운동' 관련 내용이 등장하기 시작한다(사선, 1987; 1988). 이러한 변화는 1980년대의 민중운동의 성장과 변화 그리고 변혁운동의 담론의 영향, 철거반대운동의 활성화 때문이라고 할 수 있다.

빈민운동의 현장이 다양화됨에 따라 교육의 내용도 다양화되었으며 집중적으로 이루어진 체험훈련 활동에서는 센터, 취업, 지역관계, 지역 활동 중심이라는 형태로 나누어서 다양한 현장들을 체험할 수 있도록 진행했다. 사선에서 진행했던 활동가에 대한 훈련 내용은 다음과 같다.

○ 사선 4기 훈련 내용

1. 도시빈민운동의 전개과정

2. 변혁운동의 신학적 토대(민중신학)

3. 빈민운동의 성서적 근거

4. 변혁운동의 현 단계 집단훈련: 현장실습 및 체험.

5. 도시빈민운동 1

6. 도시빈민운동 2

7. 한국 사회구조 및 성격 1

8. 한국 사회구조 및 성격 2

9. 대중교육의 이론과 실제

10. 대중 조직이론과 실제

11. 선정 선동이 이론과 실제

12. 선전 선동 실천

13. 도시빈민과 생존권 투쟁

14. 도시빈민과 지역운동

15. 도시빈민운동과 지역 센터

16. 노동운동의 이해

17. 농민운동의 이해

18. 도시빈민운동과 한국교회 사회선교

* 빈민운동현장방문.

(사선, 1988, 3-7.)

조직가 훈련이 1970년대에는 알린스키의 조직화론에 기반해 조직가를 양성하고 현장으로 직접 들어가 지역사회를 조직하고 개발하는 활동으로 이어졌지만, 1980년대의 훈련은 그와 달리 이미 지역조직과 센터 같은 공간이 생긴 상태에서 운동론과 조직방법을 학습하고 관련된 체험들을 할 수 있는 형태로 진행되었다고 할 수 있다. 또한 변혁운동의 영향으로 인해 사회와 빈곤에 대한 구조 분석과 좀 더 거시적인 운동(민중운동과 타집단의 운동)에 대한 학습이 주요한 내용을 차지하고 있었다. 즉 지역사회 조직가라는 개념보다는 활동가, 도시 빈민 운동가라는 상으로 변화했다고 할 수 있다.

4. 1980년대 한국 CO운동의 조직화·의식화 전략

1) 조직화 전략

민중선교는 1970년대에 시작되어 1980년대를 지나면서 교회나 이주정착지를 중심으로 지역에 뿌리를 내리면서 확장된다. 이와 함께 광범위하고 폭력적으로 빈민 밀집지역의 대대적인 철거가 진행되었다. 이 두 상황은 CO운동에 여러 가지 고민을 안겨주게 된다.

1970년대가 정치적 탄압의 시기였다면 1980년대는 자본과 결탁한 국가가 삶의 근거, 활동의 근거에 대해 탄압을 가한 시기라고 할 수 있다. 1980년대에도 정치적 탄압은 존재했지만 그래도 교회나 천도빈과 같은 조직을 중심으로 한 전략과 새로운 곳으로의 이주 정착을 통해서 지역사회개발과 주민조직화의 기초를 다질 수가 있었다. 이를 위해 조직가·활동가들은 주민들을 위한 그리고 주민들이 참여할 수 있는 다양한 프로그램들을 개발해냈다. 협동조합, 야학, 공부방, 도서관, 탁아소, 어머니교실 들의 시도가 그 내용이다. 그리고 주민들의 관계와 참여를 통해서 하월곡동의 우발추와 난곡지역협의회와 같은 주민중심의 조직을 만드는 시도까지 발전하게 되었다.

하지만 1980년대부터 몰아닥친 철거는 위와 같은 시도들을 송두리째 뽑아버리는 것이었다. 그래서 목동에서 시작한 대규모 철거에 CO 활동가 역시 결합할 수밖에 없었다. 폭력적이고 대책 없는 강제철거에 저항하며 주민들과 함께 싸운 것이다. 1970년대 소규모의 산발적 철거들로 빈민들은 도시 외곽에 대단지로 모여살고 있었고 철거반대 투쟁은 알린스키 방식으로 조직가가 들어가서 주민들을 조직하기에는 동시다발적이었고 그 규모가 굉장히 컸다. 그래서 CO운동가들은 동시다발적인 철거반대투쟁을 (외곽에서) 지원하는 형태의 전략을 취했다. 즉 정보를 제공하고 가장 열악한 상태에 있는 세입자들이 조직화 할 수 있도록 조력하고 필요한 교육과 모임을 주선하고 이 사실을 종교계와 정치권에 알리는 역할을 했다. 그리고 일부 소규모로 복음자리와 같은 이주 후 재정착하는 공동체를 만드는 형태로 지원했다.

1980년대는 또 한편으로 변혁운동의 시대였고 민중들 스스로의 운동이 급성장하는 시기였다. 도시빈민운동에서도 빈민들을 계급적인 변혁의 한 주체로 인식하기 시작했다. 또한 민중운동 그룹, 학생운동 그룹들이 철거반대투쟁을 통해서 결합하기 시작했다. 철거반대투쟁을 통해서 도시빈민들도 좀 더 적극적으로 자신들의 권리를 지키려했고 서철협이라는 당사자 조직을 만들게 되었다.

하지만 이러한 과정 속에서 기존의 CO운동 그룹과 철거투쟁조직은 갈등을 겪게 된다. CO운동 그룹은 철거반대 투쟁에 함께하고 지원했지만 그 이후의 대안을 제시하기는 어려웠다. 복음자리와 같은 집단재정착 형태의 대안도 그 방법은 종교계의 집중된 재정 지원이 있고 소규모일 때 가능했다. 이와 달리 학생운동 그룹(여타 민중운동 그룹)은 앞의 공동체 형성의 시도를 개량으로 치부하고 더 급진화된 정치투쟁을 전개해야 한다고 주장했다. 그리고 주민들은 자신들의 주거, 일자리, 관계망들을 보전하기 위해 더 강한 생존권 투쟁을 하려했다.

　이러한 서로 다른 요구와 관점들은 투쟁 과정과 철거 이후 과정에 있어 갈등을 낳게 되었다. 이러한 갈등은 철거반대투쟁의 목표와 전략을 짜는 과정에서도 드러났고 전빈협, 전빈연 등 연대단위를 구성하는 데서도 드러났다. 이와 같이 1980년대 CO운동은 지역으로 뿌리내리는 과정과 함께 외부의 힘에 강제로 뿌리 뽑히는 과정의 반복을 겪게 된다.

　1980년대 CO운동의 조직화 전략은 세 가지로 정리할 수 있다. 첫째로 1970년대 후반부터 시작된 교회(또는 거점) 중심의 전략은 지역사회개발(CD) 방식으로 구체화된다. 이러한 방식은 지역사회 내 거점으로서 공개성을 띠면서 주민들과의 접촉면을 넓히고, 필요한 사항들을 중심으로 활동을 진행하는 것이었다. 이러한 전략은 이후 치열한 철거투쟁과 민주화운동을 겪으면서 지역별, 계층별, 직업별 조직화를 꾀하는 방향을 가지기 시작했다고 할 수 있다. 이 흐름은 1990년대를 지나면서 도시빈민지역운동론으로 발전하게 된다.

　둘째 전략은 철거투쟁에 대한 지원과 후속 조직화라고 할 수 있다. 1980년대 동시다발적으로 이루어진 재개발과 철거는 거점 전략지역이 아닌 지역에도 지원을 요구했고 CO운동의 활동가들은 철거현장에 결합해 기초적인 교육, 정보제공과 함께 철거반대투쟁을 진행했다. 또한 개별화된 지역들이 함께 연결되고 힘을 모을 수 있도록 하는 다리 역할을 했다. 이후 목동, 상계동, 양평동과 같은 지역은 1970년대 삶의 자리 운동과 같이 집단주거지를 개발하는 후속 조직화로 나아가기도 했다.

　마지막으로 1980년대는 도시빈민연대운동을 활성화시킨 시기였다. 거점중심의 지역사회개발 전략은 여러 지역으로 확산되면서 다양한 협의체들이 생겨났고 철거투쟁을 통해 선진대중들이 배출되었다. 이를 토대로 도시빈민 연대운동이 활성화되었고 전국단위의 도시빈민 통일 조직을 만드는 시도로까지 이어졌다. 하지만 지역적 중하부 토대를 중시했던 CO운동 그룹과 부문전선운동을 강조한 그룹 사이에는 도시빈민을 어떻게 바라보고 어떤 과정을 통해서 해방으로 나갈 것인가에 대한 의견 차이를 줄이기는 힘들었다. 그래서 필리핀이나 인도네시아와 같은 도시빈민연합과 같은 구조를 만들어내지 못했다고 할 수 있다.

2) 의식화 전략

1970년대가 파울로 프레이리의 이론을 받아들이면서 의식화 이론을 탐색한 시기였다면 1980년대는 의식화 이론을 직접 현장에 적용하려 했던 시기였다. 주로 민중신학자들을 중심으로 프레이리의 의식화 이론을 한국에 맞게 민중교육론을 정립하였고 민중교육연구소 활동 등과 같은 민중운동 현장에 민중교육을 적용하려고 했다. 한국의 민중교육론은 과거 민중의 운동과 역사에 대한 신학적 해석과 응답으로부터 출발했다고 할 수 있다. 이를 위해 민중의 전기, 삶, 언어, 문화들에 초점을 맞추어 민중의 주체로서의 가능성을 탐색하려 했다. 한국의 민중교육론은 '민중'을 입체적으로, 역사적으로 파악하기 위해서 특히 민중들의 생활과 문화에 관심을 가졌다.

프레이리의 의식화론이 지배구조(지배-피지배), 민중의 가능성 그리고 민중이 교육을 통해서 어떻게 변화할 수 있는가를 탐색했다면, 민중신학 중심의 민중교육담론은 민중의 삶, 문화적인 측면에 집중했다. 그러다보니 민중을 좀 더 풍부하게 이해하고 과거 지식인들이 인식하지 못했던 민중의 모습들을 학습하는 데는 의미를 가졌지만 정작 민중이 스스로의 학습을 통해서 어떻게 변화할 수 있는지에 대한 부분에서는 구체화된 방법과 내용을 가지지 못했다. 그래서 실제 CO운동(도시빈민운동)의 현장에서는 민중교육이 별로 적용되지 않았다. 아마도 민중운동·민중교육의 시도가 노동운동을 중심으로 진행되었고 빈민지역의 경우 철거·주거라는 공통된 이슈는 있었지만 계층과 직업구성이 다양하고 지역이 철거될 경우 해체되어버리는 불안정성을 가지고 있었기 때문이고, 또 계급적 관점의 강조로 인해 다양한 계층이 다양한 주체로 참여하는 도시사회운동으로의 가능성을 발전시키지는 못했다고 할 수 있다.

프레이리는 의식화를 진행시킬 과정과 내용을 문해교육이라는 틀속에서 진행시켰다. 당시 브라질의 민중들은 대부분 글을 읽거나 쓰지 못했고 비문해 상황은 민중의 교육적 문화적 소외뿐만이 아니라 정치경제적 상황과도 밀접한 상관이 있었다. 그렇다면 과연 한국의 민중교육은 민중들의 욕구와 상황들을 담을 수 있는 틀을 가지고 있었던가? 어떻게 보면 CO운동의 민중교육은 이론적 토대를 만들었지만 그것을 민중들과 함께할 수 있는 내용과 방법을 만들어내지는 못했던 것이다. 이러한 배경에는 당시의 민중교육론은 지식인이 민중을 이해하는 과정이었다는 것과 함께 1980년대 중반을 넘어서면서 빈민지역에 시작된 재개발 과정이 큰 영향을 끼쳤다고 할 수 있다.

1980년대 후반부터 빈곤 지역에 몰아닥친 철거와 재개발은 교육보다는 투쟁과 조직화를 더 필요로 할 수 밖에 없었다. 한국 사회에서의 민중교육론은 민중과 그들의 삶을 이해하기 위한 개념들을 만들어 냈다. 그래서 민중언어, 민중학습법, 민중사실, 민중의 사회전기 등과 같은 다양한 개념들을 만들어 냈지만 강제철거와 함께 1980년대 중반이후 변혁담론과 결합되면서, 민중신학을 중심으로 진행된 민중교육 담론은 마르크스주의가 중심이 되는 경직된 민중교육 담론으로 변화하게 된다. 이러한 변화로 인해 민중교육의 주 현장은 노동운동으로 집중되었다. 즉 민중에 대한 이해나 민중으로부터 출발하는 교육보다는 민중을 변혁의 주체로 보고 이를 위해 의식적으로 무장해야 하는─변혁을 위한 의식적 각성을 가져야 하는 담론으로 변화하게 된다(유성상, 2006).

그리고 1980년대는 민중교육론의 정립과 함께 빈곤 현장에서 빈민들을 위한 교육 활동들이 본격적으로 시도되기 시작했다고 할 수 있는데 공부방, 도서관, 야학, 어머니학교 등이다. 이러한 교육 프로그램들은 빈민지역의 활동이 선교중심, 교회중심으로 지역에 뿌리내리기 시작하면서 주민들을 위한, 주민들과 함께 할 수 있는 내용들로 선택된 것들이라고 할 수 있다. 이러한 프로그램들은 1990년대 이후 각 내용별로 교육운동(공부방운동, 문해교육운동, 대안교육운동)으로 변화-발전하게 된다.

IV. 1990년대 이후의 한국의 CO운동

1. 1990년대 이후의 정치, 사회, 경제적 상황: 가난의 재편, 신자유주의

　　1987년 6월 항쟁에 의해서 군부에 의한 억압적 정권은 막을 내리게 된다. 6월 항쟁과 이후 이어지는 노동자 대투쟁 등 민중들의 저항을 무마시키기 위해 당시 여당이었던 민정당은 '직선제 개헌'을 골자로 하는 6.29선언을 내놓았다. 그러나 이어지는 대통령 선거에서 대표적인 두 야당 후보가 단일화에 실패하면서 직선제로 다시 군부 출신의 정권을 맞이하게 된다.

　　노태우 정권은 1980년대에 일어났던 저항들을 무마시키기 위해서 여러 가지의 선심성(개량적) 정책들을 내놓게 된다. 그중에는 도시 빈민들의 주거권, 사회복지와 관련이 있는 부분들도 포함이 되어 있었다. 1987년 6월 항쟁을 계기로 군부 정권 시절 비합법 운동을 할 수밖에 없었던 여러 운동들이 공식화·합법화되어 드러나게 되고, 민주노조운동, 농민운동, 도시빈민운동 등 민중들의 운동이 활성화되는 계기가 된다.

　　이 와중에 1991년 구 소련을 중심으로 한 사회주의 국가들이 붕괴하기 시작했다. 먼저 구소련의 개혁, 개방 정책으로 인해 민주화 바람이 불기 시작하자 1991년 구 소련이 붕괴하면서 1992년 연방제가 폐지되고 독립국가들이 탄생하기 시작했다. 그리고 사회주의의 중심이었던 구 소련의 붕괴는 동유럽의 사회주의 국가에까지 영향을 미쳐 권위적 정권에 저항하는 민주화운동이 일어나게 되고 사회주의 제도의 폐지와 함께 자본주의화라는 결과로 이어지게 된다.

구 소련의 붕괴는 단지 한 국가의 사회주의 해체를 넘어서 "이제 사회주의는 끝났다. 결국 자본주의가 승리했다"는 이데올로기로 퍼지면서 전 세계적인 사회운동에 큰 영향을 주었다. 한국 사회 역시 사회주의 국가들의 붕괴라는 충격으로 인해서 체제변혁, 혁명을 꿈꾸었던 많은 운동집단들이 개혁, 시민운동과 같은 새로운 운동의 진로를 모색하게 되는 계기가 된다. 그리고 1980년대 중심이 되었던 '민중담론, 변혁담론'은 급속하게 쇠퇴하게 된다.

이어지는 대통령 선거에서 노태우 정권의 많은 실책으로 야당·민주화 세력에서 정권을 잡을 것으로 기대했으나 우경화된 야당 세력이 기존의 여당과 연합해 '신한국당'을 만들면서 민간인 정부이기는 하지만 여전히 보수정부인 김영삼 정부가 탄생하게 된다.

김영삼 정부는 1980년대부터 시작된 전 세계적인 신자유주의 흐름에 적극적으로 편승해 '세계화'를 내세우면서 한국의 정치·경제를 급속히 재편하기 시작했다. 집권 초기 금융실명제나 정치개혁 법안과 같은 개혁적 정책을 내놓았지만 여당과 재벌들의 반대에 밀려 결국 개혁은 후퇴했으며 오히려 더욱더 노골적인 신자유주의화를 추진하게 된다. 신자유주의는 시장의 이윤과 자유를 극대화한다는 점에서 자유주의와 일치하지만 최소한의 제어장치인 국가의 벽을 뛰어넘어버리고 실질자본이 아닌 금융자본이 극대화되는 측면에서 자유주의와 차이가 있다고 할 수 있다.

김영삼 정부는 초기와 달리 많은 규제들을 완화하고 중앙의 권한을 줄인다는 이유로 1991년 다시 부활한 지방자치제도를 더욱 확장시켰다. 지방자치제도는 1991년 기초의회 선거를 시작으로 30년 만에 새로이 부활하게 되었으며 1995년 지방자치 단체장에 대한 선거로 확대되면서 본격화되었다. 각종 규제 완화와 금융자본에 대한 대처 미흡과 관리 부실은 1998년 외환위기 사태(IMF 구제금융)를 낳게 된다. 외환위기 사태는 외부적 압력에 의한 구조조정, 중산층의 붕괴, 국가부채의 증가 등의 결과를 낳으면서 한국 사회가 장기적 불황과 불안정으로 빠져들게 되는 계기가 된다.

외환위기의 상황에서 개혁적인 김대중 정부가 탄생하였다. 사실상의 민주화 운동 세대의 정권이 탄생하게 된 것이다. 김대중 정부(국민의 정부)는 민주화운동에서 주장했던 여러 가지 부분들을 실현해야 하는, 즉 형식적 민주주의를 뛰어넘는 실질적 민주주의로 이행해야 하는 두 가지 과제를 동시에 안고 있었다.

김대중 정부는 외환위기를 극복하면서 복지정책의 확대, 햇볕정책과 남북정상회담을 중심으로 한 한반도 평화정책 등 그동안 한반도에 산적한 몇 가지 과제들을 풀어나가는 듯했다. 하지만 복지정책이 '생산적 복지'라는 소극적 복지로 전환되고 대북송금문제들이 터지면서 개혁정책이 과감하게 진행되지는 못했다. 또한 외환위기를 극복하는 과정에서 한국 경제의 고질적인 부분은 건드리지 못한 채로 신자유주의의 흐름을 바꾸기보다는 그것을 부분적으로 수용하는 모습을 보였다고 할 수 있다. 이어진 노무현 정권에서도 참여복지의 일환으로 거버넌스와 제3섹터를 강조하는 흐름은 이어져 신자유주의적인 정책 흐름은 계속 이어졌다(최인기, 2012, 145).

1980년대는 독재정권에 저항하는 '민주화'의 시대였다. 6월 항쟁으로 인해 폭압적인 독재정권이 물러나기는 했지만 노태우 정권의 등장과 김영삼 정권으로 이어지는 과정은 실질적 민주화의 과정보다는 기존 체제의 보완과 새로운 경제체제인 신자유주의를 받아들이는, 실질적으로는 배제시키는 과정이었다(최병두, 2010, 24). 이러한 과정에서 민중운동세력은 합법화와 함께 각 부문 운동들을 성장시키는 활동을 진행했다. 하지만 이 역시 사회주의 정권의 붕괴와 급속한 민중운동 담론의 후퇴 그리고 이어지는 신자유주의 정책을 통한 형식적 포섭, 시민운동이라는 새로운 운동의 성장 등으로 점차 그 힘을 잃어가는 경로를 밟게 된다.

1980년대는 도시빈민들에게 국가와 자본에 의해서 이루어지는 강제 철거와 싸우는 집단적 저항의 시기였다. 이 저항을 통해서 철거민들의 당사자 조직인 서철협이 만들어지고 기빈협, 천도빈과 같은 도시빈민조직이 만들어졌다. 그러자 노태우 정부는 당선 직후 주택 200만 호 건설이라는 정책과 철거민들이 저항을 통해서 요구한 몇 가지 주장들을 받아들이면서 유화 정책에 나섰고 건설경기의 하강과 주택가격의 안정으로 주택문제에 대한 관심은 저하되었다. 하지만 이후 부동산 투기를 조장하는 정책들이 속속 실시되면서 1970-1980년대 강제철거로 인해 도심외곽에 집단적으로 형성된 이주촌들이 신도시 개발이라는 명목 하에 다시 수도권 지역으로 밀려나게 된다.

연이은 김영삼 정부에서는 공공임대주택에 대한 입주대상자의 범위를 확대하고 청약주택 제도를 도입했다. 그리고 김대중 정부는 20년형의 국민임대주택을 공급하고 2002년부터는 매입임대주택을 공급하는 등 서민들을 위한 주택정책은 조금씩 개선되어나갔다(이소정, 2006, 192).

하지만 가난한 사람들에게 제공된 임대아파트와 주택은 여러 문제들을 드러내기 시작했다. 공공임대주택은 1993년 상도동의 삼호아파트를 시작으로 입주가 시작되었는데 열악한 시설과 획일화되고 좁은

면적, 사회복지시설의 부재 등의 문제가 있었다. 입주민의 특성상 저소득층이나 한 부모, 노인, 장애인 가구가 많은데 이 사안에 대한 입주민의 특성은 거의 반영되지 않았다. 또한 임대료와 관리비를 부담하게 되어 있어서 이에 대한 부담이 클 수밖에 없었다.

그리고 또 하나의 큰 문제는 공공임대주택이 배제와 차별의 공간으로 기능하기 시작한 것이다. 임대아파트는 일반 아파트 단지와 보통 함께 있는데 이 과정에서 임대단지에 사는 사람이라는 낙인이 붙기 시작한 것이다. 즉 주거의 외형만 바뀐 것이 아니라, 주민들의 구성, 문화도 변화되었고, 이를 바라보는 배제의 시선이 생긴 것이다(삼양정릉지역모임, 1997; 김묘정, 2007).

외환위기 이후 임대아파트의 입주 조건 범위가 점차 폭넓어지고 월세, 관리비 등에 대한 부담이 증가하면서 가난한 사람들은 이곳에서조차 밀려날 수밖에 없었다. 그들이 옮겨간 곳은 지하주거, 쪽방, 비닐하우스 등 더 열악한 환경이었다. 지하주거는 1980년대 이후 단독주택을 불법적으로 개조하여 사용하는 경우가 대부분이었는데 다가구주택이 본격적으로 도입되기 전인 1988년 서울 전체 인구의 5%인 50만 명 정도가 지하층에 거주하고 있었다. 이 수치는 1985년 다세대주택과 1989년 다가구 주택 정책이 본격화되면서 빠르게 증가했고 2000년에는 서울의 지하층 거주세대가 22만 세대에 이르는 것으로 추정되었다(홍인옥, 2002, 15-16).[1] 단독주택이나 연립주택의 지하

---

[1] 1980년대 본격적으로 아파트 단지가 지어지고, 투기와 분양 붐이 일어나기 시작하면서 전두환 정권은 아파트 분양가에 개입하여 가격통제를 하기 시작한다. 그러자 대형 건설사들이 아파트 건설 시장에 들어오기를 꺼려했고 주택 공급 역시 줄어들게 되었다. 하지만 서울로의 이주는 계속 진행되었고 주택 부족 문제를 해결할 방책이 다세대, 다가구 주택이었다. 그래서 기존의 불법건축물들을 눈감아 주고 다양한 세제 지원과 융자 혜택 등을 통해 다세대, 다가구 주택을 활성화시키게 된다(임동근 외, 2014, 241).

를 불법적으로 개조한 지하 셋방은 출입구, 화장실, 채광, 통풍 등에서 더 열악했다. 다세대, 다가구 주택의 지하 셋방은 조금은 나았지만 앞의 문제들과 함께 습기, 침수, 좁은 공간, 부엌 등의 문에 있어서는 큰 애로사항이 있을 수밖에 없었다.

한국도시연구소에서 진행한 지하주거 실태조사를 보면 지하 셋방의 실상을 확인할 수 있다. 지하 셋방을 최저 주거기준에 적용한 결과 침실 기준 미달이 23%, 화장실 기준 미달 2%, 목욕 기준 미달 16.7%, 부엌 기준 미달 4%로 나타났다. 가구주는 30-50대가 60%를 차지했고 60-70대가 24%로 노령층의 비중이 높았다. 가구주의 직업은 36.4%가 무직이었고 가장 오래 종사한 직업은 단순노동이 33.3%로 가장 많았다. 그리고 조사대상 가구의 47.2%가 국민 기초생활 보장 제도의 수급권자였다. 소득은 70%가 100만 원 이하였다. 주택은 전세가 60.6%, 보증부 또는 월세가 27.5%였다. 평균 거주기간은 42개월로 1~3년 정도 거주한 가구 비중이 가장 높았다.

주목할 것은 이웃과의 관계인데 집을 비울 때 부탁을 한다거나 경조사 참석, 생활용품 공유 등 일상적 활동과 부업 등 일거리를 알선하거나 금전적 거래를 하는 경제적 활동 모두에서 거의 교류를 하고 있지 않다는 비율이 70% 육박한다는 것이다. 뒤에 서술할 비닐하우스 지역의 이웃관계보다도 그 비율이 더 떨어진다. 아래 표는 지하 주거 가구와 비닐하우스, 재개발 지역의 이웃관계를 비교한 것이다.

이러한 이웃관계는 1980년대의 재개발지역과 비교했을 때 굉장히 큰 상황의 변화를 보여준다고 할 수 있다. 앞에서 살펴보았던 1980년대 사당2동과 같은 판자촌 지역은 생계와 관련된 자원 부족을 지역 내에서의 일자리, 부업, 계라는 형태의 네트워크들을 통해서 해결하려 했다. 또한 이웃들과의 자조모임이나 탁아소, 공부방, 어머니학교 등 관계망을 넓히고, 상호 부조할 수 있는 거점들이 존재했었다. 하지만 현재는 개인의 문제를 함께 의논하거나 생활용품을 빌리는 등 작은 사항들에서조차 관계망은 단절되어 지역 내에서 해결을 하지 못하고 개인이 오롯이 그 문제들을 해결해야만 하는 상황에 있는 것이다.

지하거주 가구의 이웃관계 비교

구분	지하주거가구	비닐하우스지역[1]	재개발지역[2]
집을 비울 경우	1.99	2.63	2.92
경조사 참석시	2.32	3.56	3.67
생활용품, 가사도구 필요시	2.23	3.18	3.67
금전이 필요할 때	1.94	2.81	3.41
개인 혹은 집안사 의논	2.19	3.28	3.65
평균	2.13	3.10	3.46

주: 1) 한국도시연구소의 2002년 비닐하우스 연구 결과임. 2) 재개발지역 자료는 박은서(1998)의 조사 결과를 적용함(한국도시연구소, 2002 , 90, 도시연구 제 8호).

1990년대 이후 가난한 사람들의 또 다른 주거형태로 비닐하우스촌을 들 수 있다. 비닐하우스촌 역시 1980년대의 집중적 재개발지역 철거와 집값 상승에 의해 1980년대 말부터 생기기 시작했다. 서울에서 비닐하우스촌은 주로 강남지역(강남구, 송파구)의 외곽에 형성되었는데 영농형 비닐하우스를 구매한 후 그것을 계속 쪼개서 판매하면서 여러 가구가 들어오게 된다.

2001년의 한국도시연구소의 연구 결과 28개 지역에 3,900세대 정도가 비닐하우스촌에 거주하는 것으로 나타났다. 전기나 수도가 들어와 있지만 위험하고 부담률도 높으며, 대부분이 공동화장실을 사용하고 편의시설은 거의 없다고 할 수 있다. 독거노인과 60대 이상의 가구주 비율이 높고 학력수준은 중학교 이하 학력이 가구주의 63%로 저학력이다. 무직이 24.5%, 단순노무직이 28.1%로 고용이 불안정하

고 53.5%가 최저생계비 미달가구였다. 거주하는 주민들은 주로 재개
발사업으로 인한 철거나 사업실패, 실직, 주거비 상승 등으로 이 지역
에 들어오게 되었는데, 주택의 가격이 턱없이 낮아 다른 형태와 달리
자가가 79.5%로 안정성을 띠고 있다.

비닐하우스촌을 최저 주거기준을 적용했을 때 화장실 기준 미달 가구
가구가 68.2%, 침실 기준 미달 39.4%, 면적 기준 미달이 37%였으며
특히 주택의 자재 면에서 주요 재질이 합판이라 화재, 노후화, 소음,
방수 면에서 심각한 문제를 안고 있다. 비닐하우스촌은 당연히 기반
시설이 없을 수밖에 없어 보육이나 교육시설 등에 대한 욕구가 많았지
만 대부분 주민자치조직이 외부의 자원이나 재개발과 관련된 문제에
얽혀 있어 신뢰도가 높을 수가 없었다(이호, 2002). 때문에 가난한 사
람들이 선택할 수밖에 없는 주거형태인 비닐하우스촌 역시 끊임없는
개발 압력과 불편한 주거 상황이 계속되었다.

또 하나의 형태인 쪽방은 한 사람이 겨우 누울 수 있는 방들이 다닥
다닥 붙어 있는 형태의 흔히 닭장집, 벌집이라고 부르는 주거형태이
다. 각 층에 겨우 화장실이 하나 정도 있을 정도였고 상황이 좋은 경우
라도 방 앞에 부엌이 딸려 있어 취사나 세면을 동시에 해결해야 했으
며 이것마저도 없을 경우 한 곳에서 공동으로 사용하였다. 대부분이
보증금이 없는 15만 원가량의 월세의 형태인데 4~7천 원 정도의 일
세를 놓는 경우도 많다. 이러한 상황들은 쪽방을 이용하는 주민들의
불안정성에서 오는 것이다. 1999년의 조사에 의하면 서울의 쪽방은
5개 지역에 3,734개로 파악되었다(아래 표 참조).

대부분의 쪽방이 위치한 곳은 역, 노숙 장소, 인력시장 등과 인접
해 있는 지역이다. 쪽방 주민들은 30-50대의 남성들이 많고 노숙과
쪽방 생활을 반복하는 사람들도 있었다. 주로 주변 인력시장에서 불

안정한 일을 하는 경우가 대부분이고 앵벌이를 하는 경우도 있다.

<표 1> 서울시내 주요 쪽방 지역의 쪽방수

구분	종로구 돈의동	종로구 창신동	중구 남대문로 5가동	용산구 동자동	영등포구 영등포동
개수	892	252	1,770	700	820

주: 노숙자다시서기지원센터, 1999, 『쪽방조사보고』(한국도시연구소, 2000, 15 재인용)

쪽방 주민들은 중졸 이하가 64.7%에 달할 정도로 학력이 낮고, 사업실패, 불안정한 일자리로 인한 가출 등의 이유로 대부분 가족, 친척과의 관계망들이 끊겼다. 20%에 가까운 사람들이 무직이고, 앵벌이도 20%에 가까웠다. 그나마 있는 일자리는 건설일용직의 비중이 가장 높았는데, 이것 역시 고정적이기보다는 시간과 상황에 따라 취업과 실업이 반복 순환되는 열악한 근로 구조 속에 노출된 사람들이었다. 특히 아래의 사례와 같이 IMF 외환위기 이후 사업실패로 노숙의 상황까지 갔다 쪽방촌으로 들어오게 되는 경우도 많았다.

성 씨(남, 48세)는 IMF가 터지면서 사업이 망하자 아내가 가출하고 돈을 벌기 위해 서울로 올라와 쪽방에서 생활하고 있는 사람이다.
성 씨는 가정 형편이 어려워 야간고등학교를 다녔으며 주간에는 자동차정비공장에서 일을 했다. 20대에는 착실하게 돈도 모아서 결혼도 했다. 32세에는 자동차정비공장에 월급을 받고 다니면서 동시에 조그마한 카센터를 운영했다. 카센터를 운영하면서 많이 벌 때는 한 달에 천만 원, 적게 벌 때도 2백 5십만 원 정도는 벌었다. 이때 재산을 제법 모았다. 자동차정비 경력은 27년이나 된다. … IMF가 시작되기 3년 전부터 서서히 사업이 기울기 시작했다. 보험회사에서 자체 정비서비스를 시작하면서 자동차정비업이 사양길에 들어섰고 그러다 IMF가 터지면서 결정적으로 사업이 어려워졌다. 결국은 가지고 있던 재산과 집마저 남의 손에 넘어갔다. 그러자 아내가 가출해 버렸다. 8개월 전의 일이다. 성 씨는 아내가 가출하고 한 달 후 서울로 올라왔다. 건설일용직을 나가거나 아는 사람을 통해 들어오는 자동차정비 일을 하고 있다. 성 씨에게는 두 명의 딸이 있다. 큰딸은 대학교 기숙사에 있고, 작은 딸은 고등학교 3학년으로 역시 기숙사에서 생활한다. 자신이 생활할 돈을 얼마 떼고는 딸들에게 모두 송금한다. 가끔은 딸들을 보러 가기도 하는데, 아이들이 눈치채지 못하게 깨끗하게 씻고 차려 입고 간다. 자주 얼굴을 보지 못해 가슴 아프다고 했다. …어머니와 딸들에게는 회사 기숙사에서 생활한다고 말했다.

(한국도시연구소, 2000, 36에서 재인용.)

쪽방촌은 현재 시점에서 주거의 형태와 조건에 있어서 생활이 아닌 '생존'의 수준에서 가장 열악하다고 할 수 있다. 그만큼 우리 사회에서 열악한 상황 속에 있는 사람들의 거처이다. 주거의 상황은 말할 것도 없고 불안정한 일자리와 수입 구조로 월세와 공과금을 제하고 나면 기본적인 식사도 외부에 의존해야 하는 상황이다. 그러다보니 건강, 복지, 취업을 위한 재교육의 측면에서는 사회적 지원이 절실한 상황이라고 할 수 있다.

지금까지 1990년대 이후 가난한 사람들의 주거조건들을 살펴보았다. 1980년대의 강제적 철거 이후 가난한 사람들은 임대아파트, 지하주거, 비닐하우스, 쪽방촌, 옥탑방 등으로 옮겨갈 수밖에 없었는데 여전히 주거의 불안정과 열악함을 벗어나지 못하고 있다. 또한 1980년대 판자촌과의 가장 큰 차이는 '보이지 않는 사람들'이 되었다는 것이다. 임대아파트는 일반 아파트 속에 숨겨져 있고 쪽방촌과 비닐하우스촌은 거대빌딩과 호화주택, 상가지역에 은폐되어 있다. 또한 지하주거 역시 2010년 조사결과 서울시에만 33만 가구 임에도 눈에 잘 보이지 않는다. 서울시의 가난한 사람들의 주거 세대를 합하면 35만 가구 정도라고 추정할 수 있는데, 서울시의 최저 주거기준 가구의 대부분을 차지하며(2010년 기준 50만 2000가구), 서울시 가구수(전체 가구수 346만 가구)의 10%에 육박한다.

겉으로는 보이지 않으면서 배제와 차별은 계속되고 있으며 가난한 사람들에 대한 상징 폭력은 더욱 교묘해진다. 앞에서 보았듯이 임대 아파트의 상징적 폭력과 함께 쪽방촌의 주민들은 게으르고 노력하지 않는 노숙인들로 비춰지고 비닐하우스촌의 사람들은 호화지역에 마구잡이로 자리 잡은 불량주민들이다.

우리가 더욱 주목해야 하는 점은 이러한 지역 사람들의 삶의 파편화이다. 1980년대 판자촌은 외부의 배제 시선이 있었지만 내부에는 스스로 도우려는 (이웃, 가족, 친척 등의) 자조적 관계망과 이를 지원하는 조직가·단체들이 존재했었다. 하지만 1990년대 이후 지하 셋방의 형태에서는 주민들 간의 관계망은 잘 형성되지 않고, 쪽방촌은 개인적 관계망이 깨져 있으며, 비닐하우스촌 역시 주민자치조직이 있지만 신뢰성에 문제를 안고 있다. 즉 외부의 배제와 내부 자원의 부족 문제라는 과제와 함께 내부의 관계망 회복이 중요한 과제로 등장했다고 할 수 있다.

이렇게 주거를 중심으로 한 상황의 변화들과 함께 과거 도시빈민 운동에서 자생적으로 진행되어 왔던 사안들이 제도적인 정책으로 보완되기 시작한다. 이는 1980년대에 민중의 집단적인 저항의 결과물이라고 할 수 있는데, 1980년대 후반 전두환 정권은 유화정책의 일환으로 국민연금, 의료보험제도, 최저임금제도 등을 만들기 시작했다

(박병현, 2001).

노태우 정부에서도 이 맥락은 이어져 1989년 도시지역으로 의료보험이 확대되기 시작하면서 전국민 의료보험 시대가 열리게 되었다. 또한 1991년 영유아보육법이 제정되면서 기존에 도시빈민 지역에서 자생적으로 만들어진 탁아소 운동에 큰 영향을 미치게 된다. 이와 같이 노태우, 김영삼 정부를 거치면서 복지 정책과 예산은 조금씩 증가하는 추세를 보인다. 또한 1987년부터 취약계층에 대한 관리와 지원을 담당하는 사회복지전문요원이 배치되기 시작하고 점차 지역사회에서 복지문제를 담당하는 전문기관인 종합사회복지관이 증가하게 된다(도시빈민연구소, 1990).

하지만 제도적인 최소한의 보완책은 도시빈민들에게 실질적인 도움이 되지 못했다. 또한 복지제도정책은 도시빈민들의 유화책으로 작용해 도시빈민운동을 오히려 쇠퇴시키기도 했다. 연이어 발생한 외환위기로 인한 경제적 위기는 가난한 사람들에게 직격탄이 되었다. 외환위기는 한국 사회의 가난·빈곤에 대한 개념을 바꿔 놓는 계기가 된다. 과거의 빈곤·빈민이 농촌에서 도시 이주를 통해서 그리고 세습되는 가난이었다면, 외환위기 이후의 빈곤은 누구나 빈곤해질 수 있는 불안정성에 기반을 둔 가난으로 변화하게 된다. 외환위기와 함께 신자유주의적인 구조조정은 수많은 비정규직을 양산했고 수많은 중산층이 하층으로 몰락하게 되는 결과를 만들었다. 이렇듯 1990년대는 1980년대부터 시작된 신자유주의가 본격화되어가는 시기였고 한국 사회의 양적성장이 일시적이었음을 그리고 소수의 지배층에 집중된 경제성장임을 보여주었다.

2. 1990년대 이후의 한국 CO운동의 배경

1) 주거권 정책의 변화와 삶의 파편화

1980년대 합동재개발을 중심으로 한 대대적인 강제철거와 이에 저항하는 투쟁적인 철거반대운동은 1990년대를 넘어서면서 변화하게 된다. 1980년대의 강력한 저항의 성과물로 이주비, 아파트입주권의 획득, 임대아파트의 건설(1989년 25만호의 영구임대주택 건설계획) 등의 정책들이 실시되었다(김수현, 1999). 영구임대주택의 공급으로 인해 부족하지만 일부 가난한 사람들의 주택문제가 해결되기 시작하자 오히려 철거반대운동의 동력은 떨어지기 시작했다. 또 1990년, 돈암동에서의 치열한 투쟁의 성과로 이주할 아파트를 먼저 건설한 후 재개발 지역을 철거하는 순환식 재개발도 시도되기 시작했다(민주화운동기념사업회, 2010, 856).

돈암동 지역의 재개발이 최초로 순환재개발 방식으로 진행되면서 이후부터는 아파트 입주 전까지 머무를 수 있는 가이주 단지를 쟁취하는 것이 재개발 운동의 중심적인 주제가 되었다(유영우, 2006). 민간 정부인 김영삼 정부가 들어서면서 서민주택 활성화를 위한 주택 300만호 건설 정책이 발표되기도 했다. 또한 1993년 임대주택법이 만들어져 임대주택에 대한 공급이 늘어나게 된다(김은미, 2012, 172). 하지만 이 계획은 정부의 예산축소로 인해 대폭 줄어들게 된다. 이러한 주거정책의 변화는 세계경제 흐름의 반영이기도 했는데 전 세계적인 '저성장'2으로 인해 건설경기 역시 약화될 수밖에 없는 현실이었다. 그

---

2 저성장 시대는 단순히 수치상의 성장률이 낮아지는 것을 넘어 성장동력이 소진되어 낮은 성장률의 상태가 오랜 시간 지속되는 것을 말한다. 이는 자본주의라는 체제가

래서 대도심의 도심 주거 밀집지역의 개발이 줄어들고 서울의 외곽이나 신도시 개발과 같은 형태로 개발정책이 변화되었다.

도시빈민운동 단체와 시민단체들은 계속해서 이어지는 철거, 재개발에 반대해 1995년 '불량주거지개선을위한특별법' 제정운동을 벌이고 1997년 주거기본법 제정 운동을 펼치게 된다(유영우, 2007). 이후 2003년 합동재개발법, 재건축법, 주거환경개선 임시조치법이 하나의 법체제로 묶어지는 '도시및주거환경정비법'이 제정되어 공영개발이 활성화 되는 계기를 맞이하게 된다. 그러나 2006년 '도시재정비촉진을위한특별법' 제정으로 뉴타운을 중심으로 한 새로운 개발붐이 일어나고 이는 토지와 집값을 상승시키는 원인이 된다.

1990년대를 넘어서면서 저성장으로 인해 재개발과 재건축이 어려워지는데 그중에서도 '도정법'의 제정은 서민층의 주거안정을 위한 정책이라기보다는 투기를 중심으로 한 주거정책이라고 할 수 있다. 이러한 투기 중심의 개발정책은 2009년 용산참사라는 사건으로 이어졌다. 한국 사회는 장기적인 저성장 상태로 접어들고 재개발, 재건축이 어려워지면서 서민들에 대한 주거정책은 도시재생과 같은 형태로 변화되어 갔다.

주거정책의 변화와 노동을 조건으로 한 사회복지 정책의 실현은 가난한 사람들의 삶을 질적으로 변화시키게 된다. 철거반대투쟁을 통해서 임대아파트가 건설되고 가난한 사람들에게 입주권이 주어졌으

가지는 이윤율 저하의 경향 때문이기도 하고 한국 사회의 경우 생산가능인구의 감소, 고령화, 기후변화, 경제구조의 양적 성장에 따른 성장동력 창출의 어려움 등의 요인들도 복합적으로 결합되어 있다. 저성장의 지속은 경제정책과 사회정책에 있어 여러 가지 변화를 보이게 된다. 금융자본의 증가와 노동의 유연화, 불안정화, 중소기업의 몰락, 노동이민의 증가, 중산층의 붕괴 등은 신자유주의와 저성장이 결합되면서 생겨난 상황들이다(한국공간환경학회, 2011).

며 더 열악한 사람들에게는 영구임대아파트가 공급됐다. 그런데 외형적 조건으로만 본다면 주민들의 삶이 나아진 것처럼 보이지만 실질적인 주민들의 삶은 더욱 분절화되어 갔다. 철거지역에 있던 주민들의 아파트 입주률은 높지 않았고, 규격화된 영구임대아파트는 노약자, 장애인, 한부모 등의 상황을 고려하지 않았다. 또한 부담스러운 임대료와 정기적인 보증금의 상승, 입주민 조건에 대한 정책변화 등으로 인해 초기 입주민들이 밀려나면서 임대아파트는 재구조화된다. 심지어 임대아파트 사업은 단기적 이익은 크지 않지만(대한주택공사) 연간 4조 1,651억 원에 달하는 매출을 내는 사업으로 변화해간다(김성윤, 2005).

김성윤은 공공임대주택 내에서의 이러한 변화를 '사회적 배제'와 스튜어트 홀의 '문화적 순환'이라는 담론을 통해 분석해내고 있다. 그는 사회적 배제 개념을 통해 빈곤이 단지 경제적 차원을 넘어서서 사회적 영역에서의 빈곤으로 영역이 확장되는 것으로 분석했다. 그리고 문화적 순환모델은 가난한 사람들이 자신들의 상황을 생산(노동)을 넘어 소비의 영역에서도 영향을 받고 자신의 정체성의 변화를 통해 타인의 욕망을 재현하면서 권력의 미시적 규제와 조절로 나아가는 동학(動學)을 보여준다고 한다(김성윤, 2005, 30).3 김성윤은 신자유주의

---

3 스튜어트 홀은 사회적 배제의 과정을 단순히 고용의 조건만이 아닌, 소비, 행위자 간의 관계망, 제도적 규제 등 다차원적으로 진행된다고 주장한다. 그래서 규제, 소비, 생산, 정체성, 재현의 영역들이 사회경제적 차원, 사회공간적 차원, 사회문화적 차원에서 서로 상호영향을 주고받으면서 촘촘하게 얽혀 있다는 것이다. 그래서 도시빈민들의 대표적 공간인 임대아파트는 일반아파트 단지와 공간적으로는 함께 있으면서 소비의 욕망을 쫓아가려 하지만 그 욕망을 달성할 수 없는 경제적 상징적 배제를 당할 수밖에 없다. 이러한 문화적 순환 모델은 빈곤의 악순환이 단지 경제적인 차원으로만 일어나는 것이 아니라 다양한 요소들이 얽혀 있는 동학을 이해하는 데 도움을 줄 수 있다(김성윤, 2005, 28-32).

(후기 자본주의)라는 상황이 빈민들의 경제적 착취뿐만이 아니라, 소비문화, 공간에서의 차별화(일반아파트와 임대아파트)를 통해 가난한 사람들에게 상징적 폭력을 행사한다고 이야기한다. 영구 임대아파트는 아파트라는 외관, 일반단지와 이와 연동되는 상가, 학교 등의 시설과 맞물리면서 빈곤이라는 상황은 은폐된다. 또한 밀집적인 빈민지역과는 다른 사회적으로 믹스된(social mix) 공간4은 내부적인 계층화를 만들어내며 일반아파트 단지 주민들의 욕망이 투여되어 과도한 소비로 이어지거나 '영구'와 같은 사회적 낙인으로 이어져 복합적인 배제양상을 만들어낸다는 것이다.

　　조은 역시 1980년대 대표적인 철거투쟁 지역이었던 사당동에 대한 25년에 걸친 인류학적 연구를 통해 사당동에서 상계동 임대아파트 단지로 이주한 주민들의 삶의 변화를 추적하였다. 이 인류학적인 연구 속에서 가난한 사람들의 삶이 경제적으로 일수, 외상의 방식에서 카드깡, 대포차, 러시앤캐쉬 등 제도화된 빚을 지는 형태가 되었고 이웃, 친척에 의지했던 관계망이 교회, 생명보험, 로또 복권에 의존하는 것으로 변화되었음에 주목한다(조은, 2012). 즉 자본주의의 도시공간의 재편이 단지 주거형태만 변화시키는 것이 아니라 노동(일자리의 관계망), 소비(제도화된 빚), 관계, 가족형태(분절), 성에 대한 부분까지

---

4 소셜믹스(social mix)는 서로 다른 소득계층의 사람들을 같은 지역에 모여 살게 하는 방법으로 쇠락 지역의 도시재생의 방법으로 활용되었다. 소셜믹스는 저소득지역의 게토화가 가난한 사람들의 문화로 인해 가난과 쇠락을 더욱 심화시킨다면서 이러한 문화의 탈피를 위해 일반주택지구와 함께 살게끔 한다는 것이다. 하지만 소셜믹스 이론은 빈곤 거주 지역 쇠락의 원인을 가난한 사람들의 문화에서만 찾고 게토 지역 내에서 형성된 사회적 자본에는 주목하지 않으며 도시정부가 빈곤지역의 주택과 기반시설에 투자를 하지 않은 부분을 간과하는 한계점이 있다. 즉 무조건 다른 계층을 섞어 놓는 것이 대안이 아니라 원주민이 그 지역에서 계속 살아갈 수 있고 기반시설에 대해 정부가 책임지며 자생적 자본과 관계망을 계속 살려가는 것이 더 중요하다는 것이다(해람, 2013).

영향을 미치고 있으며 가난한 사람들의 삶을 '출구 없는 감옥'으로 만들어가고 있다는 것이다.

조문영 또한 외환위기 이후 빈민들의 삶의 양식의 변화를 고찰하면서 1990년대 이후 사회복지 서비스의 확대와 함께 자신의 삶의 문제를 직접 고민하는 주체에서 부과된 틀(특히 복지제도) 속에 자신을 맞춰가는 대상으로 변화하고 있다고 말한다(조문영, 2001, 232). 자활사업과 기초생활보장법의 시행 이후 가난한 사람들은 제한된 복지서비스 속에서 자신을 계속 비참하게 인식시켜야 했고 동네에서 서로가 상황에 대한 감시자가 되며 부양자라는 조건 때문에 가족 관계 역시 형식적 실질적 단절을 만들게 된다는 것이다.5 1990년대 이후 가난한 이들의 상황은 외형적으로는 빈민밀집지역이 사라지고, 가난한 이들을 위한 정책들이 만들어졌지만 실질적으로는 눈에 보이지 않게 은폐되고 더욱 계층화되며 권리가 아닌 수혜라는 복지 틀 속으로 들어가게 되면서 빈곤으로부터의 탈출은 더욱 어렵게 되어가는 상황이 되었다.

이와 같이 국가의 주거정책은 외형적으로는 점점 더 확장되어 가난한 이들의 주거 문제를 해결해 나가고 있는 것처럼 보이지만 실질적으로는 경제, 사회, 문화적인 배제와 차별, 상징적 폭력을 여전히 겪고 있는 상태라 할 수 있다.

---

5 김대중 정부는 좀 더 적극적인 복지정책을 위해 자활정책과 국민기초생활보장법을 실시하였다. 국민기초생활보장법은 국민의 가장 기초적인 국가가 보장한다는 측면에서 이전 생활보호법보다는 진일보한 정책이었다. 하지만 기생법은 수급자의 선정에 있어 최저생계비, 재산기준, 부양의무자기준 등 많은 조건을 달아 빈곤현실을 제도가 담아내지 못하는 왜곡을 낳게 된다. 이러한 기준들 때문에 명의로만 존재하는 부양의무자 때문에 수급을 받지 못하기도 하고 재산 기준 때문에 가난한 사람들끼리 서로의 조건을 놓고 감시하거나 다투는 등의 갈등들이 발생하기 시작했다. 또한 자활정책 역시 노동과 연계한 복지의 성향이 계속 강화되면서 가난한 사람들을 계속해서 노동시장으로 밀어넣어 수급은 벗어나지만 가난에서는 여전히 벗어날 수 없는 상황들이 발생하게 된다.

2) 지역운동론

1987년의 6월 항쟁은 사회운동에 여러 가지 변화를 일으켰다. 1980년대 탄압 속에서 비합법적으로 이루어졌던 많은 운동들이 공개적 합법적으로 드러났는데, 1987년 민주화 항쟁 과정에서 다양한 운동세력들은 민주헌법쟁취국민운동본부(이하 국본)라는 범운동적 전국체계를 만들게 된다. 국본은 당시 민주화, 민중운동의 상층부를 연결하는 체제였고 하층연대를 구축하기 위해서 각 시도별 더 나아가서 읍면동별 위원회를 조직하려 했다(윤모린, 2000).

하지만 국본 체제는 그리 오래 지속되지 못했고 1987년 대선이 여당의 승리로 끝나면서 영향력을 다하게 된다. 대선의 패배로 6월 항쟁 민주화운동세력 상층과 하층을 통일하려 했던 노력이 실패로 돌아가자 전국적이고 지역으로 뿌리내리는 운동 없이 정권교체 자체가 어렵다는 것을 깨달았고 이 성찰은 지역운동론에 대한 모색으로 이어지게 된다.

1980년대 후반부터 등장한 지역운동론은 중앙(수도권, 대도시)에 집중된 운동세력이 지방 작은 단위까지 분산되어 주민들의 의식화와 조직화를 실행해야 한다는 내용을 골자로 하고 있었다. 또한 그 전략으로는 지역부문운동과 지역주민운동으로 나누어 검토되었다. 이러한 지역운동은 1980년대를 통해서 성장한 여러 가지 부문운동들을 지역이라는 공간 속에서 묶어내 더 큰 힘으로 만들어 내는 것을 포함하고 있었다(서민련 정책실, 1987, 35). 이 지역운동론에 의해서 많은 지식인, 활동가, 운동세력들이 지방, 지역으로 내려가 다양한 운동들을 확산시키는 계기가 되었고(하방운동), 지역에 터를 잡는 운동들이 발생하기 시작한다. 지역운동론은 국본의 지부 활동 이후에 이를 본격화기 위해서 전략들을 세부화하였는데 기본적으로 다양한 주민들을 참여시키기 위해서 계층별로 주민들을 참여시킬 수 있는 틀을 만들고 지역사회에서 주민들을 만날 수 있는 다양한 프로그램들을 모색하게 된다.

먼저 민족주의 운동계열에서는 민주통일민중운동연합(이하 민통련)과 전국민족민주운동연합(이하 전민련) 그리고 민주주의민족통일전국연합(이하 전국연합)을 중심으로 해 지역운동론을 검토하고 지역활동들을 진행하였다. 특히 청년운동 세력이 중심이 되어 다양한 지역에서 지역주민운동들을 시작한다. 청년운동조직인 민주화운동청년연합(이하 민청련)은 6월 항쟁 이후의 운동 방향을 설정하면서 국본 구 지부 활동이 전국적으로 10만 명, 서울에서만 2만 명이었던 것에 주목하면서 구 지부 조직을 지역 내의 계급·계층별로 조직하여 지역 차원의 통일 전선체를 만들자는 지역운동론을 전개하였다(민청련, 1988).

지역운동 차원의 대중적 사업으로는 계층별·직업별 조직의 형성과 도서관, 공부방, 한글학교, 마을신문과 같은 프로그램을 통해 구체화하였다. 국본의 서울시 지부는 이후 서울민주시민연합과 서울겨레사랑지역운동연합으로 분화되었고 서울겨레사랑지역운동연합은 기존의 국본 구 지부들을 묶어 열린사회시민연합(1998)을 만들었다. 대표적인 조직이 열린사회북부시민회, 강서-양천시민회(우장산 지키기 운동), 강동-송파시민회, 은평시민회, 동대문시민회 들이다(한국도시연구소, 1999). 다양한 운동 영역에서 시작된 지역운동론은 계층별·직업별 조직의 형성과 주부모임, 도서관, 공부방, 한글학교, 역사교실, 문화교실과 같은 프로그램을 통해서 구체화되었다. 이러한 흐름은 기층 민중을 중심으로 한다기보다는 농민·노동자 운동을 해가는 데 이해와 호응이 필요한 지식인·중간층들을 조직화한다는 측면이 강했다고 할 수 있다(서울지역겨레사랑지역운동연합, 연도미상, 6).

지역운동론은 지방자치제라는 제도와 맞물리면서 더욱 본격화되었다. 1991년 지방자치제가 30년 만에 부활하게 되고, 1991년 지방의회 선거와 1995년 지방자치단체장 선거가 직접 주민들의 투표에 의해서 진행되었다. 지역운동론에 기반을 둔 다양한 세력의 단체들은 국가의 민주화에 이어 지역의 민주화와 개혁을 위해서는 제도 정치로의 진출이 중요하다고 판단하고 지방자치 선거에 적극적으로 개입하게 된다.

3) 운동의 다양화, 전문화, 제도화

1987년 6월 항쟁을 중심으로 이어진 형식적 민주화로 인해서 비합법적이거나 언더 형태로 진행되었던 많은 운동들이 공식화되고 다양화되었다. 민주화라는 형식적 틀의 변화라는 영향도 있었지만 경제성장과 시민의식의 성장들로 인해 정치 이외의 경제, 환경, 문화, 성 등과 같이 그간 문제제기하지 못했던 영역들이 드러나기 시작한 것도 사회운동의 다양화에 큰 영향을 미쳤다. 문민정부의 등장과 함께 과거에는 민주화 쟁취라는 정치 중심의 투쟁이었던 활동이 개혁을 중심으로 한 시민-사회 활동으로 등장하기 시작했다. 1987년 한국여성단체연합이 만들어진 이후 경제정의실천시민연합(1989년), 환경운동연합(1993), 참여연대(1994년) 등의 조직들이 등장하면서 시민운동이 활성화되었다. 다양한 시민들의 참여와 함께 기존 정책과 제도의 문제점을 지적하고 구체적인 정책을 제시하기 위한 전문가 집단들이 결합하는 과정들을 통하여 1980년대의 독재정권 타도, 민주화라는 큰 틀에서 진행되었던 운동이 여러 세부적인 운동들로 분화하고 각자의 부분에 대해서 전문화되어간 것이다.

이러한 상황에서 김대중과 노무현으로 이어지는 개혁 정부가 연속으로 정권을 잡게 된다. 개혁 정부의 탄생은 그간 진보·개혁 진영에서 주장해왔던 다양한 의제들을 수용하면서 사회운동 세력과도 일정한 파트너십을 형성하게 되었다. 일차적으로는 복지와 관련된 다양한 제도들을 만들면서 사회적 안전망을 구축하고 이러한 복지제도들이 논의되고 실행될 수 있는 과정에 사회운동 세력들을 제도 속으로 끌어들이게 되었다. 국민들의 최소한의 생활을 보장하는 기초생활보장법을 제정하고(1999년) 노동중심의 복지지원정책의 일환으로 자활센터를 설치하여(1996년 시범사업 시작) 민간에게 위탁하였다. 그리고 과거 민간이 중심이 되어 진행해왔던 부분들을 하나씩 제도화하게 되는데, 민간 탁아운동에서 진행했던 탁아소의 경우 1991년 제도화된 보육정책으로 전환되었고, 민간 공부방운동에서 진행했던 공부방(방과후교실)의 영역은 아동복지법에 의한 지역아동센터로(2004년) 제도화되었다.

최병두는 사회운동의 다양화와 제도화 과정에 대해 신자유주의적인 상황에서의 운동이 국가에 의해서 실질적으로 포섭되었다고 분석하고 있다(최병두, 2010, 24).

1980년대부터 진행된 신자유주의는 김영삼 정부 때의 세계화 전략에 의해 그 기반이 형성되었고 1997년 외환위기를 계기로 본격화되기 시작했다. 신자유주의는 성장의 한계에 부닥친 현대 자본주의가 새로운 이윤 창출을 위해서 등장한 경제적 흐름이라고 할 수 있다. 그래서 기본적으로 노동에 대한 유연화와 구조조정, 중앙정부의 역할과 복지의 축소, 자본에 대한 규제 완화 등의 내용을 기반으로 한다.

외환위기를 해결해야 하는 과제를 안고 출발한 개혁 정부는 한편으로는 그간 다양하게 제기되었던 사회문제를 개혁 과제 속에서 풀어야 하는 것과 신자유주의 상황을 돌파해가야 하는 두 가지 과제 모두를 안고 있었다. 이 과정에서 개혁 정부는 정치적으로는 개혁 과제들을 수행하면서 경제적으로는 신자유주의 전략을 따르는 이중전략을 쓰게 되는데, 1990년대 초반부터 진행된 지방자치제와 결합하면서 신공공관리 전략6이라는 방식으로 구체화된다. 신공공관리행정은 사회복지적인 측면에서 중앙정부의 역할을 축소하고 지방으로 그 책임을 전가하는 반면 공적 영역과 사적 영역의 연결시키는 거버넌스라는 방식을 통해 부족한 예산과 자원을 충당하는 전략을 사용하게 된다(김수영, 2012, 27). 1990년 이후 등장한 공사파트너십, 거버넌스, 상호협력, 네트워크, 민관위원회, 협의회 등은 신공공서비스의 맥락에서 등장한 용어들이라고 할 수 있다(조명래, 2002).

김희송과 오재일은 광주지역 NGO의 제도화 과정에 대해 대외적 제도화와 대내적 제도화라는 틀로 분석을 시도한다. 대외적 제도화의 과정을 통해 시민단체들이 직접적 행동에서 공청회 개최나 성명서 발표 등 여론형성의 방식으로 변화했고, 내용 역시 현안보다는 미래비전이나 지역사회 발전을 위한 담론으로 채워졌다는 것이다. 또한 대내적으로는 보조사업비가 증가하면서 외부자원이 증가하고 내부자원이 약화되었다는 것이다. 이러한 과정 속에서 사회운동조직의 민주성,

---

6 신공공관리이론은 신자유주의 시대의 국가운영방식으로 정부 운영에 시장경쟁적 요소를 도입한 이론이라고 할 수 있다. 그래서 계약제, 민관공동생산, 민간위탁, 민영화 등의 방법을 도입한다. 그리고 행정서비스를 진행하는 조직들 간의 경쟁을 통해 보상체계를 수립하는 방식도 도입한다. 이러한 논리에 의해 국가, 시장, 시민사회가 파트너십을 맺는 다양한 혼종 조직과 방식이 확장되기 시작한다. 하지만 한국은 여전히 중앙정부의 권위가 강해 권력이 민주적으로 분산되지 않았으며, 행정을 경쟁 시스템으로 변화시키면서 효율성 위주로만 정책과 제도를 평가하는 왜곡을 가져왔다. 지방자치 역시 지방정부가 민관협력을 통해 시장친화적 지방관리를 하는 형태로 변형되기도 한다.

책임성, 투명성이 약화되는 결과를 맞이했다는 것이다(김희송·오재일, 2010).

김성윤은 1990년대 이후 이루어진 자원봉사의 대대적인 활성화와 제도화 역시 신자유주의 상황에서 민간자원 동원의 맥락에 있다는 것을 지적한다(김성윤, 2011).[7] 조문영 또한 과거 사회운동, 복지의 영역이었던 부분을 프로젝트(공모사업)라는 방식으로 풀어내면서 중립적이고 학술적 계보를 찾을 수 있는 형태로 강요하게 된다는 점을 지적한다(조문영, 2001). 이러한 상황은 합법적으로 다양하게 등장한 사회운동 세력에게 한편으로는 재원을 충당하고, 제도의 참여에 있어서 영향력을 가질 수 있는 기회를 부여하지만 실질적으로는 국가가 해야 하는 역할을 시민사회가 대신하게 하며 국가와 같은 형식성, 절차, 위계구조 등을 가지게 되면서 과거 사회운동에서 지녀왔던 저항성, 내부적 민주성, 주민 중심적 방식 등은 약화되게 되는 결과를 가져오게 되었다.

서동진은 지구화와 지식기반경제 속에서 민주화와 신자유주의의 기획이 평행관계를 형성하면서 국가의 역할을 시민이나 시민사회가 주체가 되어 해결을 해야 한다는 전략이라고 비판한다(서동진, 2010).

이러한 주체를 동원하는 흐름은 2000년대 이후 '마을만들기'라는

---

7 김성윤은 한국 사회 외환위기 이후 급증하기 시작한 사회자본론, 기업의 사회적 책임 (CSR, Corporate Social Responsibility), 자원봉사 활동에 대해서 국가에 대한 책임은 묻지 않는 상태에서 사회적인 것만을 강조하는 것을 통해 신자유주의적인 삶을 더 잘 살아내기 위한 통치술로 파악한다. 그래서 시민들은 기업가적 주체가 되며, 주말에는 자선적 주체까지 되어야 하는 동원의 맥락을 비판한다. 자원봉사는 학생들에게는 진학을 위한, 직장인과 공무원들에게는 근무평점을 위한 경력으로, 일반 시민들에게도 하나의 커리어나 스펙이라는 도구로 사용되기 시작한다. 외환위기 이후 금모으기 운동, 태안 기름 유출사고에서의 전국가적인 자원봉사 물결은 국가 없는 사회적인 것의 재구성의 대표적 사례라 할 수 있다.

제도와 전략으로 이어진다. 마을만들기 사업은 1990년대 중반 이후, 걷고 싶은 거리 만들기, 문화의 거리, 담장 허물기와 같은 시민단체와 행정이 협력해 주민들의 자발성을 유도하는 정책들로 진행된다. 이후 국토부, 행정자치부는 살고 싶은 지역·도시 만들기라는 형태로 그 범위를 확대하고 2010년부터 본격적인 행정의 지원이 시작되자 2012년 서울시는 시의 핵심 정책으로 채택한다.

마을만들기 사업은 보수·개혁을 떠나 일종의 블루칩으로 인식되었지만 과연 마을만들기가 시민사회·공동체를 강화시키는가에 대한 비판들이 제기되기 시작한다.

박주형은 현재 사회의 흐름을 얼룩덜룩한 신자유주의 전략으로 분석하며 마을만들기 사업이 시민(주민)을 기업가적으로 주체화하는 전략이라고 이야기한다(박주형, 2012). 하승우 역시 서울시의 마을만들기 사업에 대한 분석을 통해 이 사업이 과연 시민의 자발성을 강화하고 행정중심의 시스템을 변화시킬 수 있는가에 대한 의문을 제기하고 있다(하승우, 2013).[8]

그리고 경제적인 측면에서도 사회에 대한 부분을 강조하는 '사회적 경제' 담론이 유행하기 시작하고 이 담론은 마이크로 파이낸스, 사회적 기업, 협동조합, 마을 기업 등의 정책으로 구체화된다.

사회적 경제는 방글라데시에서 소액금융대출로 빈민들의 자립을 달성한 그라민은행의 창시자인 무함마드 유누스가 노벨상을 받게 되

8 하승우는 서울시 마을만들기 사업에 대해 다양한 측면에서 질문을 제기하고 있다. 먼저 서울시의 행정이 변화하고 있는지 그리고 지방자치와 적절한 분권을 하고 있는지 그리고 행정의 조급함은 없는지 등 과연 마을만들기 사업에서 행정이 변화했는지를 묻는다. 좀 더 근본적인 질문으로는 인구밀도가 높고 인구이동이 심한 서울에서 마을만들기는 무엇인지, 자원이 특정 지역에 집중되는 것은 아닌지 그리고 모든 활동이 마을만들기 활동이어야 하는지, 즉 우리의 마을에 대한 분석과 진단 그리고 뿌리에 대해서 질문을 제기해야 한다는 것이다(하승우, 2013).

면서 전 세계적으로 주목받기 시작했다. 사회적 경제 담론은 이윤의 추구보다는 사회적 가치를 중심적으로 추구하고, 시민들 특히 가난한 사람들의 참여를 통해 자립을 추구한다는 것에 초점이 맞춰져 있다.

그런데 '사회적' '경제'는 그 명칭에서 보듯이 사회와 경제를 접합하는 것인데, 사회적인 질서 속으로 경제를 배태시키는 것이냐 아니면 경제적인 측면에서 사회조차도 재편하는 것이냐에 따라서 전혀 다른 방향으로 나아갈 수 있는 불안정한 담론과 실천이라고 할 수 있다. 앞에서 예를 든 그라민은행이 출범하게 된 마이크로 크레딧은 정부나 국제금융기구의 지원, 50%-100%에 이르는 살인적 이자율, 운영자들의 부도덕한 운영 등으로 인해서 많은 수의 빈민들의 작은 돈까지도 자본으로 끌어들이는 금융시장이 되어갔다(Sinclair, 2015).9 아직까지는 실험 중에 있는 상태라고 할 수 있는데 사회적인 주체들이 부족한 자원과 시장의 경쟁이라는 상황에서 어떻게 자발성과 책임을 기반으로 하여 협력과 상생의 가능성을 만들어낼지는 좀 더 면밀한 분석과 전략이 필요할 것이다.

바바라 크룩생크는 위와 같은 신자유주의적 주체 만들기의 맥락을 자유주의 통치술의 변화로 분석한다. 복지, 가난한 사람들을 위한 방법인 임파워먼트 전략이 빈민에 대한 통치개입전략의 일환으로 사용될 수 있음을 미국 사회에서의 복지정책에 대한 분석을 통해 지적하고 있다. 자활, 임파워먼트는 한국 사회의 1990년대 이후 등장한 민간중심의 지역운동 개념에서 핵심개념이라고 할 수 있다. 1960년대 미국

---

9 제3세계에서 마이크로 파이낸스 제도가 빈민들을 착취하는 금융시장이 되어가는 부분에 대해서는 휴 싱클레어의 『빈곤을 착취하다』에 자세히 드러나 있다. 또한 라미아 카림의 『가난을 팝니다』에서는 마이크로 파이낸스를 주도하는 NGO와 국제원조기구들이 제3세계 여성들의 수치심을 이용해 대출금 상환을 강요하는 상황을 통치성 개념을 통해 폭로하고 있다.

정부는 '빈곤과의 전쟁'이라는 프로그램을 진행하였다. 크룩생크는 '빈곤과의 전쟁' 프로그램이 다양한 형태의 주민들을 '빈민'이라는 범주로 창출하였고, 이렇게 창출된 '빈민'은 프로그램에 참여하기 위해서 스스로 그 범주 안에 포함되었어야 했으며, 결핍된 주체-빈민을 위한 이해관계를 피력하고 자조시킬 수 있는 전문가 집단이 구성되었다고 주장하였다. 그래서 정책의 성공여부와 상관없이 임파워먼트 전략은 빈민을 등장시켰고 그들의 활동의지를 결정했다는 측면에서 자유주의 통치 전략으로서의 의미를 가지게 된다고 분석하였다(바바라 크룩생크, 2014, 251).

푸코의 '통치성' 개념10을 적용한 이러한 분석은 앞에서 이야기한 마을만들기의 주체화 전략에도 적용해볼 수 있다. 자본주의와 자유민주주의는 자신들의 질서의 운영과 유지를 위해 이에 참여할 시민-주체를 창출해야 하고 이를 위해 다양한 테크놀로지를 만들어낸다. 자활, 임파워먼트 담론 역시 신자유주의 상황 속에서 변화하기 위해서 빈민-주체를 창출해내고 스스로 자활 의지를 만들어내도록 규제하지만 실패할 경우 그 책임은 빈민에게 돌아가는 것이다.

이와 같이 1990년대는 민주화 이후 다양한 사회운동들이 전문화 제도화되어 갔다. 과거 사회운동의 영역이었던 부분이 법적으로 제도화되었고 한국 사회에 신자유주의가 본격화되면서 제도화와 전문화

---

10 프랑스 철학자 미셸 푸코의 통치성(Governmentality) 개념은 신자유주의 시대의 권력 통제 방식을 설명하는 핵심적 용어이다. 푸코는 자본주의 이전에는 권력의 통치 방식이 훈육권력(disciplinary power)이었는데, 자본주의와 자유주의가 결합한 현재 시점은 개인의 육체, 삶, 영혼까지도 통치하는 생권력(bio power)으로 변화·발전했다는 것이다. 자유주의 통치술은 개인이 자유롭고 합리적이라는 논리 하에 다양한 사회적 영역에서 스스로를 제어하고 계발시키는 자아기술을 만들어낸다. 국가나 자본은 스펙, 역량, 평생교육, 유연화, 다이어리, 자격증, 기업가적 자아와 같은 통치를 위한 다양한 담론들과 장치들을 유포시킨다(나일등, 2007).

는 저성장 시대의 통치전략과 점차 연결되게 된다고 할 수 있다.

3. 1990년대 이후의 한국 CO운동의 전개

1) 도시빈민지역운동론의 전개

1970년대 시작되었던 한국의 CO운동은 하느님의 선교론에 의한 민중선교에서 알린스키와 프레이리 이론의 수용에 따른 지역사회 조직화로 그리고 1980년대는 변혁운동 이론의 영향을 받은 빈민운동으로 불리면서 진행되었다. 1980년대 후반 6월 항쟁과 연이은 철거반대 투쟁을 중심으로 한 서울지역철거민협의회의 탄생(1987년 7월)과 앞서 이야기한 지역운동론의 등장은 빈민운동으로 하여금 새로운 운동론을 모색하게 만든다. 물론 시기적으로 차이가 있기는 했지만 기본적으로 CO운동은 지역에 기반하고 주민들 스스로의 힘으로 자신들의 문제를 풀어간다는 것을 기본원칙으로 삼고 있었다. 1980년대 변혁운동은 도시빈민운동에게도 지역을 넘어서 전체 사회 변화를 위한 (변혁적)운동을 사고하게 했고 이 논의들은 도시빈민운동에 대한 담론 논쟁으로 이어졌다. 이 과정에서 CO운동 그룹은 1990년대로 들어서면서 '도시빈민지역운동론'이라는 운동론을 채택하게 되는 과정을 거치게 된다. 알린스키로부터 영향을 받은 지역사회 조직운동이 계급적, 정치적 성격이 강해진 도시빈민운동과 결합해 다시 '지역'이라는 주제를 찾게 되었다고 할 수 있다.

도시빈민운동 그룹은 1989년부터 1993년에 걸쳐서 총 4번에 걸친 '도시빈민지역운동론'에 대한 토론회를 거치게 된다. 당시 이 논의를 출발하게 된 배경으로는 철거투쟁의 한계에 대한 인식과 빈민운동의 총체적 전망을 재정립하는 것에 대한 필요로부터 출발했다고 할 수 있다(도시빈민연구소, 1989). 즉 재개발 사업이 퇴조되고 영구임대주택이 명시되는 등의 주거권 정책의 변화로 철거투쟁을 중심으로 한 도시빈민운동이 점차 어려워질 것이라는 판단이었다. 그리고 철거싸움을 통한 조직화·의식화 사안에 대한 한계를 느끼면서 빈민운동에 대한 새로운 정립의 필요성을 느낀 것이다. 토론회 내용 중의 일부는 이러한 상황을 잘 드러내고 있다.

> 철거싸움은 많은 선진대중을 배출했고, 그들은 여전히 철거민 대중조직 속에 남아 변혁의 순간을 고대하며 열심히 싸우고 있지만 그러나 그보다 몇 십 배 많은 대중들이 제 갈 길로 흩어졌다. 떠나간 사람들을 우리는 조직으로 담아내지 못했다. 밑으로 튼튼한 뿌리를 내린 조직이 없이는 승리를 기약할 수 없다(권춘택).

또한 군부정권이 물러가면서 많은 운동들이 합법화, 공개화되고 노태우 정권이 민중운동에 대한 가시적인 억압전술이 아닌 비가시적인 유화전술로 나온 것도 운동론을 정립하게 되는 중요한 계기가 되었다. 토론회에서는 대표적인 개량화 정책으로 주거환경개선사업, 아동복지법 제정, 도시지역의료보험, 지방자치제 등을 검토했다(도시빈민연구소, 1989).

토론회에서는 먼저 1980년대 후반부터 등장한 '지역운동론'을 검토하는 작업을 통해서 도시빈민지역운동이 어떤 차이와 정체성을 가지는 지에 대해서 정립한다. 6월 항쟁을 통해서 본격화된 지역운동론 그리고 도시사회운동이론, 주민운동론 등에 대한 검토를 통해서 '기존의 다양한 도시빈민운동을 통해 하층연대를 만들어내고 이를 기반으로 '지역'에 기반을 둔 제반 운동세력을 통합해내는 상층연대를 만드는 것'으로 그 가닥을 잡는다(권춘택, 연도미상). 즉 지역주민운동을 기반으로 하되 계급적 성격을 가진 지역부문 운동으로서의 의미도 동시에 가져가야 한다는 것이다. 또 대중의 정서에 맞고 합법성을 띤 낮은 차원의 주민 자치조직이 시급하다고 판단한다(도시빈민연구소, 1989).

빈민진영의 대토론회는 도시빈민지역운동론이 "1970년대 알린스키 방식에 대한 연구와 한국 적용가능성에 대한 비판적 검토, 제3세계(특히 필리핀) 주민운동에 대한 연구와 분석 그리고 한국 사회성격과 주체적 조건에 대한 총체적 재검토 속에서 이루어진 것"이라고 이야기한다(도시빈민연구소, 1990). 이는 과거부터의 빈민지역에서 이루어진 활동 담론에 국본 구 지부 이후 지역운동론에서 이야기한 상층-하층의 통전적 지역운동 개념을 결합한 것이라고 할 수 있다.

그 과정(경로)으로 먼저 지역을 생활권을 중심으로 한 개동 내지는 몇 개동을 하나의 단위지역으로 정하고 그 단위지역을 중심으로 국본의 구 지부와 같은 과도기적 형태의 '주민자치위원회조직'(위원회식 주민조직)을 만드는 것으로 삼았다. 또한 도시빈민지역운동은 계급성을 띤 정치적 요구와 결합되는 운동이 될 수밖에 없음을 규정하고 있다(도시빈민연구소, 1990). 그래서 도시빈민지역운동은 일종의 사회운동의 지역 근거지로 민주화운동과 같은 큰 사회변혁운동이 일어날 때 힘을 실을 수 있는 지구 단위 자치조직의 중심으로 설정했다. 논의의 과정에서 그동안 도시빈민운동에서 지역을 토대로 한 다양한 센터들의 활동이 바탕이 되었고, 특히 주민중심의 조직이 꾸려지고 있는 난곡(난협), 하월곡동(우발추) 등이 시범모델로 주목받게 된다. 이 논의의 과정에서 1991년 지방자치가 시작되었고, 지역정치에 대한 부분도 중요한 과제 중의 하나로 설정되었다.

도시빈민지역운동론의 세부적인 전개내용은 생활권으로 묶을 수 있는 1-2개 동(洞)을 근거로 해서 그 지역에 있는 주민·활동가들을 총 규합하여 주민이 중심이 되는 주민회를 만드는 것을 목표로 했다. 이를 위한 단계 설정으로 먼저 지역에 있는 선진 주민대중이나 활동가 집단 또는 단체가 중심이 되어 과도기적 협의체를 구성하고 이 과도기적 협의체가 중심이 되어 주민을 위한 사업과 활동을 펼쳐나간다. 이를 위한 지역적 재편을 위해서 계층적 조직과 직업별 조직을 건설한다. 계층적 조직은 청소년, 청년, 장년, 여성(어머니회) 등으로 구성하고 직업별 조직은 예를 들면 일용건설 노조(이하 일노)와 같은 동일업종에 일하는 주민들을 노조 형태로 묶어내는 형태였다. 주민조직을 건설해 나가는 경로와 과정은 아래의 그림을 통해서 알 수 있다.

이러한 주민조직 건설 과정에 기반을 두고 1991년 정도부터 각 지역에서 이 과정을 진행하게 되는데 한 지역에서 진행했던 1년의 과정을 보면 다음과 같다.

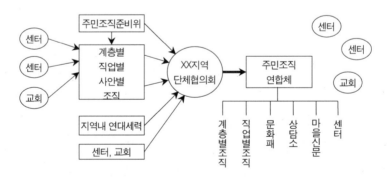

(도시빈민연구소, 1992, 59, 도시빈민운동론 3 중 그림 4)

봉천 5, 9동

1. 들어가면서 …

그리고 이러한 노력의 결과 "봉천 5,9동 지역발전추진회"라는 자주적인 주
민들의 대중조직을 건설하였고 지역주민들의 생활상의 불편함을 해소시
켜 나가는 사업과 민주의식을 고양 발전시켜나가는 사업에 적극 단결 동참
함으로써 92년 새해를 맞이하는 지금 "봉천 5,9동 지역발전추진위원회"는
지역내 어떤 관변단체 못지않은 주민 영향력을 가지게 되었다. …

2. 사업 내용(표는 일련의 과정들을 핵심 내용 중심으로 요약)

시기	활동 주요 내용
1991년 1월	/봉천 5, 9동에 살면서 동네를 위해 개별적으로 센터활동을 하고 있던 탁아소, 공부방, 교회 등의 실무자들과 지역의 소수대중들의 만남 /'자주적인 대중조직을 어떻게 건설할 것인가'라는 문건을 통해 대중조직에 대한 이해 공유
2월	/지역문제에 대한 조사 진행 /지역모임에서 봉천 5, 9동 주민들의 생활실태가 아주 열악하고 영세민이 많으며 특히 자녀들의 교육문제, 노인문제 등이 지역사업의 중심적인 일이라고 합의함. 이의 극복을 위해 상시적인 조직으로서 '봉천 5,9동 지역발전 추진회'를 결성해 나가기로 함
3월	/마을버스 요금이 불법으로 인상된 채 운행이 되고 이에 대한 주민들의 정당한 항의가 묵살되자 지역모임에서 마을버스 요금인하방침을 세우고 적극 대처하기로 함. 주민들을 상대로 가두 서명운동 전개
4월	/위원장, 부위원장을 중심으로 총무부, 지역개발부, 교육홍보부를 두기로 함 /주민들에게 생활정보 및 지역소식들을 전달하면서 「지발추」를 알려나갈 수 있도록 마을신문 발행에 합의
5월	/마을신문 발간 / 각 부서별 체계 정립노력
6월	/지발추 사무실 나눔의 집에 개설 / 지역의 건전한 문화정립을 위해 단오한마당 주관

시기	활동 주요 내용
7월	/지발추 체계가 아직 제대로 잡혀지지 않음에 따라 지금까지의 활동을 주비위 활동으로 규정하고 창립준비위 발족시키기로 합의
8월	/지발추 준비위 교육
9월	/봉천 1동 천주교회 청년회, 마을청년회장 등과 장마 때 집수리, 방역사업
10월	/지역발전추진회 창립 / 농산물 직거래사업(쌀, 배추, 무)
11월	/불우이웃돕기운동 / 고지대 연탄배달사업, 달력사업
12월	/마을신문 창간호, 2, 3호 발간 / 신대방동 철거민 지지방문

(도시빈민연구소, 1992, 24-26)

이러한 과정들은 대부분의 지역에서 비슷하게 진행되었고 도시빈
민지역운동론에 동의한 도시빈민운동 그룹은 10개 지역(도봉, 신림10
동, 삼양정릉, 봉천5, 9동, 시흥2동, 금호행당, 난곡, 봉천3, 6동, 상계, 하
월곡)에서 운동론에 근거한 활동을 시작하고 이 활동에 대한 교류와
연대를 위해서 서울빈민지역운동연대회의(이하 연대회의)를 결성하
게 된다(연대회의, 1992). 각 지역에서는 주민조직을 만들기 위해서
먼저 활동가나 단체가 중심이 되어 계층별, 직업별 조직화를 위한 프
로그램을 실시하게 된다.

예를 들면 아동과 청소년을 위한 공부방, 지역 청년들을 대상으로
한 도서관이나 청년강좌(또는 민중교회) 그리고 어머니학교, 자모회
등은 지역여성들을 위한 프로그램을 대부분의 빈민지역에서 진행하
였다(물론 이 시도들은 계층별 조직화를 위해 개발되었다기보다는 기존
에 진행되어 왔던 것들을 재배치하고 다른 지역으로 확장시켰다고 하는
것이 더 정확할 것 같다). 또한 일노와 생산공동체들은 직업별로 주민
들을 조직화하기 위한 방법으로 시도되었다(대표적인 업종이 봉제, 건
설). 이와 함께 다양한 지역주민들을 묶어내기 위한 연대활동으로 마

을신문 만들기, 노래자랑, 단오축제와 같은 행사들을 진행하였다. 마을 신문 만들기를 위해서는 연대회의 차원에서 신문 만들기 교육을 진행하기도 하였다. 주민 노래자랑 행사는 문화라는 매개를 통해서 광범위하게 지역의 주민들을 모아낼 수 있는 좋은 방법 중의 하나였다.

1992년 총선과 대선을 맞아 전빈협과 서울빈민지역운동연대회의는 지역을 한 데 모으고 정책을 제안하며 선거운동 결합을 통해 빈민운동 진영의 정치력을 발휘할 수 있는 활동을 펼치게 된다. 1987년 6월 항쟁을 통해서 군사독재정권이 물러났고 처음으로 지방자치제의 실시가 된 분위기 속에서 빈민운동 진영은 적극적으로 선거에 개입하게 한 것이다. 각 지역별로는 주로 공정선거감시단 활동을 통해서 부정선거를 감시하고 왜 선거가 중요한지 그리고 선거를 통해서 어떻게 지역을 변화시킬 수 있는지에 대해서 교육과 직접적인 활동을 펼쳤다.

그러나 도시빈민운동 대토론회를 통해서 정립된 빈민지역운동은 현실에서 성공적인 주민조직을 만드는 데 한계를 보이기 시작한다. 대부분의 지역이 단체, 활동가들, 일부 선진주민이 모이는 (단체)협의회 조직, 주민회 준비위 조직까지는 결성을 하였지만 이를 넘어서는 주민 중심의 주민조직을 만들어내지는 못했기 때문이다. 일부지역(난곡)의 경우 주민지도력이 채 형성되지 않은 상황 속에서 지방자치제를 통해서 선출된 주민(활동가) 출신 의원 활동과의 불균형과 갈등 속에서 주민조직을 만드는 데 실패했다. 또한 어떤 지역은 준비위 상황에서 갑작스런 재개발의 추진(움직임)으로 인해서 와해되기도 하였다. '도시빈민지역운동론'으로 불리는 대토론회 작업은 3회에 걸친 논의로 정리되면서 진행되었고, 1992년 대선 이후인 1993년에 그동안의 토론내용과 진행된 경과에 대한 자리를 가지게 된다.

이 토론회에서는 운동론 정립을 통한 내용들이 다소 지체되거나 실패한 경험들이 논의되기 시작한다. 많은 지역들이 동모임을 꾸리기는 했으나 불안정하였고 활동가 협의체 정도를 유지하는 것으로 보고하고 있다. 그리고 이런 불안정함의 원인으로 각자의 생각들의 차이, 활동가들의 주체적 인식의 부족, 주민지도력의 미성숙을 꼽고 있다 (도시빈민연구소, 1993). 1993년 토론의 발제문에는 이에 대한 평가들이 잘 나타나 있다.

활동가들의 각자 객관적 조건과 주체적인 의식의 문제

우리는 그동안 (활동가의) 자주성 고양을 위해 기울인 실천 노력이 대단히 즉흥적이고 편린적이었다는 사실을 고백합니다. 예를 들어 그저 자료집을 만들고 그냥 토론회를 열면 또는 '연대회의'를 꾸리면 다 되는 걸로 잠시 착각했습니다. … 뿐만 아니라 몇 년 일한 활동가에게도 지속적으로 재교육을 할 필요가 있었습니다. 대개 이들은 일상 활동에 파묻혀 있습니다. 그러다 보면 자연히 타성에 젖기 쉽고 스스로 지치기도 합니다. 그런데 운동을 하려면 점점 전문화되어야 한다고 말합니다. 세상은 무서운 속도로 변화해 나가고 복잡 다단해가는데 그저 소박한 뜻과 마음 하나만으로는 더 이상의 자기발전도 자아실현도 어렵습니다. … 그래서 지금 하고 있는 모든 일에 덧붙여 지역현장의 활동가들에게 다소 의무적인 교육훈련이 빈민지역운동의 전체 자원에서 이루어지는 것이 긴요합니다.…

주민지도력의 운동적 미성숙

그런 가운데 우리 지역운동에서도 어렵게나마 지역에서 의식 있고 건강한 주민을 찾아내 왔습니다. 동모임이 만들어지면서 이들 주민지도력 역시 결합되어 지금은 대개 모임의 좌장 노릇을 하고 계십니다. 그런데 이 분들과 잘 결합되어 있어야 할 관계가 의외로 잘 풀리지 않고 있습니다. … 활동가와 대중 간에 발생하는 문제의 전형은 이렇습니다. 대부분의 경우 선진적 대중은 지역 활동을 하는 가운데 자신이 중요하다고 생각하는 사업에 대해 활동가들이 역량을 집중해주기를 기대, 요구하게 됩니다. 그런데 활동가들이 나름대로 무슨 이유가 있어 그렇게 붙어 주지 못할 때 – 그럴 때가 몇 차례 누적될 때 – 마침내 불협화음이 일어나게 됩니다. … 주민지도자들이 아직 운동화되지 않았다는 건 이런 겁니다.…운동은 혼자 하는 게 아니기 때문입니다. 합리적인 판단과 민주적인 의사 결정 과정을 이끌 수 있어야 합니다.… 이런 걸 지도력이라고 했을 때 이걸 갖춘 분이 지도적 주민입니다. 아직 우리 주민들에겐 이런 지도력이 부족한 듯합니다. 그런데 이런 지도력은 그저 활동가들과 어울리고 대화하고 회의를 같이 한다고 해서 저절로 생겨날 것 같진 않습니다. 이 역시 우리 전체의 이름과 힘으로 지도력 양성훈련을 계획하고 조직하고 실시함으로써 주민지도자들을 운동화 시켜야 합니다.

(도시빈민연구소, 1993, 3-5.)

이호 역시 다양한 이해관계로 모인 주민들이 주민조직이라는 단일성으로 가는 구도 자체가 무리가 있다고 평가하면서 재개발을 통해 공간 문화적 변화를 고려하지 못한 것도 한계라고 이야기한다(이호, 1994, 1995 참조). 1970년대 후반부터 시작된 교회 중심의 전략·정착 전략이 1980년대를 지나면서 다양한 센터·프로그램의 형태로 뿌리를 내렸지만 철거와 같은 중심 이슈가 없는 상태에서 '지역의 구심'을 만들어내기가 쉽지 않았다는 것이다. 또한 활동가들은 각자가 맡은 센터에서 활동을 진행하려는 힘이 작용하고 철거운동 이외에서 주민지도력을 쌓아 갈만한 내용과 분야 또는 교육이 부족했다고 할 수 있다. 또한 도시빈민지역운동론은 지역빈민운동으로서 정확한 자기

정체성을 만들기보다는 국본 이후 진행된 상층-하층의 통일로서의
지역운동 방식을 다소 성급하게 수용했던 측면도 있었다.

　도시빈민지역운동론(도시빈민대토론회)과 주민회 조직을 위한 시
도는 1970년대 시도되었던 주민조직화의 전통을 이어받으면서 1980
년대의 철거투쟁을 통한 성과(철투를 통한 주민그룹의 경험과 성장)와
동력을 기반으로 하고 민주화와 지방자치제 실시라는 변화 속에서 지
역운동론을 수용하면서 지역주민을 조직화하려는 시도였다. 하지만
CD를 중심으로 진행되었던 전략(주민지도력의 미성숙)과 철투를 통
한 전략(급속한 사안에 대한 투쟁, 투쟁적 지도력) 그리고 철거·재개발
이라는 급속한 상황의 변화 등은 주민조직화를 어렵게 만들 수밖에 없
었다. 그리고 주민 자치조직이어야 한다고 강조했지만 상층-하층의
통일, 지역과 부문의 결합이라는 다소 큰 상에 비해 주민들의 역량을
중심으로 담아내기에는 힘들었다고 할 수 있다.

2) 교육을 통한 빈민운동의 재편: 빈민학교

　1990년대 초반의 도시빈민지역운동론은 1993년 대토론회 이후
소강상태를 보인다. 그 과정에서 '(민중)교육'을 중심으로 해 빈민진영
의 활동을 재편하자는 제안을 하게 되는데 그것이 '지역사회학교(빈민
학교)'이다. 빈민학교에 대한 제안은 1993년 대토론회(도시빈민운동
론 3 이후의 경과)에서 처음제기 되었는데 지역주민조직건설의 정체
현상을 분석하면서 "지역현장의 활동가들에게 다소 의무적인 교육훈
련이 빈민지역운동 전체 차원에서 이루어지는 것", "(주민) 지도력 양
성훈련을 계획하고 실시하는 것"의 과제 속에서 등장한 것이라고 할
수 있다. 그 제안의 중심에 허병섭 목사가 있었다.

허병섭은 1980년대 민중교육연구소의 활동으로 '민중교육'에 대한 고민을 계속하고 있었고 지식인 활동가의 한계를 느껴 직접 빈민의 현장으로 뛰어들어 '일꾼 두레'라는 생산공동체를 만들었지만 해체 국면에 있던 시기였다. 이에 대한 반성의 과정에서 허병섭은 기존의 빈민운동이 요구투쟁, 이슈에 결합하는 투쟁에 집중했으며 빈민들의 의식의 변화보다는 사건을 일으키는 운동에 집중한 것이 한계를 가진다고 이야기한다(지역사회학교, 1994). 그래서 빈민선교가 20년이 지났음에도 빈민운동의 모범과 전형을 창출하지 못했으며 빈민들이 조직화, 의식화되지 못했다고 근본적인 문제제기를 했다(사회주의권의 붕괴, 대선의 실패, 민중후보에 대한 지지도 등의 배경). 이러한 반성의 결과로 민중교육과 빈민교육을 통해 빈민들의 의식변화를 꾀해야 한다고 주장했다. 허병섭은 도시빈민운동의 역사와 개인의 활동의 역사를 반성하면서 가난한 사람들을 위한 교육이 중요함을 빈민학교의 제안서에서 이야기하고 있다.

1993년 이후의 빈민 활동을 위한 제안서 〈허병섭〉

분명한 사실은 빈민대중이 의식적으로나 인적 구성으로나 조직화되지 못하고 있다는 점입니다. 이 일을 위해서 노력을 하지 못했거나 그럴만한 역량이 부족했다는 사실입니다. 이런 사실 때문에 빈민이 힘을 갖지도 못하고, 운동의 발전이 없으며 지루하고 끊임없는 시행착오로 고뇌와 피곤에 휩싸여 있는 게 사실입니다.

…

그러한 이런 행동에 대한 반성은 조직된 주민이 일정 정도의 행동을 하지만 물거품처럼 사라진다는 점. 4-5명의 지도자만 내 주변을 맴돌고 있다는 점이고 결과적으로 주민들은 그 때 그 때의 대중행동에 이용되는 대상에 불과했다는 것. 행동의 업적은 활동가의 기념탑에 새겨지고 주민은 흔적 없이 사라지며 오늘날까지 가난의 질곡에서 벗어나지 못하고 있다는 사실입니다.

빈민을 조직하고 접하는 자세에 문제가 있다고 보았습니다.
— 빈민을 활동가의 대상물로 취급하지 말자.
— 빈민 한사람, 한사람을 소중한 인격체로 보고 각 개인에게 성실과 책임을 다하자.
— 빈민을 지식인 중심으로 조종하거나 지식인의 방향설정에 몰아세우지 말자. 그러기 위해서는 민중사실을 알고 민중을 섬기면서 민중으로 하여금 스스로 말하게 하자.
...

— 아무리 민중사실을 머리로 인식해서 머리나 입으로 프로그램으로 빈민 대중의 의식을 조직한다는 것 역시 지식인적인 발상이다.
— 빈민들은 현실적 삶에서 의식이 형성되는데 지식인 활동가는 그 삶을 살지 않고 빈민의 의식에 접근할 수 없다.
— 빈민을 인격적으로 사랑한다는 것이 삶의 자리와 무관하다면 한낱 꽹과리와 다를 바 없다
...

그래서 빈민의 삶에 뛰어들었습니다.… 나의 지식인적인 지혜란 '더불어 함께 힘을 모으면 잘 살 수 있다'는 것입니다. 또 그 힘을 모으는 방법을 나는 알고 있었고 그들은 모르고 있었으며 나는 추진력이 있었고 그들은 끌려오고 있다는 사실입니다.
빈민은 이익이 생기면 움직인다는 원칙, 일이 있으면 움직인다는 원칙에 따라 월곡동 건축일꾼두레 조직했습니다. … 그러나 2년이 지난 지금 두레

란 공동체는 해체 국면에 접어들었습니다. 다시 반성합니다.

— 돈(자본)과 일이 있으면 빈민의 문제가 해결될 줄 알았는데 그것이 아니었구나!

— 빈민의 문제 해결을 위해서는 빈민교육문제가 선결과제이구나.

…

빈민들이 강한 의식으로 무장되어 공동체를 일구어 나가야 하는데 그럴 기회가 오지 않았습니다. 그동안 빈민운동의 줄거리는 생존과 투쟁으로 이어지는 요구투쟁이었습니다. 그리고 사람대접해 달라는 것이었습니다. 그런 요구투쟁을 하는 동안 문제를 해결하기 위한 대안이 연구되지 못했고 따라서 정치화되지 못했습니다. 그동안의 빈민투쟁은 사건화하고 문제만 제기하는 운동이었습니다. … 대선의 결과를 놓고 보더라도 빈민(민중)이 이해관계나 천박한 속성, 감정적인 동조로 투표를 했다고 봅니다. …「백선본」을 지지한 사람들은 투철한 의식이 있었던 것으로 보여 집니다. 한마디로 민중은(빈민은) 정치적으로 교육받지 못했고, 자신들의 삶이 정당의 정책과 밀접한 연관이 있다는 사실을 의식하지 못했던 것입니다.…

우리가 주민에 대해서 실망하고 좌절하는 이유들도 교육이 일어나지 않았기 때문입니다. 주민들이 변하지 않고 발전하지도 않는 것은 물론, 기회주의와 이기주의에 집착된 사람들, 체념과 비굴, 자포자기와 자기학대, 이 모든 요소들을 극복하지 못하고 있는 모습들을 바라보면서 우리는 속만 태우고 번민하고 신경질만 부렸지 그들을 교육하는 방향과 과제에 대해서는 생각하지 않았습니다.

…

빈민교육에 대한 고민. 빈민학교라고 했을 때 분명한 것은 그 내용과 기능, 목표와 방법이 민중적이어야 한다는 사실. 제도권 교육이 할 수 없는 것을 민중교육으로 이룩해야 하는 것입니다. 그러므로 민중교육은 탁월한 능력과 전문성을 지녀야 합니다. 민중교육은 현장에서 일하는 우리가 실험하고 검증하여 민중교육 이론과 방법을 창출해야 합니다. (허병섭, 1993.)

그리고 허병섭은 빈민학교를 위한 내용으로 정치교육, 생산교육, 경제교육, 말하고 듣고 쓰는 교육, 문화교육, 기술교육 등을 제안했다. 이러한 학습의 과정으로 허병섭은 5단계의 학습과정을 제안하였다.

제1과정: 학습하는 주제들의 실체와 깊은 자리에서 만날 수 있도록 삶속에 나타난 여러 경험들을 노출시킨다. 그 여러 경험들을 서로 비교하고 공통점과 차이점을 찾아내어 서로의 경험을 만나게 한다(개인을 집단화하는 과정).

제2과정: 이렇게 공동화된 경험에 관하여 묻고 추구하고 알아봄으로서 그 주제가 지닌 깊이를 경험하도록 돕는다. 이 과정에서 물음, 질문, 의심을 경험하는 것이 중요하다. 그때에 비로소 깨달음이 시작된다(집단을 통해서 깨닫는 과정).

제3과정: 이 깨달음을 토대로 작은 실천계획을 수립하고 추진해 나간다. 이 실천 결과를 놓고 평가해 본다. 이 과정은 여러 차례 반복될 필요가 있다(집단을 실천으로 유도하는 과정).

제4과정: 반복된 실천과 반성을 통해 깨달은 바를 정리하고 집약하며 각성자의 경험을 잡아 지도자상을 세운다. 지도자로서의 자질과 능력을 훈련하고 이 학습과정을 통해 얻은 능률을 다시 실현하게 한다(집단속의 개개인을 육성하는 과정).

제5과정: 훈련받은 주민 지도자에게 새로운 주제를 주고 지금까지의 과정과 같은 실습을 하게 하면서 활동가의 역량을 키워준다(활동가로 육성하는 과정). (허병섭, 1993.)

이 제안은 '교육'이라는 과정을 통해서 그간의 빈민지역 활동을 재편하자는 제안이었으며 내용 속에 빈민운동의 부분적 내용들을 통합해 내자는 내용으로 볼 수 있다. 빈민학교는 토론과 동의를 거쳐서 '지역사회학교'라는 이름으로 진행되었다. 1994년부터 진행된 지역사회학교는 생산공동체 분과, 지역사회개발분과, 지역정치분과, 장년교육분과, 청소년 문화분과 총 5개 분과로 진행되었고 분과들을 묶어내는 강좌로 금요강좌가 진행되었다. 지역사회학교에서 각 분과별로 진행된 내용을 정리하면 다음과 같다.

분과 및 강좌명	주요내용	운영방식과 특징
생산공동체분과	기술교육, 노동교육, 생산공동체, 협동조합	공동체운동을 하는 사람들 간의 정보교류
지역사회개발분과	재개발, 세입자 교육	주거권 문제를 중심으로 진행
지역정치분과	지방자치제, 바닥정치	도시연구소와 공동진행
장년교육분과	활동분석, 빈민이해, 교육론	성인기초교육에 대한 검토가 있었으나 얼마가지 못해 모임을 진행하지 못함
청소년 문화분과	청소년 관련 토론	공부방 활동가를 중심으로 진행
금요강좌	당면문제들에 대한 토론	

생산공동체 분과는 직접 생산공동체를 운영하고 있는 주민들을 중심으로 협동조합이나 은행대출, 협동경영 방식 등 정보교환을 하는 방식으로 진행되었다. 지역사회개발분과는 당시 진행되고 있던 재개발 지역들을 중심으로 재개발 대응방식이나 세입자들의 교육을 어떻게 진행할지에 초점을 맞추었다. 지역정치 분과는 도시연구소와 함께 지방자치제와 관련된 내용이나 『서울연구』와 같은 연구 성과물들을 학습하는 내용으로 진행되었다. 장년분과는 주민들의 개인활동사를

중심으로 가난한 사람들을 어떻게 이해하고 교육적 대안을 세울 것인 가를 중심으로 해 프레이리의 페다고지나 성인교육론에 대한 세미나 를 진행하였다. 이 과정으로 빈민들의 기초학습능력(쓰기, 읽기, 말하 기, 듣기, 셈하기)이 중요하고 개인의 품성이나 가치관을 정립할 수 있 는 프로그램이 필요하다는 결론을 도출하기도 했다. 청소년 문화분과 역시 공부방을 중심으로 해 청소년 심리, 문화, 동아리활동 등을 주제 로 토론을 진행했다. 금요강좌의 경우 각 분과활동 참여가 저조해지는 상황에서 당면한 문제에 대한 진단과 성찰을 중심으로 진행되었다.

지역사회학교는 '도시빈민지역운동론'에 근거한 활동들이 소강상 태를 보인 시기에 빈민운동을 교육으로 재편해보려는 시도였다고 할 수 있다. 기존에 진행된 빈민활동들을 주제와 대상으로 나누고 그 분 과에서 내용을 잡아가는 방식이었다. 하지만 1년이 지난 총회에서 보 고된 결과를 보면 이 또한 활성화되지는 못했다. 점차적으로 참여인 원이 줄어들고 어떤 분과는 아예 모임을 진행하지 못하는 상태로 있었 다. 이후 1995년을 넘어서면서 지역사회학교는 더 활성화되지 못하 고 새로운 교육지원체계(주민운동정보교육원)를 만드는 것으로 이후 논의가 진행된다.

지역사회학교는 출발단계에서 몇 가지 한계를 가지고 있었다고 할 수 있다. 첫 번째로 지역사회학교가 시도하려 했던 '교육을 통한 빈민 운동의 재편'에 따르는 공감이 부족했다고 할 수 있다. 제안자인 허병 섭은 민중교육연구소와 다양한 실험들을 통해서 교육이 가지는 중요 성과 과정의 방법들을 이해하고 있었지만 다른 구성원들은 공감이 부 족했다고 할 수 있다.

허병섭의 최초 제안 이후 열린 토론회에서 활동가들은 빈민학교의 제안에 대해 "지식인의 교육을 위한 형태, 조직화를 하기 위한 교육,

교육을 위해서는 생산협동조합과 같은 매개가 필요, 정치를 위한 빈민학교" 등 다양한 상들과 문제의식들을 가지고 있었다(허병섭 선생님 발제에 대한 토론정리, 1993). 또한 기존의 관행상 활동가가 대부분 중심이 되었고 활동가들은 센터의 활동이 있는 상태에서 또 하나의 활동에 집중할 수 없는 환경이었다. 두 번째로 교육의 중심이 되어야 하는 빈민(주민)들이 배제되었기 때문이다. 지역사회학교의 위상이 애초부터 활동가 중심이었다면 활동가교육으로부터 진행되어 주민교육으로까지 이어지는 과정을 생각했어야 했다. 반대로 주민 중심이었다면 주민들의 문제의식과 의식수준에 기반을 둔, 주민들이 학습하는 형태로 진행되었어야 했다. 하지만 지역사회학교는 출발과정에서 이런 구분을 두지 않았다. 그러다 보니 내용을 잡는 단계에서 주민들의 언어, 생활, 문화에 대한 조사와 이에 기반을 둔 내용의 작성과정을 거치지 않았다. 이는 빈민학교의 추진방향과 일정이 지방선거, 총선, 대선과 같은 정치적 일정을 고려한 것에서도 드러난다고 할 수 있다(지역사회학교, 1993a).[11]

---

11 빈민학교의 추진 일정 계획표

단계	연도	구분내용	비고
경험 단계	91-92	3 기초선거 6 광역선거 4 총선거 12 대선	지역운동론 1,2,3 후보 선거운동 및 지역 공감단 활동
제1차 계획	93	빈민학교 준비 및 실천 검증	— 지역운동론 4 준비 조직 — 빈민활동가 학교 개설 및 각 분야별 전 문활동
	94-95	(바닥정치 실현) 기초, 광역, 단체 장 선거	— 본격적인 빈민학교 가동 정치, 경제, 문화, 과학기술, 생산, 청소 년 교육 등 소단위별 전문교육 (1차 목표연도)
제2차 계획	96, 97~2000 (5년)	총선 대선	—1차 년도 목표 실천 내용분석 및 새교육 기법 개발 실천(2차 목표 년도)

빈민학교라는 모토를 세운 지역사회학교는 1990년대 초반 도시 빈민운동론이 소강상태를 보이고 뚜렷한 활로를 찾지 못하고 있는 상태에서 교육이라는 주제로 빈민운동 진영을 모아내려는 시도였다. 1980-1990년대로 이어지는 조직화 중심의 한계를 의식화를 통해서 새로운 활로를 찾으려 했던 것이다. 이는 철거투쟁 이후의 CO운동이 장기적 전망을 가지지 못한 채로 주민들의 조직화에 실패하면서 빈민 주체들이 스스로 말하고 행동하는 데 어떤 한계를 가지고 있고 그것을 극복하기 위해 교육(의식화)이 필요함을 인식한 시도라고 할 수 있다. 이 시도에는 빈민운동의 활동들을 주제로 다루었을 뿐만 아니라 어머니학교를 중심으로 진행되어온 기초교육을 사회교육, 평생교육이라는 시각에서 주목하려 했다. 하지만 장년분과가 조기에 이루어지지 못하고 구성원이 지역 활동을 병행하는 활동가 중심이 되면서 동력이 떨어질 수밖에 없었고 연이은 선거라는 정치적 활동에 섣불리 연결시키면서 대중성을 확보하지 못한 상태로 빈민운동은 정체되어 갈 수밖에 없었다.

3) 지역공동체운동의 활성화

앞에서 보았던 한국 CO운동의 내용들이 주로 이슈를 통해서 조직화하거나 교육활동을 통해서 의식화하는 내용이었다면, 여기에서 살펴볼 통합적 지역공동체 형성 활동은 의식화와 조직화를 통합하려 한 시도라고 할 수 있다. 앞에서 살펴본 조직화 활동은 주로 알린스키 모델에서의 갈등-대치 전술을 통한 이슈 파이팅의 형태였다. 그리고 의식화 활동 역시 조직화를 위한 교육이나 대중교육적 활동으로 공동체를 형성하고 대안을 만들어가는 활동과는 차이가 있다고 할 수 있다. 여기에서 살펴볼 지역공동체 활동은 단편적인 조직화나 의식화 활동을 넘어서서 대안적인 새로운 공동체를 만들어나가는 측면에서 현실과 대안에 대한 평가와 학습, 공동체 형성을 위한 구체적 실천 그리고 새로운 대안문화를 위한 대화·소통·문화의 창조와 같은 통합적인 면을 가지는 활동이라고 할 수 있다. 이러한 지역공동체 활동은 주거공동체, 생활공동체, 교육공동체, 복지공동체와 같은 주제별 공동체 활동으로 나타나기도 하며 지역을 근거로 한 주민공동체, 주민조직 건설이라는 종합적인 형태로 나타나기도 했다. 이러한 지역공동체 활동은 특정 시점에서는 이슈파이팅을 진행하고, 그 근간에는 다양한 대중교육활동들이 존재하며, 새로운 대안 형성을 위해서는 끊임없는 새로운 학습과 실천이 필요한 의식화와 조직화, 사회운동과 교육의 관계들을 다양하게 탐색할 수 있는 활동내용이라고 할 수 있다.

한국의 CO운동은 1970년대 이후부터 지역사회 조직화와 함께 지역사회 개발이 함께 진행되었다고 할 수 있다. 정치적 탄압에 의해서 교회 중심의 조직화 전략 속에서 다양한 지역사회 개발 활동이 전개되었다. 그중에 활성화되었던 것은 협동조합 활동과 교육·복지적 활동이라고 할 수 있다. 협동조합 활동은 신협, 의협, 생활협동조합의 형태로 진행되었고 1980년대를 지나면서 빈민들의 생산 영역까지 확대된다. 그리고 교육·복지적 활동 역시 야학과 탁아소로부터 시작해 공부방, 도서관, 어머니학교 등으로 확산된다.

1990년대의 이 활동들은 '공동체'라는 이름으로 발전하면서 다양화·전문화되고 빈민 지역에서는 '지역공동체'라는 이름으로 발전하게 된다. 도시빈민 지역 운동론의 논의에서 본 것처럼 천주교 쪽에서는 난곡과 복음자리로부터 전개된 공동체 운동에 대한 뿌리와 시도가 있었다. 그리고 80년대 후반을 넘어서면서 천도빈을 중심으로 기초공동체 운동에 대한 탐색과 소모임운동론을 통한 지역공동체 운동으로 이어진다. 또한 개신교 쪽에서는 기빈협이 '몬드라곤 공동체'에 대한 영향과 분석을 통해서 생산공동체의 논의와 시도로 발전하게 된다(최인기, 2012).

1990년대를 지나면서 빈민운동은 지역운동론, 지역사회학교 등의 구심점을 만들어내려는 작업을 진행했지만 대부분이 성공을 거두지 못하고 점차 내용적으로 분화·발전되면서 다양한 공동체(생산공동체, 교육공동체[공부방, 어머니학교], 문화공동체[도서관], 소비 공동체, 주거 공동체)의 형태로 변화·발전하게 된다. 생산공동체 운동은 개신교 쪽에서 먼저 진행되었다. 생산공동체 운동에 앞서서 1980년대 후반 빈민지역에서 건설 업종에 종사하는 노동자들을 중심으로 1988년 영등포와 봉천동 지역에서 건설일용노조(이하 일노)가 먼저 시도되었다(도시빈민연구소, 연도미상).

일노는 1988년 난곡의 낙골교회 청년들이 중심이 되어 추진하였고, 이후 사당동 철거투쟁과정에서 연대를 통해 만났던 사람들이 봉천동으로 이주하면서 함께 추진하게 된다(민주화운동기념사업회, 2010). 일노는 건설 현장에서 일용 노동자들에 대한 권익 개선, 비합법적인 건설과정에 대한 문제제기들을 중심으로 활동하였다(도시빈민연구소, 1991).

이후 생산공동체 운동은 기빈협의 몬드라곤 사례를 접하면서 좀 더 구체적으로 시도되었다. 빈민지역에서는 1989년에 설립한 인천 십정동의 해님여성회 공동부업팀은 최초의 생산자협동조합 형태라고 할 수 있다(이호, 1997, 72). 1990년에는 인천 송림동 사랑방교회를 중심으로 두레협업사가 만들어졌고, 1991년 하월곡동의 건설 공동체 일꾼 두레, 1992년 상계동의 봉제생산 협동조합인 실과바늘, 1993년 봉천동의 건설 공동체 나섬건설 등이 만들어졌다. 그리고 1992년에는 생산자협동조합을 운영하는 책임자들이 모여 생산공동체 연대모임을 구성하기도 하였다(이호, 1997, 73).

생산공동체 운동은 기본적으로 일하는 사람들이 주인이 되어 기존

1990년대 도시 저소득층 지역의 협동조합 활동

	설립 연도	폐쇄 연도	지역	분야	비고	관련단체
두레협업사	1990	1992	인천 송림1동	봉제		생산공동체 연대모임 (1992) 노동자협동조합 연구소(1992) 생활경제 연구소(1994) (사) 자활지원 센터7
마포건설	1990	진행 중	서울	건설	본격적인 활동은 1993년부터	
일꾼두레	1991	1994	서울 성북구 하월곡4동	건설		
햇님여성회 공동부업	1989	1995	인천 십정동	부업		
실과바늘	1992	1994	서울 노원구 상계4동	봉제		
나섬건설	1993	1994	서울 관악구 봉천동	건설		
솔샘일터	1993	진행 중	서울 도봉구 미아1동	봉제		
명례방 협동조합	1993	진행 중	서울	신용조합		
나래건설	1994	1995	서울	건설		
주민협동공 동체실현을 위한금호, 행당, 하왕기획단	1995	진행 중	서울 성동구 금호, 행당, 하왕동의 재개발지역	봉제작업 장 (생협, 신용조합, 사회복지 조합 추진 중)	1996년 10월 신용조합 발기인대회	

(출처: 이호, 1996, 246)

의 하청구조를 극복하여 생산과정, 유통과정, 생산이익의 분배 등을 주체적이고 민주적으로 진행하는 것에 목적을 두었다. 그래서 일하는 사람들이 공동으로 진행하고 책임지는 방식으로 진행하였다. (이와 관련된 자세한 내용들은 허병섭의『일판 사랑판』으로 확인할 수 있다. 내용 중에 일부를 추가했다.) 허병섭이 주도한 일꾼 두레의 취지와 계획은 다음과 같았다.

— 일차적 요건
월산동의 건설노동인력을 총집결하여
각 분야별 전문가를 확보하고
우리의 공동체에 대한 신념을 가지며
새로운 형태의 기업(공생을 위한 기업)을 창출하려는 의지를 갖고
실질적인 힘을 모아갈 때이다.

— 이차적 요건
주변의 양심적 기업전문가, 양심적 인사(건축사)의 도움을 받고 주변의 양심적 건축업자의 도움을 받아야 하며 선한 뜻에 동참하려는 인사들의 경제적 도움(차용형식-무이자)을 받아야 한다.

우리 월산동에서 이 일이 성취된다면
전국의 날삯노동자들이 우리를 본받게 될 것이고
그렇게 되면 혼자 돈을 벌겠다는 사람들이 발붙일 땅이 없어지고
한국의 산업구조가 바뀌며
노동자들이 멸시를 당하지 않게 되고

사회의 가치관이 바뀌지며

새로운 사회(물질적 정신적 선진국)가 이루어질 것이다. 그래서 우리가
새로운 사회, 새로운 시대를 열어가는 선구자가 된다면 한국의 역사에 크
게 기여하는 것이 될 것이다.

― 우리의 자세

어렵다고 겁먹지 말고 노가다의 끈기와 집념으로 "하면 된다"는 적극적 자
세를 가져보자

우리의 꿈을 믿어보자. 우리의 이웃을 신뢰하자

공동체의식을 갖고 단결하자

감정을 앞세우지 말고 옳은 일과 생각을 모으자

쓸데없는 이야기나 놀이에 시간을 낭비하지 말고 건설적이고 올바른 생각
을 늘 염두에 두고 말하는 버릇과 습관을 기르자

― 목적

친교

상부상조

생활향상→안정권

노동의 천직→사명→자부심

인간다운 삶→교육, 문화, 경제적 수준 향상

기독교 신앙을 바탕으로

한국 사회에 신선한 바람을 일으킴

― 조직 범위와 대상

대상 ― 월산동의 건설노동자

범위 ─ 건축분야의 모든 영역

─ 공동체의 기본방향

건축일감(200평 이하의 건축과 수리 등)을 대량으로 확보한다

착취체계를 없앤다(오야지, 업주의 프리미엄을 없앤다)

기공과 조공의 일당을 높인다

년 250일 정도를 일한다

다른 업자보다 싼 건축비로 시공한다

부의 축적 및 자산 증식을 위한 사업주에게는 비싼 건축비로 시공한다

장기적 전망을 위하여 공동체 기금을 저축해 간다

건축 장비를 확보한다

모든 장비의 공동관리

개인주의나 이기주의적 태도를 배격한다

평등과 상부상조의 원칙에 따른다

기공을 훈련한다

방대한 공동체가 형성될 경우 건축 이외의 산업노동, 협동사업(신협, 소비
자조합, 공동구매)도 할 수 있다.

공동체가 확고부동해지면 월급제로 한다

노동시간을 단축(1일 8시간 노동)한다

노동공동체는 일정 정도의 유급 휴가, 수당도 지급할 수 있다

노동의 질적 향상을 위한 기술교육

인간다운 노동을 위한 교양학습

가정과 마을과 사회의 일원으로서 건전하고 올바른 역할을 해내기 위한 학습

엄격한 규율과 책임을 부여한다

자율과 사명감 및 의무와 의지를 기본으로 한다

건축노동에 관련된 모든 외래 용어를 우리말로 바꾼다

(허병섭, 1992, 134-136.)

하지만 생산공동체 운동은 1994년을 지나면서 쇠퇴하기 시작하는데 가장 큰 이유는 자본이 중심이 되는 효율성과 이윤추구가 우선 목표인 시장구조 내에서 경쟁력이 부족했다고 할 수 있다. 일꾼두레의 경우를 보면 초기에는 새로운 시도에 대한 주목과 지식인들의 일감 연결로 어느 정도 유지가 가능했다. 초기에 노동자들은 기존과는 다른 차원의 주체성과 자존감으로 가능성과 공동체의 중요성을 인식하게 되었다.

그러나 차츰 지나면서 일감의 확보가 쉽지 않게 되고 여러 가지 기술적인 부족의 문제 등이 발생하면서 공동체를 이탈하는 사람들이 생기고 내부적인 갈등들이 발생하게 되었다(허병섭, 1994). 공동체의 운영과정에서 생산자 협동조합이나 공동체에 대한 지속적인 교육과 내부 회원들 간의 갈등을 해결하는 소통을 진행하였지만 안정적인 일감과 소득의 보장이라는 측면이 흔들리면서 한계에 봉착했다고 할 수 있다. 그렇다고 해서 생산공동체 운동이 완전히 실패했다고 볼 수는 없다. 여러 시도들이 오랜 시간 지속되지는 못했지만 기존의 소비와 경제를 중심으로 한 공동체, 협동조합운동에 새로움을 보여주었고 이 성과들은 이후 김영삼 정부에서 1996년 '자활 사업'의 모델이 되어 계속 추진된다고 할 수 있다.

1970년대 진행된 지역사회개발 운동에서의 신협, 소비자 협동조합, 철거운동 후 재이주를 통한 정착지 운동, 1980년대를 거치면서 진행된 생산공동체 운동과 다양한 교육공동체 운동들은 1990년대에 들어와 지역을 중심으로 한 '주민공동체'라는 더 큰 범위에서의 종합적 운동으로 발전하게 된다. 가장 대표적인 사례가 금호, 행당, 하왕십리 지역을 중심으로 한 협동 주민공동체 사례라고 할 수 있다.

금호, 행당, 하왕십리 지역은 총 4개의 재개발 예정지역으로 도시 빈민 활동의 연합적인 활동이라고 할 수 있다. 행당2동 317번지(하왕 2-1 재개발지구), 행당2동 317, 322번지(금호1-6지구), 금호1가동 1337번지(금호 6지구), 하왕2동 1039번지(하왕 1-3지구)의 지역은 대부분 1993년에서 1994년 사이에 재개발 사업이 시행인가가 났고 연쇄적인 강제철거에 따른 철거지 주민들을 중심으로 하는 세입자대책위원회의 지역활동·저항활동이 진행되었다(금호·행당·하왕지역 기획단 준비위원회, 1995a, 10).

이들 지역 역시 다른 지역과 마찬가지로 1960년대부터 주로 가난한 주민들이 이주해오면서 대단위 빈민밀집 지역이 형성된 곳이다. 다른 재개발 지역과 마찬가지로 대부분 종교를 중심으로 한(천도빈 성동지구) 조직가(활동가)들이 1987년 이후부터 주민들과 함께하는 다양한 프로그램을 진행하고 있었다. 하왕 2-1 지구에는 행당배움터 공부방과 새땅놀이방이, 금호1-6 지구에는 오순도순 어린이집, 희망의 집 공부방이, 금호 6지구에는 푸른하늘 공부방, 한겨레신문 금호지국 등의 센터들이 있었다. 또한 이들 지역에도 1990년 10월부터 3년간에 걸친 5기까지 어머니학교가 있었다. 주로 글쓰기, 한글기초, 한문, 교양, 산수가 기본과목이었고 지자체, 무공해비누, 수입농산물, 선거, 환경, 여성 등의 특별강좌가 진행되었다(김형국·하성규, 1998).

각 지역별로 흩어져 있던 센터들은 도시빈민 지역 운동론의 제안에 대한 탐색을 진행하고 재개발 사업이 예상되자 1992년 이에 대한 전망을 공동으로 모색하기 위하여 기획단(이 모임, this meeting) 형태로 모이게 된다. 그리고 '이 모임'을 통해 재개발 이후의 지역활동과 삶에 대한 구상들을 세우게 되고 1994년 금호·행당 발전 10년 계획을 세우는 것으로 발전한다(금호·행당·하왕지역 기획단 준비위원회, 1995a, 11). 그리고 이 지역의 활동은 재개발에 대응하는 (단기적인, 이슈중심적인) 세대위 활동과 재개발 이후를 구상하는 (장기적인, 대안을 마련해나가는) 공동기획단 활동을 함께 진행하게 된다.

먼저 1993년에 세워진 세대위 활동은 철거지역의 세입자들을 중심으로 대책 없는 강제철거에 반대하고 임대주택에 대한 요구와 철거 후 임대주택으로 이전하기 전까지 가수용시설(가이주단지)을 쟁취하는 것에 초점을 맞추고 있었다(하왕 2-1 지구 세입자 대책위원회, 1994, 17). 성동구청이 땅이 없다는 이유로 가이주단지를 허용하지 않자 하왕지역 세대위는 공터에 천막을 치고 장기간의 천막농성을 진행했다. 하지만 큰 변화가 없자 세대위가 중심이 되어 주민들이 재원을 부담해 직접 가이주단지를 짓고 1995년 12월 102세대의 주민들이 '송학마을'로 입주를 하게 된다(김동원, 1999, 행당동 사람들2). 이 시도는 인근의 다른 지역에도 영향을 주어 하왕 1-3구역(23세대, 무학마을), 금호 6구역(24세대, 바탕고을), 금호 1-6구역(70세대, 대현마을), 하왕 5구역(15세대, 푸른마을)의 주민들이 가이주단지로 이주를 하게 된다.

4~5개의 지역은 작게는 20여 세대, 많게는 150세대가 거주와 활동을 하고 있었으며 주로 가수용 시설, 비해당자, 임대주택, 합동재개발 등 철거를 중심으로 한 내용을 중심으로 통별 교육을 진행하는 데 초점이 맞춰져 있었다. 이러한 통별 교육은 하부 주민조직을 만들게 하고 친목을 도모하는 등 단결력을 갖게 하고 주민총회를 통해서 총화되었다. 그리고 홍보부, 문화부(풍물패, 비디오 상영), 청년부, 여성부를 두어 세대위에 필요한 활동을 역할을 나누어 진행하였다(하왕

금호 · 행당 · 하왕지역 종합계획 실천구상

구분	연도	지역변화	단계	추진내용			
초기	1987 1992	5년 일상 활동기	센터활동	임시주거시설에서 생활하는 주민(6지역 250세대)			
제1기	1993	-지방자치 4대선거	재개발본격화 기획단발족 준비, 실험기	주민참가형 공동방식의 주민운동전개			
	1994			세대위에서 임시주거단지 자치회로 전환			
	1995 1996	-제15대 총선거		경제협동 분야	생산협동분야	생활협동분야	사회복지 분야
	1997	-대통령선거		경제공동체에서 신용협동조합 설립	협동작업장운용, 봉제 등 생산협동공동체 실험	지역소비자 협동조합으로 생활협동운동전개	지역주민의 교육, 사회, 문화 등을 담당하는 복지공동체 개발
제2기	1998 1999 2000 2001 2002	-지방자치선거 -지역재편(재개발완료) -공공임대주택 입주와 생활기반 조성기	주민협동 공동체 변격화기				
제3기	2003 2004 2005 2006 2007 2008 2009	-지역주민운동의 확대 -본격적인 지역자치 활동 -마을공동체 실현	분야별 안정기	1. 각 부분의 전문실무력 결합 1) 경제협동 , 협동철학+실무력+관리력 2) 생산협동, 주민이 보유한 기술의 협동화+자본금형성+판매당 구상 3) 생활협동, 식품,환경 등의 협동화+농촌 생산자와의 만남+공동구매력 향상 4) 사회복지, 사회복지 자격취득+지방자치단체와 협력+주민복지공동체 개발			

(출처: 정일우 · 박재천, 1998, 599)

2-1 지구 세입자 대책위원회, 1994, 36). 이후 이어지는 지역 전망 찾기 활동은 '금호·행당·하왕지역 기획단'을 중심으로 진행하게 된다. 처음에는 활동가들을 중심으로 한 협의회였으나 공명선거 감시단, 단오제 그리고 대부분이 탁아방과 공부방 중심이었기 때문에 초중고생 특

별활동과 청소년과 주민들의 문화활동을 진행하면서 기획단으로 전환하게 되었다.

기획단은 1994년 초 집중적인 논의를 통해서 금호·행당 발전 10개년 계획을 세우고 그 해 12월 정리된 내용으로 두 지역에서 주민설명회를 진행하였다. 기획단은 이 계획의 핵심을 '주민공동체 실현'으로 정리하고 그 목표를 '지역사회 민주화 및 지역정치 실현, 지역사회 공동체화'로 잡았다. 그리고 그 주요한 과정으로 '주민협동 공동체'로 잡고 그 과정을 진행하는 주요한 방법으로 끊임없는 '학습과 토론' 방식을 채택했다(금호·행당·하왕지역 기획단 준비위원회, 1995a, 28). 당시 주민들은 철거반대 싸움을 통해 상처를 입고 지치기도 했었고 문민정부 이후 전문가 운동 단체가 급부상하면서 빈민운동 진영이 위축되었다. 그 상태에서 스스로를 추스르고 불투명한 미래를 스스로 만들어가기 위해서는 학습이 필요하다고 제안 배경에서 밝히고 있다. 아래 금호·행당·하왕지역의 10년 계획은 주민들의 참여와 협동방식을 통해서 어떻게 지역공동체를 만들어갈 것인지를 잘 보여주고 있다.

금호·행당 지역의 미래 10년에 대한 단계별 구상은 크게 경제협동 공동체, 사회복지 공동체, 생산협동 공동체, 생활협동 공동체 네 가지의 분야로 나누어서 진행이 된다. 주요한 논의내용과 추진 영역 그리고 이후 전개 과정은 아래 표와 같다.

아래 계획들은 1995년 10월 임시거주시설인 송학마을이 만들어지고 입주하면서 이후 본격화되기 시작한다. 위 전개과정은 이전의 빈민지역의 활동과는 차이가 나는 몇 가지 주목할 만한 특징들을 가지고 있다. 먼저 첫 번째로 금호·행당·하왕 지역은 10년이 넘는 장기적 계획을 협동조합을 중심으로 재편하는 계획을 세우고 있다는 것이다.

분야	주요 논의 내용	구체적 추진 내용
경제협동 주민공동체	신협의 역할과 구성 협동조합	신협의 건설
사회복지 주민공동체	지역 내 사회복지의 역할	작은자리, 복음장학회 성동복지관, 장애인복지관
생산협동 주민공동체	생산공동체의 건설	봉제공동체 송학공동작업장
생활협동 주민공동체	생협에 대한 논의	생협에 대한 교육 송학구판장 운영

(금호·행당·하왕 지역 기획단 준비위원회, 1995a)

1970년대 주민운동에서 협동조합은 주민들을 조직하는 하나의 방편이었다. 하지만 당시의 협동조합은 주민들을 조직하는 하나의 도구였지 지역의 중심원리는 아니었다고 할 수 있다. 금호·행당 지역의 협동조합은 도구가 아닌 지역사회를 조직하는 중심원리로 채택했다고 할 수 있다.

경제협동 공동체의 신용협동조합의 사례를 들면 그 목표로 1) 성인교육, 사회교육에 기여, 2) 신뢰하는 풍토 조성, 3) 공동체 의식 강화에 기여, 4) 지역사회 개발에 기여로 정리하고 있다. 또한 경제, 생산, 소비, 복지 등 주민의 전 영역을 포괄하는 형태로 제시하고 있다. 두 번째의 특징은 교육과 학습에 대한 강조다. 앞에서 '학습과 토론'을 주요한 진행방식의 하나로 삼았다고 했는데 위 주민공동체의 모든 진행과정에 있어서 교육을 매우 중요시하고 있다.

기획단에서 준비한 대부분의 과정은 교육으로 이루어지는데 주로 각 분야에 내용에 대한 검토, 선행 사례들에 대한 학습과 토론, 모범지역 현장 방문과 교류(한일교류, 다른 현장과의 교류), 구성원들 스스로의 세부 원칙의 정립 등의 내용들로 진행되었다. 이러한 교육, 학습의 진행에는 통별 모임을 중심으로 한 조직력과 중간지도자 조직(청년, 부녀, 순찰)과 주민지도부 조직의 민주적 운영과 주민중심적 자조전략12이 바탕이 되었다고 할 수 있다(금호·행당·하왕지역 기획단 준비위원회, 1996, 127).

마지막으로 여러 지역을 포괄하고 장기적인 계획을 추진해나갈 수 있는 구심점이 있었다. 특히 금호.행당 지역은 각 지역별로 천주교(특히 천도빈)를 기반으로 한 조직가들이 1980년대부터 들어와 꾸준히 활동을 하고 지역을 넘어 서로 교류를 하고 있는 상태였다. 이 상황에서 동시다발적인 철거계획이 진행되었고 한 곳만이 아닌 여러 지역을 묶어내는 구심점을 만들어냈다고 할 수 있다.

이후 금호.행당.하왕 지역은 임시주거시설 생활을 끝마치고 1999년 임대아파트로 입주를 하게 되는데 기획단에서는 또 이에 앞서서 입주 준비 교육을 진행하였다(신만수, 1998). 하지만 이후 공공임대주택으로 입주를 하게 되고 철거운동을 통한 세대위 출신의 사람들 이외의 다른 지역에서 이주해 온 사람들이 공동의 공간에서 섞이게 되면서 활동이 침체와 내부 갈등을 맞이하게 된다(유아영, 2011, 42-44). 직접적인 갈등요인은 1999년 임대아파트 입주를 목전에 두고 재개발조합에 이주비를 요구하는 금전적 문제가 집행부에 대한 신뢰의 문제와 다양한 집단 간의 문제로 확산되면서 준비된 활동이 전면 중단되었

---

12 홍현미라는 도시저소득층 지역의 지역사회 조직실천(CO Practice)에 대한 비교사례 연구를 통해 금호·행당·하왕 지역이 토착지도력에 기반을 둔 자조전략(self-help)을 사용했다고 분석한다. 홍현미라는 자조전략과 대변화전략(legal advocacy)을 비교하면서 자조전략은 주민들의 지도력을 강화하고 이를 토대로 임파워먼트의 수준을 높이는 반면 사회정의를 위한 실천에는 한계가 있다고 분석한다. 이와 달리 대변화전략은 '구' 단위의 합법적 전략을 통해 지역사회에서 정치적 제도적 우위에 설 수 있는 기반을 만드는 데는 효과가 있었지만, 토착 지도력 형성을 어렵게 만드는 한계가 있었다고 분석한다(홍현미라, 1998).

다(위성남, 2012, 60).

가이주 단지에서 진행되었던 네 분야의 협동공동체들은 임대아파트 입주 이후 의도와 달리 기능적 역할로 축소된다. 그리고 세대위 출신 주민과 그렇지 않은 주민들과의 갈등 그리고 이어지는 세대위 출신 주민들의 내부 갈등으로까지 이어져 입주한 후 수년 동안 활동이 침체되게 된다(유아영, 2011, 42-43).

금호·행당·하왕 지역의 시도는 1990년대 후반 주목을 받으면서 삼양·정릉 지역의 주민공동체 시도로도 이어졌다. 삼양·정릉 지역 역시 1960년대부터 형성된 철거지역으로 1985년부터 지역활동가들에 의한 센터 활동이 시작되었고 1995년 재개발사업이 본격화되면서 세대위를 결성하고 1997년부터 삼양지역 희망만들기 구상교육을 통해 10년 계획을 마련한다. 각 지구별로 철거반대투쟁을 통해 가이주 단지를 조성하고 협동조합이나 마을만들기의 내용으로 지역공동체를 변화시키는 활동을 전개했다(박은서, 1998, 54-57). 금호·행당 지역의 시도는 1970년대 복음자리 시도의 연장선상에서 1990년대의 공공임대아파트와 가수용시설이라는 변화된 주거정책의 환경 속에서 주민공동체가 어떻게 가능한지를 보여준 사례라고 할 수 있다. 또한 1990년대 이후 한국 CO운동의 비전을 '지역사회 협동민주주의'로 정립하는 데 중심적인 역할을 했다고 할 수 있다. 하지만 공공임대아파트라는 변화된 공간적 조건과 이주 후 새로운 주민들과의 만남과 간극이라는 부분은 또 하나의 변수가 되면서 새로운 과제를 던져주었다고 할 수 있다.

복음자리, 난협, 우발추, 금호행당기획단으로 이어지는 통합적 지역공동체 활동은 과거의 의식화와 조직화 운동에서 진일보한 여러 가지 가능성들을 보여주었다. 먼저 1970년대 선교위원회로부터 1980년대 조직화의 초점은 단기적 이슈를 중심으로 한 조직화 활동이었다. 이와 달리 지역공동체 활동은 장기적인 지역 형성에 대한 계획(planning)과 종합적 비전(vision)을 만들려고 하는 대안형성형 운동이었다. 그래서 앞에서 이야기한 것처럼 과업중심이기보다는 과정중심의 활동이었다. 또한 지역에 대한 계획과 비전을 짜나가는 일에 아래로부터 지역주민이 주체가 되게끔 하는 방식을 취했다. 그래서 단기간 내에 계획을 짜는 것이 아닌 주민들의 교육, 회의, 워크숍과 같은 학습과정들을 통해서 계획의 내용과 주체들을 만들어나갔다. 그리고 지역 내에서 함께 사는 사람들의 공동체성을 위한 과정과 문화들을 창출해냈다.

예를 들면 복음자리는 광장과 잔치를 통해서, 난협의 경우는 국수모임과 협동조합 활동을 통해서, 하월곡동은 동월교회라는 종교적 실험과 시도들이 공동체 문화를 형성하는 중심역할을 했다. 금호·행당·하왕 공동체는 철거 반대 이후 가이주 단지 쟁취라는 후속 과정 속에서 지역을 형성해나갈 수 있는 문화와 조직을 창출했다. 그리고 공동체를 조직화하는 중심 방식으로 1970년대 이슈 중심의 갈등-대치 전략과는 다른 협동조합의 방식을 채택했다. 의협, 신협, 생산공동체, 주거공동체 등은 주민들을 모이게 하고 작은 힘들이 모여 큰 힘이 될 수 있다는 것을 깨닫게 해주었고 주민들이 직접 참여하여 스스로 운영할 수 있도록 하는 방식이었다.

지역공동체 활동은 또한 교육활동을 중요시했다. 이는 위와 같은 내용들을 진행하기 위해서는 주민들의 교육과 학습이 필수적일 수밖에 없기 때문이다. 집단 이주를 통해서 새로운 마을을 형성해야 하고, 협동조합을 통해서 스스로의 문제들을 해결하고, 임대아파트 입주 후 생산, 소비, 경제, 복지 공동체를 만들어나가고, 정치활동을 통해서 지역사회에 참여하는 과정들에 필요한 새로운 기술, 내용, 방법들을 학습하는 것이 굉장히 중요한 요소가 된다. 그리고 지속적인 공동체의 형성과 조직화를 위해 함께하는 구성원과의 관계성에 대한 학습과 훈련 그리고 실천이 필요했다. 즉 서로 대화하고 소통하며 갈등을 조정하고 함께 민주적 의사결정을 해야 하는 과정을 계속해서 겪어야 했다.

또한 이 과정에서 CO운동가들은 주민들이 중심이 되어 리더가 되고 주민 중심의 조직을 만들려 했다. 그래서 주민 리더교육, 주민 대중교육, 공동체 조직을 위한 실무 교육들을 동시에 진행하였다. 특히 주민 대중교육 활동은 공동체 조직화를 위한 기반과 창구 역할을 했다. 주민 대중교육 활동에 참여한 주민들은 자신들에게 필요한 지식을 학습하는 것 이외에도 공부방, 탁아소, 어머니학교, 도서실 등을 통해서 조직 활동에 참여할 수 있었고 학습과 참여를 통해 지역공동체 활동의 중심 주체로 참여했다고 할 수 있다.

하지만 이 과정에는 내외적인 여러 장애요인들, 한계들과 싸워야 했다. 생산공동체는 자본주의 경쟁 구조에서 살아남아야 했고, 새로 이주한 임대아파트에는 철거투쟁을 함께하지 않은 새로운 구성원들을 받아들여야 했으며, 경제, 교육, 주거, 복지 정책들의 변화에 대응해야 했다. 또한 주민 중심의 공동체를 만드는 과정에서 활동가들과 주민들 간의 견해 차이를 극복해야만 했다. 지역공동체 형성 활동은 현재도 계속 진행되고 있는데, 어떤 계기와 과정들을 통해 주민과 공동체가 성장하는지 또한 지역사회를 변화시켜 나갈 수 있는 힘을 만들어가는지에 대한 성찰과 실천이 요구된다고 할 수 있다.

4) 지역정치운동(동 단위 운동에서 구 단위 운동으로의 변화)

1970년대부터 시작된 한국의 CO운동은 출발 시점에서부터 정치적 성격을 강하게 가지고 있었다. 1970년대는 민중선교 활동과 함께 반독재 · 민주화 투쟁을 진행하면서 여러 탄압을 받게 된다. 그리고 1980년대 역시 변혁운동 담론을 수용하면서 민주화 운동에도 참여를 했었다. CO운동의 이와 같은 정치 지향성은 1990년대 지역운동론의 영향과 지방자치제도의 실시로 지역정치운동으로 이어졌다. 1987년 6월 항쟁으로 민중운동들이 합법화되기 시작했으며 지역운동론이 활성화되면서 지역정치에 대한 관심이 높아지기 시작했다. 빈민운동 진영에서도 도시빈민 지역운동론을 모색하면서 '지역'에 대한 관심이 점점 높아지는 시기였다(정철하, 2002). 그래서 빈민 지역 대토론회에서부터 '지역정치'가 논의되기 시작하였다.

먼저 빈민운동 진영에서는 1989년 12월 임시국회에서 지방자치법이 통과된 후 지방자치제도에 대해 경계를 하면서도 지역단위에서 제반운동세력들을 결집해낼 전술과 계기로 파악한다(도시빈민연구소, 1990d). 이러한 논의들을 토대로 빈민 진영에서는 부활한 1991년 지자체선거(지역의회)를 앞두고 공동대응을 하기로 결정하고 13명의 후보가 당시 평민당과 무소속 후보로 출마하여 6명이 기초의원에 당선되는 성과를 이룬다(한국주민운동정보교육원, 2001, 145). 그리고 난곡지역은 직접 주민후보를 내기로 결의하고 난협 활동을 진행해온 김혜경 후보가 구의원으로 당선되고, 1995년에 재선되는 성과를 거둔다.

의원에 당선되기는 했지만 상황은 녹록치 않았다. 당시 지역은 토호세력과 지역 기득권의 잔치여서 현장 출신의 의원들을 인정하려 하지 않았다. 그래서 지역 활동가들과 함께 조례연구팀을 구성해 실력으로 지방자치를 변화시키려 노력했다(천주교도시빈민회, 1992a). 이후 지방자치제도가 확장되고 1995년에는 지방자치단체장까지 직접

선거로 뽑게 된다. 이때도 빈민운동 진영에서는 '참정치와 주민자치를 위한 도시빈민 지자체 선거대책위원회'를 만들어서 공동 대응하게 된다(선거대책위원회, 1995).

지방자치제도의 확장은 단지 지자체 장을 직접 뽑는 것을 넘어서 지역의 의제, 정책의 결정과정에 주민들이 직접 참여하게 되는 틀을 만들어냈다는 데 의미가 있다고 할 수 있다. 그래서 1995년에 있었던 아시아주거권연대(ACHR)의 토론회에서는 동 단위 활동을 넘어서서 구 단위 활동의 구심을 만들어낼 필요가 있다고 주장한다(정철하, 2002). 즉 기존의 동 단위 활동을 토대로 여러 동이 연대하면서 지역의 정책을 제안하는 단위로까지의 확장을 말한다(이호, 1997, 88-89). 이러한 과정에서 몇몇 지역은 동 단위 운동을 넘어서 구 단위 운동으로의 운동을 전개하였다. 대표적인 활동 사례가 1995년 만들어진 관악구의 관악주민연대라고 할 수 있다.

관악구 역시 신림동과 봉천동을 중심으로 굉장히 큰 빈민 밀집지역이 형성되어 있었다. 1970년대 '난협'을 중심으로 조직되었던 난곡 지역과 함께 빈민 밀집 지역이었던 봉천3, 6동 지역, 봉천5, 9동 지역 그리고 임대아파트가 건설되는 신림10동 등의 지역에서 다양한 센터 활동들이 이루어지고 있었다. 1990년대 초반 도시빈민지역운동론에 의해 지역 생활권을 중심으로 한 동 모임들이 진행되었다. 관악 지역은 1990년대 초반 지방자치제도가 시행되는 초기부터 지역정치에 대한 관심이 높았다고 할 수 있다.

1991년 구의원 선거에서 주민운동가 출신의 김혜경 후보가 출마해 당선되면서 실제적인 지역정치의 시도가 가능했던 지역이었다. 그 이후 1995년 지방자치단체장 선거를 앞둔 94년 여름부터 흩어져있던 동 모임을 구 단위로 통합해내는 논의를 시작하게 된다. 여기에는 두 가지 이유가 있었던 것으로 보인다.

첫 번째는 신림동과 봉천동 지역의 철거가 동시다발적으로 진행되면서 철거반대투쟁을 인근 지역들과의 연대투쟁을 통해서 풀어내고자 했다. 두 번째 이유는 지방자치제도의 확대를 앞두고 생활권인 동 모임을 넘어서는 정책 반영 단위인 구 단위 운동에 대한 요구 때문이었다. 여러 지역이 동 모임과 인근 대학의 학생운동권이 결합하여 구 단위 운동에 대한 통합 모색을 진행하면서 1995년 관악주민연대가 탄생하게 된다. 관악주민연대는 1995년 세입자들을 보호하기 위한 '지방자치시대의 관악구 재개발문제 개선을 위한 주민청원발의'(1. 재개발지역에서 폭력행위 금지, 2. 강제철거 금지, 3. 재개발사업시 세입자 사업참여 보장, 4. 가이주단지 보장) 서명운동을 진행해 만 명 이상의 서명을 받고 구의회에서 만장일치로 통과시키는 성과를 거둔다. 이어 지자체 선거를 앞두고 구의원, 구청장 후보 토론회를 통해 재개발 문제를 공론화시키고 임시거주시설 확보를 위한 구청 농성도 시도하였다.

1997년에는 서울대 사범대 학생들과 함께 방학기간을 이용한 열린학교를 진행하였고 1998년에는 구에서 운영하던 공부방을 위탁운영하게 된다. 이후 있었던 1998년의 지방선거에서도 3명의 주민활동가 출신의 후보가 직접 출마해 2명이 당선되는 성과를 올렸다. 또한 관악사회복지, 자활센터 등이 지역에서 만들어지면서 지역운동이 활성화된다. 이러한 관악주민연대의 일련의 활동들은 구 단위의 지역에서 대중적인 정치역량을 확보하게 되는 계기들이 되었다.

하지만 관악지역 역시 재개발이 끝나고 주민들이 임대아파트에 입주하게 되면서 활동의 어려움을 겪게 된다. 관악주민연대는 변화된 환경 속에서 새로운 전망을 위해 1999년 1년 동안 전망모색 시기를 갖고 1998년 외환위기 이후의 빈곤상황에 대한 지원과 임대아파트

주민들에 대한 지원 그리고 지역정치 활동들을 중심으로 활동을 재편하게 된다. 관악주민연대는 '참여자치위원회'라는 기구를 두어 지역자치·지역정치에 대한 모색을 이어갔는데 주민자치센터 평가작업, 구예산 분석 및 조례 개정운동, 지방선거 정책제안, 관악구 행정의 문제에 대한 연대활동 들이 지역정치에 대한 활동들과 결과물들이라 할 수 있다(관악주민연대, 2010).

관악주민연대의 사례는 1990년대에 가장 지역운동이 활성화된 지역이라고 할 수 있으며 지역정치 활동이 가장 두드러진 곳이다. 하지만 관악 지역은 지역정치 부문이 증대되면서 주민들이 중심이 되는 활동들은 축소되어갔다. 철거반대투쟁 과정에서 치열한 싸움과 구의회 청원이라는 성과를 거두기는 했지만 철거 이후 다시 주민들을 조직화하는 대안을 마련하지는 못했다. 재개발 이후 주민들은 뿔뿔이 흩

(사진: 관악주민연대, 출처: 관악주민연대 홈페이지, http://www.pska21.or.kr/)

어졌고 임대아파트 입주 후에는 외환위기 상황에서 주민이 중심이 되는 활동보다는 주민들을 위한 지원 활동이 중심이 되었다. 또한 구 단위 운동으로의 전환과 직접적인 선거 참여 역시 주민보다는 활동가들이 중심이 되었다. 그래서 빈민운동 출신의 활동가가 의원이 되었지

만 주민조직의 활동력이 강화되기보다는 구의 정책 제안이나 감시 등 전문성을 가진 활동들이 중심이 되었다고 할 수 있다.

관악 지역이 이런 특성을 보인 데에는 금호·행당 지역과 달리 대학과 함께 빈민운동 이외의 지역단체들이 분포하고 있었고 개신교, 천주교, 성공회 등 다양한 종교그룹들이 들어와 있었다. 그래서 철거라는 큰 이슈에는 다양한 힘들이 결집되고 이로 인해 관악주민연대라는 구 단위의 결사체가 만들어질 수 있었지만, 철거가 끝난 이후 다양한 세력들 간의 구심점을 만들어내기가 어려웠고 주민을 중심에 놓고 지역을 종합적으로 변화시켜가려는 전망을 만들어내지 못했다고 할 수 있다.

이러한 관악의 지역정치 활동은 다른 지역에도 모범사례가 되어 노원 지역의 상계어머니학교가 변화 발전해 마들주민회라는 지역단체가 생겨났고, 구로 지역의 구로시민센터, 삼양정릉 지역·성북 지역 등에서도 구 단위를 중심으로 한 단체나 연대체들이 생겨나기 시작했다. 이러한 흐름은 지역운동론을 주장했던 겨레사랑운동연합이 열린사회시민연합으로 각 지역별 시민회를 만들기 시작한 시점과도 일치한다고 할 수 있는데, 지방자치가 본격화되면서 지역의 운동 단체들이 협력을 강화하고, 직접 지역정치에 뛰어들거나 정책적 제안을 하게 된 배경과도 연결된다고 할 수 있다.

5) 한국주민운동정보교육원(코넷)의 창립과 교육훈련

도시빈민 운동 진영에서는 1990년대를 넘어서면서 철거반대 운동이 한계를 보이고 주거권 정책의 변화에 따라 운동의 방향성 전환을 모색하게 된다. 1995년 2월 아시아주거권연합 한국위원회(KCHR)에서 기존의 도시빈민 운동에 대한 평가를 하는 워크숍을 개최했다. 이 워

크숍은 1980년대 후반부터 이어진 도시빈민지역운동론 그리고 지역
사회학교와 같은 도시빈민 운동의 새로운 재편에 대한 논의의 연장선
상에 있었다고 할 수 있다. 이 연수회에서는 특히 현실 상황에 대한
파악과 함께 주거권 그리고 아시아 지역의 주민조직화의 상황에 대한
검토(특히 필리핀)도 함께 이루어졌다(ACHR 한국위원회, 1995,
18-22). 이에 앞선 1993년, 몇 명의 활동가들이 ACHR의 훈련분과에
서 주최한 '주민조직에 대한 평가와 전망'이라는 해외 연수회에 참여
해 필리핀을 비롯한 아시아에서의 주민조직화 운동에 대한 모색을 할
수 있는 기회를 가졌다[13].

　　KCHR의 워크숍에서는 몇 가지 주목할 만한 결과가 있었다. 먼저
도시빈민지역운동론에서 제기했던 동모임을 중심으로 한 운동에서
구 단위를 중심으로 한 운동으로 전환하는 방향을 잡았다. 이는 아마
도 지방자치제의 확대 실시의 영향일 것이다. 또한 활동가와 주민지
도자의 재생산을 위한 교육에 초점을 맞추려고 했다. 이 역시 1993년
부터 시작된 빈민학교 논의의 연장선상에 있는데 여기에서는 더 발전
된 교육전문가의 양성, 교육지원체계를 상설화하는 방안까지 논의되
었다.

　　이와 같은 교육을 통한 주민의 변화라는 고민은 "교육이 대중의 이
해와 요구가 괴리된 채 정치적 문제로 접근되었고 투쟁을 통해 자동적
으로 인식이 전환되어 체계적인 인식이 획득될 것이라고 생각한 오류
를 범하였다.… 교육을 통하여 대중지도력을 육성하는 데 실패했
다"(ACHR 한국위원회, 1995, 25)는 토론의 내용을 통해서 확인할 수

---

13 ACHR이 1993년 12월 필리핀에서 주최한 '주민조직(운동)의 평가와 전망'에 대한
　　연수회에 한국에서도 참석을 했다. 이 연수회에서 필리핀 조토에 대한 사례와 함께
　　주민조직화의 원칙, 훈련과 교육의 강조, 지도자와 조직가의 역할에 대한 논의들을 진
　　행한다. 이러한 연수회의 경험 역시 교육훈련전문기구인 코넷의 창립에 영향을 준다.

(사진: 코넷 주민지도자 교육, 출처: 한국주민운동교육원 홈페이지)

있다. 이러한 논의는 전빈협의 이후 전망을 위한 논의에서도 이어졌고 그 논의의 결과로 주민지도자와 활동가에 대한 지속적인 교육과 훈련이 필요함을 인식하고 이를 위한 전문기구인 '한국주민운동정보교육원'(Korea Community Organization Information Network, 이하 CONET 코넷)을 만들게 된다(전홍규, 1997).

이 토론회 이후 1996년 6월 터키 이스탄불에서 제2차 유엔인간정주회의(이하 하비타트 II)가 열린다.[14] 이 회의는 1990년대 초반에 열

---

14 유엔 인간정주계획(UN-Habitat , United Nations Human Settlements Program) 은 1977년 제32차 UN총회결의에 따라 유엔 인간정주센터를 설치하고 2001년 제56 차 UN총회 결의에 따라 유엔 인간정주계획으로 변경되었다. 하비타트 2는 1996는 터키 이스탄불에서 열린 인간정주 2차 회의로 인간정주에 관한 기본원칙과 실천과제 등을 담은 "하비타트 의제"(Habitat Agenda)를 채택하는데 이 의제는 주거권과 관련된 가장 중요한 국제적 문건이라고 할 수 있다. 하비타트 의제는 주거권을 인간의 보편적 권리 중 하나로 인식하고 적절한 주거의 권리를 실현해나갈 단계들을 설정하고 있다. 또한 환경들이 다음 세대로까지 이어질 수 있는 대안적 개발을 추구해야 하며 이를 위한 조건으로 공동체를 건설해 유대관계를 형성하며, 소속감을 회복해야 한다고 주장한다. 그래서 국가뿐만이 아니라 비정부조직과 주민운동조직(CBO)이 참여해야 하며, 가난한 사람들과 사회적 약자의 임파워먼트가 꼭 필요함을 강조하고 있다(박문수 · 김은희, 1998).

렸던 여러 국제회의들을 통해서 확인되었던 '지속가능한 개발'이라는 의제를 주거권 차원에서 확인한 중요한 국제회의였다. 이 회의를 계기로 주거권 운동의 흐름이 많이 변화하게 된다.

하비타트 II는 사회의 모든 계층에게 적절한 주거를 제공하고 생산, 소비, 교통 등의 인간정주 유형이 지속적으로 유지될 수 있도록 실천계획을 논의하는 회의였다. 이를 위해 대안적인 개발과 함께 공동체에 관심을 가질 것을 촉구하고 있다(박문수·김은희, 1998, 218). 하비타트 II는 지속가능한 인간의 거주와 그 주요 방법으로 공동체에 주목한 것에서 의의를 가지지만 박문수는 다소 이상적이라는 것과 함께 정부를 중심으로 진행되는 것에는 문제점이 있다고 진단한다.

같은 해 10월 한국에서도 하비타트 II를 실현하기 위한 주민운동 차원에서의 논의를 진행하였다. 이 논의는 기존의 철거반대운동, 조직화운동을 포괄하는 큰 차원에서의 논의로 주거와 공동체에 대한 인간의 권리라는 관점에서 논의되었고 지속적인 공동체와 교육이라는 세부 주제가 채택되어 진행되었다(박문수·김은희, 1998, 230-233).

이러한 흐름들은 1990년대에 접어들면서 빈민운동을 둘러싼 여러 가지 환경의 변화가 생기고 전망이 불투명한 상황 속에서 국내적 국제적 흐름들을 파악하면서 활동의 방향을 잡아나간 시도들이라고 할 수 있다. 그리고 그 세부적 방향은 '지속가능한 공동체'와 이를 달성해 나가기 위한 '끊임없는 교육'이라고 정리할 수 있다.

코넷은 위와 같은 흐름 속에서 탄생했고 주민과 활동가들에 대한 지속적인 교육훈련을 활동의 중심으로 삼았다. 코넷은 1960년대 후반 연세대 도시문제연구소에서 처음 실시한 주민조직가 훈련과 도시빈민선교위원회 그리고 사선에서 1981년부터 1990년까지 6기수를 진행한 교육훈련의 전통을 이어받아 1997년부터 주민조직가 교육훈련 과정을 진행하게 된다(최종덕, 2012, 77). 코넷은 주민조직가 훈련의 시작과 함께 주민지도자, 주민조직가 해외(필리핀) 연수(1997), 주민지도력 개발 교육훈련 과정(1998 이후), 주민운동 트레이너 교육훈련(2002), 협동조합, 마을만들기 교육 등을 진행하면서 CO운동의 중심적 이론 생산과 주민지도자, 조직가들에 대한 교육훈련의 중심적 기구가 된다. 코넷의 교육훈련은 크게 조직가 훈련과 주민지도자 훈련으로 나눠지는데 대략적인 주제와 진행방식은 아래와 같다.

□ 교육훈련의 주제 안내 □

* Program Workshop을 통해서 참가자가 주제를 확정합니다 *

구분	목적	주요 내용	대상
기초 조직가 훈련	주민조직가의 삶을 알고 받아들이기	1.주민 만나기 2.지역 알아가기(문제와 이슈) 3.주민지도력 찾아보기 4.자기활동 성찰하기 5.조직가의 삶을 들여다보기	현장경력 1년 이상 활동가
중견 조직가 훈련	주민조직화 역량 강화와 주민조직가 되기	1. 조직화 과제를 설정, 조직화 단계에 따라 실천하기 2.주민조직화 역사와 사례연구 3. 주민조직 운영과 활성화 4.주민운동 비전탐색 및 전략개발	현장경력 3년 이상 활동가
주민 지도력 개발과정 (현장)	주민운동 현장을 활성화시키는 현장 지도력 되기	1.주민조직운동에 대한 이해와 확신 2.주민에 대한 바른 이해와 관계 맺기 3.주민지도력의 역할과 성품 4.주민에 대한 동기부여 능력 개발 5.현장에 대한 바른 이해와 이슈분석 능력 6.조직운영 역량강화 7.주민운동 현장 활성화 기재와 방안마련	주민조직 활성화가 요구되는 현장의 지도력 팀
주민 지도력	주민운동 지도력으로 살	1.주민운동 지도력 개발 2.주민운동의 역사와 철학	현장 지도력 과정을

구분	목적	주요 내용	대상
개발과정 (정규)	아가기	3.지역사회 및 주민운동 비전개발	마친 주민 지도자

* 주민지도력 개발 교육훈련 *

분야	주제 / 교재	비고
자기 개발	1.주민지도자의 성품(인성)과 역할 개발 훈련 2.자기생활 태도와 가치관 개발 기술 3.자신의 효과적인 피드백(Feed back)기법 4.자기갈등 관리 5.균형 잡힌 주민지도자의 7가지 습관	• 마음 다스리기 (성찰방법 배우고 익히기) • 인성 개발 프로그램 (MBTI, 에니어그램) • 자신의 삶 돌아보기 (Life Story)
지도력 개발	6.주민 응대(應對)기술 7.효과적인 의사소통(대화) 기술 8.그룹(Group) 촉진기술 9.바람직한 주민조직화 기법 10.민주적인 회의 촉진(운영) 기술 11.지도력 Team 건설 기술 12.주민교육 기획, 교육훈련 실천기술 13.주제 워크숍 기술 14.계획수립 및 결정 내리기 기술 15.협동조합 방식의 주민운동 창조기술 16.프로그램 개발기법 17.조직평가(진단) 기법 및 감마모델 프로그램 18.지역조사 기법	• 주민지도자(선배) 만남 (경험 배우기) • 지도력 실습
비전 개발	19.정세 읽기(세상 알기) 20.한국 주민운동의 역사 21.주민 조직(CO) 운동 이론 22.해외 주민운동의 역사 23.주민(지역)운동의 비전 24.민중의 역사, 역사적 속의 민중 25.주민운동에서 생활정치의 실제와 전망 26.도시주민운동과 농촌 생태 공동체	• 역사 기행 • 현장 방문 • 생태 마을 체험

(한국주민운동정보교육원, 2003, 제5기 주민지도력 개발 교육훈련 과정과 종합 및 교재)

코넷의 교육훈련(꼭 교육훈련이라는 연결된 개념을 사용) 과정은

1970년대부터 시작된 한국의 CO운동을 계승하면서 1990년대 후반까지 진행한 빈민운동, 주민운동을 통한 경험들을 정리하고 있다. 또한 1990년대 이후 교육에 대한 중요성이 부각되면서 이전까지 크게 주목하지 않았던 파울로 프레이리이 이론 역시 재조명하고 있다.

또한 해외 주민운동과의 교류가 활발해지면서 과거 ACPO가 정립했던 주민운동 10단계 그리고 필리핀 주민조직화의 10단계를 한국의 상황에 맞게 재조정해 '주민조직화 4과정 10단계'로 정리하고 있다(한국주민운동정보교육원, 2010). 코넷은 주민조직화의 목표를 의식화(주민의식이 주민을 만든다), 조직화(모여진 힘이 변화를 만든다), 인간화(인간은 인간답게 살아야 한다) 세 가지로 정리하고 있으며 그 기본 방법으로 프레이리의 '대화'와 '프락시스' 그리고 알린스키의 '주민대중행동'과 '민주적 지도력'으로 정리하고 있다. 주민조직화의 유형에서는 이슈를 중심으로 한 지역 당면과제 조직화와 지역 일상과제 조직화 그리고 다양한 연대활동을 포괄하는 전략적 지역개발 조직화로 분류하고 있다.

코넷은 주민조직화의 기본적 뼈대와 전략을 알린스키의 조직화론과 프레이리의 의식화론에서 가져왔는데 1970년대 도시문제연구소에서 정리했던 알린스키의 조직화 원칙(이해관계로부터 출발, 주민 스

* 주민조직가 훈련 *

회수(일자)	Self-Help	Leadership	Vision	과제 및 교재 제공
1회 (11/3)	• 마음다스리기1 • 조직가의 성품과 역할		• 입학식, 프로그램 확인	• 가난한 사람들의 함성
2회 (11/27)	• 마음다스리기2	• 주민조직마케팅1 —기본소개 • 주민응대 기술	• 주민운동 리포트	

회수(일자)	Self-Help	Leadership	Vision	과제 및 교재 제공

3회
(12/11~
12)
	• 마음다스리기3
	• 생활태도와
	  가치관 개발
		• 주민조직마케팅2
		—유형1(철학)
		• 지도력팀 건설기술
			• 주민지도자
			초청
			  간담회
				• 민중의
				  힘
				  민중의
				  교회

4회
(12/26)
	• 마음다스리기4	• 주민조직마케팅3
		—유형2(프로그램의
		질)
		• 민주적 회의촉진
		기술
			• 21C
			  현장에서
			  산다	

5회
(1/8)
	• 마음다스리기5
	• 균형잡힌 7가지
	  습관
		• 주민조직마케팅4
		—유형3
		(능력,자질)
		• 워크숍 기술
				• 지속
				  가능한
				  공동체

6회 (1/22~ 23)	• 마음다스리기6	• 주민조직마케팅5 —유형4(외부소통) • 그룹촉진기술 • 결정계획수립	• Life-story 나눔	

7회
(2/5)
	• 마음다스리기7
	• 자기갈등관리
		• 주민조직마케팅6
		
		—유형5(내부소통)
		• 지도력개발 기술
				• 주민
				  조직
				  방법론

8회 (2/19)	• 마음다스리기8	• 주민조직마케팅7 —유형6(시스템) • 주민조직화 기법	• 해외 주민 운동의 이해	

9회
(3/5~8)
	• 마음다스리기9
	• 피드백 기술
		• 주민조직마케팅8
		—유형7(시각)
		• 교육훈련 기획과
		  실천개발 기술
		• 의사소통 기술
			• 주민운동의
			  원칙	

10회 (3/19)	• 마음다스리기10 • 인성개발(1)	• 주민조직마케팅9 —유형8 (사회적 매력)		• 주민운 동 1호
11회 (4/2)	• 마음다스리기11 • 인성개발(2)	• 비영리조직의 마케팅 전략과 모더레이션		
12회 (4/16~	• 마음다스리기12 • 인성개발(3)			

회수(일자)	Self-Help	Leadership	Vision	과제 및 교재 제공
17)	• 교육훈련 종합평가 / 신조만들기 　(① 자기개발 프로그램 워크숍, 　②리더십 프로그램 워크숍, 　③비전 프로그램 워크숍)			
수료 (4/30)	수료식			

(한국주민운동정보교육원, 2002, 제9기 주민 조직가 교육, 훈련 교재)

스로, 저항과 투쟁은 불가피한 행동 등)을 그대로 적용한다. 코넷은 조
직가의 원형을 확실히 몸으로 경험해야 함을 강조하며 조직가와 주민
지도자에 대한 교육을 '교육-훈련'으로 규정한다. 즉 단순히 이론적으
로 학습하는 것을 넘어서서 몸으로 익히는 훈련 작업도 동시에 진행한
다는 것이다. 코넷은 민중이라는 개념보다는 '주민'이라는 개념을 사
용하는데 여기에는 지역(住)이라는 개념과 함께 주인(主)이라는 개념
도 가지고 있기 때문이라고 한다. 여기에 파울로 프레이리의 대화 개
념, 행동-성찰의 순환인 프락시스 개념을 도입한다(한국주민운동정
보교육원, 2010). 그리고 주민운동의 역사 속에서 실천했던 주민조직
의 연대, 주민협동공동체, 주민운동워크숍의 개념들을 추가한다. 코
넷은 조직가와 주민지도자에 대한 교육-훈련의 전문화를 위해서 트
레이너를 양성하고 CO 교육학을 정리한다.

　코넷은 트레이너에 대해서 가르치는 선생의 개념보다는 훈련생들
이 스스로 자신의 세계를 의식하고 행동하는 과정을 안내하는 자로 규
정한다(한국주민운동정보교육원, 2006). 그리고 간디의 진리실험, 힌
두교 바가바드기타의 영성, 프레이리의 희망의 교육학, 김지하의 생
명사상 등의 사상을 통해 교육-훈련에 대한 사유를 심화시킨다.

　코넷의 교육-훈련은 1970년대부터 진행되어온 지역사회 조직가
훈련의 전통을 이어받고 1990년대 이후 지역주민운동이 다시 주목받

는 상황 속에서 주민조직화를 중심으로 한 원론적 내용들을 정리했다고 할 수 있다. 그런데 과거부터 이어져 내려왔던 원론 내용들에 대한 성찰들은 부족해 보인다. 코넷은 알린스키 조직화 내용 중 주민들의 자기이해로부터 출발하는 것을 그대로 가져오는데 이 내용은 1990년대 철거운동을 중심으로 한 활동의 평가에서 자기 이익을 중심으로 한 활동이 한계를 가졌다고 평가한 부분이다. 또한 지역사회에서 이슈를 발굴하는 것으로부터 출발하는 과정 역시 도시에서 지역사회의 복잡성과 저성장을 통한 장기적 불황 속에서 이슈(issue)보다는 문제(problem)를 검토해야 하는 상황이라고도 할 수 있다.

프레이리의 의식화론에 대해서도 대화나 프락시스 개념들을 가져오긴 하지만 교사나 조직가의 관점에 제한되어 있다. 이를 보완하기 위해 코넷은 허병섭의 『스스로 말하게 하라』를 다시 읽는 과정을 통해 민중교육과 주민학습에 대한 성찰을 진행한다(한국주민운동정보교육원, 2014). 그런데 여기서도 주민들의 학습을 다소 주민조직화의 과정 속에서만 이해하는 것 같다. 지역에서 행동을 통해 주민의식을 가지게 되는 것을 의식화로 규정하는데 역으로 의식화가 어떻게 조직화를 이끌 수 있는지 그리고 이를 위해서는 어떤 학습들이 필요한지, 민중들이 자신의 삶, 언어, 문화, 사실들을 어떻게 교육적으로 다룰 수 있을지에 대해 구체적 내용이 없는 상태라고 할 수 있다. 즉 1980년대 민중신학과 민중교육에서 검토했던, 민중들이 어떻게 학습하고 어떻게 침묵의 문화를 깨트릴 수 있는가에 대한 고민과 성찰이 필요한 것 같다.

1990년대 이후 주민운동의 성과들과 코넷의 훈련들은 두 번의 워크숍(빈민운동 30주년, 40주년 기념 워크숍)을 통해서 활동에 대한 반성과 이를 통한 전망을 정리한다. 2001년에 진행된 한국주민운동 30주년 워크숍에서는 '생명성'이라는 주제가 비전으로 논의된다. 기초발제에서 허병섭은 2000대의 상황을 20대 80의 사회로 규정하면서 주민공동체가 개인의 자발성, 창의성, 도덕성의 주체가 되어야 하며 대안적인 정책과 삶을 제시해야 하고 운동의 비전을 지구적, 우주적이어야 함을 강조하고 있다(한국주민운동정보교육원, 2011, 23).

2000년대에 조직된 주민 공동체가 가져야 할 비전
— 공동체의 주민 개개인이 자발성과 창의성 도덕성의 주체가 되어야 할 것이다
— 주민 운동은 대안적 정책과 삶을 제시해야 할 것이다
— 조직된 공동체가 지역과 계층을 기반으로 하고 있겠지만 운동의 비전을 지구적이고 우주적으로 잡아야 할 것이다
— 공동체의 주민 개개인의 가져야 할 비전의 중심 내용은 생명성에 기초하여야 할 것이다

주민 공동체의 생명성을 위하여
— 생명성이란 '나' 중심에서 '너' 중심으로 활동하는 것이다(개인과 개인의 관계)
— 공동체의 생명성은 공동체를 위하여 내가 희생하므로 드러나는 것이다 (개인과 공동체의 관계)
— 우리의 공동체가 희생하므로 타 공동체를 살리는 공동체 운동이 되어야 할 것이다(공동체와 공동체의 관계)
— 향후 21세기는 개인주의 이기주의 물질주의 쾌락주의를 극복하지 않으면 우리의 생존과 삶의 질이 지속 가능할 수 없다는 가치관을 중심으로 공동체를 조직하지 않으면 안 된다
— 불편하고 힘들고 어려운 삶의, 조건을 전제로 정치적, 경제적, 사회적

정책을 바라보고 노동과 교육, 문화와 예술, 인권과 민주를 실현해 가는
공동체를 일구어야 할 것이다

— 정신문화 및 영성을 고양해야 할 것이다. 우리는 후손이 누려야 할 삶(생
명권)을 착취하지 않고 수탈하지 않도록 우리의 삶을 조정해야 한다. 지
금 인간에 의해 수탈당하는 땅의 생명권을 보호, 회복, 증대시켜야 한다
(한국주민운동정보교육원, 2001, 126.)

하지만 CO운동에서 이 생명성이라는 가치의 정립은 토론과정에
서 추상적 차원에서의 동의를 이끌어내기는 하지만 구체적인 각론을
만들어내기가 어려웠고 기존의 빈민운동, 주민운동과의 접점을 만들
어내기는 어려웠다. CO운동의 이러한 반성은 민중신학의 반성지점
과 연결된다. 황홍렬의 민중신학 · 민중교회 운동에 대한 고찰에서 민
중신학과 민중교회 운동은 1980년대 변혁운동의 시도에서 1990년대
를 지나면서 '영성'이라는 부분에 대한 소홀함을 반성하면서 '생태신
학, 생명운동'으로 변화하는 흐름으로 변화했다고 이야기하고 있다
(황홍렬, 2004).

이와 함께 그동안 이루어진 CO운동들을 주거권, 생활정치, 아동
청소년 교육, 실업, 교육훈련, 생산자협동(자활), 사회복지, 문화, 남
북통일, 종교, 국제연대, 여성, 의료 등으로 나누어 그동안의 활동에
대한 성찰과 생명성과의 접목 가능성에 대해서 고찰하고 있다. 이러
한 부분들은 CO운동이 1990년대 이후 다양화 · 전문화되어갔다는 것
을 간접적으로 보여준다고 할 수 있다. 또한 한편으로는 CO운동의 실
천이 다방면으로 확장되기는 했지만 이를 이론적으로 정리하기는 어
렵다는 것을 보여주기도 한다.

이 워크숍은 10년 후 한국주민운동 40주년 워크숍으로 이어졌다.

이 워크숍에서는 30주년 워크숍을 '가난, 공동체, 생명'으로 정리하고 그 이후 CO운동의 중심 방향을 '지역사회협동민주주의'에서 찾고자 했다(한국주민운동 40주년 준비위원회, 2010). 40주년의 기조발제에서는 CO운동이 다양하게 분화해나갔다고 분석하면서 이것을 지역사회 협동민주의라는 방향을 통해 통합적으로 연결하고 협동해나가야 함을 주장하고 있다.

코넷의 창립은 CO운동이 빈민지역운동론과 지역사회학교에 대한 시도 이후 비전을 모색하는 과정에서 구체적 현장에 대한 작업보다는 다양한 현장들을 기반으로 활동하는 조직가, 활동가, 주민지도자(를 양성하는) 교육훈련기구를 만든 것에 의의가 있다고 할 수 있다. 1970년대 도시문제연구소와 같이 조직가와 주민을 교육하는 것에 초점을 맞추고 주민조직화 이론을 정리하고 전문 트레이너들을 양성하였다. 이 방식은 과거 도시문제연구소의 조직가 훈련과는 다소 차이가 있다고 할 수 있다. 조직가를 훈련해 지역으로 파견하고 지역의 실태조사와 함께 조직화를 꾀하는 과정이 아니라 이미 지역 현장이나 단체에서 활동하고 있는 활동가나 주민을 대상으로 주민운동과 조직화의 원칙과 방법, 조직가나 주민지도자의 품성에 대한 교육을 진행한다.

그런데 코넷이 창립되고 교육훈련이 재개되는 시점은 도시빈민운동 단체들이 다양화, 전문화, 제도화되는 시기였다. 즉 주민조직화론으로 구심점이 모아지기보다는 원심력이 더 크게 작용해서 각자의 분야들이 전문화되고 CO, CD, CB 등 다양한 전략과 정체성들이 드러나기 시작한 시점이라는 것이다. 이러한 상황에서는 현장이 몸담고 있는 현실에 대한 치밀한 분석과 평가가 없다면 주민조직에 대한 교육훈련이 모두가 공감할 수 있는 원칙적인 내용이 머물거나 교육훈련의 효과성, 즉 교육훈련 후에 다시 지역과 조직에서 그 내용을 적용하거나 발전시키기가 쉽지 않을 것이다. 코넷은 현실에 대한 분석과 대안 담론에 대한 작업보다는 조직화의 원칙들과 교육훈련론을 정리하려는 작업에 우선순위를 둔 작업을 진행했다고 볼 수 있다.

6) 도시빈민운동의 다양화, 전문화, 제도화

1970년대 이후부터 CO운동은 교회중심의 전략, 센터 중심의 전략들을 통해서 주민들을 만나왔다. 야학, 협동조합 등을 중심으로 한 활동들은 1980년대를 넘어서면서 탁아소, 공부방, 자모들을 위한 어머니학교, 도서관, 민중교회 등으로 확장되었다. 1980년대 후반부터는 각 내용(분야)별로 연대조직이 생겨나기 시작했다. 1987년 탁아소의 연합체인 지탁연이 만들어졌고 1989년에는 공부방들의 연합체인 서울지역공부방연합회(이하 서공연)이 만들어졌다. 빈민지역이 중심이 되었던 민중교회 역시 1980년대를 지나면서 다양한 지역(특히 노동자 밀집지역)으로 확장되면서 민중교회연합조직인 한국민중교회운동연합(이하 한민연)이 1988년에 만들어졌다(황홍렬, 2004, 153). 이러한 연합조직들은 서로에 대한 정보들을 교류하고 활동에 필요한 지식과 활동사례들을 나누고 학습하면서 개별 센터 활동에 대한 전문성들을 더 높여갔다.

이러한 과정에서 지역활동들이 개별 센터활동에 집중하는 경향을 보이기 시작했다. 그래서 1980년대 후반부터는 '센터'의 역할에 대한 규정 그리고 지역, 빈민들의 조직화를 중심으로 센터가 복무해야 한다는 논의들이 진행된다(연대회의, 1992, 5-9). 그리고 1980년대 후반부터 진행된 변화된 환경에서 도시빈민 운동을 재정립하려 했던 도시빈민 지역운동의 성과가 지지부진하고 바로 이후에 진행되었던 지역사회학교가 무산되고 연대기구인 전빈협도 해산하면서 구심점을 잃어버리게 된다.

이러한 흐름은 1987년 6월 항쟁 이후 운동의 합법화, 다양화, 전문화라는 경향과 민주화운동의 부분적 실패, 이어지는 민주화 세력의 분열과 대선의 실패 그리고 사회주의권의 붕괴와 같은 큰 시대적 흐름의 영향도 있었다고 할 수 있다. 그래서 다양한 센터들은 지역을 중심으로 한 구심점보다는 센터의 고유적인 활동등과 연대조직을 통한 원심력의 영향들이 더 커지게 되었다. (그리고 과거의 사회비판적 운동성들은 침체되어 없어지거나, 개별운동의 대안을 모색하는 방식으로 전환되어간다.) 그래서 주민회 준비위와 같은 지역조직이 해소하고 이후 재개발, 선거에 대한 큰 이슈가 있을 경우 다시 모이는 형태로 진행된다.

이와 함께 문민정부 이후부터 운동의 합법화로 빈민들에 대한 정부의 지원, 복지사업의 확대와 함께 복지활동 단체들에 대한 지원, 제도화의 흐름이 만들어진다. 1987년부터 사회복지전문요원이 배치되기 시작했고 1990년대 초반 종합사회복지관들이 급증하기 시작했다(도시빈민연구소, 1990, 허선).

노태우 정부는 사회운동 세력과 국민들을 체제 내로 포섭하기 위해서 적극적인 사회복지 정책을 펼쳤는데 정치적으로 안정화되면서 국민들의 노동 참여를 전제로 하는 노동연계 복지로 그 방향을 잡기 시작했다(박병현, 2001, 29). 이러한 흐름은 김영삼 정부에도 일부 이어져 취약계층에 대해서만 국가가 책임지고 근로능력이 있는 사람들은 자립을 목표로 하는 자립지원프로그램의 일환으로 1996년부터 자활지원센터를 제도화한다. 1980년대 후반부터 생산공동체 운동을 펼쳐왔던 빈민운동 그룹에서 자활지원센터를 (주도적으로) 위탁 운영하게 된다.

복지를 통한 단체들에 대한 지원확대와 제도화가 본격화된 것은 김대중 정부 때이다. 1997년 외환위기로 인해 중산층의 몰락과 함께 빈곤이 확대되자 김대중 정부는 '사회안전망'이라는 개념을 통해서 위기상황에만 개입하는 최소한의 복지정책을 실시한다(박병현, 2001, 38). 그 일환으로 시작된 사업이 대통령 취임 직후 시행된 공공근로 사업이었다. 그리고 민간영역에서는 국민의 성금모금과 몇몇 기관의 출자로 진행된 '실업극복국민운동(위원회)'가 만들어져 외환위기 이후 불안정화된 상황을 수습하였다.[15]

이어서 김대중 정부는 1999년 생산적 복지에 기반을 둔 기초생활 보장법(이하 기생법)을 내어놓게 된다. 기생법은 시민의 존엄성에 대한 기본적인 권리와 생활을 보장한다는 측면에서 긍정적으로 평가되었다. 하지만 부양의무자에 대한 조항들이 강화되고 노동과 연계되어 진행된다는 측면에서는 문제점이 있는 것으로 평가되었다. 김대중 정부 시기에 복지 예산이 확충되고 가난한 사람들에 대한 제한적 지원 그리고 민간 영역에서 복지를 중심으로 한 사업들에 대한 지원은 도시빈민 운동의 활동방식을 크게 바꾸어 놓았다.

많은 단체들이 실업사업, 공공근로 위탁사업, 자활지원센터 위탁, 공부방 위탁 등과 같은 공적인 부분들을 위탁하게 되었고, 이를 통한 재정조달 방식은 사회복지공동모금회의 신설과 함께 기업 분야에서 복지 사업들이 확충되면서 프로젝트 지원 중심의 활동으로 변화하게 된다. 빈민운동 그룹에서도 사회안전망과 같은 유연한 개념들을 사용하기 시작하고, 네트워크, 민관협력, 거버넌스, 생산적 복지, 자활과

---

15 1998년 출범한 실업극복국민운동위원회는 외환위기 이후 1,200억 원에 달하는 민간기금을 조성했고, 긴급구호 활동과 함께 2003년까지 실업자종합지원센터 등과 연계한 435개 사업을 통해 225만 실업자에게 835억 원을 지원하게 된다.

같은 용어들을 쓰기 시작한다. 또한 위탁사업들을 통해서 실무자와 운영비를 마련하고 점차 그 분야에 대해 전문화되는 방식으로 변화되기 시작한다. 조문영은 정부의 복지정책의 변화와 빈민운동그룹의 '복지'에 대한 공모를 통해서 가난한 사람들이 빈곤의 문화를 낳게 된다고 지적하고 있다.

이러한 전문화·제도화의 흐름 속에는 거시·미시적 상황 속의 긴장과 갈등이 존재한다고 할 수 있다. 큰 흐름 속에서 바라본다면 제도화는 신자유주의라는 경제적 위기 상황 속에서 국가가 아닌 '사회' 또는 민간의 자원과 인력을 최대한 동원해 국가·정치의 영역이었던 부분을 유연하게 해결하려고 하는 지배권력의 의도가 있다(유범상, 2013). 또 한편으로는 전문화와 제도화를 통해서 부분적인 재정과 정책적 지원을 받으면서 국가의 경직성으로 인해 세심하게 다루지 못했던 부분들을 제도화로 열린 틈을 활용해 주민운동 단체들의 주장과 활동들을 더 적극적으로 개진할 수 있는 기회를 가질 수도 있다는 것이다.

하지만 신자유주의 속에서의 전문화와 제도화는 특정한 세력에게만 문호를 개방하는 것이 아닌 기업의 입찰과도 같이 시장적 경쟁상태로 만든다. 자활이 빈민운동의 시도를 제도화하고 시범적으로 실시했지만 현재 자활은 복지관이나 종교기관에서 더 많은 설립 주체가 되었다(김수영, 2013). 또한 공부방운동으로부터 제도화한 지역아동센터 역시 비슷한 경로로 진행되었다. 최근 진행되고 있는 마을만들기 사업 역시 민간의 아이디어로부터 시작되었지만 점차 관주도로 진행되는 듯이 보인다.

사회운동의 세분화와 전문화는 거스르기 힘든 흐름이기도 하다. 하지만 전문화와 제도화의 과정을 사회운동 세력이 주도해나가지 못할 때 그 기준과 원칙, 활동방식은 제도 자체 그리고 제도를 움직이는 힘에 의해 끌려갈 수밖에 없다. 또한 한국 사회의 중앙집권적 지방자치의 상황 속에서 제도화는 지역의 맥락으로부터 멀어지게 만들 위험성도 내포하고 있다. CO운동이 풀뿌리 원칙과 방식을 중심으로 주민들을 조직화해나가려면 이러한 상황 속에서 생존 방식과 현실의 분석, 가능한 비전에 대한 면밀한 분석이 필요할 것이다.

　도시빈민지역운동론과 지역사회학교라는 CO운동에 대한 통합적 전략이 실패한 이후 의식화와 조직화 전략은 쇠퇴와 분화를 겪게 된다. 앞에서 살펴보았듯이 주거정책의 변화 그리고 이어진 철거반대운동의 약화, 사회복지 정책의 확대 등은 1980년대까지 가져왔던 의식화와 조직화에 대한 새로운 변화를 요구했다. 하지만 1990년대를 넘어가면서 세계화의 물결이 급속도로 확산되고 민주화 이후의 대선실패, 사회주의의 붕괴 등의 사회운동의 급격한 변화 속에서 민중담론에 기반을 둔 의식화, 조직화 전략은 급속히 쇠퇴하기 시작했다. CO운동은 사회운동의 제도화·전문화라는 물결 속에서 구심력보다는 원심력이 더 크게 작용해 점차 다양한 분야의 세부운동으로 분화되어 나가기 시작했다. 그래서 의식화는 대중교육이 좀 더 세분화된 형태로, 조직화는 사회복지나 자활 등 제도의 경계에서 주민들을 조직하는 형태로 나아가게 된다.

4. 1990년대 이후 한국 CO운동의 조직화·의식화 전략

1) 조직화 전략

　1990년대와 2000년대는 CO운동의 조직화 전략에서 구심력보다는 원심력이 더 크게 작용했다고 할 수 있다. 1970년대 이슈 중심의 조직화 전략이 한계를 보이면서 1970년대 중반부터 교회(또는 정착지)를 중심으로 한 조직화 전략으로 변하였다. 1980년대는 여러 곳의 정착지역이 생겨났지만 중후반부터 강제철거라는 상황을 맞이하게 된다. 그래서 철거반대운동을 통한 조직화, 변혁운동의 영향을 받은 당사자 조직화, 계급적 조직화를 진행했다. 하지만 1980년대의 철거지역을 중심으로 한 조직화는 철거라는 한시적 이슈를 중심으로 한 조직화였다고 할 수 있다. 1990년대에도 일부 강제철거가 있기는 했지만 많은 지역이 철거를 통해서 해체되거나 임대아파트를 통해서 재편되는 상황을 맞이하게 된다.

1990년대 도시빈민운동그룹은 '주민운동(지역운동)'이라는 더 포괄적인 개념으로 전환하면서 다양한 활동들을 전개한다. 1980년대 후반과 1990년대 초반 '도시빈민지역운동론'이라는 틀을 통해서 위원회식 주민조직, 주민자치조직을 만들려고 하는 시도가 있었지만 성공하지는 못했다. 1980년대를 넘어서면서 다양한 대주민 프로그램을 진행하는 센터들이 확산되기 시작했고 지역 속에 존재하지만 교육, 문화, 복지라는 각자의 고유한 영역 속에서 다변화, 전문화, 제도화되기 시작했다. 또한 빈민운동들을 연결하려 했던 지역사회학교도 중단되고 빈민연합조직이었던 전빈협 또한 1990년대 중반을 넘어서면서 해산하게 된다. 이러한 상황 속에서 '철거'라는 큰 이슈가 없어지고 지역이 재편되면서 다양한 분야의 센터, 활동가, 주민들을 하나의 틀로 묶어 내기란 쉬운 일이 아니었다. 도시빈민운동 그룹에서 1990년대 초반 생활권을 중심으로 한 동 모임들을 묶어내려고 했지만 철거 · 재개발 이후에 대한 대안이 없는 상태에서 구심점으로 묶어낸다는 것은 어려운 일이었다.

이 중에서도 몇몇 지역이 '공동체'라는 가치와 틀을 중심으로 지역을 재편하려고 했다. 금호·행당, 삼양·정릉 지역이 대표적인 경우라고 할 수 있다. 금호·행당의 경우 1970년대 복음자리 공동체를 만들었던 그룹에서 1980년대부터 주민들을 위한 센터와 프로그램들을 운영하기 시작했고 활동가 조직의 중심에 천도빈 회원들이 있었다고 할 수 있다. 천도빈은 1980년대부터 '공동체'에 대한 가치에 주목하기 시작했고 그래서 소모임, 기초공동체와 같은 시도들을 진행하고 있었다.

이러한 흐름은 과거 신협, 의협과 같은 협동조합 전통에 1990년대 초반 시도된 생산공동체, 소비자공동체 운동이 결합되면서 '주민협동 공동체'라는 모델을 만들어내게 된다. 주민협동 공동체는 주거, 생산, 소비, 경제, 사회복지라는 주민과 관련 있는 거의 모든 망들을 협동조합이나 공동체라는 틀로 묶어내려는 시도였고 단기의 이슈 대응이 아닌 장기적인 지역공동체 형성 프로젝트였다. 다양한 센터 활동을 통한 주민과의 기초관계 형성, 철거반대투쟁을 통한 공동체 운명, 의식성의 발전, 가수용시설을 통한 생활공동체의 학습과 훈련, 다양한 영역에서의 협동공동체를 통한 대안 공동체 형성이라는 전략들을 통해서였다. 금호·행당은 천주교라는 종교적 구심점이 큰 영향을 미쳤고 천도빈의 경험과 모색을 통한 공동체 전략이 있었기에 가능했다고 할 수 있다. 하지만 철거반대운동의 중심이었던 세대위 400세대 정도만 결합을 했고 임대아파트라는 변화된 환경과 더 큰 사회적 관계에 의해서 공동체 전략도 어려움을 겪게 된다.

또 다른 방향으로는 지역정치를 중심으로 한 전략이었다. 지방자치제도가 실시·확장되면서 동 단위 활동에서 구 단위 활동으로 확장시켰고 그 중심 주제로 '지역정치'를 잡게 된다. 지역정치 활동은 구 단위 프로그램 위탁, 주민청원활동, 지자체 행정에 대한 감시 등 다양한 활동들을 펼쳤지만 주로 전문적인 활동가가 중심이 되는 방식이었다고 할 수 있다. 과거 빈민 밀집 지역의 대주민 활동은 정보와 자원이 거의 없는 상태에서 주민들이 필요로 하고 관심을 가지는 이슈와 프로 그램을 중심으로 진행되었다. 하지만 1990년대를 넘어서면서 '복지' 가 활성화되어 CO운동의 주요영역들이 시장 속에서 경쟁 상태에 놓 이게 된다. 또한 신자유주의로 인해서 국가가 가난한 이들에 대한 지 원 조건을 강화하고 많은 부분들을 지자체나 민간 영역으로 넘겨버리 면서 포섭하게 되는 결과를 낳기도 하였다.

1990년대에서 2000년대로 이어지는 과정에서 한국의 CO운동은 큰 변화를 겪게 되었다. 조직화 전략에 있어서 구심력 확보라는 과제 속에서 공동체와 지역정치라는 과제를 안게 되었지만 주민중심의 전 략, 철거운동과 후속 공동체 작업을 넘어서는 부분에서는 한계를 가 지고 있었다고 할 수 있다.

2) 의식화 전략

1970년대의 의식화 전략은 크게 두드러지지 않았다. 이슈를 통한 조직화가 우선시되었기 때문에 주민들이 스스로의 문제를 인식하는 정도의 차원에서 부분적으로 의식화가 논의되는 정도였다. 1980년대 는 민중교육론이 대두되면서 의식화 방법론이 많이 논의되기는 했지 만 철거 반대 투쟁이라는 긴박한 상황 속에서 주로 철거운동을 위한 교육 중심으로 진행되었다. 1990년대 이후의 CO 활동은 '교육'이 중 심 주제와 방법론이었다고 할 수 있다. 1980년대를 넘어오면서 철거 반대 투쟁 중심의 조직화 전략에 대해 활동가들은 많이 반성했다. 철 거가 이슈이기는 했지만 철거 반대 투쟁을 통해 주민들을 조직화·의 식화 하는 데는 실패했다. 즉 철거가 끝나고 나서 많은 주민들이 흩어지고 이후의 주민들을 조직화하는 작업도 잘 진행되지 못했기 때문이다.

이러한 문제들을 풀어나가기 위해서 CO운동 그룹은 '교육'에 대해서 고민하기 시작했다. 1994년에 시작된 '지역사회학교'는 '교육'을 통해서 빈민운동을 재편하려 한 시도였고, 1996년 역시 전빈협을 해체하면서 주민운동정보교육원이라는 교육훈련 전문기구를 만들고 주민과 활동가들에 대한 교육훈련을 진행한 것도 같은 맥락이다. 도시빈민운동의 현장에서도 주요한 프로그램과 센터는 공부방, 도서관, 어머니학교 등과 같은 교육을 중심으로 한 활동이었다. 또한 금호·행당과 같은 지역에서는 주민협동 공동체를 만들어가기 위해 끊임없는 학습과 토론, 교육을 진행했다고 할 수 있다.

그렇다면 1990년대 이후 왜 CO운동의 현장에서 교육이라는 주제와 방법이 주목을 받게 된 것일까? 그리고 그 교육의 중심 주제와 방법은 무엇이었나? 먼저 CO운동에 교육, 의식화 운동의 재조명은 이슈를 중심으로 한 조직화 운동의 한계에서 오는 것이라고 할 수 있다.

1970년대 초반의 알린스키를 기반으로 한 지역사회 조직화 전략은 빈민들이 직접적으로 이해하고 느낄 수 있는 물, 쓰레기, 화장실, 전기 문제 등과 같은 이슈를 잡는 것이 중요했다. 그리고 1980년대는 대규모 이슈인 철거문제로 많은 지역들의 조직화가 진행되었다. 하지만 알린스키 방식의 한계에서 보듯이 이슈를 중심으로 한 조직화는 추가적인 이슈를 만들어내지 못하면 그 생명력이 길지 못했다. 그러다 보니 활동가(조직가)들도 이슈를 통해 단기적인 조직화가 되었지만 다시 흩어져버리는 주민들을 보면서 한계를 느낀 것이다. 또한 철거의 문제가 생존의 문제를 뛰어넘는 정치적 사회구조적 문제로 전환되지 못했다. 이러한 상황 속에서 주민들의 문화, 의식, 언어, 품성 등과 같은 좀 더 본질적인 문제에 천착하게 된 것이라고 할 수 있다.

두 번째로 1990년대 들어서면서 공동체와 지역정치와 같은 새로운 주제·방식들을 잡게 되는데, 이 주제들은 단기 '이슈'가 아닌 장기적 '문제'(problem)라고 할 수 있다. 이 문제들을 풀고 장기적 대안을 만들기 위해서는 끊임없는 실천-성찰의 과정이 요구된다고 할 수 있다. 또한 주요하게는 주민들 간의 소통, 관계성, 협력들을 만들어나가는 과정이 굉장히 중요하다고 할 수 있다. 이러한 변화들은 자연스레 주민들 스스로를 성찰하고 장기적인 공동체를 만들어가는 교육이 중요함을 인식하게 된 것이라고 할 수 있다.

그렇다면 이 교육은 어떤 교육이라고 할 수 있을까? 그리고 교육은 어떤 과정과 방법을 통해서 진행되었나? 교육의 내용들을 분류해본다면 주민공동체의 가치와 내용을 이해하기 위한 실무교육 그리고 공동체의 구성원 또는 지도자로서의 품성과 기술에 대한 교육으로 나눠볼 수 있다. 이 교육들은 주로 전문 강사들을 초빙하거나 모범사례가 되는 현장에 대한 탐방 그리고 지역에서 직접 실천해보거나 실습하는 형태로 진행된다.

그리고 코넷의 경우는 조직화의 방법을 직접 익히고 배운다는 의미에서 교육-훈련이라는 개념을 사용했다. 1990년대 이루어진 교육들을 1980년대의 민중교육(주로 허병섭과 기독교민중교육연구소)에 비춰봤을 때 민중교육론에서 길어 올린 민중사실(사건), 민중언어, 민중문화에 대한 탐색과 교육 주제들과는 다소 거리가 있어 보인다. 즉 '주민 당사자'에게 주목하기보다는 조직 또는 공동체에 주목하고 있음을 간접적으로 알 수 있다. 교육방법도 전문가들에게 의존하는 방식으로 진행된다. 그리고 가치나 내용적인 측면에서 종교적 영성, 생명, 품성 등에 대한 교육이 많은 부분을 차지하고 있다. 그리고 대안적 공동체에 대한 부분에 주목하지만 상대적으로 더 큰 사회에 대한 구조의 인식, 연관성, 또는 비판의 지점에 대한 내용은 다소 찾기가 어렵다. 이러한 경향성은 국가, 사회에 대한 비판보다는 공동체 형성에 더 큰 방점을 두고 있기 때문인 것 같다.

V. 한국 CO운동의 조직화·의식화 전략에 대한 분석

1. 한국 CO운동의 조직화·의식화 모델의 역사적 전개 정리

지금까지 1970년대 이후 한국 CO운동의 역사적 전개 상황을 살펴보았다. 한국의 CO운동은 1970년대 도시문제연구소의 조직가 훈련으로부터 시작되었다. 주로 기독교 계열의 목회자·성직자로부터 출발한 한국의 CO운동은 하느님의 선교, 민중신학, 알린스키의 조직화, 프레이리의 의식화 이론들이 결합하면서 도시빈민선교활동으로 자리잡았다. 하느님의 선교 사상을 통해 진보적 목회자, 성직자, 평신도 그룹들은 가난하고 소외받은 자들이 있는 공단, 농촌, 빈민현장으로 나아가게 되었고 여기에 민중들을 만나는 전략으로 조직화와 의식화 전략을 결합시켰다. 1970년대는 주로 진보적 지식인(종교인)들이 조직가로 활동하면서 조직화의 이슈가 있는 현장에 결합하는 형태였다. 이를 위해 지역의 이슈들을 찾고 이 문제들을 주민들이 해결할 수 있도록 지원했다. 그래서 조직가들을 양성하는 훈련이 중요했으며 현장을 분석하고 전략을 개발하는 것이 주요한 초점이었다. 하지만 당시 독재라는 정치적 상황 속에서 반독재운동도 함께 진행하였는데 정치적 탄압과 함께 민중선교의 전략도 교회 중심의 전략으로 변화하게 된다.

1980년대는 도시빈민이라는 운동의 주체를 발견한 시기라고 할 수 있다. 교회 중심의 전략은 몇 개의 전략지역에서 안정적으로 조직화와 지역사회 개발을 할 수 있는 기반을 만들었다. 하지만 1980년대 초반부터 이루어진 대대적인 재개발과 철거는 민중선교 전략이 도시빈민운동으로 전환하게 되는 계기가 된다. CO운동은 전략지역의 조직화와 지역사회개발을 진행하면서 동시다발적으로 이루어지는 철거지역을 지원했다. 이를 통해서 CO운동 역시 철거지역을 중심으로 확장되게 된다. 여기에 1980년대의 변혁운동, 민중운동 담론이 더해지면서 조직가 중심이었던 도시빈민 운동은 빈민을 주체로 하는 급진성을 띠기도 했다. 이러한 상황은 철거과정보다는 철거투쟁 이후를 어떻게 진행할 것인가에 대한 부분에서 입장 차이를 보이기도 하였다. 상계동 투쟁과정에서의 갈등은 이러한 갈등의 한 단면이라고 할 수 있다. 이러한 과정에서 민주화운동이 일어났고 빈민운동은 사회운동에서 변혁운동의 한 축으로까지 인식되게 된다.

1990년대가 되면서 대부분의 개발정책들이 퇴조하고 국가 차원에서 일부 가난한 사람들을 위한 정책들을 실시하게 된다. 1980년대 자본이 재개발을 주도했던 상황에서 그 부분이 다시 국가의 정책으로 넘어가고 문민정부의 등장과 함께 일부 빈민들을 위한 정책이 실시된다. 이와 함께 지방자치제가 실시되면서 CO운동은 운동론을 다시 정립하게 된다. 민주화운동 이후의 지역운동론의 영향과 함께 CO운동은 철거투쟁 이후에 대한 전망을 도시빈민지역운동론으로 정립하고 주민을 중심으로 하는 주민조직을 건설하려 했다. 이전부터 진행되어 온 주민프로그램을 확장하고 마을신문, 주민축제 등을 통해서 가난한 지역의 주민들을 묶으려 했다. 하지만 1990년대까지 철거정책은 이어졌고 아직 형성되지 않은 주민 지도력이라는 상황 속에서 주민조직은 쉬운 일이 아니었다. CO운동에서는 다양한 공동체 운동, 빈민학교

(지역사회학교) 등의 시도를 이어갔으나 주민 중심의 주민조직을 만들기는 어려웠다.

외환위기로 인해 사회 전체가 다시 불안정한 상황에 접어들었고 그 때부터 신자유주의가 본격화된다. CO운동은 도시빈민지역운동론의 실패 이후 각 부분별 운동들이 다양화되었고 센터 중심의 활동들이 더 강화되었다. 개혁정부의 등장으로 가난한 이들을 위한 일부의 정책들이 진행되었고 CO운동 역시 다양한 영역에서 진출할 수 있는 기회를 맞이하게 된다. 하지만 신자유주의적인 정책은 일부의 기회를 부여하면서 실질적으로는 국가의 영역을 시민사회, 개인들에게 떠넘기는 전략을 취하고 있었기 때문에 외형적으로는 활성화되었지만 과거의 조직화 · 의식화 전략들은 약화되는 듯한 경향을 보이고 있다.

1970년대 이후부터 진행된 각 시대별 CO운동의 특징들을 표로 정리하면 아래의 표와 같다.

CO운동은 40년 이상을 우리 사회의 가난한 주민들과 함께 해왔다. 정치적 탄압과 자원이 부족한 상황 속에서도 다양한 시도들을 통해서 조직화, 의식화 전략을 발전시켜 왔다. 이러한 운동은 가난한 사람들을 위한 정책들을 만들 수 있는 기반을 만들었으며 강제적인 철거정책을 변화시키고 주거권과 복지에 대한 권리들을 쟁취할 수 있게 되었다. 하지만 아직도 여전히 빈곤상황은 지속되고 있고 신자유주의 이후 더욱 교묘한 정책들이 진행되고 있다. 한국의 CO운동은 과거 이어져 내려오던 전략들을 어떻게 평가하고 지금의 상황들을 변화시켜 나가야 할지에 대한 여러 과제들을 가지고 있다고 할 수 있다. 지금부터는 CO운동의 역사적 내용들을 토대로 의식화-조직화 전략들을 정리, 평가해보고 한국 CO운동의 특징들을 중심으로 그 의미와 가능성, 한계들을 살펴보고자 한다.

	1970년대	1980년대	1990년대 이후
CO운동의 개념	민중 선교	도시빈민운동	주민운동(CO운동)
시대적 배경	독재정권, 반독재운동, 농촌에서 도시로의 대규모 이주	군부정권, 민주화운동, 합동재개발사업	민주정부 신자유주의 본격화(외환위기) 지자체실시
이론적 배경	하느님의 선교, 민중신학(민중론), 알린스키, 프레이리 이론	변혁운동, 민중교육론, 철거투쟁	지역운동, CO운동, 공동체론(1990년대 민중신학)
주요 실천 활동들	지역사회 조직화 지역사회개발 프로그램(야학, 진료소, 탁아소, 협동조합 등)	철거반대투쟁, 빈민연대운동, 센터운동 본격화, 당사자 조직화(철거, 일용노동, 생산협동조합 등)	지역공동체운동, 지역정치, 분야별 센터운동의 전문화, 제도화
저항의 타깃	도시 관리자로서의 국가	자본을 대변하는 국가	
주요 이슈/문제	쓰레기, 화장실, 수도, 일자리. 철거	강제철거, 임대아파트 쟁취	다양한 생활이슈 지방자치
조직화 전략	알린스키에 기반을 둔 조직화 전략, 교회중심의 전략으로 수정(본격화는 아님)	교회(센터) 중심의 전략(본격화), 부분적 계급운동(정치투쟁), 철투 지원	도시빈민운동론, 지역공동체운동, 지자체 참가
의식화 전략	조직가훈련 실천을 통한 문제의 인식(개념화)교육프로그램	철투지원교육, 주민연대모임(서철협), 교육프로그램	조직가, 주민훈련, 공동체교육, 지역사회학교

2. 한국 CO운동의 조직화 · 의식화 전략 분석

1) 조직화 전략

① 한국 CO운동의 조직화 전략 정리

한국 CO운동의 조직화 전략은 1970년대 알린스키 전략으로부터 시작되었다. 1970년대 초반 진보적 개신교 조직을 중심으로 알린스키의 이론을 수용하기 시작했고 도시문제연구소를 설립해 조직가를 양성해 빈민지역으로 파견하기 시작했다. 파견된 조직가들은 지역 조사를 통해서 건강, 주거, 아이들, 육성회비, 교육 등의 이슈를 발견해내고 그 이슈들을 중심으로 주민들을 조직하기 시작했다. 그리고 전술에 있어서 알린스키의 갈등전략 전술을 이용해 발굴한 이슈를 중심으로 학교, 관공서, 등을 찾아가 항의하거나 집단 민원을 넣거나 책임자의 면담을 요청하거나 이슈를 해결하기 위한 집회 전술들을 이용했다. 이러한 전략, 전술은 1970년대 농촌에서 대도시(특히 서울)로 가난한 사람들이 대거 이주하고 사회기반시설(주거, 전기, 수도 등)이 전혀 마련되어 있지 않았던 빈민지역의 이슈들을 해결하고 주민들을 조직하는데 효과를 거두었다.

하지만 알린스키의 갈등 전략은 독재정권의 진보적 개신교 집단에 대한 정치적 탄압으로 인해 변화를 겪게 되었다. 당시 한국 사회는 독재정권에 의한 억압 상황을 겪고 있었고 CO운동을 진행했던 개신교 집단들은 정치의 민주화 없이는 CO운동 역시 한계가 있을 수 없다는 판단 아래 독재 정권에 저항하는 정치적 운동을 펼치면서 탄압을 받게 된다. 당시 CO운동이 성장하지 않은 상태였기 때문에 알린스키 전략에 의한 CO운동 자체에 대한 탄압이라기보다 반독재 운동에 대한 탄압이었다고 할 수 있다. 이와 함께 반상회와 같은 정부 중심의 주민동원 조직이 가동되면서 CO운동의 활동은 더 위축되었다고 할 수 있다.

정치적 탄압으로 인해 CO운동의 활동가들이 체포되거나 수배되는 상황들을 겪으면서 CO운동의 전략과 전술을 수정하게 된다. 이슈를 중심으로 한 갈등 전략에서 교회와 같은 활동의 근거지를 만드는 것을 통해 지역 속으로 들어가 정착하면서 주민을 조직하는 방식으로

전환하게 된다. 1970년대 후반부터 빈민 밀집 지역을 중심으로 조직
가나 조직가 집단(또는 교회)이 들어가 교회(또는 근거지)를 세우고
주민들을 위한 프로그램들을 만들어내기 시작했다. 천주교는 주로 조
직가 집단(평신도, 이후 교구 차원으로 확장됨)을 중심으로 빈민지역으
로 들어가 주민모임, (의료)협동조합, 공동주택 단지 건설 등의 시도
들을 하였다. 그리고 개신교는 지역에 교회를 세워 주민들을 만날 수
있는 근거지를 만들게 된다. 이 당시의 전략은 알린스키 중심의 지역
조직화 전략이라기보다는 교회나 활동가 집단을 중심으로 한 지역사
회개발전략에 가까운 형태라고 할 수 있다. 조직가나 교회는 근거지
의 주민들에게 필요한 소규모 모임, 협동조합, 아동들을 위한 공부방,
어머니학교 등을 통해서 주민들과 만났다. 정착을 통해서 주민들의
모임이나 프로그램들은 안정적으로 정착할 수 있었고 이후 주민조직
으로 만들어 나가는 시도로 이어지게 된다.

　　1970년대 후반부터 시작되었던 교회 중심의 지역개발전략은 1980
년대 중반부터 불어닥친 재개발로 인해서 다시 한번 변화를 겪게 된다.
재개발과 철거라는 상황은 오랫동안 살아왔던 주민들의 삶의 터전을
없애버리는 일이었고 주민들을 중심으로 한 CO운동의 존립 근거 자
체를 위협하는 것이기도 했다. 1970년대 초반의 CO운동의 방식이
지역에서 먼저 이슈를 제기하고 문제해결을 해나가는 방식이었다면
1980년대 중반의 재개발은 외부로부터 강압적인 이슈가 제기된 상황
이었다. CO운동 그룹은 몰아닥친 재개발의 상황에 대해 주민들의 입
장에 서서 주민들에게 정보를 제공하고 자신의 문제를 풀어갈 수 있도
록 지원했다. 그리고 합동재개발이 여러 지역에서 동시다발적이면서
대규모로 진행되었기 때문에 한 지역의 철거 상황을 넘어서서 여러 지
역이 연대를 해서 풀어갈 수 있도록 중간다리 역할을 하여 이후 철거

민들이 중심이 된 연합조직이 탄생하게 하는 역할을 하였다. 1980년 대는 또한 '변혁운동' 담론과 운동이 활성화된 시기이기도 했다. 사회 자체를 민중 중심으로 재편하려는 변혁운동은 철거, 생존권을 중심으로 치열하게 저항하는 도시빈민을 변혁의 주체로 보았고 철거반대운동 등에 다양한 운동세력들이 결합하게 되었다.

6월 항쟁으로 민주화 열풍과 함께 1980년대 지나면서 합동재개발의 열풍도 점차 수그러들게 된다. CO운동에서는 1990년대가 넘어서면서 철거, 재개발 상황을 통해 주민들의 거주환경과 이슈가 변화하고 점차 '철거'라는 거대이슈가 줄어드는 상황의 변화 속에서 CO운동의 변화를 모색하게 된다. 또한 6월 항쟁 이후 사회운동이 지역으로 뿌리내리는 상황과 1990년대 초반 지방자치제도가 시작되면서 거대이슈(변혁운동)보다는 다시 지역의 주민들을 조직하는 전략에 대한 고민을 하게 된다.

CO운동 그룹은 네 차례에 걸친 빈민운동에 대한 대토론회를 통해서 '통전적 지역주민운동'으로 방향을 잡고 당시 주민들을 위한 공동체 활동이 활발하게 이루어지는 지역을 중심으로 주민중심 조직을 건설하려 했다. 하지만 철거와 같은 중심 이슈가 사라지고 주거환경의 변화(임대아파트)와 사회복지 정책의 확장 속에서 주민들을 조직화시키는 역량의 부족으로 주민중심 조직을 만드는 데는 실패했다고 할 수 있다. 대신 CO운동 그룹은 지역공동체(생산공동체, 복지공동체, 경제공동체, 주거공동체)를 활성화시키는 전략과 지역정치에 개입하는 전략을 구체화시키기 시작했다.

1990년대 후반 외환위기 상황과 신자유주의의 본격화 그리고 10년에 걸친 민주개혁정부의 탄생은 1990년대 CO운동의 전략에 변화를 가져오게 된다. 민주개혁정부의 탄생은 과거부터 CO운동 진영에서 요구하였던 가난한 사람들에 대한 문제들에 대해 '제도화'라는 형태를 통해서 부분적으로 해결하려 했다. 자활, 복지관, 지역아동센터, 기생법 등과 같은 생산적 복지를 통해서 가난한 사람들에 대한 지원책을 만들었다. 하지만 민주개혁정부의 정책은 가난한 사람들이 자신의 가난을 입증하게 하는 그리고 노동력의 창출을 중심으로 하는 제한적인 정책이었고 불어닥친 신자유주의의 영향으로 인해 민간의 영역까지도 끌어들여 공적 문제를 해결하려고 하는 거버넌스(신제도주의, 신공공서비스) 방식이 활성화된다. 최근에 시도되고 있는 마을만들기 방식이 가장 대표적인 사례라고 할 수 있다. CO운동은 지역공동체 활성화, 지역 정치 개입이라는 전략을 유지하면서 거버넌스 방식을 적극 활용하고 있는 상황이라고 할 수 있다.

이와 같이 1970년대 이후 한국의 CO운동은 가난한 주민들을 조직한다는 것에 초점을 두고 사회적 상황, 가난한 주민들의 상황(특히 주거권)에 따라 변모를 거듭해왔다. 알린스키의 갈등 중심의 조직화 전략에서, 교회중심의 전략으로, 다시 변혁운동으로 그리고 지역공동체 활성화 전략으로 변화를 계속해왔다고 할 수 있다.

② 조직화 전략에 대한 분석

이번에는 한국의 CO운동의 조직화 전략을 분석·평가해보고자 한다. 앞에서 보았듯이 한국 CO운동은 알린스키 전략을 중심으로 시작되었다. 알린스키 전략의 수용을 위해 화이트 목사를 초빙하고 도시문제연구소의 중심 훈련 내용 역시 알린스키의 갈등 중심 전략을 선택했다. 그래서 조직가를 양성하고 빈민현장에 파견하여 지역의 다양한 이슈를 발견하고 주민들이 그 이슈들에 대해서 문제제기하고, 갈등전략을 통해 활동할 수 있게끔 했다.

하지만 한국에서는 알린스키의 전략이 펼쳐진 미국과는 환경적 차이가 있었다. 한국의 CO운동이 이슈를 개발하고 그 이슈를 중심으로 갈등전략을 펼친 과정에서는 동일하지만 알린스키의 전략은 앞에서 보았듯이 '조직의 조직'을 기본으로 하고 있었다. 이슈는 다양한 조직을 묶는 하나의 동기와 과정이며 이 이슈의 제기와 해결을 통해서 조직의 조직이 형성된다는 것이 알린스키 전략의 핵심이라고 할 수 있다. 이미 지역사회 조직이 활성화되어 있는 미국의 상황과 한국은 다를 수밖에 없었다. 또한 한국 CO운동이 시작될 당시의 정치적 억압 또한 알린스키 전략이 한국 사회에 적용되는 데 큰 장애 요인이었다. 그래서 알린스키가 방한했을 때도 한국의 경우는 알린스키 방식보다는 게릴라 전략이 더 좋을 것 같다는 충고를 했었고 CO에 기반을 둔 좀 더 대중적인 조직(PO)을 만드는 논의는 더더욱 힘들었다. 아시아 CO운동의 역사에서도 독재정권, 계엄상황 등의 조건 속에서 민중들의 이슈를 중심으로 한 CO운동은 정치적인 위험요소가 될 수밖에 없었다. 한국 역시 유신 상황 하에서 민중들의 저항과 이를 추동해 내려는 CO운동은 정치적 탄압의 대상이었다. 정치적 저항과 지역사회 조직화라는 두 과제를 동시에 풀어낼 수 있는 역량이 부족했던 상황 속에서 주민 중심의 조직을 건설하는 것은 무리가 따를 수밖에 없었다. 그러다보니 주민이 중심 되는 주민조직은 계속 유예될 수밖에 없었다.

　이렇듯이 알린스키의 조직화 전략을 한국 사회의 빈민지역의 중심 전략으로 채택하기에는 조직적 기반이 부족하고 정치적 상황의 여의치 않았다고 할 수 있다. 그러나 1960년대 후반부터 형성된 가난한 사람들이 밀집해 사는 열악한 상황에서 자신들의 권리를 찾게끔 하고 생존과 생활에서 필요한 요구사항들을 조직화를 통해 달성할 수 있었다는 측면에서는 의미를 가진다고 할 수 있다.

1970년대 후반을 넘어서면서 CO운동의 조직화 전략은 알린스키 전략에서 교회 중심의 전략으로 변화하게 된다. 미국과 달리 지역사회 조직이 거의 없는 상태에서 조직화가 쉽지 않다는 면에서 교회 또는 조직가 집단을 중심으로 지역의 안정된 거점을 마련하기 위했던 것으로 해석할 수 있다. 그리고 한 지역에 집중하기보다는 여러 지역으로 흩어지는 전략을 선택하게 된다. 이러한 방식은 아마도 빈민 밀집 지역이 많았기 때문이기도 하고 권위적 정권의 탄압을 피하기 위한 하나의 방편이었을 것이다. 지역에서의 정착과 주민만남들을 위해 육아, 교육, 복지에 해당하는 여러 프로그램들을 진행하게 되는데 이는 지역사회개발과 더 유사하다고 할 수 있다. 자원과 조직이 없는 상태에서 주민들의 어려움을 부분적으로 해결해나갈 수 있는 프로그램들을 제시하고 그 속에서 주민들의 역량들을 강화해나가려고 했던 것이다.

이러한 전략은 주민 중심보다는 조직가(집단이)나 교회를 중심으로 진행될 수밖에 없었다. (물론 당시의 조직가 집단이 주민조직화에 대한 의지와 방향 설정은 여전히 유지는 했다고 할 수 있다.) 그래서 알린스키 조직화 방식에서는 조직가가 지역사회 조직을 세우고 다른 지역으로 이동하였던 반면에 한국의 CO운동은 조직가나 거점이 되었던 단체나 교회가 중심이 되어 그 지역에서 계속 거주하고 활동하는 방식이 되었던 것이다.

한국 CO운동의 또 다른 주민조직화 전략으로는 '공동체 전략'을 들 수 있다. 주로 천주교 쪽을 중심으로 진행된 공동체 전략은 1970년대 난곡과 복음자리를 중심으로 한 '삶의 자리' 운동에서부터 천주교 도시빈민회를 중심으로 이어지고 있는 전략이라고 할 수 있다. 공동체 전략은 조직가가 지역 현장으로 들어가 주민들을 조직화하는 것과 좀 다른 지역에 들어가 '주민들과 그냥 산다'는 방식을 선택했다.

이러한 방식은 제정구와 정일우 신부를 중심으로 한 복음자리 공동체를 만들었던 것에서 대표적으로 드러난다. 복음자리는 청계천에서 출발하여 철거 후 이전하는 과정에서 외국의 지원으로 새로운 주택단지를 건설하고 공동체 마을을 만들었다. 이후 한독주택과 목화마을로 공동체를 만드는 과정으로 이어졌다. 이 시도는 천도빈으로 이어졌고 천도빈은 남미의 기초공동체운동, 미국의 가톨릭 일꾼 운동 등을 검토하면서 중심 방향과 전략을 '공동체'로 삼았다고 할 수 있다.

이러한 전통은 조직가, 활동가들이 가난을 일종의 소명으로 받아들이고 그 가난 상황 속으로 들어가 가난한 사람들과 함께 산다는 맥락을 가지고 있다고 할 수 있다. 천주교 중심의 공동체 운동은 '종교적 해방 공동체'와 같은 성향을 띤다고 할 수 있는데, 이는 종교, 종교인 중심의 공동체라기보다는 종교적 사명과 신념을 가진 공동체와 선택적인 친화성을 가진다고 할 수 있다. 천주교에 기반을 둔 활동가들의 이러한 경향은 특히 1990년대 이후 CO운동이 지역공동체 활성화 전략으로 나아가는 데 큰 영향을 미쳤다고 하겠다. 그런데 천주교의 가난·공동체 운동은 앞에서 이야기한 종교와의 선택적 친화성, 종교적 성향 때문에 확산되기는 쉽지 않았다. 그리고 주민이 중심이 되는 조직을 건설하거나 자본주의 사회를 어떻게 극복해나갈지에 대해 추상적 상을 가질 수밖에 없었다.

1990년대를 넘어서면서 빈민운동 진영에서 그동안의 주민조직화 전략을 평가하고 다시 지역주민운동으로 방향을 잡았는데 결국 주민 중심의 조직을 꾸리는 데는 실패했다고 할 수 있다. 주민들이 중심이 되는 '주민회 건설'이 어려워지면서 CO운동은 지역공동체 활성화 전략으로 변화되었다고 할 수 있다. 주로 교회나 센터가 중심이 되어 주민들과 함께 할 수 있는 프로그램을 진행하고 지역의 이슈와 사안이 있는 경우 공동으로 연대하고 대응하는 형태의 활동이었다. 1990년 대의 지역 공동체 활성화 전략은 지역을 설정하기는 하지만 지역 자체에 초점을 맞추기보다는 지역 내에서의 다양한 집단과 주체의 공동체를 활성화시키는 데 초점을 맞추고 있었다고 볼 수 있다. 즉 한 지역 내에서 다양한 주민들을 묶을 수 있는 이슈 개발이 어려워지고 1990년대를 넘어서면서 다양한 운동들이 성장한 것도 그 배경 중의 하나라고 할 수 있다. 그래서 교육, 복지, 육아, 환경 등과 같은 주제를 중심으로 한 공동체와 아동, 청소년, 노인, 이주민, 비문해자와 같은 대상을 중심으로 한 소규모 공동체를 형성하고 활성화시키는 것에 초점을 두는 형태였다.

1990년대는 민주화와 지방자치제라는 상황을 맞이했지만 이와 함께 신자유주의 역시 본격화되는 시기였다. 1990년대를 넘어서면서 '철거'와 같은 이슈는 사라졌고 저성장 시대로 접어들면서 가난한 사람들의 상황은 '이슈'보다는 구조적이고 장기적인 '문제' 상황으로 변화되었다. 또한 지역공동체를 활성화시킬 주체집단이 대부분 센터와 같은 인적 물적 자원을 필요로 하고 있었고 이러한 조건들로 인해 민간 자원으로만은 부족해 관의 자원에 의존하게 되었다. 앞에서 서술한 제도화의 과정으로 진입하게 되면서 국가나 지방자치제가 제시하는 기준과 방식들을 따라가고 있다고 할 수 있다. 거버넌스라는 형태에서 민간을 활성화하고 관의 방식에 참여하는 가능성을 가지고 있기도 하지만 주민 주도성보다는 관주도성이 강화되거나 주민이 주체가 되기보다는 전문가 집단이 중심이 되는 위험성도 안고 있다고 할 수 있다.

지금까지 한국 CO운동의 조직화 전략에 대한 시대별 분석을 진행하였다. 한국 CO운동의 조직화 전략은 알린스키의 갈등 중심 주민조직화 전략으로 시작해 교회를 중심으로 한 지역사회 개발전략 그리고 공동체 활성화 전략 등이 혼합된 형태로 나타난다고 할 수 있다.

2) 의식화 전략

① 한국 CO운동의 의식화 전략 정리

한국 CO운동에서 의식화 전략은 조직화 전략에 비해 구체적이지 못하고 많은 적용이 되지 못했다고 할 수 있다. 한국 사회에서 '의식화'라는 용어는 CO운동이 생기기 전부터 사용되어 왔다. 일제강점기부터 의식의 성장과 변화, 고양이라는 측면 정도의 의미로 사용되고 있었다. 이후 프레이리의 의식화 이론이 소개되면서 조직화와 함께 사회운동의 중요한 요소로 인식되기 시작했다. 하지만 프레이리의 의식화 이론은 과거에 쓰이던 의미 이상의 구체성을 띠지 못했다. 아마도 그 원인은 한국 사회에서 프레이리 이론의 적용 가능성 때문이었을 것이다. 프레이리의 이론과 방법론이 중남미에서는 문해교육이라는 구체적인 방법론과 프로그램을 통해서 현실화되고 확장되어갔다. 이와 달리 한국 사회에서는 비문해라는 상황이 당시의 사회적 이슈가 되지 못했고 알린스키의 조직화 이론처럼 현장에서 바로 적용하기가 쉽지 않았다.

1970년대 초중반 프레이리의 의식화 이론이 소개되었지만 그 구체적인 탐색은 1980년대에 가서야 이루어지기 시작했다. 민중신학자들을 중심으로 '민중교육론'에 대한 탐색이 그 결과물이라고 할 수 있다. 민중교육론에 대한 탐색작업은 한국기독교민중교육연구소의 작업을 통해서 도시빈민운동, 노동운동에 적용되기 시작했다. 민중사실, 민중언어, 민중문화, 저항 사건들에 대한 탐색들을 통해서 민중을 온전히 보아야 하며 민중의 가능성을 발견할 수 있어야 한다는 관점이었다. 이러한 관점은 민중을 추상적이 아닌 구체적이고 역사적으로 좀 더 깊게 바라볼 수 있게 하는 '민중에 대한 학습'의 가능성을 보여주었다. 하지만 지식인이 민중을 어떻게 학습할 것인가를 넘어 민중 스스로의 학습이 어떻게 가능한지에 대해서는 뚜렷한 방향과 방법을 내놓지 못했다.

CO운동에서 의식화와 교육에 대한 시도는 1980년대를 넘어서 지역에서의 활동이 안정화되기 시작하면서 지역사회개발전략의 일환으로 시도하기 시작한다. 아동과 청소년들을 위한 보육·교육 시설이 생기고 아이들의 어머니들을 위한 문해교육, 기초교육 주민들을 위한 도서실과 같은 프로그램들이 그것이다. 이러한 프로그램들은 주민들이 일상에서도 필요로 하는 내용들로부터 출발하였고 주민들의 모임의 계기, 소통의 창구, 필요한 지식의 습득 등의 기능을 했다고 할 수 있다. 이러한 교육 프로그램들은 1990년대를 넘어서면서 각각 전문 분야화되면서 지역공동체 활성화 전략의 한 부분으로 자리 잡게 된다. 1980년대 의식화 전략은 철거라는 거대한 이슈 속에서도 중요한 요소였다. 빈민들이 자신의 당면한 문제를 풀어나가기 위해서는 구체적 현실과 원인들을 이해해야 했고, 문제를 풀어나갈 수 있는 방법에 대한 학습도 진행해야 했다. CO운동의 조직가 집단은 이를 위해 설명회를 개최하고, 주민 대표단을 교육하며 다른 지역의 주민들과 만날 수 있는 창구와 계기들을 제공했다.

의식화 전략·교육은 1990년대를 넘어서면서 본격화되기 시작한다. 1980년대부터 시작된 교육 프로그램들은 각자의 영역에서 전문성을 갖춰가기 시작했다. 공부방운동, 도서관운동, 문해교육 운동 등으로 확장되고 전문화되었다. 또한 1990년대 이후 철거라는 집중적 이슈가 사라지고, CO운동 자체가 저항형 운동에서 지역 형성형 운동 형태로 변화하면서 당장의 조직화보다는 자신의 문제들을 이해하거나 풀어갈 수 있는 역량들을 쌓아가는 변화가 생겼기 때문이라고 할 수 있다. 그래서 1990년대 이후 앞에서 이야기한 교육 프로그램들과 함께 지역사회학교, 주민운동정보교육원의 설립, 학습을 중심으로 한 공동체의 형성(금호·행당) 등의 활동을 시도했다.

CO운동에서 의식화 전략은 주로 조직화 전략이 한계를 보이는 시점에서 주로 활성화되었다. 1970년대 조직화 운동이 정권의 탄압을 받은 후 1980년대 초반 민중선교와 결합되는 민중교육에 대한 탐색이 있었고 강제철거를 중심으로 한 빈민운동이 1990년대를 넘어서면서 철거라는 이슈가 사그라들고 지역운동론으로 다시 전환을 하게 되면서 주민들에 대한 일상교육과 공동체를 위한 교육이 확산되기 시작했다. 이와 같이 의식화 전략은 한국 CO운동에서 중심적 전략으로 역할을 하기 보다는 이념형으로 존재하거나 조직화 전략이 한계에 부딪쳤을 때 새로운 전략을 모색하는 담론으로 등장했지만 불연속적인 변동을 겪었고 하나의 체계화된 전략으로 발전하지는 못했다.

② 의식화 전략 분석

한국 CO운동에서 의식화 전략은 조직화 전략에 비해 상대적으로 그리 많은 주목을 받지 못했다. 앞에서 보았듯이 프레이리의 의식화 이론을 현실에서 적용하는 부분에서의 한계도 있었지만 그것보다는 이슈를 중심으로 주민들을 조직화하는 것이 당면 과제였기 때문이다. 또한 이슈 중심 방식은 많은 주민들의 이해관계가 걸린 내용에 집중하기 때문에 다양한 문제들이나 구조적인 문제들을 잘 다루지 못한 측면도 있었다. 이와 달리 노동자 조직화를 중심으로 했던 도시산업선교의 경우 일찍부터 노동자 의식화 교육, 소그룹 의식화 교육에 방점을 두고 많은 시도들을 진행했다. 공장, 노동자라고 하는 주제와 주체의 단일성이 있었고 전태일의 분신과 여성 노동자들을 중심으로 한 노동운동이 1970년대부터 중요한 사건으로 인식되었기 때문이다. 도시빈민선교 활동은 주민들의 기반 자체도 굉장히 불안정했고 수적으로도 더 많고 다양한 집단들이 존재했다고 할 수 있다.

1980년대 이후 민중교육연구소의 시도와 작업들 역시 도시빈민운동 보다는 노동운동 쪽에 집중되어 있었다. 그래도 민중사실, 민중언어, 민중문화에 대한 작업들은 도시빈민들의 생활, 정서, 생각들을 구체적으로 표현할 수 있는 하나의 가능성이었다. 「모퉁이돌」과 같은 간행물은 도시빈민들이 이야기나 직접 쓴 글들을 싣기도 했었다. 하지만 여기에서 더 나아가 민중들이 자신들의 이야기를 어떻게 표현해 내고, 세상을 좀 더 비판적으로 인식할 수 있게끔 하는 의식화 교육은 크게 시도되지 않았다. 즉 한국 CO운동의 의식화 전략은 주민, 학습자 중심보다는 지식인이 주민, 학습자를 어떻게 인식하고 행동할 것인가에 더 큰 초점이 맞춰져 있었다고 할 수 있다.

1980년대의 집중된 철거상황은 의식화 전략을 펼치기에 더 어려운 상황이었다. 삶의 존재 근거 자체가 흔들리는 것이었기에 그 이슈를 중심으로 구조적 비판적 인식을 더할 수는 있었지만 그 이슈가 없어지고 나면 그 이슈를 넘어서는 다양한 문제들에 대한 인식 전환은 쉽지 않았다. 필리핀의 CO운동에서 문제제기한 포괄적 비포괄적 주제와 내용 틀에 대한 고민이 체계화되지 못했다고 할 수 있다. 그렇지만 분명히 철거 반대 운동과정을 통해서 주민들의 인식의 변화가 있었을 것이다. 이러한 부분은 전망 부분에서 이야기 할 사회운동과정에서 직접 행동을 통해서 변화해가는 '사회운동학습이론' 등의 담론을 통해서 접근해볼 수 있을 것이다.

앞에서 서술했듯 CO운동에서 교육의 중요성이 드러난 시기는 1990년대 이후이다. 1980년대 때부터 시작된 교육 프로그램들이 1990년대 다양화·안정화되기 시작했고 지역 활동 자체가 교육을 빼놓고 생각할 수 없게 된 상황이었다. 이는 단기적 이슈보다는 장기적인 지역 형성 운동으로 전환한 측면도 있고 저성장, 고용불안, 형식적 민주화, 지방자치제라는 복합적인 상황 속에서 우리가 살아가고 있는 사회를 '성찰'하는 과정 없이는 운동을 지속하기가 어려워지는 사회조건이기도 했다.

하지만 1990년대 이후의 교육에 대한 담론 역시 지식인, 활동가 중심의 담론을 벗어나지 못했다. 즉 1980년대 시도되었던 민중사실, 민중언어, 민중문화에 대한 고민과 시도들이 연속성을 가지지 못한 것이다. CO운동이 여전히 조직화를 중심으로 진행되었기 때문에 1990년대 초반 도시빈민운동 대토론회나 주민운동에 대한 30, 40년 토론회에서도 교육은 분야 중 하나로서만 다뤄질 뿐 포괄적 교육으로서의 의식화 전략은 중심적으로 논의하지 못했다. 교육을 중심으로 빈민운동을 재편하려고 하는 지역사회학교와 같은 시도 역시 활동가 중심의 집담회를 벗어나지 못했다. 대신 지속적으로 이어져 오던 부분이 있었다면 조직가, 활동가, 주민지도자에 대한 교육이었다. 도시문제연구소로부터 시작해, 사선, 이후 코넷으로 이어지는 조직가, 주민지도자에 대한 훈련은 계속 이어져 왔다고 할 수 있다.

이와 같이 한국 CO운동에서 의식화 전략은 계속 언급되는 중요한 요소였지만 상대적으로 주목받지 못했으며 그 적용에서도 시도가 그리 많지 않았다. 하지만 조직화에 대한 부분이 어려워지거나 한계에 부딪치는 시점에서는 항상 교육이나 의식화에 대한 것을 다시 시도하려고 하는 움직임이 있었다. 1970년대 알린스키 이론의 도입 후 중반을 넘어가면서 조직화 운동이 탄압을 받고 벽에 부딪친 이후에 민중교육이 주목받기 시작했다. 그리고 1990년대 도시빈민지역운동론이 주민조직까지 이르지 못하고 흐지부지 되는 상황에서 빈민교육을 중심으로 한 지역사회학교가 제안되었다. 또한 금호·행당지역의 철거 이후 새로운 공동체를 형성하는 과정에서 지속적인 교육활동이 중요한 역할을 했다. 이러한 흐름들은 CO운동이 조직화와 의식화의 변증법적 운동과정을 통해서 진행되고 있음을 보여주는 것이기도 하며 조직화와 의식화 전략이 함께 갈 때만이 질적 성장을 거듭하는 것을 증명하는 것이기도 하다.

3) 한국 CO운동의 조직화 · 의식화 모델과 관련하여

아시아의 CO운동과 한국의 CO운동은 그 중심전략을 의식화와 조직화 그리고 인간화로 정리하고 1970년대 이후부터 여러 가지 형태로 활동을 진행해왔다. 가난한 지역(주로 도시)의 주민들을 중심으로 그들이 스스로 자신의 문제를 인식하고 자신들의 문제를 해결해나갈 수 있도록 하는 것이 CO운동의 목표라고 할 수 있다. 그 목표의 달성을 위해서 한국 CO운동은 알린스키의 갈등 중심의 조직화 이론(방법론)과 프레이리의 의식화 이론을 중심으로 그 전략과 내용들을 발전시켜 왔다. 그렇다면 한국 CO운동에서 의식화-조직화 모델은 특징은 무엇이라고 할 수 있는가?

① 주체 중심의 운동담론

우선 한국의 CO운동은 '주체 중심의 운동 담론'이라고 할 수 있다. 한국의 CO운동은 1970년대 민중선교, 1980년대 도시빈민 운동,

1990년대 주민 운동으로 그 정체성을 정리하면서 변화해왔다. 운동의 이름에도 알 수 있듯이 '민중, 빈민, 주민'이라는 주체(집단)에 대한 규정을 통해 자신의 정체성을 드러냈다. 알린스키의 CO운동은 통상적으로 지역(사회) 조직화로 번역되는데 한국의 CO운동은 지역사회라는 공간적 의미나 반빈곤, 대안공동체와 같은 내용적(주제적) 지향을 가지는 용어보다는 주체집단의 용어를 사용했다. 이러한 방식의 정체성 규정은 자연스레 그 주체집단에 대한 범위, 내부적 동일성, 특이성, 가능성, 한계 들을 분석하는 질문들을 하게 된다. '민중' 담론에서 그러했던 것처럼, '민중은 누구인가? 어떤 사람은 민중이고 또 어떤 사람은 민중이 아닌가? 민중들의 집단적 성향, 욕구는 무엇인가? 민중은 역사적 주체가 될 수 있는가? 민중들의 한계는 무엇인가?' 등등의 질문을 던지고 이에 대한 답을 구하는 것으로부터 출발한다고 할 수 있다.

한국의 CO운동 역시 이러한 작업을 진행했다. 1970년대 CO운동의 본격적 시작은 앞서 역사에서 보았듯이 한국의 민중담론에 힘입은 바 크다. 전태일과 광주대단지 사건이 자극이 된 민중선교 운동은 민중신학과 결합하면서 '민중'을 역사적 주체로 이해했다. 민중문화, 민중사, 민중언어, 민중사실, 민중전기 등의 담론들은 이러한 노력의 결과들이라고 할 수 있다.

1980년대 변혁운동의 영향 속에서는 민중이라는 담론을 계속 유지하면서 가난한 사람들을 도시빈민이라는 이름으로 좀 더 구체적으로 담론화하고자 했다. 민중이라는 범주가 너무 크고 다양한 범주이기도 하고 사회구성체 논쟁과 같이 마르크시즘에 기반을 둔 사회구조 분석담론 속에서 좀 더 구체적인 집단에 대한 분석을 시도했다. 마르크시즘에 기반을 둔 사구체 논쟁은 변혁의 중심 주체를 노동자 계급이라고 상정하고 한국 사회의 노동자 계급의 구성·성향들을 분석하였다. 지식인들과 활동가들은 광주민중항쟁과 목동투쟁, 연이은 철거반대 투쟁과 같은 사건들의 영향으로 사회 최하층인 도시빈민 집단이 어떤 계층, 계급인지 그리고 노동자 계급과 어떻게 다른지 그리고 도시빈민이 어떻게 변혁에 참여할 수 있는지를 분석하게 된다.

1990년대는 형식적 민주화와 함께 지역운동이 활성화되면서 주민이라는 용어를 사용하게 된다. CO운동은 1970년대 운동의 원칙을 다시 한번 기억하고 지역에서의 다양한 활동들을 포괄하기 위해서 삶의 자리에 뿌리를 둔 주민(住民)이라는 의미에 주민(主民)이라는 의미를 더해, 주체 중심의 운동을 강조했다. 주민운동 그룹은 1990년대를 넘어서면서 빈민이라는 용어가 이데올로기적이고 다양한 계층이나 영역을 포함할 수 없다는 것을 분석하면서 지역에 더 초점을 맞춘 주민이라는 주체를 설정하게 되었다(한국주민운동정보교육원, 2008).

그런데 이러한 주체 중심의 담론의 분석은 이를 진행시킬 수 있는 다른 집단을 필요로 한다. "민중은 스스로를 민중이라 부르지 않는다"는 말이 대변해주듯이 민중, 빈민, 주민에 대한 분석은 주로 지식인들이 담당할 수밖에 없었다.[1] 지식인들(진보적 종교인, 활동가, 조직가)은 사건화된 민중들의 저항·투쟁에 영향을 받아 과거 역사와 문화들을 통해서 주체 집단을 개념화하고 이해하며 이 주체 집단들이 어떻게 사회변혁에 참여할 수 있을지를 분석하고자 했다. 하지만 지식인들의

---

[1] 민중과 같은 하위주체의 주체화 가능성에 대한 급진적인 논의로 '서발턴' 논의를 들 수 있다. 서발턴 논의는 가야트리 스피박의 '서발턴은 말할 수 있는가?'라는 질문으로 집약되는데, 이 질문에는 다양한 민중들의 상황과 저항들을 지식인들이 대변, 해석하려고 하는 욕망이 있다고 주장한다. 서발턴주의자들은 지배계급이나 지식인들에 의해서가 아니라 하위주체들의 다른 언어와 행동, 분석 방식을 발견하는 데 관심을 두고 주체화의 가능성을 탐색해나간다.

이러한 분석 작업은 한계를 가질 수밖에 없었다. 민중들의 계속된 저항이 있기는 했지만 아직 잠재된 사회변혁의 주체였기 때문이다. 그래서 지식인들은 주로 현재보다는 과거(역사)를 통해서 그 가능성을 찾으려고 했다. 과거의 가능성과 함께 현재에서 아직 채워지지 못한 내용과 역량들을 지식인들은 상상적인 공동체, 주체, 문화들을 통해서 채우려 한 것이다.

이남희는 『민중 만들기』라는 책을 통해 한국 사회운동의 이러한 경향성을 "역사 주체성의 위기"라는 담론을 통해 설명하려 했다. 한국 사회는 왜곡된 근대화, 식민통치, 국가의 분단, 독재정치라는 흐름 속에서 민중, 시민들이 사회, 국가를 끌고나갈 수 있는 주체역량을 만들어내지 못했다는 것이다(이남희, 2015). 이를 인식한 지식인들은 당시에 일어났던 민중들의 실천에 대한 반성과 자극으로 한국 사회의 새로운 주체를 만들어내는 것을 중요한 과제로 삼았다. 지식인들은 민중이라는 윤리적이고 책무성을 가진 인격체를 창조해냈고 이들을 역사적 주체로 만들기 위해 계급자살과 같은 행동으로 노동자(민중)가 되기 위해 공장으로, 농촌, 판자촌으로 들어가기도 했다.

한국의 CO운동 역시 이러한 맥락의 영향이 컸다. 1970년대 민중선교에 이론적 기반이 되었던 민중신학 역시 민중을 어떻게 이해할 것인가에 초점을 맞추고 그 성서적 근거를 찾고 재해석하려 했다. 비슷한 시기에 등장했던 남미의 새로운 신학이 '해방신학'임을 생각해보면 한국의 민중신학은 역사적 주체에 대한 강조점을 크게 두고 있었다. 민중신학의 담론은 더 나아가 예수가 민중이고 민중이 예수였다는 급진적 담론을 펼치기도 했으며 하느님의 선교, 바티칸 공의회의 가난한 자들에 대한 우선적인 원칙 등이 더해지면서 가난한 사람들이 사는 현장으로 들어가 스스로 가난하게 살고자 하는 흐름(바닥 정신)을 만들어냈고 할 수 있다.

사회운동에 있어서 주체를 설정하는 문제는 매우 중요한 과정이다. 하지만 주체 스스로에 기반하지 못한 주체 담론은 한계를 가질 수밖에 없다. 한국의 CO운동에서 주체담론은 지식인들에 의해서 계속해서 외부에서 주어진 담론이라고 할 수 있다. 이러한 상황에서 주체였던 '민중'에 담론이 급격하게 쇠퇴하면서 민중운동·민중교육의 담론과 실천들이 함께 쇠퇴하게 된다. 그만큼 주체 담론 자체가 튼튼하지 못했던 것이다.

또한 1990년대 이후 신자유주의적 질서로 사회가 재편되면서 자본과 국가에서도 주체를 강조하기 시작했다. 마을만들기 사업에서 보듯이 마을은 시민이 주체가 되어 스스로 움직여야 한다. 그런데 그 시민이 누구인지 그리고 소외되는 시민이 있는지에 대해서는 묻지 않는다. (왜냐하면 스스로 하는 것이기 때문이다.) 또한 시민들이 주체적으로 하는 그 일들이 구조적인 맥락에서 누구의 이익에 봉사하는지 어떤 입장들을 대변하고 있는지에 대해서는 관심기울이지 않는다. 즉 주체 중심의 담론은 주체(행위자)에 대한 분석과 함께 주체를 둘러싼 환경, 실천의 맥락들(구조)에 대한 분석을 통해서 보완되어야 한다. 한국의 CO운동은 가난하고 소외되었던 사람들을 사회를 변화시켜나갈 주체로 보고자 했고 그들과 함께 지역에서 구체적인 가능성을 실현시키고자 했다. 그러나 한국 CO운동에서는 주체 담론이 외부에서 주어졌고, 외부 주체 담론을 넘어선, 허병섭이 이야기 했던 "스스로 말하게 하라"와 같은 실천을 통한 주체의 변화 또는 새로운 담론에 대한 부분을 다시 한번 고민하고 성찰할 필요가 있을 것이다.

② 조직화 중심의 모델

두 번째로 한국의 CO운동은 조직화 중심의 모델이었으며 한국 CO운동에서 의식화 담론·전략은 구체화되지 못했다고 할 수 있다.

아시아의 CO운동과 한국 CO운동을 비교해보았을 때 알린스키-프레이리의 의식화-조직화라는 절충적 모델이라는 측면에서는 공통점을 띠는 것이었다. 두 CO운동 모두 알린스키의 조직화 이론과 프레이리의 의식화 이론을 중심 이론으로 삼았고 그것을 절충하여 하나의 결합된 모델로 만들고자 하였다. 하지만 아시아의 CO운동이(특히 필리핀) 프레이리의 의식화 이론을 나름의 방법적인 전략으로 구체적으로 발전시킨 반면에 한국의 CO운동은 프레이리의 의식화 이론을 구체화시키지 못했다. 의식화라는 용어는 계속해서 조직화의 쌍으로 등장했지만 의식화가 조직화와 어떤 연결고리를 통해서 실행할 수 있는지 또는 의식화를 통해 조직화를 활성화시킬 수 있을지에 대한 구체적 방법들을 개발하지는 않았다고 할 수 있다.

아시아 CO운동의 경우 국가와 지역별로 상황은 다르지만 알린스키의 조직화 이론의 한계들을 인식하기 시작하면서 프레이리의 의식화론을 검토하고 발전시켜 나가기 시작한다. 그래서 PAR(참여행동연구), PLA(참여학습실천)와 같이 민중들의 지식과 경험으로부터 지역의 문제들을 스스로 조사하고 문제를 도출하는 특유의 방법론을 개발하며 문제를 풀어나가는 방식과 조직 자체도 행동과 성찰을 통해서 잡아나간다. 이에 반해서 한국의 CO운동은 1970년대 알린스키의 조직화 모델을 중심 모델로 받아들이고 의식화 모델은 이론 정도의 수용이나 조직화 과정에서 드러나는 효과 정도의 인식에 그쳤다. 1980년대 이후 민중교육론을 토대로 의식화 이론을 구체화시키려 했지만 CO운동에서는 구체화되지 못했다.

그렇다면 왜 한국 CO운동은 아시아 CO운동과 달리 의식화 전략이 구체화되지 못한 조직화 중심적 모델이 되었는가? 아마도 이는 CO운동의 형성 당시의 한국 사회의 정치사회적 상황 때문이었을 것이다. 한국의 CO운동은 형성시기인 1970년대부터 정치적 독재상황과 그에 대한 CO운동 그룹의 저항으로 인해 탄압을 받기 시작했다. 그래서 CO운동의 전략도 주민조직화 전략에서 교회중심의 전략으로 변경하게 된다.

한국 CO운동의 이러한 정치경제적 상황은 프레이리의 의식화 이론이 구체화되기도 전에 탄압의 빌미가 되기도 했다. 프레이리의 의식화 이론은 수용 당시에는 큰 탄압의 요소가 없었지만 1970년대 후반 프레이리의 책들이 금서가 되기 시작하고 1980년대 초반에는 군부 정권이 한국의 사회운동 세력을 부정적 의미에서의 '의식화 집단'으로 매도하고 탄압하기 시작했다. 한국 민중교육에 대한 이론화가 활성화되기 시작한 것이(『스스로 말하게 하라』가 출판되었던 연도 역시 1980년대 중반이다) 1980년대 중반 유화국면 시기에 이루어진 것을 떠올리면 한국 CO운동의 의식화 전략의 수용과 실천이 정치적 상황과 연결되어 있다고 생각할 수 있는 대목이다.

또 하나의 이유로는, 앞의 한국 CO운동 의식화 이론에 대한 정리와 평가에서도 보았듯이, 의식화 운동에 대한 구체적 전략과 적용에 대한 고민이 부족했던 점을 들 수 있다. 한국기독교민중교육연구소에 의한 민중교육론에 대한 탐색과 몇몇 시도들은 한국만의 독특한 의식화 전략을 세울 수 있는 기회이기도 했다. 문화에 대한 독특한 강조, 민중사실, 민중언어를 기반으로 한 인간화에 대한 강조, 정서적 방식과의 결합, 문동환의 한과 단의 사상 등은 한국적 의식화론을 발전시킬 수 있는 가능성을 가진 논의들이었다. 그러나 이 역시 '의식화론'에 대한 정치적 탄압으로 인해 그리고 사회운동에서 '의식화 이론의 곡해'로 인해 CO운동의 현장에서 활성화되지 못했다고 할 수 있다.

유성상은 필리핀과 한국에서의 프레이리 이론의 수용과 실천을 비교분석하면서 한국의 민중교육 담론이 1980년대의 민중운동의 급진화로 경직적이고 운동가 중심의 방식이 되었고 이로 인해 민주화 이후 급속하게 쇠퇴했다고 주장한다(유성상, 2006). 이러한 상황은 도시빈민운동의 현장적 특성과도 이어지는데, 삶의 자리(지역)와 삶에 대한 불안정함은 지속적이고 안정적인 활동을 위협했고, 다양한 계층과 대상이 존재하는 상황에서 큰 이슈 이외에 주민들을 의식화의 장으로 유도하기는 어려웠을 것이고, 한국의 CO운동은 조직화 전략을 중심으로 변화되고 성장해나갔다고 할 수 있다.

③ CO, CD, CB 방식의 혼용

세 번째, 한국의 CO운동은 지역사회 조직화(CO), 지역사회개발(CD), 공동체 활성화(CB, 커뮤니티 빌딩)[2] 등의 내용들이 혼합된 상

---

2 커뮤니티 빌딩은 지역사회의 자산을 활용하여 지역사회의 문제를 예방 및 해결하기 위해 지역사회의 내부 역량을 강화시키는 활동이라고 할 수 있다(이은희, 2012). 이은희는 Hess의 지역사회복지실천 모델들의 특성을 다음과 같이 비교하고 있다. 표에서 보듯이 커뮤니티 빌딩은 시민의 자발적 리더십을 중요시하고, 그래서 갈등보다는 관계형성에 기반을 둔 소집단체 초점을 맞춘다. 그래서 커뮤니티 빌딩에서는 참여자들이나 지역사회의 자산, 새로운 관계, 기회의 재발견을 통해 지역사회 자체를 활성화시키는 활동을 말한다. 최근 유행하고 있는 마을만들기 방식이 커뮤니티 빌딩 방식과 가장 근접한 활동이라고 할 수 있다.

기준	차원	지역사회 조직화	지역사회 개발	커뮤니티 빌딩
주요가치	참여(participation) 리더십(leadership) 전문성(expertise)	참여	전문성	리더십
공익의 개념	갈등적(conflicting) 공동(communal)	갈등적	개별적	공동 사회

태에서 시기별로 특정한 전략들이 두각을 나타내면서 변화를 거듭해 왔다. 한국 CO운동은 앞에서 이야기했듯이 알린스키의 갈등-대결 전략을 받아들이면서 조직화 중심의 전략으로 변화, 성장해왔다. 하지만 한국 CO운동이 알린스키의 조직화 전략만을 중심으로 진행되어 왔다고 하기는 어렵다. 한국 CO운동의 조직화 전략은 한국의 정치 사회적 상황 속에서 다양한 변화를 겪어왔다. 1970년대 알린스키 전략은 CO운동의 중심 방법론이었지만 정치적 탄압과 함께 1980년대 이후가 되면서 (교회 중심의) 지역사회 개발 전략 중심으로 변화된다. 물론 1980년대의 변화는 알린스키 전략에서 지역사회개발전략으로 완전히 전환되었다기보다는 지역사회개발 전략과 결합된 형태로 진행되었다고 할 수 있다. 교회 중심의 정착전략은 주민들과 만날 수 있는 주민들의 이슈나 문제들을 부분적으로 해결할 수 있게 지역사회개발을 위한 여러 방법들을 시도했다. 주로 주민들을 위한 프로그램들을 열거나 복음자리 마을과 같이 새로운 집단 거주지를 형성하여 다양한 공동체적 실험을 진행하였다. 이를 기반으로 해 1990년대 초반 주민들이 중심이 되는 조직·집단(주민회)을 형성하려 했다.

금호·행당·하왕 지역 조직가인 박재천은 CO운동의 역사를 세 시

기준	차원	지역사회 조직화	지역사회 개발	커뮤니티 빌딩
권력	개인(singular)	아젠다 설정	다원주의	아젠다 계획
	다원주의(pluralist) 아젠다 설정(agenda setting) 의제 계획(agenda planning)			
사회자본의 성격	내적(internal) 협력적(collaborative) 정치적(political)	정치적	협력적	내적
주민참여의 성격	정치적 행동주의(political activism) 관여하는 시민(engaged citizenry) 정책 입안(policy making)	정치적 행동 주의	정책입안	관여하는 주민

출처: Hess(1999, 9), Table 4, Comparing Community Organizing, Building and Developing Against the Bases(이은희, 2015, 15에서 재인용).

기로 구분하면서 첫 번째 시기인 1970년대 말까지의 운동을 CO와 CD의 결합으로 파악하고 있다. 그러면서 CD는 교회나 지역센터를 중심으로 자활, 탁아사업, 경제자립, 야학, 집단이주 등 자각 중심의 주민조직체 성격을 띠며 의식화를 통해 스스로의 힘으로 활동을 전개하는 것이 중요시되었다고 말한다(천주교도시빈민회, 1993b). 또한 CD를 산업적 생산과 물질적 상품의 분배를 개발하는 것에서 인간존재의 개발로 전화시키는 중요한 요소로 파악한다(천주교도시빈민회, 1993c).

또한 1980년대에는 또 하나의 조직화 방향으로서 변혁운동적(계급적) 입장을 가지기도 하였다. 이는 CO운동의 독자적 전략이라기보다는 재개발에 저항하는 철거반대투쟁에 대한 민중운동그룹에서 담론화하려고 한 시도라고 볼 수 있다. 그리고 1970, 1980년대 지역주민조직화의 방식으로 적용되었던 협동조합, 생산공동체와 같은 다양한 시도들은 1990년대를 넘어서면서 본격적인 공동체 형성전략(커뮤니티 빌딩)으로 변화 발전하게 된다.

이렇듯 한국의 CO운동은 지역사회 조직화(CO), 지역사회개발(CD), 공동체 형성(또는 활성화, CB) 전략이 시대적 상황에 맞게 혼용되고, 변화되었다고 할 수 있다. (물론 이 세 가지를 확실하게 구분할 수 있는가에 대해서는 생각해 보아야 한다.) 하지만 한국 CO운동은 CD와 CB를 자신의 정체성으로 받아들이거나 구체적 담론으로 받아들이지는 않는 것 같다. 그래서 1990년대 이후의 한국 CO운동의 대한 담론은 1970년대 조직화 담론 이상으로 나아가고 있지 못하는 것 같다. 한국주민운동 30, 40주년 워크숍에서도 다양한 현장의 시도들에 대해서는 다루고 있는데, CD와 CB의 실천들을 CO의 내용으로 계속 해석하려고 하지만 사실 CO만으로는 해석의 한계가 있다. 왜냐하면 이 세 가지의 각각에 따라 주체, 주요 진행방식, 의사결정 방식, 조직가의 역할 들이 차이가 있기 때문이다. 그래서 한국 CO운동의 경우 공동체 조직화와 함께 공동체 개발, 공동체 활성화에 대한 담론과 전략들에 대한 논의와 평가, 새로운 정체성 정립들이 필요하다고 할 수 있다.

④ 공동체에 대한 강조와 종교적 친화성

네 번째는 공동체에 대한 강조와 종교적 친화성을 그 특징으로 들 수 있다. 한국의 CO운동은 유달리 공동체에 대한 강조를 두었다. 1970년대는 빈민지역을 중심으로 갈등-대치 전략을 통해서 주민들을 주체화시키는 것에 초점을 맞추었지만 1980년대 이후부터는 공동체의 형성이라는 부분에 많은 방점을 두고 있다. 1990년대 이후 CO운동이 (코넷에서 보듯이) '공동체, 가난, 생명'으로 정체성을 정리한 것에서도 알 수 있는데 특히 천주교의 도시빈민운동 그룹에서 두드러졌다고 할 수 있다. 1970년대 제정구와 정일우를 중심으로 한 '삶의 자리'운동이 그러했고 1980년대 이후 천주교도시빈민회를 중심으로 한 소모임, 공동체 전략 역시 공동체에 대한 관심이 컸다고 할 수 있다. 1990년대 금호·행당 지역에서 진행된 주민협동공동체 운동 역시 같은 흐름에 있다고 할 수 있으며 여러 지역에서의 생산공동체를 비롯한 교육공동체, 복지공동체, 경제공동체 등의 시도들도 같은 흐름 속에 있다. CO운동의 역사에 서술하지는 않았지만 문동환이 만든 '새벽의 집'(1972-1980년)과 같은 대안공동체나, 빈민지역에서의 생활공동체인 복음자리 생활공동체, 신림10동 사랑의집(1980년), 성남 메리놀 공동체(1981년), 하월곡동의 밤골주민생활 공동체(1983년), 난곡의 희망의집 등과 같은 종교공동체들도 존재했다.

이러한 흐름은 한국의 CO운동이 가진 종교와의 선택적 친화성 때문이라고 할 수 있을 것 같다. 한국의 CO운동은 그 역사에서 보듯이 '하느님의 선교'와 토착적인 민중신학, 가톨릭의 '가난한 이들에 대한 우선적 선택(Church's Preferential Option for the Poor)'[3]과 같은 종교 사상을 기반으로 하고 있었다. 알린스키와 프레이리의 이론도 종교적 영향을 가지고 있었지만 두 이론보다는 유독 '공동체'라는 가치를 중요시했다. 그래서 알린스키의 조직화 이론에서 조직가가 주민이 주체가 되는 조직이 세워진 다음에 그 조직을 떠나는 것을 원칙으로 삼았던 반면 한국의 CO운동에서 조직가(활동가)는 조직을 떠나는 것이 아니라 공동체를 세워 '같이 사는' 형태로 전개되었다. 또한 교회 갱신을 위한 운동이나 바닥공동체(혹은 기초공동체 Basic Christian Community, BCC) 운동을 시도했으며 영성에 대한 부분을 강조했다.

남미지역에서도 종교(기독교)와 (정치)사회운동을 결합하려는 시도가 활발히 일어났는데 미카엘 뢰비는 『신들의 전쟁—라틴아메리카의 종교와 정치』에서 이러한 흐름을 '해방 그리스도교'로 정의하고 이에 대한 분석을 시도한다. 미카엘 뢰비는 막스 베버의 '선택적 친화성'(elective affinity)이라는 개념을 통해서 남미의 가톨릭이 보수적인

---

3 '가난한 이들의 우선적 선택'이라는 주제어는 1979년 멕시코의 푸에블라 시에서 열린 라틴아메리카 주교회의 총회에서 선택된 의제이다. 푸에블라 주교회의는 변혁적 세력과 보수적 세력의 계속된 갈등에 일정의 종지부를 찍게 되는 회의였는데, 당시 라틴아메리카 주교회의 집행부에서는 해방신학자들이 이 총회에 참여하는 것을 막으려 했지만 해방신학자들은 참여입장을 고수했고 메데인 총회로부터 시작된 진보적 입장을 관철시켰다. 미카엘 뢰비는 이 의제를 푸에블라 총회에서의 절충적 결과로 해석하는데 해방신학의 본격적 등장 이후 라틴아메리카 주교회의는 물론 바티칸에서도 급진적 해방신학을 인정하려 하지 않았다. 이 회의 이후 한국에서도 반응은 엇갈렸지만 김수환 추기경의 지지발언, 천주교정의구현전국사제단, 주교회의 정의평화위원회 등에서 이 주제들을 수용하면서 가톨릭 민중복음 운동의 중요한 명제로 자리잡는다. 그리고 1989년에 한국에서 열린 제3차 아시아 사회사목 연수회(The 3rd Asian Institute for Social Action, AISA Ⅲ)에서 '도시의 가난한 이와 함께하는 교회'를 주제화하면서 더 구체적으로 실행하게 된다.

측면이 더 크긴 하지만 급진적 신학인 해방신학의 영향을 받은 가톨릭이 해방, 평등, 정의와 같은 가치를 중요시하고 이러한 측면이 정치나 사회운동으로 연결되어 사회변화의 큰 동력이 되는 것에 주목한다. 뢰비는 가톨릭의 에토스 속에 반자본주의적 정신, 자본주의에 대한 부정적 친화성, 문화적 반감이 있음을 분석하면서, 해방 그리스도교와 마르크시즘·사회주의가 초개인적 가치, 가난한 이들에 대한 관심, 보편주의, 공동체, 공동선의 중시(사적 소유에 대한 비판), 미래 왕국에 대한 희망 등의 공통 요소를 가지고 있으며 남미 특유의 사회운동을 만들어냈다는 것이다. 또한 남미 전역에 퍼져있던 기초공동체가 일상적으로는 미사와 기도, 묵상과 같은 종교적 기능과 함께 의식화를 위한 공간이었으며 큰 사회변화의 시점에서는 소중한 거점의 역할을 담당했음에 주목했다. 미카엘 뢰비는 그 사례로 브라질의 가톨릭과 니카라과의 그리스도교와 산다니즘, 엘살바도르의 예수회, 해방 개신교를 분석하며 현재 반세계화운동의 새로운 실험으로 주목받고 있는 브라질의 무토지농민운동과 사파티스타의 사례가 해방 그리스도교의 영향을 받았다고 설명한다(Lowy, 2012).

한국의 CO운동 역시 기독교의 해방적 내용, 전통과 사회운동을 결합하려고 했다. 민중신학자 서남동의 '두 이야기의 합류'에서 보듯이 조직가들은 빈민들의 공동체를 성서의 해방 공동체(특히 출애굽과 예수 공동체)에서 찾고자 했다.

1990년대를 넘어서면서 CO운동에서 기독교의 직접적인 영향이 줄어들기는 했지만 '가난, 공동체, 생명'이라는 CO운동의 가치, 영성(품성)의 강조 등의 활동방식과 내용은 종교와의 친화성 때문이라고 할 수 있다. 박문수는 기빈협과 천도빈이라는 종교 중심 빈민운동 조직에 대해 해방, 유대성, 조직, 극기라는 개념들을 통해 종교단체와 정치세력화의 상관성을 분석하고 있다. 이 두 조직은 예수를 통해 해방의 과정을 이해하고 계급투쟁보다는 유대성, 공동체의 개념을 더 중요시했다. 또한 내세보다는 '현세적 극기'를 통해 이 땅에서 하느님 나라를 만들어가는 것을 소중한 가치로 삼았다. 한국의 CO운동이 명시적으로 종교적 공동체를 지향하지는 않았지만 기독교가 중심이 된 CO운동은 자연스레 빈민중심의 공동체에 대한 전거를 성경에서 찾았고 남미의 기초공동체운동, 가톨릭 일꾼 운동, 생산공동체 운동 등에 대한 관심을 가지고 시도를 했다.

박문수의 분석에서 두 조직은 사회운동보다는 종교적 운동에 더 큰 비중을 두고 있는 것으로 나타나고 있다. 1988년과 1989년에 있었던 빈민운동의 모든 공식 사건에 대한 분석에서 기빈협과 천도빈의 회원의 참여가 저조했고 천도빈의 경우 여러 목적에 대한 활동시간의 배정에 도시빈민 세력화를 위한 활동보다 천주교회의 지원을(성체대회시 가난한 이들을 위한 내용) 얻어내기 위한 활동이 더 컸다고 분석하고 있다. 또한 전술에 있어 시위, 농성 전술은 적당히 사용했지만 방문, 로비 전술에 대해서는 소홀히 했다는 결과가 나왔다. 그래서 종교단체들의 신학적 표현이 선동과 카리스마가 많이 요구되는 사회운동의 첫 단계에는 많은 영향을 주었지만 '개혁'의 개념과 '해방'의 개념에 대해서는 분명한 이해를 갖지 못했다고 분석한다(박문수, 1993, 242). 즉 종교적 쇄신과 사회운동을 동시에 연결시키기에는 역량이 부족했다고 할 수 있다.

이러한 역량의 부족은 남미의 상황과 비교했을 때 빈민지역의 종교 문화 때문일 수도 있다. 남미의 경우 대부분의 국민들이 가톨릭이었고 1960년대부터 기초공동체가 전역으로 퍼져나가기가 시작했으며 이러한 영향으로 인해 급진적 종교인들이 소수였어도 다양한 활동들은 파급력이 있었다. 하지만 한국의 경우 1970년대 희망교회가 있었던 사당동의 사례를 봤을 때 비종교인이 66.6%였고 교회에 대한 관심도에 있어서도 관심이 없거나 시간(돈)이 없어서 못가는 비율이 60%를 넘었다(기독교대한감리회 선교국, 1982, 165). 또한 반상회와 같은 통제 시스템으로 인해 주민들 속으로 스며드는 활동을 진행하기에는 어려움이 있었다. 즉 CO운동에 참여한 종교인들은 가난한 사람들의 조직화와 함께 선교활동, 교회의 갱신을 위한 활동을 동시에 진행하려 했고 종교와 정치를 동시에 급진적으로 변화시켜내기에는 역량이 부족했다고 할 수 있다.

한국 민중교회운동[4]을 분석한 황홍렬 역시 민중교회운동의 정체(실패)의 원인을 이데올로기와 신앙의 관계 속에서 정체성의 위기를 맞이했으며 1990년대 이후 민중교회운동은 신앙에 대한 회복을 통해 '영성, 생명'이라는 주제를 통해 다시 정체성을 찾아가고 있다고 분석한다. 민중교회운동이 1980년대 이데올로기에 기반해 빈민운동과 노동운동, 정치운동에 매진했지만 정작 신앙에 대한 부분은 교인수가 줄어들고 민중선교가 침체하면서 목회자들도 힘들어하고 정체성의 혼란을 겪게 되었다는 것이다.

이 상황 속에서 민중교회들은 장애인, 여성, 양심수, 이주민 등 민

---

[4] 한국 민중교회운동은 1970년대부터 진행된 민중선교운동을 통한 교회운동을 통칭하는 말로 이해할 수 있다. 민중교회는 1980년대 활발해지면서 1988년 7월 한국민중교회운동연합(한민연)을 만들게 된다. 1991년에는 106개의 민중교회(7개 교단), 15개의 지역민중교회운동연합, 4천 여 명의 평신도로 구성될 정도로 확대되었다. 많은 수의 교회가 노동운동, 빈민운동과 연결된 활동을 진행했고 지역 정치활동에도 관여하게 된다. 하지만 1990년대 중반을 넘어가면서 민중교회들은 정체되거나 다양해지게 되고 지역민중교회운동연합이 해체되거나 교단 민중교육협의체들이 명칭과 방향들을 달리하게 되면서, 한민연은 사실상 해체됐다. 한국 민중교회운동의 역사에 대해서는 황홍렬의『한국 민중교회 선교역사(1983-1997)와 민중선교론』에 잘 나타나 있다.

중이라는 개념의 외연을 확대하고 영성훈련을 통해 신앙의 정체성을 강조하고 이데올로기적 주제보다는 근원적이고 영성적인 '생명'이라는 주제를 통해 새로운 교회운동을 전개하게 된다(황홍렬, 2004, 377-385). 즉 종교(기독교)에 기반을 둔 CO운동은 신앙공동체와 사회운동조직을 동시에 이루려했다.

그러나 이 두 공동체는(조직은) 해방이라는 큰 지향점에 있어서는 만날 수 있었지만 그 정체성과 과정에서 내부적 문화와 조직방식, 전략과 전술에서 간격이 있을 수밖에 없었다. 그래서 공동체는 어떨 때는 '신앙적 공동체'로 또 어떨 때는 '대안적 공동체'나 '저항의 공동체'로 다양한 모습을 띨 수밖에 없었고 구체적 대안으로서의 '공동체'의 상을 만들지는 못했다고 할 수 있다.

CO운동이 가난한 빈민촌의 주민들과 40년을 넘게 활동을 이어져 왔던 힘은 종교를 기반으로 한 활동가와 지원체계의 힘이 컸다고 할 수 있다. 하지만 반대로 생각한다면 도시빈민운동, CO운동이 종교적 담론의 해방적 가능성을 동시에 담아내기에는 역량부족이었다.

⑤ CO운동의 정치성

마지막으로 한국 CO운동은 정치적인 성격을 강하게 띠고 있다. CO운동 자체가 정치적으로 중립적인 것이 아니기 때문에 당연히 정치적이라고 할 수 있다. CO운동은 자신의 정치성을 드러내는 방식과 과정에 있어서 우선적으로 주민들의 주체화를 통해서 진행하는 것을 원칙으로 삼고 있다.

그런데 한국의 CO운동은 주민들의 주체화 방식보다는 활동가, 조직가 그룹이 앞서서 정치 활동에 참여했다. 1970년대 유신정권 하에서 반독재 투쟁이 그러했고 1990년대 지방자치제의 부활과 함께 제도정치에 참여했던 것도 비슷한 맥락이라고 할 수 있다. 이러한 상황들은 이후 CO운동에서의 다소의 혼란을 가져오기도 했다. 1970년대 중반의 반독재 투쟁은 이후 반상회 제도가 도입되는 것과 함께 심한 활동의 위축을 불러왔다. 또한 1990년대 지방자치제도에서의 조직가들을 중심으로 한 정치개입전략은 지역주민 조직을 만드는 과정에서 동력을 분산시키는 계기가 되기도 했다. 1980년대 철거투쟁 상황 속에서의 운동노선에 대한 갈등(상계동의 경우)은 외부 운동세력의 영향이 더 컸던 경우이긴 하지만 대중화 노선으로 갈 것이냐, 급진적인 우선 정치 투쟁을 전개할 것이냐의 갈등상황이기도 했다. 지역사회학교의 목표들에서도 드러나듯이 빈민학교의 중심 목표 중 하나는 대선과 총선에 대한 빈민운동의 조직화였다.

이는 한국 사회의 정치적 상황과 맞물린다고 할 수 있는데 1980년대까지 군부에 의한 독재정권이 존재했기 때문이다. 암울한 정치적 상황 속에서 CO 조직가들은 CO 활동 이외에 민주화를 위한 투쟁을 동시에 할 수밖에 없었다. 지방자치제가 실시됐기는 하지만 보수적인 토호권력에 의해서 쉽사리 주민들의 정치적 참여를 보장할 수 없는 상태였다. 이렇듯 한국 CO운동에서 정치는 가난한 사람들의 상황을 반영하고 주민들이 직접 정치에 참여하는 과정이어야 했지만 조직가 중심으로 진행이 되었고 주민들 스스로의 문제와 이슈들을 중심으로 정치적 주체로 형성하지는 못했다. 이는 CO운동이 정권 또는 의회와 같은 제도정치를 중심으로 사고했고 그러다 보니 긴박하게 요구되는 상황들에 조직가들을 중심으로 대처하게 된 것이라고 할 수 있다.

한국의 CO운동은 주민을 중심으로 한 생활 정치의 활성화를 중심으로 다시 한번 고민할 필요가 있다. 제도정치의 방식 이외에도 주민들의 이슈와 문제들을 개발하고 이와 관련한 정치와의 연관성을 이해하고 이를 정책화하거나 주민들이 직접 진행할 수 있는 여건들을 조성하는 것이 지역정치에서 필요한 일일 것이다.

CO운동의 정치성에 대해서는 프랑스 철학자 랑시에르(J. Ranciere)의 논의를 참고할 수 있는데, 랑시에르는 정치를 권력의 주체를 바꾸는 것이 아니라 배제된 주체가(몫이 없는 자, 셈해지지 않는 자, 빈자, 노동자, 빈민, 불법체류자) 정치의 새로운 장, 새로운 틀을 짜는 것이라고 바라본다. 랑시에르는 정치와 대비되는 개념으로 '치안'을 제시하는데, 치안이 단순히 법이나 공권력을 말하는 것을 넘어 신체들의 질서 및 그것을 규정하는 감각적인 것(가시적이냐 비가시적이냐, 담론이 되느냐 소음이 되느냐, 공적인 것이냐 사적인 것이냐)을 분할하고 통제하는 것이라고 설명한다. 그래서 치안의 본질은 공동체 내에서의 각각의 몫과 자리를 규정하는 것이며 이와 반대로 정치는 한 세계를 다른 세계 안에 발을 들여 놓도록 하는 것, 훌륭한 미술가를 만드는 것이 아닌 '나도 화가다'라고 이야기하는 사람들 길러내는 것, 정치적인 것처럼 보이지 않는 문제조차도 정치적으로 만들어 그 문제에 대해 민중 스스로 결정을 내릴 수 있다는 집단 능력을 보여주는 것이라고 말한다(김범춘, 2010)[5].

---

[5] "치안의 본질은 공백과 보충의 부재로 특징지어진다. 없는 것에 대한 배제야말로 치안 원리이다. 정치의 본질은 공동체 전체와 동일시되는 몫 없는 자들의 몫을 보충하면서 이 타협을 교란시키는 것이다. 치안은 정치의 논리를 부정하지만 정치의 본질은 가시적인 것과 말할 수 있는 것에 대한 개입이며 치안으로부터 정치를 분리하는 것이다"('정치에 대한 열 가지 테제 7'에서).

랑시에르는 정치가 치안으로 왜곡되어 이해되는 사례로 민주주의의 시초로 여겨지는 고대 그리스 정치를 들고 있다. 그리스의 정치는 몫이 있는 자격이 있는 자들만 정치적 역할을 할 수 있게 만드는 원리라는 것이다. 그래서 랑시에르를 몫이 없는 이들이 참여할 수 있는 추첨제 민주주의를 주장하며 『무지한 스승』이라는 책을 통해서는 인민들의 평등한 교육, 지적해방에 대해서 강조하고 있다. 랑시에르에 따르자면 정치는 누구를 대변인으로 뽑는 것이 아니라 자본주의와 국가에 끊임없이 저항하는 쌍용자동차의 랑시에르의 정치에 대한 이러한 재정의는 CO운동이 정치와 관련하여 어떤 고민과 실천을 해야 하는 지에 대해 여러 가지 시사점을 준다고 할 수 있다. 즉 민중들이 감성의 분할 즉 치안으로 인해서 어떤 배제 상태에 있는지를 분석하고 몫이 없는 자들을 발견해내야 한다. 그래서 몫이 없는 자들이 세계 속으로 들어올 수 있도록 그들의 '느낌'을 행동을 통한 '앎'의 영역으로 끄집어내는 감성의 정치가 필요한 것이다. 1인 세대, 복지사각지대의 사람들, 다문화 가족, 비문해 여성, 집 밖으로 나오지 못하는 장애인, 경쟁에 시달리는 청소년, 일자리가 없는 청년, 폐지 줍는 노인, 임대아파트의 주민, 비정규, 비공식 노동자 등 다양한 민중들이 어떻게 하면 앎과 정치의 장으로 나올 수 있을지에 대한 방법과 과정에 대한 고민이 필요할 것이다.

지금까지 한국 CO운동에서 의식화와 조직화 전략을 분석하고 그 특징에 대해서 살펴보았다. CO운동은 가난한 사람들과 함께하는 상황 속에서 다양한 이론과 방법들을 검토하면서 활동전략을 짜고 실천을 해왔다. 그 속에서 의식화와 조직화 전략은 하나의 방식을 유지하기보다는 다양한 방식들을 검토하면서 변화를 거듭해왔다고 할 수 있다.

해고자, 밀양의 할머니들, 제주 강정의 주민과 활동가들, 세월호 유가족들의 운동이라고 할 수 있다(랑시에르, 2013).

3부

의식화와 조직화를 넘어

I. CO운동에서 교육과 사회운동은 어떻게 만났는가?

지금까지 한국 CO운동에서 전개된 의식화와 조직화의 전략과 실천을 역사적으로 살펴보았다. 그렇다면 한국 CO운동에서 의식화-조직화 전략을 통해서 우리는 교육과 사회운동에 대한 어떤 가능성을 볼수 있을까? 또한 어떤 새로운 시사점을 얻을 수 있을까?

1. 의식화-조직화의 결합과 순환

한국 CO운동은 프레이리와 알린스키 이론의 수용과 해석, 실천을통해 긴 역사 속에서 의식화와 조직화의 순환 구조를 가진다. 역사적인 흐름 속에서 이러한 순환은 도시문제연구소의 조직가 훈련과 학습에서 시작되었다. 1960년대부터 한국 사회가 급속하게 도시화·산업화되면서 압축적 근대화로 인하여 여러 가지 문제들이 발생했고, 진보적 기독교 그룹은 기존의 방식이 민중의 요구를 제대로 안을 수 없다고 생각하고 새로운 이론과 방법론을 학습하기 시작했다. 그 과정이 알린스키와 프레이리 이론의 수용이었고, 좀 더 구체화된 학습은도시문제연구소의 조직가 훈련을 통해서였다.

훈련생들은 이론의 학습보다는 구체적인 현장 조사와 실천을 토대로 변화된 세상과 가난한 사람들의 현실 그리고 주민조직을 만드는 법을 배워나가기 시작했다. 1970년대 초반의 급박한 상황으로 조직가 훈련이 활성화되고, 얼마 되지 않아 여기저기서 요청되는 삶의 문제들에 이슈파이팅을 통한 본격적인 주민조직화 활동이 진행되었다. 수도권선교위원회와 학사단의 활동들은 조직가 훈련과 학습이 기반이 된 본격적인 조직화 활동이었다.

하지만 당시 한국의 정치적 상황으로 인해 이 조직화 활동은 탄압받기 시작했고, 결국 교회 중심의 조직화 전략으로 전환하게 된다. 정치적 탄압으로 인해 분산되기는 했지만 교회를 중심으로 한 전략은 정치적 탄압을 다소 비켜갈 수 있었으며 장기적인 실천을 기할 수 있는 발판 역할을 했다고 할 수 있다.

또 하나의 축으로는 공동체를 중심으로 한 '삶의 자리 운동'이 있었다. 즉 정치적 조직화보다는 각 지역들을 중심으로 하는 거점을 형성하는 데 초점을 맞췄다. 지역별 거점들을 중심으로 한 활동들이 안정되자 1980년대부터 다양한 주민들과 함께하는 대중교육 활동이 활성화되기 시작했다. 주로 지역에서 오랜 시간을 보내는 아이들, 청소년, 여성들을 위한 탁아소, 공부방, 어머니학교, 주민도서실 등의 활동이었다.

이러한 대중교육활동들은 주민들의 보육, 배움, 문화에 대한 욕구에 부응하여 활동을 전개하는 것과 함께 주민들을 조직할 수 있는 다양한 계기들을 만들어내기도 했다. 하월곡동의 우발추와 복음자리 공동체, 난곡의 난협의 시도들이 바로 대중교육활동들을 기반으로 했기에 가능했던 것이다. 민중신학을 중심으로 한 민중교육연구소의 활동 역시 이 시기에 가장 왕성한 실천들을 진행했다. 즉 1980년대의 대중교육활동은 지역 거점을 중심으로 한 조직화의 기반 속에서 가능했으며 또 역으로 대중교육활동이 조직화를 발전시키는 밑거름이 되었다.

의식화와 조직화의 이러한 상호작용은 재개발과 강제철거라는 벽을 만나면서 조직화 전략을 강화하게 된다. 강제철거는 가난한 사람들의 삶의 터전과 의식화-조직화 활동의 기반자체를 위협하는 것이었기에 이를 막아 내기 위한 힘을 중심으로 한 조직화 활동을 진행할 수밖에 없었다. 1970년대에도 계속되는 강제철거가 있었지만 1980년대 후반부터 시작된 강제철거는 어마어마한 수준이었다. 빈민운동가들은 강제철거 문제에 대응하기 위해서 활동가들을 파견하고, 철거와 관련된 교육을 진행했으며 연대기구(기빈협, 천도빈)를 통해서 철거투쟁을 지원했다. 또한 동시다발적으로 일어난 여러 지역의 강제철거에 대항하기 위해서 철거지역의 주민들을 서로 만나게 하고 서로 투쟁을 지원하게 했으며 공동으로 교육을 진행하기도 했다.

1980년대 후반 조직화가 중심이 되었던 철거투쟁운동은 1987년 6월 항쟁과도 결합하면서 빈민운동이라는 중요한 사회운동의 한 부분으로 인식되기도 했다. 이러한 조직화의 결과로 철거민 당사자 조직들이 만들어지기도 했고 도시빈민연대가 활성화되었다. 하지만 서민들을 위한 주택정책이 일부 실시되고 철거투쟁이 줄어들면서 즉 (거대)이슈가 줄어들면서 도시빈민운동 진영에서는 새로운 모색을 진행하게 된다. 이 모색은 지역을 기반으로 하는 새로운 운동론인 도시빈민지역운동론으로 이어졌다. 1990년대 초반부터 진행된 모색은 채 2~3년을 넘기지 못하고 교육을 중심으로 한 지역사회학교로 넘어가게 된다. 도시빈민지역운동론은 조직화가 중심이 되었던 철거투쟁의 힘과 성과들에 1987년 이후의 지역운동론의 모색이 합쳐진 조직화 방식이었다.

하지만 철거와 같은 거대 이슈의 축소, 주민의 교육과 역량부족, 등을 원인으로 인해 현실화되지는 못했다. 철거투쟁의 힘으로 더 발전된 조직화를 진행하려 했지만 철거반대투쟁의 힘을 주민조직 건설의 힘으로 전환시키기에는 한계가 있었다. 이에 대한 반성으로 교육을 중심으로 빈민운동의 재편하려고 하는 빈민학교, 지역사회학교 운동으로 넘어가게 된다. 가난한 사람들의 의식과 역량의 성장을 그 배경으로 삼았지만 실제의 내용과 참여는 활동가 중심이 되고 그마저도 참여동기를 끌어내지 못하고 흐지부지 된다.

또 하나의 대안으로 나온 것이 '공동체' 조직화였다. 공동체 조직화는 크게 두 가지 형태로 진행되었는데 하나의 방향은 생산공동체, 교육공동체, 복지공동체 등의 소규모 주제별 공동체였고 또 다른 방향은 금호·행당·하왕기획단, 관악주민연대와 같은 지역기반공동체였다. 공동체 조직화는 지역의 주민들과 다양한 센터들을 함께 묶는다는 측면에서 조직화의 방식을 띠었으며 그 기본적인 방식과 과정을 교육으로 삼았다는 면에서 의식화를 결합하려한 시도였다고 할 수 있다.

공동체 조직화의 시도는 외부적으로 조직화와 의식화 전략을 내세우지는 않았지만 공동체라는 틀 속에서 계속되는 교육과 실천, 성찰을 통해 대안을 만들려고 했다는 점에서 의식화와 조직화를 통합하려한 시도라고 볼 수 있다. 그런데 공동체 조직화를 중심으로 활동한 시점은 한국 사회에 신자유주의가 들어오고 본격화된 시점이었다. 외환위기와 같은 경제적 위기뿐만이 아니라 소비문화가 확산되고 복지정책으로 인해 신자유주의적인 빈곤문화가 형성되는 시기였다. 다양하게 조직된 공동체들은 내부의 문제 이외에도 외부 변화와도 만나면서 자금을 지원 받아야 했고 경험이 다른 새로운 구성원들을 받아들여야 했다. 새로운 환경, 갈등 문제 상황들은 기존의 활동에 대한 새로운 학습을 필요로 했지만 도시빈민 운동그룹에서는 적절한 계기를 제공하지 못했고 이후 CO운동은 각 부분 활동의 생존과 전문화, 제도화의 길을 걷게 되었다.

이와 같이 한국의 CO운동은 의식화와 조직화 전략을 결합하려 했고 긴 역사 속에서 의식화와 조직화의 순환과정을 거쳐 왔다. 의식화 전략은 조직화 전략을 촉발하거나 지역에서 조직화를 하기 위한 자양분이 되었다. 조직화 전략은 주민들이 맞닥뜨린 이슈, 문제들을 해결해 나갈 수 있게 했고 대안적인 공동체를 만들려고 했다. 그리고 조직화 전략이 한계를 겪는 상황 속에서 민중교육, 빈민학교와 같은 의식화를 통한 성찰을 진행했다고 할 수 있다. 하지만 이 두 전략과 요소들을 통합적으로 결합시키지는 못한 것 같다. 여전히 CO운동은 조직화를 중심에 놓고 의식화는 조직화의 과정 속에서 '주체의식'을 가지는 것에 머무르고 있다. 또한 통합된 전략이 아니라 한 전략이 한계를 보일 때 비로소 다른 전략을 검토하는 상황들을 반복하고 있다.

그렇다면 왜 한국의 CO운동은 의식화와 조직화가 통합된 모델을 개발하지 못했을까? 그것은, 압축적이고 폭력적인 정치적 탄압과 근대화라는 장벽도 있기는 했지만, 앞서 뫼비우스의 띠 비유에서 보았듯이, 의식화-조직화의 좀 더 입체적인 특징과 요소들을 보지 못했다고 할 수 있을 것이다. 이에 대한 분석을 위해서는 거시적 흐름보다는 좀 더 미시적이고 역동적인 단면들을 살펴 볼 필요가 있다.

한국의 CO운동을 거칠게 요약하자면, 알린스키의 조직화 이론에 기반해 조직가가 지역의 상황과 이슈를 파악하면서 주민지도자를 발굴하여 그 주민지도자를 중심으로 힘을 모으고 이슈를 해결해나가는 과정을 통해 조직을 짜나갔다고 말할 수 있다. 그리고 이 과정에서 주민들이 자신들의 상황을 스스로 인식하고 문제를 해결해나가는 주체로 서는 것(의식화)을 목표로 삼았다.

하지만 이 과정은 여러 변수를 안고 있으며 주민들은 긍정적으로 의식화하기도 하지만 부정적으로 의식화되기도 한다. 특히 신자유주의적인 질서가 본격화되면서 이슈는 글로벌화되거나 은폐된다. 또한 일상과 문화로 침투해 권력과 자본의 힘 앞에 무기력화되거나 자본의 질서 속에서 스스로를 정체화한다. 민중교육이, 저항하는 인간의 동학을 파악하는 것을 넘어서 순응의(침묵의 문화) 동학을 분석하고 순응을 어떻게 저항으로 바꿀 것인지에 대한 고민과 실천이 필요하다고 할 수 있다. 즉 강제철거와 같은 외부에서 주어지는 거대 이슈 이외에도 주민들의 일상에서 발생하는 이슈와 문제를 발견해나가는 성찰·학습이 필요하며 이를 조직화를 통해서 드러내는 전략의 개발이 절실하다고 할 수 있다.

2. 민중학습에 대한 심층적 이해

한국의 CO운동에는 여러 소중한 가능성들을 볼 수 있다. 특히 민중의 삶·앎 등에 대해서 심층적으로 이해하려 했다. 민중언어, 민중사실, 민중전기, 민중문화에 대한 관심과 실천들은 1980년대 민중교육운동이 활성화되는 데 많은 영향을 주었다. 한국기독교민중교육연구소의 시도들 역시 민중의 경험과 생각, 문화로부터 출발해서 이를 심화시키고 성찰하는 것을 통해 실천으로까지 연결시키려고 한 시도들이었다. 또한 「모퉁이 돌」과 같은 잡지는 노동자·빈민들이 문화적으로 자신들을 직접 드러낼 수 있게끔 한 시도였다. 이러한 시도들은 가난한 사람들을 사회과학적 틀에서 이해하는 것을 넘어 민중을 좀 더 사실적으로 이해하고 민중의 이야기, 글, 삶을 직접 드러낼 수 있도록 조력했다고 할 수 있다.

허병섭은 민중학습법을 통해서 지식인은 민중을 먼저 학습하는 것을 통해서 민중교육을 진행해야 한다고 주장했다. CO운동가들은 또한 "가난한 사람들과 함께 산다"는 방식을 통해서 더욱 적극적으로 민중을 이해하고 함께하려 했다. 이어진 야학, 주민도서실, 어머니학교, 탁아소, 공부방은 가난한 사람들이 필요한 지식들을 배우고 자신들에게 벌어지는 문제들을 학습하고 공동체 조직화를 위한 연결고리가 되었다. 하지만 이러한 민중학습법의 전통은 강제철거와 철거반대투쟁 등 조직화를 중심으로 한 활동에서 더 이상 발전하지 못했다. 이후 지역사회학교라는 민중교육적 시도를 했지만 이 역시 민중 스스로의 이야기를 펼쳐내는 장이라기보다는 활동가 중심의 당시의 사회운동을 학습하는 형태였다고 할 수 있다.

한국 CO운동에서 시도한 '민중학습법'은 지식인들이 민중에 대해 학습한 것을 넘어서서 "민중이 어떻게 학습하고, 이 학습을 통해 스스로와 사회를 어떻게 변화시켜 나가는지"에 대해서 좀 더 발전시킬 필요가 있다.

민중사실과 민중전기는 민중의 현실과 가능성을 발견하고 드러내는 것을 넘어서서 민중 스스로 학습하고 실천으로 발전시켜 갈 수 있는 과정과 방법으로 발전시켜야 한다. 예를 들면 변혁적 스토리텔링(Transformative Storytelling)[1]은 민중의 이야기가 지식인들에 의한 표현에만 머물지 않고 성찰, 다른 민중들과의 공유, 새로운 대안 모색의 스토리텔링으로 확장되고 있다. 개인적인 삶의 이야기에서 집합적 이야기로 그리고 사회적 이야기로 확장시키면서 '이야기'를 조직해나간다. 또한 「모퉁이 돌」과 같은 시도 역시 민중자서전, 민중글쓰기와 같은 형태로 발전시켜 나갈 수 있다. 다양한 연희자료들은 민중연극론의 맥락에서 다시 주목해볼 수 있을 것이며 만화, 탈춤, 노가바, 비

---

1 변혁적 스토리텔링과 관련해서는 http://www.transformativestory.org/ 참조.

디오, 사진 등과 같은 문화적 요소들은 교육들을 좀 더 다양하게 만들 수 있는 방법들이 될 것이다.

3. 지역·공동체의 발견

또한 한국의 CO운동은 교육과 사회운동에서 지역·공동체와 같은 소중한 요소들에 대한 모색과 실천들을 진행했다. CO운동은 그 출발에서부터 주민들의 직접적인 삶이 이루어지는 지역을 기반으로 했다. 지역은 구체적인 삶이 이루어지는 곳이며 복합적인 현장이다. CO운동은 그 삶의 현장에서 주민들의 자신들의 삶의 공간을 학습하고 거기에서 벌어지는 다양한 이슈·문제들에 대한 학습과 실천을 가능하게 했다. 주거를 비롯해, 교육, 문화, 복지, 경제, 정치와 같은 다양한 주제들에 대해서 활동가들은 주민들이 이러한 문제에 관심을 가지고 주민 조직, 공동체, 센터라는 형태를 통해서 주민들이 직접 문제들을 해결해나갈 수 있도록 지원했다.

이러한 실천들은 1987년 6월 항쟁 이후 사회운동론에서 지역운동론이 중요한 하나의 흐름으로 잡는 데 기반이 되었다고 할 수 있다. 과거 사회운동은 지역을 재생산이 이루어지는 곳으로 판단하고 지역 공간보다는 공장, 농촌과 같은 생산이 이루어지는 곳에 더 주목했다. CO운동은 지역을 주민들이 직접 살아가고 있는 역동적 공간으로 파악했고 삶의 전반적 문제가 점차 소중해진 1990년대에 들어서 그 중요성을 인정받게 된 것이다.

이와 함께 '공동체'라는 요소 역시 CO운동에 대한 소중한 성찰의 결과물이다. CO운동은 주거, 생활, 문화, 경제 등 다양한 공동체적 시도를 진행했다. 이러한 시도들은 한국 사회 공동체 운동의 소중한 뿌리가 되었고 풀뿌리 운동의 기반을 제공했다고 할 수 있다(하승우, 2008). CO운동에서 주민이 조직화의 대상이자 주체라면 공동체는 조직화의 구체적 모습이자 지향점이라고 할 수 있다. 복음자리로부터 시작해 우발추, 난협, 금호·행당·하왕 공동체 그리고 다양한 주제별 공동체들은 가난하고 소외받은 주민들이 서로를 의지하게 하고 함께 머리와 몸을 맞대 새로운 지역을 만들어나갈 수 있게 하는 집단학습 공동체와 실천조직이었다고 할 수 있다.

한국 CO운동의 특징은 민중, 빈민, 주민이라는 주체가 강조된 운동담론인데, 여기에 공동체라는 요소를 결합해 좀 더 구체화시키는 것이 필요하다. 이는 주민들 하나하나가 결합해 어떤 지향을 가지고 갈 것이냐를 나타내 주는 것이기 때문이다. (철거반대운동이 한계를 가질 수밖에 없었던 이유는, 운동 형태로 분류할 때는 생존공동체로 바라볼 수도 있지만 그보다는 이해관계를 중심으로 한 공동체 형태를 띨 수밖에 없었기 때문이다.) 그렇다면 CO운동에서 공동체를 조직하는 것에 대한 성찰이 좀 더 필요하다고 할 수 있다. 공동체는 구성원들이 공동체의 유지와 발전을 위해서 끊임없이 소통하고 계획하고 실천하는 조직이라고 할 수 있다. 또한 공동의 문화와 정체성을 직조해나가며 관계성과 정체성을 바탕으로 외부의 문제와 강제적인 힘에 저항할 수 있는 거점이기도 하다.

CO운동에서 주민을 조직한다는 것은 어떻게 보면 신체적 개개인을 조직하는 것이라기보다는 주민들 속에 존재하는 정서, 문화, 인식들을 성찰하고 조직하여 공동(또는 공통)의 힘과 관계망을 만드는 공동체가 되게끔 하는 것이라고 할 수 있다. 즉 지역에 거주하는 주민(住民)을 넘어서서 주체인 주민(主民)을 만들며 주민들이 함께 깃들 수 있는 공동체로서의 민중의 집[宙]을 만들어가는 실천이라고도 할 수 있다. 그러기 위해서는 주민 공동체에 대한 인식, 감성, 윤리적 성찰이 필요하다.

제임스 스콧(James C. Scott)은 산업화 시기 농민들의 저항과 봉기 분석을 통해 농민들의 도덕경제, 생계 윤리, 호혜성이 농민공동체 유지를 위한 소중한 요소들이었고 산업화·근대화가 이 요소들을 위협할 때 집단적 저항을 일으킨 것에 주목했다. 김예림은 스콧의 이러한 논의를 이어받아 빈민의 생계윤리, 도덕경제를 제시한다(김예림, 2015).

경제적 가난과 사회적 차별과 소외 속에서도 빈민들은 살아감을 위한 탁월성을 발휘하며 생계의 고통을 인지하고 표출하면서 가난한 사람들의 도덕-윤리를 만들어낸다는 것이다. 이러한 생계윤리는 자발적 가난과도 투쟁을 통한 빈민의식과도 다른 무엇이다. 즉 가난한 사람들의 집단적 감성, 지혜, 윤리라고 할 수 있다. 이러한 정서적 요소들과 함께 공동체 내에서 소통하고 필요한 힘과 자원을 만들어내고 인적 물적 자원을 통해 지역을 직조(織造)해나가는 계획과 실행의 내용과 방법을 좀 더 구체화하는 것이 필요할 것이다.

II. 사회운동을 만난 새로운 교육적 이론과 실천

지금까지 한국 CO운동을 의식화와 조직화라는 전략을 중심으로 그 역사와 특징 그리고 소중한 유산들을 중심으로 살펴보았다. 한국의 CO운동은 40년이 넘는 시간 속에서 의식화와 조직화를 결합하려고 했고, 민중들이 스스로 말할 수 있도록 조력해왔다. 주민들이 이슈를 이해하고 직접 행동을 통해 문제를 해결하는 것으로부터 함께 사는 공동체를 통해 관계성을 조직하고 새로운 대안을 만들게끔 했다.

하지만 의식화와 조직화 전략이 서로를 어떻게 보완되어가고 새로운 성찰과 실천을 만들어내는지 그리고 이 두 요소가 어떻게 통합적으로 맞물릴 수 있는지에 대해서는 추가적인 고민과 실천이 필요하다고 할 수 있다. 또한 의식화에 대해서도 유형의 이슈를 해결하는 의식화를 넘어서서 민중들의 지식, 경험, 이야기를 통해 민중들이 스스로의 삶을 학습하고 문제를 해결해나가는 참여적 학습에 대한 모색이 필요하다.

특히 1990년대 이후 신자유주의의 영향을 인해 의식화와 조직화에 대한 시도가 어려워지고 공동체나 주민조직의 유지가 어려워지는 상황 속에서 새로운 교육과 사회운동의 결합에 대한 대안 마련이 필요한 상황이라고 할 수 있다. 여기서는 그 단초 마련을 위한 몇 가지 이론적 담론과 실천사례들을 소개하고자 한다.

1. 교육을 결합한 새로운 공동체조직화(CO)운동

첫째로 신자유주의 하에서 조직화 전략에 대한 새로운 검토와 시
도를 해야 한다. 알린스키의 조직화론에 대한 검토에서 알린스키의
갈등-대치 전략은 시대를 거치면서 여러 가지 한계를 드러냈고, 그 현
장이었던 미국에서조차 새로운 지역사회 조직화 전략으로 변화하고
있다. 또 지역사회 운동의 주요한 전략인 CD, CB 전략들은 1990년대
의 신자유주의와 맞물리면서 민관협력, 거버넌스, 신공공서비스 방식
으로 인해서 제도화라는 포섭전략의 경계점에 있다. 이 상황 속에서
가난한 사람들의 현실, 상황들에 대한 분석 그리고 가난한 사람들의
운동에 대한 분석들로부터 시작해 현재의 신자유주의의 상황에서 과
연 가난한 사람들의 (대안적인) 주체형성이 어떻게 가능한 것인지를
분석하는 것이 필요하다. 즉 현재의 가난한 사람들은 누구인가? 그리
고 그 가난한 사람들은 어떻게 살아가고 있고 어떤 어려움에 직면에
있으며 어떤 욕구와 정서, 문화, 인식을 가지고 있는지에 대한 분석
그리고 지금까지의 가난한 사람들의 운동을 통해서 어떤 변화와 성장
들이 있었는지를 돌아보는 것이 필요하다. 이를 통해서 새로운 조직
화의 전략들을 만들어내야 한다.

이를 위해서는 원칙적인 조직화 담론을 정리해내는 것도 필요하지
만 그것보다는 현실에서 다양하게 이루어지고 가난한 사람들과 함께
하는 가난한 사람들을 위한 운동들을 분석해내는 것이 중요하다. 앞
에서 살펴보았듯이 한국의 CO운동 담론은 알린스키의 조직화 이론
이 기초가 되었고 여기에 공동체 담론이 더해져 형성되어 왔다.

1990년대 이후의 조직화에 대한 담론도 큰 범위에서는 여기서 벗
어나지 못하고 있다. 그런데 현장에서는 CO, CD, CB 등 다양한 실천

들이 복합적으로 일어나고 있는데 이를 분석·비교하고 더 구체화시킬 수 있는 담론은 과거의 (알린스키에 기반을 둔) 원칙적 조직화 담론밖에 가지고 있지 못하다. 가난한 사람들과 함께하는 공동체 조직화 운동은 CO, CD, CB 중 하나를 선택하는 것이 아니라고 본다. 현실사회의 현실과 가난한 사람들의 조건을 바라보면서 다양한 전략들을 통해서 어떻게 가난한 사람들이 주체적으로 자신의 문제들을 풀어갈 수 있을지에 대한 공동체적 실천(Community practice)을 만들어내는 것이다.

스목(K. Smock)[1]의 미국 CO운동에 대한 분석은 여러 가지 시사점을 준다. 스목은 미국에서 활동하는 CO운동을 권력기반 모델(the power-based model), 커뮤니티 조성 모델(the Community-building model), 시민공동체 모델(the civic model), 여성 중심 모델(the feminist model), 변혁모델(the transformative model) 등 다섯 가지로 분석하고 이 전략이 어떤 특징을 가지고 있는지 그리고 리더십 형성, 내부 민주화, 정부와의 관계, 이슈와 전략, 조직적 역량, 이웃 역량, 이웃 변화, 사회적 변화 등 여러 가지 면에서 차이들을 보여주고 이 전략들이 각각 어떤 의미와 가능성을 가질 수 있는지 그리고 이 다양한 모델들이 어떻게 서로 접목해야 하고 통합해나가야 하는지를 설득력 있게 보여주고 있다(Smock, 2000).[2]

---

1 크리스티나 스목은 비영리 조직 컨설턴트로 일하고 있으며 *Democracy in Action, Community Organizing and Urban Change*라는 책을 통해 CO운동에 대한 분류, 특징, 사례들을 자세하게 소개했다. 스목이 운영하는 컨설팅 활동은 아래 홈페이지를 참조할 수 있다. http://www.kristinasmockconsulting.com/.

2 스목은 미국의 CO운동의 유형과 사례들에 대한 분석을 통해 다섯 가지 유형으로 분석한다. 1) 권력기반 모델(the power-based model)—솔 알린스키의 이론에 뿌리를 두며 도시주민이 공적 영역에서 권력을 가지지 못하기 때문에 도시 문제가 생긴다는 믿음을 가진다. 정치 시스템에 대한 다원적 개념을 신봉한다. 2) 커뮤니티 조성 모델 (the Community- building model)—지역 정부와 함께하는 협력 모델이다. 지역 자체의 내적인 사회적 경제적 구성을 강화하는 것에 초점을 둔다. 도시 지역들이 당면한

또한 스목은 어느 하나의 모델이 정답이냐 옳으냐의 논의를 하기보다는 어떤 상황에서 어떤 모델이 더욱 시민(주민)들의 참여와 역량을 강화시켜 줄 수 있느냐는 질문으로 논의를 진행한다. 각 모델은 각각의 장점과 동시에 한계들을 가지고 있다. 그래서 하나를 선택하기보다는 서로가 줄 수 있는 장단점을 보완하거나 혼용할 수 있는 방법을 찾는 방향으로 나아가야 한다는 것이다. 그래서 서로 유사점을 가지고 있거나 시민 참여의 과정에서 더 강점을 가진 모델들을 적절하게 사용하는 것을 강조한다. 대신 억지로 여러 모델들을 결합하거나 부분적인 스킬과 도구들만을 적용하는 것에는 경계를 해야 한다고 말한다.

대신 이 다섯 가지 모델 중 사회적 변화를 위한 모델로는 알린스키 이론이 중심이 되는 권력기반 모델과 변혁 모델을 꼽고 있다. 사회변화를 위해서는 이데올로기와의 결합이나 연합(또는 네트워킹)이 될 필요가 있는데 다른 모델들은 지역사회의 이해에 머물거나 이데올로기와의 결합도가 떨어진다는 것이다. 그래서 이 두 모델을 통합시켜 내거나(hybrid-model) 두 모델이 적절하게 역할분담을 할 수 있는 방법들을 통해 사회변화적 역할을 수행할 수 있다고 이야기한다(Smock, 2000, 464-468).

한국의 CO운동과 달리 알린스키 중심의 권력기반 모델은 정치적

근본문제는 지역 자체의 필요를 해결할 수 있는 자체 역량이 부족해서 오는 것이라고 생각한다. 3) 시민공동체 모델(the civic model)—지역의 공공질서를 보호하는 것에 초점을 둔다. 도시 지역 문제들의 원인이 지역의 안정성과 통제를 유지하는 전통적 장치가 깨진 데 있다고 본다. 4) 여성 중심 모델(the feminist model)—전통적인 여성의 역할인 돌봄 노동은 아이와 가족의 욕구를 충족하기보다는 넓은 커뮤니티의 범주로 확대한다. 그래서 전통적 사적 영역의 구분에 도전한다. 5) 변혁 모델the transformative model)—더 급진적인 모델. 주민들이 권력을 가지지 못한 데서 원인을 찾는다. 권력기반 모델과의 차이는 시스템 자체를 문제 삼는다. 권력기반모델은 참여로 해결이 가능하다고 생각한다. 경제적 정치적 패러다임에 반기를 든다. 주로 대중교육과 성찰을 통해서 비판적 인식능력을 고양시키는 것에 초점을 둔다.

의사결정 과정에 자신들의 이해관계가 배제되는 것으로부터 출발한다. 이는 앞에서 보았던 다양하고 활성화된 커뮤니티 비즈니스가 존재하는 미국 사회와 그렇지 못한 한국 사회의 차이라고 할 수 있다. 그래서 권력 모델을 설명하면서 이데올로기적인 변화를 일으키지 못한다고 계속해서 비판한다. 대신 권력기반 모델은 더 큰 힘을 위해서 동일한 모델들이 여러 지역사회에 건설되고 더 큰 힘의 발휘를 위해 연합을 한다는 것이다. 즉 이러한 연합을 통해서 국가단위에 해당하는 실천을 펼칠 수 있다는 것에서 가능성을 찾는다.

이와 달리 변혁 모델은 구체적 실천을 만들기에는 취약하다. 대신 이데올로기적 접근을 위해 다양하고 심층적으로 여러 집단과 연계를 맺고 행동을 펼쳐나가는 데서 그 장점을 찾는다. 이러한 스목의 문제의식과 분석은 한국 CO운동에 여러 시사점을 던져줄 수 있다. 한국의 CO운동은 알린스키 운동으로 출발했지만 동일한 모델로 국가의 변화를 주도할 수 있을 만큼의 양적 활성화를 이루지는 못했다. 대신 민중담론과 변혁운동, 정치운동의 영향으로 변혁운동의 성격도 많이 가지고 있다. 여기에 2000년대 이후에는 커뮤니티 빌딩 모델의 경향도 띠고 있는 상황이다. 이러한 상황에서는 앞에서 이야기한 가난한 사람들의 상황과 사회변화에 대한 분석을 통해 새로운 모델에 대한 선택도 가능할 것이다.

전홍규 역시 한국의 커뮤니티 워크를 저지저항형, 자조개발형, 협동조합형, 임파워먼트-파트너십형으로 분석한다. 그리고 아시아에서 개발 패러다임이 변화하면서 학습과 행동을 통한 어프로치, 액션 플래닝 등 다양한 모델들을 검토해야 한다고 주장한다(이나모토 에츠조, 2011, 408-410). 한국의 CO운동은 시대를 지나면서 CO 이외의 CD, CB 등과 같은 여러 모델들을 실천해왔다.

하지만 이 다양한 모델과 방법들이 서로 어떻게 결합될 수 있는지 새로운 모델들을 만들어낼 수 있는지 다양한 현장의 실천들이 어떻게 서로 역할을 분담하고 맞물릴 수 있는지에 대해서는 담론이 부족하다고 할 수 있다. 시대별 CO운동의 주요 모델과 전략을 평가하는 것과 함께 동시대의 다양한 현장에서 일어나는 CO 실천들에 대한 분석과 평가가 필요할 것이다.

또 다른 흐름으로 새로운 CO운동을 주장하는 경우다. 미국의 경우 1980년대부터 시작된 신자유주의, 2008년 서브프라임 모기지 사태, 이어진 월가 점거운동(Occupy Wall Street)이라는 흐름 속에서 CO운동에 대한 변화를 꾀하고 있다.

최근 주목할 만한 시도로는 전국도시권연합(The Right to the City Alliance, 이하 도시권연합) 운동이 있다. 전국도시권연합운동은 1980년대 진보적(급진적) CO운동을 표방하며, 앙리 르페브르가 주장한 '도시에 대한 권리'[3]를 중심테마로 하여 자본에 의한 도시의 잠식에 대한 저항을 꾸준히 전개하고 있다. 도시권연합은 미국 사회 내에서 알린스키의 조직화론이 '자기이해'에 초점을 두고 있고 양적인 힘을 구

---

3 '도시에 대한 권리'는 프랑스의 마르크스주의 정치철학자 앙리 르페브르가 1968년 제시한 개념으로 프랑스 68혁명의 영향을 통해 널리 알려졌다. 전 세계 도시 사회운동의 중요한 개념 및 방향으로 사용되었다. 르페브르는 마르크스의 『자본론』 출간 100주년을 기념하기 위해 이 책을 쓰기 시작했는데 자본에 의해 지배되는 도시를 그곳에 사는 사람들을 위한 도시로 변혁해야 함을 강조하고 있다. 도시권에는 작품의 권리, 참여의 권리, 전유의 권리를 포함하는데 작품의 권리는 도시 자체가 도시거주자들이 참여를 통해 함께 만들어가는 일종의 작품(oeuvre)이라는 것이며 전유의 권리는 사적 소유권과 대비되는 개념으로 일상생활에서 거주자들이 도시공간을 완벽하게 사용하는 것을 말한다. 마지막으로 참여의 권리는 거주자들이 도시 공간의 생산을 둘러싼 의사결정에서 중심적 역할을 하는 권리를 말한다. 르페브르는 이러한 이상의 실현에 가장 가까운 사례로 '파리 꼬뮌'을 들고 있다. 도시에 대한 권리는 자본에 저항하는 운동을 경제적 차원에서 공간적 차원으로까지 확장시켰다고 할 수 있다(강현수, 2009).

축할 뿐 정치적으로 분석하고 구조적인 것을 바꿀 수 있는 내용들이 부재하다고 비판한다(Jonathan Bix, 2014). 또한 1990년대를 지나면서 많은 CO조직들이 거버넌스라는 이름으로 정부의 서비스를 대행해나간 것에도 비판한다. 그래서 도시권연합은 급진적 CO운동이 필요함을 역설하고 변혁적 조직화(Transformative Organizing, TO)라는 새로운 실천을 만들어냈다.4

도시권연합은 노동에서 이주민의 증가와 인종의 문제, 도시가 성장의 영역으로 자본의 창출 공간이 되어가고 있는 상황, 반세계화운동의 영향 등 세 가지 부분을 분석하면서 새로운 조직화운동을 창출한다. 지역적으로는 지역의 이슈에 대응하면서 여기에 대한 정치적 분석과 심화된 민중교육(popular education)을 통해서 전체적인 의제로까지 연결시키는 운동을 진행한다. 그리고 도시권연합운동은 민중교육·급진적 교육을 중요한 부분으로 사고한다. 도시권연합은 단기적 이익(물질적 자기이해)보다는 도덕적 정당성(morality)에 기반하여 신자유주의 상황 속에서 시민들이 겪고 있는 것이 본인들의 책임이 아니라 국가와 자본(은행의 부도덕성)에 의한 것이며 이를 변화시키기 위해서는 도덕성에 기반하고 자본주의에 대한 심화된 분석(자본주의, 인종중의, 가부장제)을 통한 사회행동이 필요함을 주장한다.

---

4 만(Eric Mann)은 변혁적 조직화(Transformative organizing)의 특징을 일곱 가지로 정리하고 있다. 1) 변혁적 조직화는 미 제국주의를 변화시키는 데 국제적 연합을 만드는 전략을 통해 급진적 사회변화를 추구한다. 2) 변혁적 조직화는 역사에 창조하고 개입하는 계획을 가진 혁명적 교육자이자 변화의 행위자이다. 3) 변혁적 조직화는 사회에서 가장 배제되고 착취 받는 그리고 전략적으로 위치한 계급과 인종들의 리더십을 필요로 한다. 4) 변혁적 조직화는 변혁적 조직들에 의해 만들어진다. 5) 변혁적 조직화는 투쟁의 과정에서 진정으로 변혁적이 된다. 6) 변혁적 조직화는 조직가를 변화시킨다. 7) 변혁적 조직화는 변혁적 정치 프로그램을 필요로 한다. Eric Mann, "Transformative Organizing", *Weaving the Threads* Vol. 17, No. 2 (Fall 2010), 84-87. https://www.reimaginerpe.org/17-2/mann.

그래서 사회의 변화에 있어서도 진정한(true), 심층적인(deep), 급진적인(radical), 시스템적인(systemic), 근본적인(fundamental) 것을 추구해야 한다고 주장한다. 이런 맥락에서 도시권연합에서는 프레이리의 민중교육, 마일즈 호튼의 지역교사회교육 등을 다시 주목하면서 급진적 교육, 참여적 교육, 실천적(경험적) 교육으로 구체화하고 있다(Jonathan Bix, 2014).

이러한 담론과 실천들은 알린스키에 대한 조직화운동으로부터 출발해 다양하게 변모한 CO운동에 대한 분석들과 가난한 사람들에 대한 현실분석을 토대로 새로이 제시된 실천들이라고 할 수 있다. 이와 같이 한국의 CO운동 역시 현실 사회, 가난한 사람들에 대한 분석과 함께 CO운동에 대한 담론을 풍부하게 하고 신자유주의 상황 속에서 가난한 사람들을 조직화 할 수 있는 담론을 만드는 것이 필요하다.

2. 아시아 CO운동에서 배울 것들

앞에서 빈이 공동체 개발과정으로서 교육을 훈련으로서의 교육(Education as training), 의식화로서의 교육(Education as consciousness-raising), 서비스 이행으로서의 교육(Education as service delivery)으로 분류하고 있는데 한국 CO운동의 경우 조직가들에 대한 훈련으로서의 교육은 역사적 맥락을 이어져오고 있는 반면에 다른 사항의 교육에 대한 이론과 방법, 내용에서는 부족함이 많다고 할 수 있다.

이러한 과정에 있어 아시아의 CO운동이 하나의 좋은 사례가 될 수 있다. 필리핀의 CO운동은 이를 포괄적(Comprehensive), 비포괄적(Non-Comprehensive) 임파워먼트라는 구분을 통해서 해결해나가고자 하였다. 포괄적 임파워먼트는 정치적인 내용과 연결된(articulated) 선에 의해 인식적으로 파악되는 민중들의 행동이다. 그래서 포괄적 임파워먼트는 지역적 이슈기반 요구에서부터 국가적 힘에 저항하는 것까지를 포괄한다. 대신 비포괄적 임파워먼트는 정치적 목적이 아닌 특정한 이슈, 직접적인 요구를 달성하는 것에 초점을 맞춘다(Garcia, 2012, 41). 즉 이슈를 달성하기 위한 임파워먼트와 더 큰 정치적 전개를 위한 임파워먼트를 구분하여 운동적 상황과 거시, 미시적 상황에 따라 두 부분을 적절하게 사용하며 포괄적 임파워먼트를 통해서는 민중교육을 활성화시키는 전략을 택한다.

필리핀은 무력투쟁 중심의 조직화 방식이 민주화 국면에서 한계를 가지는 상황에 대한 성찰을 통해서 민중교육의 본격화와 중요성을 깨닫게 된다. 또한 사회운동에서 교육운동의 의미를 정리하고 교육훈련 프로그램을 이론화하였다. 이를 통해서 비포괄적 이슈와 포괄적 이슈를 구분해 각각에 맞는 민중교육이 필요함을 인식했고 또한 맥락-내용-방법(C-C-M)이라는 민중교육의 전략을 정리하게 된다.[5]

---

5 필리핀 민중교육운동의 역사는 『*Of maps and leap frogs* 페페의 희망교육』을 참조할 수 있다. 필리핀의 민중교육 활동가들은 피플파워 이후 활동가들의 회합을 통해 맥락-내용-방법이라는 민중교육의 개념 틀을 정리하였다. 여기서 맥락(context)이란 학습자와 교수자가 처한 맥락과 환경을 말한다. 그리고 내용(content)은 일방적 지식 전달이 아닌 맥락에 근거한 역동적 지식을 만들어내는 내용들이다. 마지막으로 방법(method)은 학습자들에게 익숙하고 재미있으며 다양한 맥락들을 정교화하고 합의와 상호주관성을 통한 지식을 창조해내는 방법을 말한다. 맥락-내용-방법에 대한 특징들은 필리핀 민중교육 활동가들이 민중교육의 특성에 대해 정리한 것을 통해 확인할 수 있다.

민중교육은
— 관습적인 사고양식을 비판한다 — 스스로의 비판에 대해 열어놓는다.
— 인간의 존엄성과 인간성을 복원한다 — 우리의 존재 자체에 대한 질문을 제기한다.
— '상호주관성'을 위한 장소이다 — 비합리성의 중요성을 재인식한다.
— 인지적인 면과 정서적인 면을 모두 포함한다 — 창조적이며 성찰적이다.
— 어떠한 전체주의적 시도도 거부한다(Garcia. 2012, 17).

유성상은 한국과 필리핀의 민중교육 운동을 비교 분석하면서 두 사회 모두 독재에서 민주화로의 큰 사회적 이행을 겪었는데 한국 사회가 민주화 이후 민중교육 담론이 쇠퇴한 반면 필리핀은 피플파워(People Power)라는 대규모의 민주화운동 이후에 민중교육이 새로운 국면을 맞이하면서 더욱 성장해나갔다는 것에 주목한다. 민주화운동 당시 온건파였던 민중민주 세력이 합법화된 운동 상황 속에서 전투적인 좌파의 한계를 지적하면서 그람시의 국면적 분석작업을 사용해 당시의 다양한 국면들 속에서 현실적 상황들을 이슈화시키고 분석해내는 작업들을 통해 더 많은 민중들을 참여하게 만든다. 민중들이 학습하고 참여하게 되는 이 과정은 민중교육과 연결될 수밖에 없었고 필리핀의 민중운동가들은 1986~1987년에 걸쳐 민중교육가들의 회합을 조직하면서 이 작업들을 구체화시켰다.[6] 즉 큰 사회변화의 상황 속에서 운동세력뿐만이 아니라 민중들이 직접 참여하고 활동할 수 있는 장을 마련하고 그 핵심적 방법으로 민중교육을 선택한 것이다.

필리핀의 이러한 사례는 미시적 조직화와 거시적 조직화를 어떻게

---

6 필리핀 민중민주연구소(Institute for Popular Democracy, IPD)는 1986년 2월 혁명이후 민중교육가들의 회합을 가지고, 민중교육과 관련하여 다음과 같은 내용들을 정립한다.
  1. 민중교육은 민중운동 내에서 위치하고 부분적 투쟁들의 역동성의 일부이다.
  2. 모든 분야 그룹들은 권위주의와 외국의 개입에 저항하는 것과 관련된 정치적 전선을 실행하는 기본적인 정치적, 부분적 과정이다.
  3. 맥락-내용-방법으로서 분석에 대한 프레임을 짬.
  4. 민중교육자에 의해서 제기된 문제들은,
     a. 모든 부분에 있어서 민중교육의 모티러링과 평가의 부족
     b. 학습자와 교수자의 문화적 갭. 언어의 장벽이 주요한 문제
     c. 참여적 교육에서 교육자의 어려움.
  이러한 과정을 통해서 민중의 임파워먼트를 위한 교육조직인 페페(PEPE)를 창설하게 된다.
  (Morales, 1995)

연결할 것인지에 대한 시사점을 준다. 한국의 CO운동은 주거권 쟁취 운동과 공동체 형성 활동을 진행했는데, 철거투쟁은 투쟁 시점에는 강력한 힘으로 작용했지만, 철거 이후에는 추가적인 조직화와 거시적 문제에 대한 의식화로 나아가지 못했다. 그리고 공동체 형성 활동은 사회적 문제에 대한 교육을 진행하기도 했지만, 정작 구체적 상황들에 대한 교육은 부족했다. 포괄적 비포괄적 임파워먼트에 대한 구분과 이에 맞는 전략들은 조직화와 의식화, 실천과 성찰의 과정들이 어떻게 서로 영향을 주고받고 순환적으로 발전할 수 있는지에 대한 아이디어를 줄 수 있을 것이다.

이와 같이 CO운동은 주민조직화 속에서의 학습의 과정, 의식의 변화, 공동체를 통한 관계 형성과 같은 '사회운동 속에서의 민중 스스로의 학습과정'을 이해하고, 포괄적 비포괄적 민중교육을 시도할 필요가 있다.

3. 사회운동을 교육적 관점에서 바라보기: 사회운동학습이론

한국 CO운동에서 의식화는 '지역주민들의 의식의 고양' 수준에 그치거나 정치적 탄압에 의해 희석되거나 오해되었다. 또한 1990년대를 넘어가면서는 조직화를 위한 프로그램의 일환으로 다소 소홀하게 취급되었다. 그럼에도 불구하고 한국의 민중교육론은 민중문화, 언어, 민중사실에 대한 분석, 민중신학의 교육담론, 야학, 공부방, 어머니 학교 등 다양한 교육공동체의 시도들을 자양분으로 가지고 있다. 또한 철거투쟁, 주민 조직화 실천 속에서 학습과정의 경험도 가지고 있다. 한국의 CO운동은 공동체 조직화와 공동체 실천의 중요한 하나의 영역으로서 의식화의 가능성을 살릴 필요가 있다.

한국의 CO운동은 조직화 중심의 전략이었다. 그래서 의식화 과정의 개발을 위해서는 먼저 조직화 과정 속에서의 가난한 사람들(민중)의 학습전략, 과정에 주목할 필요가 있다. 현재는 철거투쟁과 같은 집중적인 투쟁 중심의 실천이 자주 일어나진 않지만 노숙인, 장애인들의 투쟁, 열악한 주거 지역에서의 투쟁, 불안정한 고용상황으로 인한 비정규직의 투쟁 등 경제적, 사회적으로 소외된 이들의 투쟁은 계속 일어나고 있다. 또한 물리적 이슈와 함께 사회적 배제, 상대적 소외와 같은 정서, 문화, 인식적 소외도 함께 일어나고 있는 상태다. 조직화 중심 전략은 이와 같은 상황에서 직접적인 실천을 중심으로 일어난다. 이러한 조직화의 과정들은 힘의 형성이라는 직접적 조직과정도 겪지만 투쟁과 힘의 형성과정에서 인식의 전환, 조직적 경험 등과 같은 학습적 과정도 함께 포함하고 있다.

이러한 내용들을 분석하는 대표적인 이론이 사회운동 학습이론(Social Movement Learning Theory)이며 조직화와 의식화 전략을 연결할 수 있는 대표적 이론 중 하나라고 할 수 있다. 사회운동학습이론의 주창자인 홀포드는 사회운동 자체를 개인의 학습과정에서 중요한 인지적 실천으로 바라보면서 지식과 힘의 관계를 분석해야 한다고 강조하고 있다. 사회운동 속에는 인지적 변화와 함께 소통을 통한 관계의 변화도 발생한다. 또한 사회운동의 당사자들은 자신들의 정당성을 위해 주장들을 상징적 코드로 변환시키는데 이러한 모든 과정들이 비형식적이면서도 학습적인 과정이라는 것이다. 사회운동 학습이론은 사회운동의 부분인 사람에 대한 연구이면서 사회운동 바깥에 있는 집단들에 대한 연구이기도 하다. 즉 사회운동을 직접 경험하지는 않았지만 그 사회운동의 진행과 역사를 살펴보면서 인식론적 변화도 일으킬 수 있다는 것이다. 킬고어 역시 비고츠키의 근접발달영역을 통해 집단적 행동 속에서 어떻게 집단적 학습이 이루어지는가를 검토하고 있다(Holford, J. 1995; Kilgore, 1999). 국내의 사례로는 허준의 연구를 참조할 수 있다. 허준은 부안의 반핵공동체 운동의 진행과정 속에서, 공동의 목적달성을 위해 공감대에 기반을 둔 학습활동이 일어나고 반핵운동의 장이 하나의 교육의 장으로 확장되며 교육·학습활동들이 학습역동 과정을 통해 새로운 가치관을 창출한다는 것을 보여준다(허준, 2006).

과거 철거투쟁이 한창이던 시기 "파업은 노동자의 학교"라는 말처럼 "철거투쟁은 도시빈민들의 학교"라고 말할 수 있었을 것이다. 철거투쟁을 통해서 도시빈민들은 자본주의의 구조적 모순을 깨닫기도 하고 투쟁을 통해서 이웃, 공동체, 조직의 중요성을 깨닫게 되기도 했을 것이다. 하지만 이 과정에서 발생하는 주민들의 변화에 대해서 성찰하지 못한다면 이 과정은 주민들의 이해관계에만 밀접하게 연관된 내용에 대한 인식 이상을 뛰어넘지 못하게 된다. 그래서 사회운동 학습이론과 같은 교육적 틀을 통해서 주민들이 무엇을 느끼고 변화하고 또 어떤 한계점들을 가지게 되는지를 분석하고 이후 이어질 수 있는 학습과 또 다른 실천들을 계획해나가야 한다.

4. 조직화를 이끄는 의식화: 비고츠키에 주목하자

CO운동의 변화와 발전에 대해 비고츠키의 교육이론이 여러 시사점을 줄 수 있다. 비고츠키는 마르크스의 변증법과 유물론에 기반해 교육이론을 정립한 러시아의 교육학자다.[7] 비고츠키는 인간의 발달과

---

7 비고츠키는 교육과 사회와 불가분의 관계에 있다는 것을 강조한 '문화역사적 교육이론'의 창시자라고 할 수 있다. 비고츠키의 문화역사적 교육이론은 핀란드의 협력교육의

교육(교수-학습)의 관계를 분석하면서 발달이 우선하고 교육은 단지 이 발달을 촉진할 수밖에 없다는 피아제의 이론을 비판하면서 교육이 오히려 발달을 이끈다고 주장한다.

비고츠키는 발달과 교육의 과정을 변증법적으로 파악하는데 인간의 발달이 자연스레 이루어지는 것이 아니라 발달의 위기상황(단절)을 맞이하며 이를 극복하는 과정에서 기호가 매개가 되어 위기를 극복하고 의식이 새로이 재구조화되어 발달을 이끈다는 것이다. 사고(생각)의 발달은 말이 기호로서 매개하며 외부에서 주어지는 기호로부터 시작해 개별적인 숙달과정(혼잣말)을 거쳐 내재화하는 과정으로 이어진다. 발달의 이러한 질적 변화는 근접발달영역(일상적 개념과 과학적 개념과의 간극)이라는 개념을 통해서 설명되는데 발달과정의 단절·불연속성이 기호의 매개와 함께 교수-학습이라는 디딤판을 통해서 다음 과정으로 성장한다고 할 수 있다. 근접발달영역을 통해 현실과 혼합되어 있던 개념이 복합적 개념적 사고로 발달되어간다고 할 수 있다. 이 변화는 한 개인에게만 국한되지 않고 사회의 수준으로 확대되는데, 러시아의 사회주의 혁명에 의해 인간의 인지구조가 어떻게 변화하고 발달하는가에 대한 분석으로도 이어진다.

비고츠키 학파의 일원인 루리야는 러시아 사회주의혁명 이후 실시된 교육을 통한 인지구조의 변화를 분석하기 위해 1931년 우즈베키스탄과 키르기지아의 오지에서 실험을 진행한다. 개념화, 범주화, 상상, 자존감 등의 분야로 한 조사를 통해서 혁명 이전과 이후 그리고 혁명의 중심에 있었던 지역과 그렇지 못한 오지 지역의 차이가 생긴다는 것을 증명했다.[8] 즉 혁명 이후 협동조합 속에서 일한 노동자들은

기반이 되었으며 최근 한국에서도 대안교육, 혁신학교, 장애인 교육(손상학) 등의 사상적 기반으로 비고츠키에 주목하고 있다.

위 영역들에서 혁명 이전부터 오지에 있었던 주민들에 비해 훨씬 뛰어
난 능력을 보인다는 것이다. 비고츠키의 교육이론은 이후 레온티에프,
엥게스트롬과 같은 학자들에 의해서 문화역사적 활동이론(Cultural
Historical Activity Theory, CHAT)으로 발전하게 된다. 이를 발전시킨 엥
게스트롬의 확장학습이론(Expansive Learning Theory)은 개별적 학
습 또는 학습자에 의한 활동들이 어떻게 사회적으로 확장될 수 있는지
에 대한 가능성을 보여준다고 할 수 있다.

　이러한 비고츠키의 이론을 CO운동에 적용하여 의식화와 조직화
과정에 대한 분석을 진행해볼 수 있다. 조직화의 실천과 과정(빈민들
의 문제상황, 이슈에 대한 행동, 철거반대투쟁, 생산공동체 등 또는 크지
않더라도 공동체의 경험, 자신의 삶을 이야기하는 과정, 동료가 생기는
것)은 가난한 사람들에게 일종의 단절의 경험을 제공한다. 이전의 생
활과는 다른 물리적 관계적 변화를 겪게 되는 것이다. 그러나 조직화
의 과정이 바로 가난한 사람들의 인식의 질적 변화를 담보하지는 않는
다. 주민은 초보적인 문제의식이나 권리의식을 가지게 된다. 이 변화

---

8 루리야는 비고츠키 학파의 대표적인 학자로 비고츠키 이론과 성과를 전 세계에 알리는
　데 지대한 공헌을 했으며 신경심리학이라는 분과를 정립했다. 루리야의 조사는 문해
　교육이 대대적으로 실시되고 집단주의 경제로의 이행이 급격하게 이루어지는 소비에
　트연방의 급진적재편기에 진행되었다. 루리야는 비고츠키의 이론에 따라 주변 환경의
　요인들이 의식의 사회역사적 발달에 결정적이라는 전제에서 출발한다. 루리야는 소비
　에트 연방의 다양한 상황과 지역에 있는 주민들을 대상으로 조사를 진행했는데 예를
　들면 오지마을 출신 문맹인 농부(20명), 단기과정을 이수한 집단농장 노동자(15명),
　단기 교육을 받은 젊은이와 집단농장 활동가(17명)들에게 자신의 장점과 단점, 인간
　적 특질에 대한 질문을 통해 '자기분석과 자기파악 능력'을 조사하였다. 결과는 문맹인
　농부들은 분석을 거절하거나 자신의 특질보다는 물질적 조건과 상황을 언급했고 집당
　농장 노동자는 14%가, 젊은이나 집단농장 활동가는 65%가 자신의 특질에 대해서 말
　했다(루리야가 조사 항목으로 잡은 영역들은 일반화와 추상화, 연력과 추론, 추리와
　문제해결, 상상하기, 자기분석과 자기파악 등임). 루리야의 이러한 조사와 시사점은
　『비고츠키와 인지발달의 비밀』 참조.

는 의식화(교육)라는 과정을 매개로 해서 질적 변화를 겪을 수 있다. 즉 조직화의 기초과정을 경험한 주민은 자신의 이해관계로 인해서 권력집단(국가나 자본)과 사회질서에 대한 기초적인 인식에 도달한다.

하지만 이러한 인식이 사회구조적인 분석과 대안을 만드는 실천(구체에서 추상으로)으로 바로 이행되지는 않는다. 이 이행의 과정에는 외부로부터 주어진 자극이 내재화되고 재구조화되는 과정이 필요한 것이다. 그래서 개념적으로 사고하거나 인과관계를 분석하고 새로운 질서를 계획하는 스스로를 주체로 만드는 교육이 필요하게 되는 것이다. 비고츠키의 이론에 따르면 이러한 교육의 진행에는 언어, 특히 글말, 글쓰기에 대한 교육이 중요한 부분 중 하나라고 할 수 있다. 이러한 교육과정으로 인해 주민들은 세상을 좀 더 비판적으로 인식하게 되고 대안을 구성할 수 있는 새로운 조직화의 과정을 진행할 수 있다.

즉 교수-학습이 발달을 이끄는 것처럼 사회운동이 보통 조직화로부터 시작하지만 의식화가 조직화의 과정을 이끄는 것이 가능하다고 할 수 있다. 또한 근접발달영역의 개념과 활용은 주민들이 자신의 활동 이외에 다른 상황에 있는 주민들의 상황을 이해하고 다른 영역으로 옮겨갈 수 있는 이론적 단초가 되기도 한다. 자신의 이해관계를 통해서 단절과 재구조화를 겪은 주민은 또 다른 주민이나 영역과의 만남을 통해 새로운 갈등(변화)상황에 놓이게 된다.

엥게스트롬의 확장학습 이론에 따르면 인간은 목표의 공유나 수정, 도구, 규칙, 공동체의 역할 분담 등에 대한 갈등과 재구조화를 통해서 활동과 학습을 확장시켜나간다.[9] 즉 주민 역시 추가적인 과제 또

---

9 비고츠키 학파의 레온티에프(Leont'ev)가 제시한 활동이론(activity theory)은 비고츠키의 주체, 매개, 객체 간의 관계를 좀 더 역동적이고 입체적인 과정으로 분석하면서 분업, 공동체, 규칙과 같은 요소를 추가 분석하여 욕구를 충족시켜 나가는 활동을 분석한다. 즉 행위의 추체인 개인을 넘어서서 그 개인에게 영향을 미치는 환경, 관계

는 다른 영역과 주민들의 상호작용과 연결망들을 통해서 지속적으로 성장하는 가능성을 만들어나간다. 조직화와 의식화라는 상호작용과 갈등 극복과정을 통해 개인과 함께 공동체는 내적으로 강화되고 다른 집단이나 공동체와의 연대망이 생긴다고 할 수 있다.

비고츠키를 중심으로 한 문화역사적 교육이론은 의식이 사회구조적인 영향을 받으며 실천(행동)과 의식이 변증법적으로 변화한다는 측면에서는 프레이리의 의식화 이론과 동일하다고 할 수 있다. 프레이리의 의식화 이론이 문해교육이라는 구체적인 방법론을 가지고 있다는 점이 제3세계에서 보편적으로 받아들여질 수 있었던 강점이었고, 또 사회변혁의시기와 환경 그리고 소수자에 대한 정체성 형성에도 강점을 가지는 것이다. 이에 비해 비고츠키의 문화역사적 이론은 더 포괄적인 의미에서[10] 교육의 진행과정을 분석했으며 특히 인간 의식의 구체적 발달영역과 과정을 보여주고 집단이나 공동체로의 확장 가능성까지 보여주었다는 측면에서 강점을 가진다고 할 수 있다. 그리고 한국 CO운동은 특히 '공동체'라는 요소를 중요하게 여겼는데 철거투쟁, 생산공동체 등과 같은 이해관계 중심의 실천공동체에서 주민조직이라는 더 일반적이면서 확장된 지역공동체로 나아가려 했다. 이러한 지역공동체는 실천공동체뿐만이 아니라 지역의 다른 주민들, 조직, 공동체와도 관계를 형성해야 하고 이 과정에서 갈등, 협력, 조정

적인 요소들을 결합시킨 학습이론이라고 할 수 있다. 엥게스트롬(Engestrom)은 활동이론을 더욱 확장시켜 집단적 활동체계 속에서 각 개인 또는 집단이 경험하고 학습하는 목적들이 만나서 모순이 발생하며, 대화와 네트워킹을 통해 더욱 확장된 학습(expansive learning)으로 나아가는 과정을 보여준다(윤창국, 박상옥, 2012, 113-139)

10 루리야의 연구가 보여주듯이, 사회운동이나 조직화를 활성화시킬 수 있는 인간 일반 능력의 성장이나 배양에 강점을 가질 수 있다. 이러한 내용은 랑시에르의 무지한 스승과도 연결될 수 있다.

등의 과정을 겪으면서 새로운 공동체로 전환해나간다고 할 수 있다.

엥게스트롬은 기본적으로 집단이 환경의 변화 속에서 모순을 경험하며 새로운 관계형성과 도구·수단의 개발을 위해 변증법적인 경계이동(boundary crossing)이 필요함을 강조하고 있다(김경희, 2011). 이 과정에서 집단이 어떻게 새로운 학습을 통해 주체집단을 형성하고 새로운 도구와 수단을 개발하며 목표설정, 역할분담, 규칙 제정 등을 통해 변증법적으로 변화가 가능한지를 보여준다. 이와 같이 과거 CO운동이 가지고 있었던 민중교육의 유산에 대한 발전과 참여적 학습방법에 대한 적용 그리고 비고츠키의 교육론에 기반을 둔 의식화를 통한 조직화와의 연결 그리고 확장적 학습에 대한 검토는 CO운동에서 의식화 전략을 구체화시킬 수 있는 계기들을 만들 수 있을 것이다.

5. 학습을 통해 사회를 바꾼다: 참여적 학습방법

허병섭은 『스스로 말하게 하라』는 책을 통해서 '민중학습법'에 대한 중요성을 제시했다. 그의 민중학습법은 '지식인이 민중을 어떻게 이해하고 학습할 것인가'에 초점 맞춰져 있었다. 여기서 한 걸음 더 나아가서 민중이 어떻게 이슈와 문제, 사회, 운동에 대해서 스스로 학습해나갈 것인가에 대한 민중학습법을 발전시켜나가는 것이 필요하다. 한국의 CO운동은 민중사실, 민중언어, 기독교민중교육연구소의 실험, 빈민학교 등과 같은 민중 스스로가 자신과 세계를 인식해나갈 수 있는 학습에 대한 모색들이 있었다. 이는 정서와 문화, 언어까지도 중시한 독특한 한국의 의식화 전략이라고 할 수 있다.

그러나 한국의 CO운동은 가난한 사람들 스스로가 자신의 지역을 조사하고 이슈와 문제를 발견하며 이를 어떻게 풀어나갈지에 대한 학습적 과정에 대한 내용과 방법을 발전시키지는 못했다. 최근 신자유주의의 시대에는 철거와 같은 거대 집중적 이슈보다는 미시적 일상에서의 문제 상황들(problems)이 중심이 된다. 또한 이에 대한 CO운동 역시 저지·투쟁형 운동과 함께 대안형성형 운동이 전개될 가능성이 높다. 이와 같은 상황에서는 많은 주민들이 쉽게 이해할 수 있는 큰이슈보다는 주민들의 삶을 중심으로 한 면밀한 분석을 통한 주제별 주민들의 모임과 이 모임들에서의 참여적 학습이 중요하다고 할 수 있다. 즉 주민들이 동일한 문제나 영역 속에서 자신들의 이야기들을 하고 문제를 찾아가는 과정과 함께 다양한 집단들 속에서 그 문제들에 대한 이야기를 소통시키며 공유를 얻으면서 하나의 블록이 아닌 다양한 블록을 만들어나가는 학습과정이 필요하다. 이와 함께 과거 한국의 CO운동이 발전시켰던 민중사실, 민중언어, 민중학습법에 대한 새로운 개발들이 필요하다.

허병섭은 경제·사회과학 중심의 민중교육론을 경계했다. 그래서 인문과학적 민중교육, 통합적 민중교육이 필요함을 주장했다(허병섭, 연도미상a). 그의 이러한 주장이 기독교민중교육연구소의 모퉁이돌과 민중전기의 분석, 연희자료 제작 등과 같은 작업과 빈민학교(지역사회학교)의 제안을 가능하게 했던 것이다.

그래서 민중 중심의 학습방법에 대한 연구와 실천이 필요하다. 보론의 아시아의 CO운동의 역사에서 사례들을 소개하겠지만 PAR, PLA, 커뮤니티 매핑, ILS, PALS 등의 참여학습 과정과 방법들은 이러한 민중중심의 공동체 실천을 위한 참여적 학습을 가능하게 할 수 있는 방법들일 것이다. 이러한 참여적 학습 모델은 민중의 경험, 언어, 지식으로부터 출발하여 앎과 권력에 대한 기존의 관계를 뒤집는 것을 목표로 한다. 즉 외부에서 부여되는 지식과 전문성, 이슈, 분석, 평가가 아니라 그 문제 속에 있는 당사자가 직접 조사하고 무엇이 이슈와 문제인지를 분석해내고 당사자들이 모여서 그 문제를 스스로 해결해내는 전략들이라고 할 수 있다.

이러한 '참여적 접근 방식'(Participatory Approach)은 최근 아시아 CO운동에서도 새로이 시도하고 있는 가장 대표적인 전략이라고 할 수 있다. 당사자 중심 참여적 실천의 창시자는 국제개발학자인 로버트 챔버스(Robert Chambers)로, 프레이리의 의식화 이론이 당사자들의 지식과 문화를 소홀히 하고 있다는 비판을 제기했다.[11] 챔버스는 외부의 전문가들에 의해서 만들어진 지식이 객관적이며 가치를 인정받고 힘을 가지는 것에 문제를 제기하면서 당사자들의 지식, 언어, 문화 등을 기반으로 실천을 만들어가는 작업을 진행한다. 챔버스의 이러한 생각은 1970년대 중반 RRA(Rapid Rural Appraisal)라는 방법으로부터 시작된다. RRA는 속성지역평가라는 방법으로 농촌지역의 지역사회 행동, 개발과 같은 부분을 당사자의 시각과 관점에서 욕구를 파악하고 문제를 분석해 행동하며 이후 평가까지 진행하는 민중중심의 대안적 개발전략을 말한다. 이 과정에 대학과 같은 전문가 그룹이 결합해 도구와 과정을 진행시키는 방법이라고 할 수 있다.

1990년대에 들어서면서 PRA(참여적 지역평가, Participatory

---

11 로버트 챔버스는 참여자 중심의 개발학의 선구자로 개발학연구소(Institute of Development Stidues, IDS)를 토대로 자신의 이론과 실천 활동들을 펼쳐나갔다. 챔버스는 1980년대 국제 개발 패러다임이 토착민들에 근거하지 않고 외부인들의 눈에서 평가되고 지원되는 것의 한계를 인식하고 외부인에 의한 빈곤 개념, 빈곤의 완화를 위한 지원활동을 재평가하게 된다. 챔버스의 이러한 비판은 "참여에 의한 지역 평가"(participatory rural appraisal)라는 대안적 방법으로 이어지며 현장 주민들의 언어, 지식 중심의 빈곤 평가와 해결 프로젝트가 자리 잡게 된다. 챔버스의 참여적 방법은 1990년대 이후 전 세계적으로 확대되게 된다. 다음은 지역사회를 기반으로 한 다양한 실천 활동에 대한 비교분석표이다.
Joshua Prokopy and Paul Castelloe, 1999의 자료들 비교

Rural Appraisal)로 변화되면서 좀 더 당사자들이 주체가 되고 전문가 그룹은 촉진의 역할을 맡게 된다. 이후 의식에 대한 고양, 상황에 대한 조망, 참여적 조사, 참여계획, 프로젝트 실행, 참여적 모니터링과 평가에 이르기까지 세세한 방법과 기술들을 개발하게 된다. 참여적 실천은 1990년대 이후 전 세계적으로 확산되는데 PRA는 학습에 대한 부분이 조금 더 강화되면서 PLA(참여 학습 실천, Participatory Learning and Action) 모델로 발전하게 된다(Quizon & Polestico, 2000).

다음은 아시아 CO운동의 현장에서 진행하는 PRA의 원칙, 학습 사이클과 다양한 방법들을 보여주는 예이다.

* 참여적 개발 성장을 위한 원칙
— 참여적 개발은 외부적, 토착적 변화 행위자 모두를 통해서 성장될 수 있다. 토착민들의 기존의 상황 속에서의 한계

	개발에 대한 일반적 접근	외부적 변화 행위자 역할	토착적 변화 행위자 역할
지방활성화	토착변화 주체가 NGO의 훈련을 받는다	활성화 트레이너	공동체 속에서 호흡하는 변화행위자
외부적 변화 행위자 접근	외부적 변화 행위자가 스파크의 능동적 변화를 위해 공동체 멤버와 함께 일함	1. 변화행위자 트레이너 2. 조직가 3. 행동촉진자	특별한 토착적 워커가 없다. 대신 능동적 시민, 리더를 생한하고 같이 작업
PRA	외부적 변화행위자와 토착민이 행동을 위한 조사를 집합적	공동체행동 촉진을 위한 집합적 조사자	토착적 변화행위자가 공동연구자, 공동계획자, 풀뿌리리더가 된다
민중교육	참여적 학습과 행동	CO-학습자, 교사, 계획자, 해동의 촉진자	공동합습자, 교사, 계획자, 풀뿌리리더
pr	변화를 위한 집합적 조사와 행동	집합적, 참여적 조사에서 공동의 작업자이자 민중교육가	토착적 변화행위자가 공동연구자, 공동계획자, 풀뿌리리더가 된다
CO	외부적변화행위자가 적극적 변화노력을 한다.	조직가, 옹호자, 트레이너, 행동의 촉진자	풀뿌리리더, 능동적 시민이 된다.

— 참여적 개발을 촉진하는 조직은 공동체 건설, 자원을 결정하고(자원 결정, 욕구 순위화, 비판적 의식을 개발하는 데 있어 사람들을 도우기 위해서 형식적, 비형식적 방법론들을 사용해야 한다. 타이의 경우 비형식적 방법

— 공동체 속에서 소수화된 그룹의 참여 또는 공동체 공유감의 성장에 대해 집중할 수 있어야 한다.…오래된, 아직 풀리지 않는, 논쟁적인 문제…젠더, 사회적 계급, 점유 등…여성배제의 문제와 같은…

— 참여적 개발을 성장시키는 조직은 사람들이 그들의 토착적 지식에 가치를 부여하고 동료학습을 촉진하도록 작업해야 한다.

— 참여적 개발을 성장시키는 조직은 참여가 수사가 아니라 실질적인 것이라는 확실을 하는 일련의 질문들을 스스로 물어야 하다.…

(Joshua Prokopy and Paul Castelloe, 1999)

다음의 PRA 예는 프로젝트 사이클의 특정한 예이다.

의식고양 및 인식고양(Consciousness or awareness raising)
— 게임, 놀이, 영화, 쇼, 이슈와 문제의 특정한 면을 주목하기.
— 예술적 방법으로 가능한 공동체의 가능성을 최근의 상황으로 묘사

상황에 대한 조망(Overview of the situation)
— 맥락적, 상황적 분석
— 부 랭킹(wealth ranking)
— 트렌트 라인 및 타임 라인
— 스케치 맵

참여적 조사(Participatory research)

— 가정 동학(Household dynamics) (인구학 파일, 젠더 분석 매트릭
  스, 계절 달력, 센서스 매핑)

— 구조적, 제도적 분석(벤다이그램, 접근과 통제 파일)

— 자료(스케치 맵, 신용기록, 자료매핑, 토착지식 시스템)

참여계획(Participatory planning)

— 쌍별비교를 사용해 우선순위 매기기(Prioritization using pairwise
  Comparison)

— 공동체 행동계획

— 생애 분석 웹

— 원인-효과 분석

— 문제 트리

— 대상(목적)나무

— 스왓 분석(Strength-Weakness-Opportunities-Threat(SWOT)
  Analysis)

— 프로젝트 계획 매트릭스

— 예산

프로젝트 실행(Project Implementation)

— 참여적 트레이닝 방법

— 농민 기반 확장 방법 Farmer-based extension methods

— 파일럿 프로젝트(시범 프로젝트)

— 그라민 은행

— 협동조합

— 대안적 의약

— 대안적 기술 방법들

참여적 모니터링과 평가(Participatory Monitoring and Evaluation)

— 하우스홀드 수준 모니터링

— 가정 방문

— 공동체 기반 모니터링 도구

— 정기적 미팅과 회합

(Quizon & Polestico, 2000, 64-65)

위에서 보듯이 참여적 방법은 참여자 개인의 의식고양에서부터 당사자와 지역 문제에 대한 다양한 조사방법, 계획을 세우는 방법, 실행 방법들을 포함하고 있다. 챔버스는 이러한 흐름이 여러 가지 분야로 확장되는 사례들을 정리하고 있는데 농민참여조사(Farmer Participatory Research), 통합해충관리(Integrated Pest Management [IPM]), 참여적 문해교육 방법인 리플렉트(Regenerated Freirean Literacy Through Empowering Community Techniques [Reflect]), 에이즈 관련 교육인 단계적 층계(Stepping Stones [SS]), 참여적 지리정보 시스템(Participatory Geographic Information Systems [PGIS]), 내재적 학습시스템(The Internal Learning System [ILS]), 참여행동학습체계(Participatory Action Learning System [PALS]), 공동체 주도 통합적 공중위생 (Community-Led Total Sanitation [CLTS]) 등의 새로운 경향들을 소개한다(Chambers, 2007, 14-18).[12]

---

12 농민 참여 조사(Farmer Participatory Research)
  • 농사의 과정에 전문가들보다 농민들의 참여조사 과정을 중심으로 하는 활동

이러한 시도들은 대부분 가난하고 소외받고 주변화된 주민들이 자신들의 상황을 스스로 조사하고 분석해 해결방안을 내놓는 과정을 진행하는데 이 과정에서 시각적 매개물, 커뮤니티 매핑, 랭킹, 벤다이어그램, 매트릭스, 타임라인 등과 같은 방법들을 이용한다(Paul Castelloe, 1999). 참여적 접근 방식은 프레이리의 의식화 과정을 좀 더 구체화시키고 당사자 중심으로 가져가게 된다. 참여적 방식은 아시아 CO운동의 여러 지역에서 이루어지는데, 보론에서 자세히 소개할 인도의 SPARC는 PLA를 통해 주민 당사자들에 대한 조사와 저축을 통한 점진적 변화와 주거모델계획에 대한 실험을 진행했다.

또한 파키스탄의 오란기 프로젝트(Orangi Pilot Project [OPP])는 내적 개발과 외적 개발을 통합한 주민참여 개발방식을, 리플렉트(Regenerated Freirean Literacy through Empowering Community Techniques)는 프레이리와 챔버스의 이론을 결합한 문해교육운동으

- 통합해충관리(Integrated Pest Management [IPM]) — 1980년대 후반 인도네시아에서 시작된 농민중심의 해충관리 활동
- 참여적 문해교육 방법인 리플렉트(Reflect) — 프레이리의 방법론과 참여적 방법론을 결합한 문해교육 활동
- 단계적 층계(Stepping Stones [SS]) — 우간다에서 개발된 사회인식, 소통, 관계성과 관련한 실천적 학습의 일환으로 주로 에이즈와 관련된 주제, 젠더불평등의 문제를 다루는 활동
- 참여적 지리정보 시스템(Participatory Geographic Information Systems [PGIS]) — GIS와 GPS라는 지리적 방법과 참여적 학습을 통합시킨 활동
- 내재적 학습시스템(The Internal Learning System [ILS]) — 참여적 평가와 계획 시스템을 위한 활동으로 주로 제3세계의 여성들의 자조그룹에서 문해교육, 일기 등을 통해 사회적 학습을 진행하는 활동
- 참여행동학습체계(Participatory Action Learning System [PALS]) — 다양한 다이어그램 툴을 이용하여 개인적 차원과 그룹, 사회적 차원의 학습을 통합시켜 내는 활동
- 공동체 주도 통합적 공중위생(Community-Led Total Sanitation [CLTS[) — 남아메리카와 아프리카를 중심으로, 지역주민이 중심이 되어, 지역 공중위생을 학습하고 계획해 나가는 활동.

로 70개 국 이상의 나라에서 500개가 넘는 조직에서 시도하고 있다. 그리고 필리핀의 Ayata 지역에서는 원주민들의 건강문제를 해결하려는 시도를 하고 있고 인도의 엔지오 MYRADA는 젠더의 관점을 유지하면서 전통적 실천방식과 기술적 데이터를 결합하는 등의 사례들을 참조할 수 있을 것이다. 즉 참여적 방식은 민중들의 정서와 문화, 지식 속에서 스스로를 임파워먼트 시키면서 지역사회를 조직화 해 나가는 방식이라고 할 수 있다. 최근 참여적 방식은 일부 한국 사회에도 적용되면서 도시재생, 이주민, 장애인 등과 같은 당사자성이 강한 분야에서 활용되고 있다.

그런데 참여적 방식의 한국적 적용에는 신중할 필요가 있으며 창조적 변용이 필요하다. 앞에서 이야기한 RRA와 PRA는 주로 제3세계의 농촌지역을 중심으로 시도되었다. 그리고 '참여적 개발'이라는 표현에서 알 수 있듯이 아직 기본적 자원이나 인프라(식수, 상하수도, 위생, 일자리 등)가 개발되지 못한 상황에 있는 지역사회를 기반으로 한다. 방법에 있어서 다양한 시각적, 수적 매개물이 사용되는 것 역시 민중들의 열악한 교육 현실을 반영한 것이다.

하지만 한국 사회의 경우 압축적 경제성장으로 인해서 도시개발의 상황과 교육수준, 경제적 상황에 대한 수준은 다르다. 그래서 주민 중심적인 임파워먼트라는 방향을 가져가면서 어떤 방식과 과정으로 어떤 주제와 이슈에 접근할 수 있을지에 대해서는 검토가 필요하다고 할 수 있다. 또한 이러한 방식들은 한국 CO운동의 민중사실, 민중언어, 민중문화와 결합된다면 조직화와 연결되면서 민중들의 학습을 통한 의식화도 훨씬 다양화되고 질적으로 발전될 수 있을 것이다.

스스로 말하게 하는 교육은 자신의 삶과 생각을 스스로 표현하는 것과 함께 민중들이 노동을 통해 생산하여 가계를 꾸려가고 지역 공동체를 형성하면서 지역의 문제를 분석하고 함께 해결해나가는 과정들까지를 포함한다. 이 과정에서 민중들은 스스로의 인식과 경험으로 상황들을 조사하고 분석하며 그들의 지식으로 스스로와 사회들을 변화시켜나가는 과정이 필요하다고 할 수 있다. 이 과정에서 참여적 접근방식은 다양한 분석과 접근방식, 도구들을 제공해줄 수 있을 것이다.

6. 대안 공동체

다음으로 한국 CO운동의 과제로 '공동체'에 대한 담론과 실천을 구체화시키는 것이 필요하다. 한국의 CO운동에서 공동체는 '커뮤니티, 지역사회' 이상의 의미를 가지고 있다고 할 수 있다. 앞에서 살펴본 한국 CO운동의 특징 중에서 종교(공동체)와의 선택적 친화성이 있으며 신앙공동체, 생활공동체, 저항공동체 등 다양한 모습을 띠고 있음을 살펴보았다. 즉 한국 CO운동에서 공동체는 이념적인(아이디얼 타입의) 성향이 강하다. 현실에서 다양한 일들이 일어나는 지역사회(커뮤니티) 개념보다는 이상적 지향성으로서의 공동체 성격이 강하다는 것이다. 그래서 한국 CO운동에서 공동체는 그 이념의 통일성과 방향, 조직과 운영원리 등에 대한 구체성이 부족하다고 할 수 있다. 1970년대의 복음자리 공동체는 주민들이 공동의 거주 공간, 마을을 형성하고 함께 살아가는 것이었다. 1980년대의 공동체는 남미의 기초공동체와 같은 소규모의 공동체 집단을 말하는 것이었다. 1990년대 이후는 '가난, 공동체, 생명'으로 정리되는 현실 사회의 대안적 방법으로서 논의되는 등 다소 추상적이면서 변화를 보이고 있다.

시대를 지나면서 한국 CO운동의 환경은 많이 변화했다. 1970년대 이후부터 1990년대 중반까지 CO운동은 빈민밀집지역을 중심으로 활동을 해왔고 대부분 철거와 재개발로 이어지는 상황 속에서 지역이 해체되거나 주민들이 뿔뿔이 흩어지는 상황을 반복해왔다. 복음자리와 같은 몇몇 사례들에서는 집단거주지를 새로이 만들면서 하나의 독립된 주택단지를 만들고 그 속에서 공동체를 만들어가려 했다. 하지만 현재는 수십 년 간 이어진 도시개발로 인해서 빈민밀집 지역은 거의 사라졌다. 주민들은 지하나 반지하로 주거형태가 바뀌었고 주민들의 삶은 더욱 파편화되었다. 또한 복지제도가 생기면서 저소득 주민들의 삶의 양상들도 다양해졌다. 최근 마을공동체 사업이 활성화되고는 있지만 관주도로 흘러갈 위험성이 커지면서 "모두를 위한 마을은 가능한가"라는 질문도 제기되고 있다. 마을의 소외와 배제들은 굉장히 다양한 양상으로 나타나는데 단순히 '공동체'라는 용어나 방향만으로 주민들을 조직화하고 묶어내는 것이 가능한가에 대한 질문이기도 하다. 이러한 상황들 속에서 한국의 CO운동은 공동체가 구체적으로 어떤 의미를 가지는지 그리고 공동체를 어떻게 이루어갈지 또한 공동체적인 전략이 어떻게 가능한지 등에 대해서 구체적인 고민과 실천이 필요하다.

한국의 CO운동은 기본적으로 도시 공간을 기본으로 하고 있다. 그리고 도시 공간은 자본에 의해서 끊임없이 재편되면서 지구적 질서에 개방되고 다원화되고 있다. 가난한 사람들의 공간은 앞에서 보았듯이 은폐되거나 혼합되고 있다. 즉 과거처럼 달동네와 같은 통일성이 강한 공간이라기보다는 흩뿌려져 있거나 불안정한 상태이다. 이러한 상황 속에서 도시 공동체는 가난한 사람들, 건강한 지역주민들, 잦은 이동을 할 수밖에 없는 주민들 등 다양한 사람과 집단들과 연결된다. 그래서 현 시점에서 도시공동체는 '다원주의적 결사체주의'라는 형태를 띠게 된다(조명래, 2003, 91). 이러한 특징은 서로의 차이를 이해할 수 있는 소통이 중요해지며 각각의 저항과 대안의 동력을 묶어내는 구심점을 만들어내는 것이 중요해진다.

현 시점에서 하나의 유형으로 공동체와는 조금 다른 어소시에이션(Association)의 대안 가능성에 주목할 수 있다. 어소시에이션은 협동사회와 같은 개인들의 독자성을 유지하면서 서로 협동하는 공동성을 강조하는 형태라고 할 수 있다(이상봉, 2015). 그런 점에서 전통적 공동체와 구별된다. 어소시에이션은 일종의 조합·연합으로 표현할 수 있는데, 특정 가치와 방향을 공유하는 집단이라고 할 수 있고, 대표적인 것으로 협동조합을 들 수 있다. 어소시에이션은 다양화되고 자본에 의해 공동체가 파편화된 현대사회에서 하나의 대안 형태가 될 수 있다. 대신 어소시에이션은 각각의 가치와 방향에 의해서 다양화될 수밖에 없기 때문에 어소시에이션 간의 소통과 연합이 어떻게 가능할지에 대한 대안이 있어야 한다.

또 하나의 형태로는 (다소 독립적인) 저항-대안 공동체를 들 수 있다. 한국의 CO운동은 1980년대 철거반대투쟁과 대안공동체로 이어지는 저항-대안 공동체적 모습을 가지고 있었다. 운동이 제도화되어가고 신자유주의적인 질서가 강화되고 있는 상황 속에서는 새로운 저항-대안 공동체에 대한 모색이 필요하다. 브라질의 무토지농민운동(Movimento Sem Terramst, MST)은 한국 CO운동의 공동체에 대한 의미 분석에 하나의 시사점을 줄 수 있다. 브라질의 무토지농민운동은 '공동체'를 농민운동 집단의 조직 원리이자 조직화 전략 차원의 대안으로 보고 있다.

무토지농민운동에서 공동체는 소규모의 농민 집단들을 묶어내는 방식이고 의사소통 체계이자 더 강한 민주주의라는 의미를 가진다. MST는 철저하게 상향식 소통과 의사결정 과정으로 운영된다. 사유지의 무단 토지점거 이후 정착촌을 건설하면서 구역 또는 가구당 책임자를 선발하고 민주적인 방식으로 그 구역의 의사결정을 진행하며 MST의 전반적인 결정 역시 전체 구역의 책임자들이 모여서 협의와 토론을 통해서 결정하는 구조를 가지고 있다. 심지어 내부적인 공동체의 문제를 논의할 때 어린아이까지도 논의의 구성원으로 참가시킨다. 또한 내부적인 단합을 위해, '상상된 공동체로서 신화'(미스티카)를 사용하기도 한다. 상상된 공동체는 이데올로기적으로 반세계화·대안공동체의 상을 끊임없이 창조해내고, 실천을 통해서 이 상상들을 실현해가고 있다고 할 수 있다. 또한 이 공동체의 형성에 있어서 교육활동을 강조한다. 교육에 있어서도 외부의 교육자가 아닌 내부에서 교육자를 길러내며, 학교 역시 참가자들의 의지와 생각에 의해서 자율적으로 운영된다. 학교의 교육과정과 운영방식 역시 학생들과 교사집단, 학부모의 의사결정을 통해서 결정된다. MST의 자율주의적인 공동체는 토지점거와 정착촌 건설이라는 자율적 공간의 창출이 있었기에 가능했다고 할 수 있다(최금좌, 2010).

한국 CO운동은 MST의 저항성, 상상된 공동체, 상향식의 의사결정구조 등의 요소들을 검토할 필요가 있다. 대신 현재의 CO운동에서 자율적 공간의 구축이 가능한지에 대한 검토가 함께 있어야 할 것이다. 과거 1970년대부터 이어져 온 삶의 자리 운동, 금호행당과 같은 공동체의 건설은 소수의 세대들을 중심으로 별도의 정착촌을 만들었다. 하지만 현재는 집단적인 빈민밀집 지역이 사라지고 파편화되었다. 또한 임대아파트와 같은 상황에서는 과거와 같은 조직화는 쉽지 않다. 철거반대투쟁과 같은 주거권을 중심으로 한 조직화는 주거에 해당하는 이슈가 해결되면 그 다음을 진행하기가 어렵다. 좀 더 종합적이고 대안적인 조직화의 구체적 상들을 만들어나가야 한다.

7. 의식화와 조직화를 묶어내는 힘

지금까지 의식화와 조직화 전략의 변화를 위한 다양한 이론과 실천들을 검토해보았다. 무엇보다 한국 CO운동의 목표는 조직화와 의식화 과정을 통해 주민이 주체가 되는 공동체를 만드는 것이다.

한국 CO운동의 역사에서 과연 주민이 중심이 되는 주민조직이 세워진 적이 있었나를 돌이켜보면 주민조직 건설을 목표로 두고 있었음에도 지속가능한 주민조직이 제대로 건설되지 못했음을 알 수 있다. 그것은 1970년대 초반부터 CO운동에 대한 정치적 탄압과 세계적으로도 유례를 찾아보기 힘든 압축적이고 대대적인 재개발 과정과 같은 정치사회적 상황이 있었기 때문이다. 또한 미국과 달리 우산연합과 같은 조직을 만들 수 있는 다양한 조직적 기반이 형성되지 않았었다.

이러한 상황으로 인해 주민중심의 조직화 전략은 변화를 겪을 수밖에 없었고 이후 알린스키 중심의 CO 전략보다는 조직가나 활동가 중심의 CD, CB 전략으로 변화했다. 또한 의식화 전략은 뿌리 내리지 못한 채 민중교육 담론과 실천은 쇠퇴해갔다. 한국의 CO운동은 주민 중심의 공동체 조직화 전략을 새로이 세우고 주민들의 의식, 생활, 문화에 기반을 둔 의식화 전략을 통해서 새로운 주민운동을 만들어가야 하는 기로에 서 있다고 할 수 있다. 이를 위해서는 자기이해관계에 기반을 둔 조직화, 운동가 중심의 의식화를 뛰어넘어야 하며 의식화와 조직화를 묶어세울 수 있는 요소 또한 필요하다고 하겠다.

김동춘은 한국 노동자의 저항 동력을 분석하면서 노동자들의 집단적 권리에 대한 요구를 통한 운동이 초보적인 저항, 투쟁의 동력, 즉자적 의식의 씨앗이 될 수는 있지만 그것이 주체적인 계급, 대자적 의식으로 이어지는 데 한계를 지적하고 있다(김동춘, 2006, 권리 담론과 대동의 감각). 즉 한국의 CO운동이 여전히 조직화의 출발점으로 삼고 있는 주민들의 '자기 이해'라는 한계와 이어지는 내용이라고 할 수 있다. 노동자에 대한 차별과 배제에 대한 저항으로 시작한 운동이 공동체로서의 계급운동으로 개별성을 극복하고 연대성으로 나아가는 경험과 원인에 주목하고자 하는 것이다. 김동춘은 인정투쟁과 같은 도덕성, 전태일의 '확대된 나'와 같은 감정적 요소, 관계적 요소의 중요성을 이야기하면서 '노동자들에게 대안에 대한 의식적 자각보다' '대동(大同)의 감각이 더욱 중요하다'고 역설한다(김동춘, 2006). 그래서 '더불어 존엄성을 유지하며 살려는 요구, 도덕적 실천이 에너지를 극대화시키는 행동의 동력'을 만들고 활성화시키는 작업의 중요성을 강조한다.

이러한 분석은 한국의 CO운동과도 연결해볼 수 있는데 CO운동에서 조직화의 출발인 '주민들의 자기 이해'가 CO운동의 출발이 될 수는 있지만 노동 운동의 관성화·극소화처럼 한계를 가지고 있다는 것이다. 또한 김동춘의 주장은 논리적 의식보다는 더 큰 범위의 도덕성과 관계성에 의한 '대동의 공동체'를 만들어야 한다는 주장이다. 이러한 내용은 기존의 '의식의 고양, 각성, 권리의식'을 넘어서는 더 큰 범위에서(부르디외의 개념에서의) 아비투스, 인식, 정서, 문화, 관계의 변화를 지향하는 것이라고 할 수 있다. 이슈를 통한 조직화와 일상에서의 의식화 교육도 지속가능한 조직이나 공동체로 묶어세우지 않으면 안 된다. CO운동에서 의식화와 조직화는 절충적 결합이면서 동전의 서로 다른 면과 같다. 이 두 요소가 서로를 촉진하면서 최대의 효과를 내기 위해서는 윤리와 정서적 측면의 요소가 필요하다. 또한 이슈에 대한 투쟁과정과 투쟁 이후 일상 속에는 권력의 포섭과 자본의 유혹이 도사리고 있다. 저성장과 신자유주의로 대표되는 정치경제적 흐름은 공동체 조직화를 더욱 어렵게 하는 환경들이다. 또한 CO운동은 구심력보다는 원심력으로 점차 분화되고 제도화되고 있다. 존엄성과 윤리에 기반을 둔 대동의 감각은 한국의 CO운동이 어떤 윤리성과 정서로 가난한 주민들과 함께 해야 하는지, 공동체를 어떻게 조직해야 하는지에 대한 중요한 질문이자 단초가 될 것이다.

지금까지 한국 CO운동에서 주민 중심의 공동체를 만드는 것에 대한 과제들을 정리해보았다. 한국의 CO운동은 40년이 넘는 역사 동안 가난한 사람들과 함께 했다. 가난한 사람들과 함께 밥을 먹고 잠을 자고 그들의 문제에 함께 싸우고 공동체를 만들려 했던 긴 시간의 다양한 실천들은, 우리 사회를 더 평등하고 정의롭게 하려는 과정이었다. 21세기인 지금 한국의 CO운동은 더욱 더 거세어지는 불평등과 착취에 저항해야 하는 소중한 과제를 안고 있다. 현실에 대한 분석을 토대로 한 가난한 사람들의 조직화를 위한 다양한 모델들의 분석과 개발, 자기 이해를 넘어 통합적으로 세상을 인식하게끔 하는 의식화 과정의 개발 그리고 이를 담아낼 수 있는 구체적 공동체의 상, 마지막으로 각 요소들이 정치적 사건과 에너지로 작용할 수 있게 만드는 대동 감각의 개발 등의 시도로 새로운 CO운동을 개척해나가야 할 것이다.

맺음말

이 책은 '교육이 사람, 사회의 변화에 어떻게 기여할 수 있을까'에 대한 질문으로 시작되었다. 사실 이 질문의 방점은 '있을까'보다는 '어떻게'에 있다. 즉 교육이 변화 가능성을 가지고 있는지 없는지에 대한 탐색보다는 어떻게 작동했을 때 그 가능성을 가질 수 있는지에 대한 탐색이라고 할 수 있다. 그래서 교육 자체에 대한 이론이나 실천을 분석하기보다는 교육과 사회운동의 만남과 접목을 분석하려고 했고, 대표적인 사례로 한국 CO운동에서 의식화-조직화 실천에 대한 역사를 통해 살펴 본 것이다.

그렇다면 CO운동이라는 사회운동의 경유를 통해 (민중)교육은 어떤 성찰들을 얻을 수 있을까? 또한 어떤 새로운 방향을 가질 수 있을까?

먼저 민중교육은 사회운동에 더욱 다가가서 만나야 한다. 한국 CO운동에서 의식화·조직화 전략의 순환과 통합에서 보았듯이 의식화가 새로운 조직화를 탄생시키기도 하고, 더욱 활성화시키는 자양분의 역할도 수행했다. 역으로 조직화는 갈등과 모순의 상황들을 해결해나가면서 그 과정 속에서 의식화를 가능하게 했다. 또한 의식의 변화를 구체적으로 실현할 수 있는 장들을 제공해주었다.

의식화와 조직화의 분리와 단절은 프레이리가 경고한 주지주의와 행동주의로 가게 되는 위험성을 안고 있다. 신자유주의 질서는 지식 기반 사회라는 수사를 통해 지식과 행동에 대한 기존의 질서를 일상에서부터 재편해 교육의 성찰성과 행동의 실천성을 통제하고 있다. 기술의 급격한 변화와 삶의 파편화 속에서 사람들은 변화의 속도를 따라가기 위해 끊임없이 새로운 기능 지식을 구매해야 하며, 이를 위해 능동적인 소비 주체로 참여해야 한다.

이러한 상황들을 비판적으로 성찰하지 못한다면 기존의 질서에 계속해서 이끌려갈 뿐, 새로운 사회에 대한 상상력은 잃어버리게 될지 모른다. 또한 사회운동 역시 배제와 포섭의 기로에 서 있다. 삶의 파편화에 의해서 사회운동 역시 파편화되어 연대의 정신이 희미해지고 있다. 운동을 지속시키기 위해 제도화·전문화의 길을 걸으면서 저항성은 약화되고 있다. 즉 사회운동 역시 지금의 현실 상황을 변화시키기 위한 운동의 방향과 내용, 방식을 위한 새로운 성찰과 학습을 필요로 하고 있다. CO운동의 역사에서 조직화가 위기를 맞이할 때마다 의식화 전략을 통해서 이를 극복하려 했던 것처럼, 교육운동이 사회를 읽어내고 그 현실 속에서 인간의 삶을 성찰하고 분석하는 작업이 필요한 것이다. 과거 민중교육이 변혁과 조직화를 위한 과정과 수단으로서 인식의 전환에 초점을 맞추었다면, 지금은 다양한 실천 속에 배태된 교육적 의미들을 찾아내 교육화할 필요가 있다. 또 역으로 학습을 통해서 사회변화를 위한 실천으로 나아갈 수 있는 징검다리들을 찾을 필요가 있는 것이다.

이를 위해서는 기능적 지식을 배우는 교육을 뛰어넘어야 한다. 한국의 CO운동은 의식화와 조직화의 결합 속에서 다양한 교육적 요소들을 남겨 두었다. 지식교육에서부터 자신의 삶을 이야기하고 표현하는 교육, 일상의 문제해결을 위한 교육, 조직을 만들고 강화시키기 위한 교육, 지역과 공동체를 형성하고 대안을 만들어가는 교육 등 사회운동 속에 다양한 교육들이 배태되어 있었다. 민중교육은 이와 같은 요소들은 체계적인 내용과 방법으로 발전시킬 필요가 있다. 다양한 참여학습 방법론에서 보았듯이 지역조사, 계획, 실행, 평가, 관계형성, 공동체문화, 옹호전략(애드보커시) 등 사회운동의 다양한 요소들을 교육과 연결시키는 것이 필요하다.

이 과정에서 무엇보다도 중요한 것은 민중이나 주민으로부터 출발하는 것이다. 이 출발은 민중들의 생각과 지식이 무조건 옳다는 것을 말하지는 않는다. 외부로부터 주어진 것이 아니라 민중의 생각과 언어, 문화, 현실, 삶으로부터 출발할 때만이 민중교육은 그 생명력을 가질 수 있고 뿌리를 튼튼하게 내릴 수 있다는 것이다. 우리 사회 민중교육이 제대로 뿌리를 내리지 못한 큰 원인 중에도 지식인이 방향과 관점을 다소 일방적으로 전하려 했다는 데 있다고 할 수 있다. 즉 민중이 스스로 현실에 대한 이해와 이를 변화시켜나갈 실천을 내재화하지 못했다는 것이다. 자신의 삶에 대한 이야기와 꿈을 창조해내지 못한다면 새로운 사회운동 역시 기대하기 힘들어질 수밖에 없다. 민중·주민으로부터 출발하는 교육은 정형화된 지식뿐만이 아니라, 말, 노래, 춤, 집단 저항, 공동체 활동 등 몸으로 이루어지는 다양한 요소들을 교육 내용으로 삼아야 할 것이다.

앞서 뫼비우스의 띠 비유를 통해 의식화와 조직화의 관계를 설명하려 했다. 사회운동과 접목하는 민중교육 활동이 다양한 뫼비우스 띠를 만들어내는 것을 상상해본다.

보론

아시아의 CO
(Community Organization)운동

이 책 1부에서 프레이리의 의식화 이론과 알린스키의 조직화 이론을 개략적으로 살펴보았다. 두 이론은 제1세계와 제3세계의 민중 운동에 큰 영향을 끼치면서 주요한 운동이론으로 자리 잡았다. 의식화와 조직화 이론은 특히 제3세계 지역인 남미, 아프리카, 아시아 지역에 큰 영향을 끼쳤으며 아시아 지역에서는 '알린스키-프레이리 모델'로 불리며 CO운동으로 발전하였다. 프레이리와 알린스키의 이론은 많은 공통점을 가지고 있기는 하지만 이론적 실천적인 측면에서 갈등을 일으키는 또 다른 지점을 바라보고 있는 요소들이 있다. 보론에서는 두 이론이 어떻게 하나의 이론적 모델로 묶이게 되고 현실 민중운동에서 펼쳐졌는지를 살펴보고자 한다.

아시아의 CO운동은 한국의 CO운동과 밀접한 연관을 가지고 있는데, 한국 CO운동의 발단이 아시아 CO운동이 출발하고 여러 지역과 국가로 퍼진 계기가 되었다는 것이다. 주로 진보적인 기독교에서 도시화·산업화에 대한 대응책을 논의하고 있었고 이 과정에서 프레이리의 의식화론과 알린스키의 조직화론을 검토하기 시작했다. 아시아 CO운동이 형성되기 시작한 구체적인 계기는 알린스키의 조직화 방법론을 화이트 목사[1]가 직접 소개하고 적용한 것이었다. 뒤에서 소

1 허버트 화이트(Herbert White) 목사는 미국 연합장로교의 목사로, 알린스키에게 직접 지역조직화를 배우고 실천한 활동가였다. 화이트 목사는 뉴욕주 로체스터에서 진행된 파이트 조직에서 큰 역할을 했는데, 한국에 CO운동을 제안한 조지 토드의 권유로 한국으로 와 조직가들에 대한 훈련을 담당하게 되었다. 이후 필리핀과 인도로 넘어

개할 한국(도시문제연구소와 수도권선교위원회), 필리핀(조토), 인도 (프라우드)의 CO운동이 모두 화이트 목사의 안내가 계기였다고 할 수 있다. 또한 한국의 CO운동은 아시아 CO운동 형성의 선구적인 역할을 했고, 1990년대에 들어서면서 한국의 CO운동은 새로운 운동의 방향을 잡아나가는 과정에서 아시아의 CO운동에 다시 주목하기 시작했다. 이렇듯이 아시아의 CO운동은 한국의 CO운동과 밀접한 연관을 맺고 있다. 아시아 CO운동에 대한 분석과 이해는 알린스키와 프레이리에 기반을 둔 사회운동 모델이 어떻게 형성되어 가는지를 보는데 도움을 주기도 하며 CO운동이 지역, 문화, 이슈, 정치경제적 상황에 따라 어떤 차이점과 특징을 가지는지를 비교분석하는 데에도 도움을 줄 것이다.

가 CO운동을 전파시키는 중요한 역할을 하게 된다.

I. 아시아 CO운동의 역사

1. 아시아 CO운동의 정치적 경제적 배경

아시아지역의 대부분의 국가들은 2차 세계대전 이후 근대적인 독립국가를 만들어나가기 시작했다. 제1세계의 강대국에 의해서 식민상태에 있던 국가들은 민족해방운동을 통해서 독립된 국가로 나아가고 이후 근대화·산업화의 과정을 통해 본격적으로 자본주의를 발전시켜 나가게 된다. 아시아에서 산업화·근대화의 과정은 1960-1970년대를 지나면서 본격화되기 시작하는데, 주로 한국, 필리핀, 싱가포르, 홍콩, 대만과 같은 국가들이었다. 자원과 기술이 부족한 아시아 지역의 신흥국들은 먼저 노동집약적 산업방식을 추진해야 했고, 기존주요한 생산구조였던 농촌지역을 해체하면서 경공업에 필요한 인력들을 도시로 집중시킨다. 초기자본을 축적하기 위해서 값싼 대량의 노동력이 필요했기 때문이다. 정치적 상황은 독립 이후의 불안정한 상태와 냉전이 맞물리면서 내전 또는 이데올로기적인 갈등상황들을 겪게 된다. 미국은 트루먼 독트린(Truman Doctrine)을 통해서 아시아 지역에 대한 자신들의 영향력을 강화시키기 위해 경제적 원조와 함께 친미적인 정부와 인물들에게 지원을 하기 시작한다.

아시아 지역 국가들의 경제적 정치적 상황들은 내외부의 여러 요인들과 맞물리면서 사회경제적으로는 도시의 인구 집중, 그에 따른

주거문제, 저임금-장시간 노동과 같은 문제들을 낳게 된다. 또한 정치
적으로는 미국의 지원을 등에 입은 독재정권의 집권, 사회주의 세력
에 대한 탄압과 같은 상황들이 발생한다. 기존 농업에 의존해 살고 있
던 사람들은 농촌이 해체되면서 도시로 이주하게 되고 이를 받아 안을
준비가 되어 있지 않은 도시에서는 집단적인 임시주거시설(판자촌)이
만들어지면서 주거, 물, 전기, 쓰레기 문제와 같은 대도시 슬럼 지역의
전형적인 문제들이 나타났다. 이와 함께 억압적인 노동착취에 대해
문제를 제기하고 저항해나가는 실천들이 생기기 시작한다. 정치적으
로도 독재정권의 힘에 의한 지배 속에서 민주화를 요구하는 움직임들
이 생겨난다. 1970년대에 본격화되기 시작한 아시아 지역의 CO운동
은 이러한 정치적 경제적 흐름 속에서 시작되었다.

2. 아시아 CO운동의 발생과 전개

아시아 CO운동의 시작은 1950년대로 거슬러 올라간다. 근대화
과정이 시작되고 정치적으로 억압된 상황 속에서 그나마 자유로울 수
있는 영역은 종교였다. 또 세계교회협의회(WCC)에서도 제3세계에
서 벌어지는 여러 가지 문제들에 대해서 관심을 가지고 조금씩 논의와
실천들을 펼쳐나가고 있었다. 아시아에서 기독교를 중심으로 선교와
함께 노동자들의 권익을 위한 활동들이 시작되었고, 그러한 움직임은
국제적인 차원에서 연대를 형성하게 된다. 1950년대 동아시아 기독
교 컨퍼런스인 동아시아기독교협의회(EACC)의 창설이 그 시초라고
할 수 있다. 도시산업선교의 측면에서 이루어진 활동들은 산업사회에
서 벌어지는 노동자들의 비인간적인 상황을 두고 복음을 이야기할 수
없다는 이타주의에 기반을 두고 만들어진 것들이었다(김용복, 1985).

이러한 실천들은 1960년대를 넘어서면서 본격화되고 프레이리와 알린스키의 이론이 소개되면서 좀 더 전문화·이론화되기 시작한다.

알린스키의 이론과 방법론이 아시아에 직접적으로 소개되고 실천되기 시작한 것은 1960년대 후반 한국에서였다(기사연, 1987, 17-18). 도시빈민 문제에 대해서 문제의식을 가지고 있었던 가톨릭과 개신교의 성직자와 평신도들이 도시빈민지역의 문제를 풀기 위한 조직가들을 훈련시키기 위해서 '도시문제연구소'를 설립했다. 그리고 조직가 훈련을 위해 미국에서 알린스키에게 지역주민조직 훈련을 받고 지역조직화 사업을 진행하고 있던 화이트 목사를 초빙하게 된다(한국주민운동정보교육원, 2009, 14). 화이트 목사는 알린스키의 주민조직방법론을 한국에 소개하며 조직가들을 훈련시켰고 조직가들은 도시의 빈민지역으로 들어가 조직화 활동을 진행하게 된다. 이후 알린스키의 주민조직방법론은 1970년 화이트 목사가 필리핀으로 건너가 조직가 훈련과 조직화에 참가하게 되면서 차차 확장되어, 이후 아시아 CO운동에서 기본적인 이론과 방법론으로 자리 잡게 된다. 필리핀 지역에서도 빈민지역인 톤도(Tondo)에 주민조직을 최초로 세워 CO운동을 시작했고, 같은 해에 필리핀 주민조직기구인 페코(Philippine Ecumenical Council for Community Organization, PECCO)를 창설하게 된다(김성훈, 2006). 또 인도 뭄바이에서 40만 명이 사는 다라비(Dharavi) 지역에서도 주민조직이 건설되었다(Murphy, 2004~2005, 18-19).

프레이리의 의식화 이론은 1968년『억압받는 자들의 교육학』발간 이후 전 세계적으로 알려지게 되면서 1970년대 초반 아시아 지역에도 영향을 끼치게 되었다. 한국의 경우 1971년 문동환 선생에 의해서 소개되었고 필리핀을 비롯한 동아시아 지역으로 점차 확장되어 갔다(홍은광, 2010, 154-156). 한국과 필리핀에서 시작된 CO운동은 아시아지역의 국제연대를 위해 풀뿌리 공동체 조직화의 기독교 위원회인 악포(Asian Committee for People's Organizarion, ACPO)를 필리핀 마닐라에 창설하게 된다(LOCOA, 2001, 3). 악포는 알린스키의 공동체 조직화 이론에 기초하여 필리핀 마닐라의 톤도 지역에서 최초의 지역조직인 조토(조토)를 만들게 되고 이 지역의 성공 이후 인도, 인도네시아, 태국 등으로 CO운동을 확산시켰다(나효우, 2008). 당시 한국은 수도권선교위원회가 설립되어 주민조직화 운동의 기초를 다지게 된다. 아시아의 CO운동은 프레이리의 행동-성찰-행동이라는 민중들의 운동과 실천의 끊임없는 순환과정을 기본으로 하여 민중들이 그들의 삶에 영향을 끼칠 수 있는 힘을 형성하고 이를 통해 사회를 변화시키기 위한 대중조직을 건설하는 것에 목표를 두고 있었다(LOCOA, 2001, 10-13). 악포는 1986년 네팔에서 열린 창립 15주년 기념회에서 아시아 CO운동의 이론적 기초를 잡고 그 간의 성과들과 한계점들에 대해서 논의하게 되었다. 악포는 공동체 조직이 그들의 삶에 영향을 끼치는 결정을 할 수 있게 하는 대중조직을 건설하는 것, 공동체 조직은 피억압자들의 투쟁을 통합적으로 연결하는 것, CO운동은 특정한 이데올로기이지만 민중들에게 이것을 억지로 부과하지 않는 것, CO는 민중들이 내부적으로 느끼는 이슈로부터 시작하는 것, 행동-성찰의 과정과 학습을 통합하면서 대중조직을 만드는 과정이라고 정리했다(LOCOA, 2001, 1-2). 악포 창립 15주년 성명서에는 아시아에서 CO운동 원칙과 방향에 대한 내용이 잘 정리되어 있다.

성명서 제15호 ACPO(Asian Committee for People's Organization) 총회— 네팔 카투만두에서
6. ACPO가 지난 15년간 무엇을 시도해 왔는가는 1981년 필리핀 탕가이

타이시에 있는 위원회와 실무자들이 써낸 설명서에 잘 묘사되어 있다. 지역사회 조직은 민중으로 하여금 그들의 삶에 영향을 미치는 결정을 할 수 있도록 하는 국가적 변혁을 위한 민중조직체를 세우는 것이다. 지역조직은 피억압자들의 투쟁과 밀접하게 연결되어 있다. 현재의 부정당한 사회적, 경제적, 정치적 조직을 변화시키기 위한 전 아시아적 노력과 전체적인 해방을 위한 국가적 운동은 갈라놓을 수 없다.

...

지역사회 조직은 민중의 가장 현실적인 이슈들로 시작된다. 조직가들은 민중들이 이러한 이슈들을 구체적으로 밝히고 분석하도록 돕는다. 종종 그 이슈들은 식수문제, 전기문제 등과 같이 작을 수 있으나 조직가들은 민중으로 하여금 이러한 작은 이슈들이나 문제들이 어떻게 보다 큰 국가적인 이슈와 관계되어 있는지를 보도록 돕는다. 그러므로 민중의 행동은 완전한 국가적 해방을 향한 그 첫걸음이며 결코 무관하거나 단절된 것이 아니다. 지역사회 조직들의 이슈분석은 참여하고 있는 민중의 계급이해를 계몽시키는 데에 주의해야 한다. 여기서 '계급'은 사회학자들이나 다른 사회과학자들에 의해 받아들여진 일반적 의미이다. 그러한 분석 이후에 조직가들은 문제들을 해결하기 위한 행동을 취하도록 민중을 격려한다. 동원, 대표단조직, 무저항, 대항 등의 약간의 충동을 포함하는 이러한 행동들이 지역사회 조직의 가장 필수적인 방법이다. 이러한 행동들은 그 지역적 상황과 민중의 경험에 의해 결정되며 민중 스스로 자유롭게 선택한다. 행동은 민중이 현재의 부당한 구조의 실체를 경험하도록 해주고, 단순한 개념적 이해로 남기 쉬운 이러한 구조들에 대한 그들의 이해를 체험화하도록 해준다. 행동 이후에는 일어났던 모든 중요한 점들을 완전히 이해할 수 있도록 하는 민중과 조직가들이 함께 평가와 반성을 한다.

이러한 과정으로부터 얻은 교훈을 더욱 확고히 하기 위해서, 민중조직
체가 만들어진다. 이 조직체는 보다 큰 국가적 운동의 차원으로 나아간
다. 사용했던 분석의 방법과 행동과 반성의 형태에 따라서 민중조직은
국가적 운동의 관심에 치우치게 된다. 이러한 국가적 운동들의 질은
모든 종류의 외세의 지배로부터의 자유, 진정한 토지개혁 민중들의 민
주적 참여 등의 결의를 포함한다.

지역사회 조직과 보다 커다란 운동들 간의 연계성은 민중해방을 위한
투쟁과 더불어 발전한다. 프로그램의 지역사회 조직과 지역사회 조직
가들은 민중의 문화와 종교를 깊이 인식하고 그 전가를 높이 평가한다.
종교와 문화의 일부는 현존이 부당한 사회구조를 존속시키는 데에 이
용되어 왔다. 지역사회 조직은 이러한 점들을 밝혀내고 민중에게 중요
한 영향을 주는 이것들을 배척해왔다. 그러나 지역사회 조직이 밝혀내
고 강조해온 정당하고 민주적인 사회를 이룩하기 위한 놀라운 소재들
이 종교와 문화에 내재되어 있다. ACPO는 체계적인 방법으로 그러한
조직을 보조해온 첫 번째 아시아 단체로서의 탁월성을 가지고 있다.
(ACPO, 1986)

이후 1970년대부터 진행한 필리핀에서의 조직화 실천과 이론에
대한 작업을 통해서 주민조직 10단계 방법론을 만들었고 아시아 CO
운동을 알린스키-프레이리 접근(Alinsky-Freire approach)으로 정
식화하였다(Murphy, 2004~2005).

1970년대는 아시아의 각 국가나 지역에서 주민조직화의 시도가
왕성하게 일어났다. 또한 1980년대에 주민조직화를 위한 구체적인
방법론이 정리되고 활동가와 리더들을 위한 교육들이 전문화되었다.
또한 작은 지역에서 시작한 공동체 조직들이 좀 더 큰 대중조직 또는

연합조직으로 발전하기 시작했다. 1980년대는 CO운동의 성장과 함께 각 국가별로 민주화 투쟁에 대한 열기가 드높았던 시기이다. 독재정부에 대한 끊임없는 민중들의 투쟁은 노동운동, 빈민운동, 사회주의 운동의 성장으로 이어졌고 급기야 대규모의 민주화 투쟁으로 발전되어 독재정권들이 물러나기 시작했다. 한국의 6월 항쟁과 필리핀의 피플파워(People Power Revolution) 등이 아시아에서의 대표적 민주화 투쟁이라고 할 수 있다. 민주화 투쟁의 진전은 독재정부 이후를 준비하게 만드는 한편 변혁운동이라는 비전과 연결되면서 급진적 사회운동과 접속하기도 하였다. CO운동은 주민이 주체가 되고 또 리더가 되는 운동이었기에 이데올로기적인 측면에서는 진보성을 유지하되 선택은 민중들이 직접 하는 것을 원칙으로 삼았다.

하지만 CO운동 역시 사회운동의 큰 흐름 속에 있는 것이므로 사회변혁의 이론적 지점이나 다른 운동과의 결합에도 크고 작은 움직임들이 있었다. 1990년대를 넘어서면서 현실 사회주의가 붕괴되고 냉전체제 또한 무너지기 시작했다. 이와 함께 다양한 시민운동, NGO 활동들이 생겨났다. 이는 과거 독재체제에서 CO활동이 불법조직이고 탄압의 대상이라는 이해가 변화되기 시작한 것을 말한다. 또한 가난한 주민들을 위한 활동 역시 다양하고 전문화된 것을 의미하기도 한다.

아시아 CO운동가들은 1990년대의 변화된 흐름과 향후 CO운동에 대한 비전을 그리기 위해서 1993년 필리핀 바기오(Baguio)에서 회합을 갖고 20여 년간의 CO운동에 대해 성찰할 기회를 가지게 된다 (LOCOA, 2000, 5-19). 바기오의 워크숍은 CO운동과 관련된 광범위한 주제들에 대한 토론을 하게 되는데, 민중조직(PO), 지역리더, 공동체 조직(CO), 민중교육, 국가적 사건들과 이슈, 정부와의 관계, 인간의 변화, 문화, 민중의 주도성, 땅과 주거, 환경, 조직의 연합, 조직화에 있어 여성 등의 주제들이 그것이다. 기존에 실천을 통해서 고민하고 문제시 되었던 내용들을 꺼내놓고 함께 토론한 것이다.

바기오 워크숍은 그동안의 CO운동의 신념과 의미들을 확인하면서 CO운동에 대한 새로운 주제들을 제안했다는 측면에서 큰 의미를 가지는 회합이었다. 그리고 CO운동이 단기적인 이슈를 달성하는 운동이 아니라 사람과 사회를 변화시켜가는 장기적인 운동이라는 관점 하에서 주제와 문제들을 어떻게 해결해나갈 것인가에 대한 지향점을 제시한 회합이라고 말할 수 있다. 이와 함께 그동안 아시아 CO운동을 이끌어오고 지원해왔던 악포를 해산하고 CO 실천가들의 네트워크인 로코아(LOCOA, Leaders and Organizers of Community Organization in Asia)를 창설하게 된다(LOCOA, 2000, 58).

로코아는 지난 악포의 성과를 토대로 하여 전문적 수준의 장단기 CO 프로그램을 제공하고, CO가 존재하지 않는 지역에 CO운동를 전파하며, 국가별 CO활동을 교류하고 경험과 평가는 나누는 것을 목적으로 한다. 악포가 한국과 필리핀을 중심으로 해서 조직가와 리더들을 양성하고 지원하는 역할을 했다면, 로코아는 악포 이후 운동의 범위가 넓어지고 국가별로도 독립적인 CO 활동이 가능해지면서 네트워크의 형태로 변화한 것이라고 할 수 있다.

아시아 CO운동은 1960년대 후반부터 기독교 운동세력이 중심이 되어 프레이리의 의식화 이론과 알린스키의 조직화 이론을 받아들여 도시빈민 지역의 조직화 작업과 민주화, 운동의 다변화와 같은 상황의 변화를 겪으면서 심화·확장되어갔다고 할 수 있다.

II. 아시아 CO운동의 이론적 배경

공동체 조직화 운동은 여러 모델[1]로 나뉘지만 아시아의 CO운동은 좀 더 적극적으로 자신의 이론적 뼈대를 알린스키-프레이리 모델이라고 제시하고 있다(도시빈민연구소, 1991; COPE, 1992; 유성상, 2006). CO운동은 아시아 지역의 민중들(특히 도시빈민)의 다수가 자본주의 상황 하에서 억압상태에 놓여 있고 이로 인해 침묵의 문화에 길들여져 있음을 분석한다. 또한 장기화된 빈곤 상태에서 빈곤의 문화도 가지고 있음을 지적한다(COPE, 1992, 2).

프레이리와 알린스키가 공통적으로 경험한 것이 피억압자들의 침묵, 무기력, 희망 없음이었다. 아시아의 CO운동은 프레이리가 그랬던 것처럼 민중으로부터, 민중의 현실로부터 출발하고자 한다. 현실에 대한 분석과 민중에 대한 이해로부터 구체적인 실천론으로 넘어가면서 CO운동은 알린스키의 조직론으로 넘어간다. 아시아 CO에서는 알린스키-프

---

1 필리핀의 저명한 CO운동가인 데니스 머피는 CO운동을 다섯 가지로 구분하였다. 첫 번째는 고전적인 모델로 대치를 중심으로 하는 알린스키에 기반을 둔 모델이다. 두 번째는 위기중재(원문) 모델로 미래를 계획하는 데에 초점을 맞추고, 25~500 가족 정도의 작은 지역을 지원하는 모델이다. 세 번째는 유엔 모델, 월드뱅크 모델로 불리는데, 초기에 대치활동을 진행하고, 이후에는 주로 협상 중심으로 가는 방식이다. 네 번째는 세이빙 모델로 가난한 사람들이 다른 가난한 사람들과 성공적으로 일하는 데 초점을 맞추는 모델이다. 마지막은 교회모델인데, 교회가 프로그램을 주도하는 고전적 모델로 미국의 텍사스나 산 안토니오 지역에서 유행했던 모델이다. 그 모델의 기반에는 알린스키가 세운 IAF와 같은 조직이 중심이라고 한다(Murphy, 1990).

레이리 모델을 다른 표현으로 '이슈중심의 CO'(issue-based Community Organization)라고 부른다(COM, 2003). 그리고 그 방법론에서는 프레이리의 '행동-성찰-행동'의 과정과 알린스키의 '갈등-대립' 방식을 결합해 주요한 방법론으로 채택하고 있다(COPE, 1992, 3-4). 여기에 주요한 매개로서 '대화'와 과정에서 직접적인 동기가 되는 '이슈'를 결합시킨다. 즉 알린스키-프레이리 모델은 "침묵의 문화 속에 있는 피억압자들(민중)이 자신의 현실적 문제(이슈)들을 대화와 행동의 과정을 통해서 알아가고, 피억압자들 자신의 힘으로 문제를 해결해나가는 과정"이라고 할 수 있다.

그러나 앞에서 두 이론을 살펴보았듯이 이 두 이론은 조금씩 다른 강조점과 목소리를 가지고 있다. 아시아 CO운동에 대한 논의들에서도 그러한 차이점들을 확인할 수 있다. 필리핀의 저명한 조직가이자 이론가인 또레(Torre. E. D)[2]는 "알린스키는 반이론적이며 아나키적인 측면이 있다. 이와 달리 프레이리는 억압받은 자들의 의식화라는 철학적 접근이며 정치학에서 좌파적 접근을 가지고 있다"고 지적한다(유성상, 2006, 185). 필리핀의 민중교육 이론가인 텅팔란(Tungpalan) 역시 알린스키의 조직화 타입은 '조직화 10단계 방법론'을 통해 사람들을 움직이고 행동할 수 있게 하지만, 프레이리는 '여기 또는 거

---

2 또레(E. D. Torre)는 필리핀의 유명한 사회운동가이자 신부이며 대중교육단체인 ELF의 창시자이기도 하다. 또레는 1970년대 계엄령 상황 하에서 토지개혁과 빈민지역에서 조직화를 시도했고 독재정권에 대한 저항으로 10여 년간 투옥되었다. 이후에도 정치적 보복 살인의 위협에 시달려야 했다. 또레는 덴마크로 피해있는 기간 동안 그룬트비의 민중학교(folkehojskole) 사상을 접하게 되고 필리핀으로 돌아와 프레이리의 의식화 이론, 가드너의 다중이론, Sikolohiyang Pilipino 등을 접목시켜 풀뿌리 주민 지도자를 위한 교육기관인 ELF를 창시하게 된다. 1998년 Director General of TESDA을 맡았고 필리핀 농촌재건운동(The Philippine Rural Reconstruction Movement)의 부회장을 맡고 있다.

기'에 사용되는 맥락에 대한 강조를 두고 있다고 한다(유성상, 2006, 192).

이와 같은 강조점과 관점의 차이는 CO운동의 이론과 방법론 모두에 영향을 미칠 수 있다. 예를 들면 조직가의 정치적 노선을 민중에게 어떻게 이야기할 것인가라는 질문이나, 좀체 이슈화되지 않는 '문제'들에 대한 질문, 또는 조직이나 공동체 내부의 여러 가지 차이들의 문제(인종, 젠더, 특정한 정치적 견해)들에 대한 질문에 대해서 두 이론이 가지고 있는 강조점과 지향점이 달리 나타나기 때문이다. 알린스키-프레이리 모델은 조직화의 초기에는 민중과 주민으로부터 출발해 이슈와 문제를 제기하고, 조직을 만들어나가는 과정에서는 큰 갈등요소가 없지만 조직의 확장, 새로운 주제의 도출, 다른 운동이나 조직과의 연대와 같은 시안에서는 갈등의 가능성을 안고 있다고 할 수 있다.

아시아 CO운동이론의 또 하나의 특징으로는 알린스키-프레이리 모델은 조직화 이론 중심의 모델이라는 것이다. 프레이리도 행동에 대한 중요성을 강조하고 있지만, 프레이리 이론의 강점은 내면적, 인지적, 성찰적인 측면에 있다. 그래서 프레이리는 피억압자들의 현실에서 내면적 억압성까지도 관심을 기울였으며 끊임없는 문제제기와 해방과정을 역설한 것이다. 조직화 과정에서는 알린스키의 조직화론이 중심이 되지만 아시아 CO운동은 민중에 대한 교육도 중요한 요소로 파악하기 시작했다.

1993년 바기오에서 열린 아시아 CO운동 20주년을 회고하는 워크숍에서는 리더들을 위한 교육과 일반 회원들을 위한 교육이 필요함에도 교육을 전문적으로 다루는 조직이 없음을 성찰하면서, 민중교육은 가치를 더 깊게 만드는 과정임을 논의한다(LOCOA, 2001, 43-45). 아시아의 조직가들이 알린스키 방법론을 실천하면서 긴 시간의 조직화 과정에서 알린스키 방법론이 한계를 가진다는 것을 깨닫게 되자 프레이리의 이론을 적극적으로 수용해나갔다는 것이다.

퀴존과 폴레스티고(Quizon & Polestico)는 아시아에서 NGO의 경험을 분석하면서 알린스키-프레이리 방법론과 함께 프레이리에게서 영향을 받은 PAR(participatory action research), PRA(Participatory Rural Appraisal)도 주요한 방법이었다고 분석하고 있다(Quizon & Polestico, 2000, 61-65). 이는 전통적 아시아 CO모델과는 약간의 차이를 보이는데, 민중 스스로의 집합적 조사, 역사에 대한 비판적 재발견, 전통문화의 수용과 가치화 등을 통해서 사회정치적 행위와 교육을 통해 새로운 지식을 생산해내는 것에 중심을 두는 방법이라고 말한다.

이런 측면에서 본다면 아시아 CO운동은 알린스키와 프레이리 두 이론을 다소 절충시킨(eclectic) 모델이라고 할 수 있다. 즉 식민지, 산업화, 독재정부와 같은 구조적 상황들을 겪은 민중들의 '침묵의 문화'를 분석해내거나 행동 이후의 중요한 성찰과정 또는 이의 순환 모델에서는 프레이리의 의식화론을 통해서 분석해낸다. 그리고 구체적으로 민중들을 움직이게 하고 이슈를 제기하며 조직화해가는 과정에서는 알린스키의 조직화론을 중심 이론과 방법론으로 삼는다. 그리고 주체와 사회적 상황, 문화, 조직화 단계 등에 따라 두 이론 중 하나에 더 중심을 두거나 변용해간다고 볼 수 있다.

III. 구체적 방법론과 실천론

그렇다면 CO운동은 어떻게 구체적으로 민중들을 조직하고 공동체를 만들어 나가는가? 또한 공동체의 건설 후 어떻게 지속시키면서 다른 운동이나 조직과 결합하는가?

위에서 언급했듯이 알린스키-프레이리 모델은 구체적 방법론에서 알린스키의 지역조직화 방식인 이슈를 활용한 갈등-대치 전술을 기본으로 하면서 프레이리의 철학적 이론적 요소들을 결합시키고 있다. CO방법론은 여러 현장에서 실천하고 성찰하면서 만들어진다. 기본적으로 주민조직화를 행동-성찰-행동의 지속적인 과정으로 이해하며 이 과정들의 순환이 지역으로부터 시작해 더 큰 장으로 확장되어 구체적인 것에서 추상적인 것으로 발전한다고 생각한다(도시빈민연구소, 1991, 6-7). 그리고 이 과정에서 주민들의 대중적인 참여와 민주적인 리더십이 필요하며 침묵의 문화, 빈곤의 문화를 깨나가는 방법으로 대화적 방법을 활용한다. 구체적인 CO의 조직화 과정은 알린스키의 조직화 방법론과 맥을 같이 한다. CO운동에서는 그 방법론을 10단계의 과정으로 정리하고 있는데 이는 조직가의 개입에서 대중조직을 건설하기까지의 단계들이라고 할 수 있다.

1단계 — 사회적 조사와 통합(social investigation and integration)
주민의 관점에서 공동체를 아는 단계. 그라운드 워크와 레그워크.

조사 일지 작성

2단계 — 가능한 이슈들을 점찍기(spotting potential issue)

　　이슈와 문제의 구분. 타깃의 분석. 사건의 분석

3단계 — 행동을 위한 동요(agitation for action)

　　동요선의 형성. 지성적 측면과 감정적 측면의 결합

4단계 — 사전 행동 미팅(the preaction meeting)

　　미팅을 위한 실질적 준비. 전략, 전술, 대안을 짜는 작은 미팅들

5단계 — 실질적 미팅, 회합(the actual meeting)

　　아직은 형성 중인 단계

6단계 — 역할극(role play)

　　심리적 준비. 시나리오, 예견, 타깃과의 갈등상황 예측

7단계 — 동원(mobilization)

8단계 — 평가(evaluation)

9단계 — 성찰(reflections)

10단계 — 다음 활동준비, 조직의 건설(planning for the next activity.

　　putting up the organization)

(COPE, 1992, 18-41)

　　필리핀의 CO운동 단체인 코프(COPE)는 10단계를 과정별로 세 묶음으로 구분하여 설명하고 있다(COPE, 1992, 18-41).

　　위 과정에서 1~4단계는 지역과 주민들을 분석하는 과정에 해당한다. 주로 일대일 대화 방식을 통해서 가능한 사람들을 많이 만나 주민의 관점에서 지역과 공동체를 이해하는 것에서 출발한다. 이 대화내용들을 토대로 하여 해결 가능한 이슈를 정하고 눈에 보이는 구체적 타깃을 분석한다. 분석이 끝나면 합리적 감정적 설득과 자극을 통해

서 행동을 일으킬 수 있도록 분위기를 만들고 사전준비를 진행한다.

5~8단계는 직접 행동하는 단계에 해당한다. 사람들을 모아 회합을 진행하고 심리적 준비나 대립 당시를 예견하며 역할극을 진행한다. 준비가 끝나면 직접적으로 이슈에 대해서 일어서며 갈등과정을 통해서 신용을 구축하고 리더를 발굴하며 승리하는 경험을 가지게 된다. 행동이 끝남과 함께 그 과정과 결과에 대한 평가를 진행한다.

9~10단계는 통합과 관련된 과정이다. 9단계인 성찰은 경험을 학습의 수준으로 올리는 단계이다. 침묵의 문화와 그 회복에 대해서 이야기 하는 과정으로 평가와는 다른 의미로 꼭 거쳐야 하는 과정이라고 할 수 있다. 마지막으로 10단계는 행동과 그 결과를 토대로 대중조직(People's organization)을 만드는 과정이다. 이 조직은 알린스키 이론처럼 개인들의 조직이 아닌 조직의 조직으로 개발된 지도력과 내부 훈련과 프로그램을 통해 다음 행동을 준비하는 과정이라고 할 수 있다. 대중조직은 계속해 다양한 이슈를 개발하고 행동하며 힘의 이미지를 프로젝트화하는 기구이다.

위의 10단계의 과정은 행동(분석과 동원), 성찰(그룹의 평가와 회고), 실질적인 조직화라는 영역들을 계속해서 반복하는 것이다(도시빈민연구소, 1991, 19-23).

주민조직화 10단계의 과정은 악포에서 정리되었다. 주로 필리핀과 한국에서 시도한 이 10단계 방법론은 시기와 현장에 따라 약간씩 차이를 보인다. 필리핀의 CO운동을 정리한 마글라야(Maglaya)의 조직화 10단계를 보면 동원, 행동 이후의 부분이 협상으로 되어 있고, 코프의 10단계 중 9단계의 평가지점이 빠져 있다(Maglaya, 1974, 93-99).[1] 코

---

1 마글라야는 조직화운동 10단계는 다음과 같다. 1) 조직의 출발, 2) 기초 작업, 3) 문제 포착과 그 확산, 4) 행동을 위한 동원, 5) 예비활동 모임, 6) 역할분담, 7) 갈등대결,

프의 10단계론에서 협상은 동원의 과정에 포함된다.

주민조직 10단계론의 진행순서는 약간의 세부적인 차이는 있지만 알린스키의 조직화 과정과 대부분 일치한다. 대신 알린스키의 조직화 방법론에서 볼 수 없는 '성찰'의 단계가 있다. 평가 단계 다음에 이루어지는 성찰의 단계는 단지 행동, 강점과 약점, 전략과 전술의 차원을 평가하는 이상의 의미가 있다. 성찰의 단계는 경험을 학습의 수준으로 확장하는 단계로 침묵의 문화에서 회복으로 나아가는, 두려움이 용기로, 개인주의가 공동체 중심으로, 무관심이 모험으로, 힘없음이 힘으로 나아가는 내면화의 과정이기 때문에 필수적인 하나의 단계로 두는 것이다(COPE, 1992, 27-28).

알린스키 조직화 단계에서 볼 수 없는 성찰 과정이 중요시되는 것은 프레이리의 영향이라고 할 수 있다. 이는 프레이리 이론의 토대가 되었던 남미처럼 아시아 지역이 식민지 상황, 전근대와 근대의 공존, 억압적 정치상황, 영속화된 빈곤이라는 상황 하에서 단순히 이슈의 해결을 넘어선 좀 더 근본적이고 사회심리적 분석과 해결책의 필요에서 나왔다고 할 수 있다. 조직화 10단계 과정은 조직화를 위한 단계이기도 하지만 하나하나의 단계를 따지고 들어간다면 교육적인 과정이라고 할 수 있다. 지역과 지역주민들을 조사하고 분석하며 의견을 모아 결정하고 행동과정을 기획하고 실천하는 내용들은 프레이리가 호튼과의 대담에서 나누었던 조직화 과정이 교육적이라는 의견과 동일하다고 할 수 있다.

CO운동은 이와 같은 사이클을 거치고 난 뒤 실제적 조직을 건설하게 된다. 작은 지역, 작은 공동체로부터 출발하는 조직화는 좀 더 크고 지역범위를 뛰어넘는 조직의 건설로 나아가게 된다. 대중조직

---

8) 협상, 9) 반성, 10) 지원집단(Maglaya, 1974).

(people's organization, PO)이 그것이다. 대중조직은 개인이 아닌 작은 조직들의 조직으로 조직적 일상의 모든 측면을 관장하게 된다. 또한 조직들과 이슈들도 다양화되고 광범위화되면서 각 조직들을 연결하고 공통된 이슈들을 새로이 조직하는 역할을 하게 된다. 알린스키의 '우산조직'과 유사한 대중조직은 각 조직의 리더를 중심으로 세부적인 활동들, 상황들을 평가하고 새로이 계획하는 과정과 규칙, 구성, 조직체계, 운영방식에 대한 소그룹토론 그리고 이것들을 결정하는 선거의 과정을 통해서 만들어지게 된다.

IV. 아시아 CO운동 사례 분석

여기에서는 아시아 CO운동의 직접적인 사례들을 살펴보고자 한다. 첫 번째 필리핀의 조토와 두 번째 인도의 프라우드의 사례는 초기 아시아 CO운동의 전형적인 사례라고 할 수 있다. 아시아 CO운동의 출발은 알린스키의 조직화 이론의 수용과 실천에서 시작되는데 이 두 지역은 한국 CO운동이 시작된 도시문제연구소 조직가 훈련의 조력가였던 화이트 목사가 직접 CO 방법론을 전파하고 조직화한 사례이다. 세 번째 인도 뭄바이의 SPARC, NSFD, Mahila Milan의 사례는 조금씩 성향이 다른 조직들이 민중들과 함께 조직화·의식화를 함께 진행한 사례이다. 앞의 사례들이 전형적인 알린스키 중심의 방법론이었다면 이 사례는 조직화의 한계를 극복하기 위해서 학습을 중심으로 한 의식화를 결합시킨 사례라고 할 수 있다.

마지막으로 인도네시아의 인시스트(INSIST)의 사례는 프레이리의 의식화 이론을 중심으로 하여 신자유주의 상황 속에서 이에 저항할 수 있는 활동가들의 비판적 학습과 공동체 조직 지원에 대한 내용이다. 약간의 차이는 있지만 네 사례 모두 알린스키 조직화론과 프레이리의 의식화론을 기본으로 해서 사회와 민중들의 변화를 꾀하려 한 사례들이다.

1. 필리핀 마닐라의 조토(Zone One Tondo Organization)

필리핀 마닐라 톤도 지역(Tondo)의 조토는 아시아의 최초의 지역 주민조직화를 통한 성공사례라고 할 수 있다. 톤도는 마닐라 북부 톤도 강변 남쪽 끝에 위치한 곳으로 세계 3대 빈민촌 지역 중의 한 곳이다.[1] 2차 세계대전 이후 집 없는 전쟁난민들이 정착하기 시작했고 도시화와 다른 빈민지역의 화재 등으로 인해서 지속적으로 톤도 지역으로 이주하기 시작해서 인구는 3만 가정 18만 명에 달했다. 그리고 이 지역에는 정부의 필요에 의해서 110헥타르에 이르는 긴 쓰레기 매립장이 있었다. 쓰레기 매립장으로 인해 환경은 이루 말할 수 없이 열악하였으며, 만성화된 가난으로 실업, 질병, 비문해, 매춘 등의 심각한 문제들로 인해 마닐라에서 가장 범죄율이 높았다. 필리핀은 1960년대 후반부터 마르코스의 수출 중심 경제정책을 달성하기 위해 항만, 도로, 교량, 공항을 건설하기 시작했다. 그래서 마닐라의 항만 기능을 향상시키기 위한 국제적 항만 건설 계획 수립과 함께 톤도의 3만 가정을 50km나 떨어진 시 외곽으로 퇴거시키려 했다(Murphy, 2004-2005, 19-20). 자신들의 삶의 터전을 빼앗기게 된 주민들은 1968년 톤도 지역의 다양한 단체가 모인 톤도해변공동체조직위원회(CTFCO)를 조직해 항만건설을 반대했지만 리더십의 부재와 정부 측의 유인 정책에 굴복해버리고 말았다.

또 다른 흐름으로 가톨릭 사회교육, 행동이 다양한 사회재생운동

---

1 세계 3대 빈민촌은 케냐의 키베라(Kibera), 필리핀의 톤도(Tondo), 브라질의 파벨라(Favela) 지역을 말한다. 전세계적인 빈곤과 슬럼에 대한 이해는 마크 데이비스의 『슬럼, 지구를 뒤덮다—신자유주의 이후 도시의 빈곤화』통해 더욱 자세히 이해할 수 있다. 데이비스는 슬럼이 가난한 사람들이 모인 결과로서의 집합체가 아니라, 자본주의 체제에 의한 하나의 과정이자 구조라고 말한다.

(협동조합, 신용조합, 오두막 공장 등)을 펼치면서 설탕농장의 파업 등을 지원했지만 단기무장투쟁 정도에만 도움을 주었을 뿐 실질적인 문제해결에는 미치지 못했다. 톤도 지역에서 본격적으로 지역조직화가 시작된 것은 CO운동 조직인 페코와의 결합을 통해서였다. 페코는 알린스키 방법론에 기초해서 NDF(민족민주전선)의 일부 활동가들과 가톨릭, 기독교의 활동가들을 모으고 알린스키 조직론을 아시아에 전파하고 있던 화이트 목사(1970년에 필리핀으로 건너와 1972년까지 지원)의 지원으로 CO 방법론을 적용하게 된다.

화이트 목사는 지역 조직화를 위하여 풀타임 스텝과 체계적인 훈련 방법의 필요성 그리고 처음부터 리더와 풀뿌리 민중들이 함께 해야 함을 주장했다. 그리고 조직활동을 하기에는 너무 큰 톤도를 세 지역으로 나누는 것 등을 제안하고, 활동가와 주민들이 이를 받아들이면서 본격화되었다. CO운동은 기존의 하향식 접근을 민중 중심의 모델로 바꾸어 놓았고 20개 조직 64명의 리더가 훈련으로 배출되었다. 인내심 있는 내부 조직작업과 각종 위원회의 결성, 40개가 넘는 이슈에 대한 세미나 등을 통해서 조직은 2만 명의 회원과 53개 조직 그리고 725명의 대리인을 가지는 진정한 대리민주주의의 실험을 하는 조직 체인 조토(Zone One Tondo Organization)를 만들게 되었다.

조토는 알린스키의 갈등-대립 전술을 활용해 아연 발굴에 대한 1만 달러의 협상금과 당시 태풍에 의해 파괴된 2천 가정에 대한 회생정책을 직접 처리할 수 있는 권리를 획득했다. 그리고 당시 교황의 마닐라 방문을 활용해 대규모 주택개발을 계획했던 필리핀 추기경을 압박하는 행동을 벌이기도 했다(Honculada, 1985, 15-16).

1972년 필리핀의 마르코스는 독재정권의 유지를 위해 전역에 계엄령을 선포하게 된다. 정치적 탄압으로 인해 지도자들, 회원들, 외국

훈련자들이 대거 잡혀가게 된다. 그러나 조토는 굴하지 않고 행진을 계획하고 꾸준히 정부 당국에 압박전략을 쓴다. 1974년 톤도 해변공동체 조직연합을 창설하고 도시재생 계획에 참여하는 시민위원회를 구성해 2,500가구에 달하는 가정의 사회경제적 조사를 실시하였으며, 그 내용들을 제안으로 정리했다. 무려 5천여 명에 달하는 주민이 참여하는 행진의 결과로 6명의 대표가 대통령과의 면담에서 재이주까지는 철거를 금지한다는 서면약속을 요구할 수 있었다. 이로 인해 1975년 2월, 도시재생개발을 뛰어넘어 430헥타르에 해당하는 도시 업그레이드 계획에 합의하게 되는 성과를 거두게 된다. 1979년 3만 7천 가족 중에 3분의 1가량이 재이주 지역으로 가게 되면서 토지에 대한 권리를 획득하게 되었고 이후에도 계속해 도시빈민권리와 주민들을 위한 서비스를 제공하는 활동을 진행하고 있다(Honculada, 1985, 16-18).[2]

필리핀 톤도 지역에서의 이러한 성공은 알린스키 방법론에 기반을 둔 CO운동이 빈민지역에서 효과적인 방법이라는 것을 보여주었고, 한국과 필리핀을 비롯한 아시아의 여러 빈민지역의 CO운동의 모델이 되었다.

---

2 페코와 조토의 협동작업이 톤도의 CO운동을 가능하게 했다. 그러나 1976년 페코가 리더들에 대한 교육프로그램을 중단하게 된다. 이는 계엄 상황 이후 어떤 정치적 판단을 해야 하는지에 대한 페코 내의 의견들이 달라지면서였다고 할 수 있다. 또한 CO운동이 단기적 이슈를 해결하는 것을 넘어 장기적이고 더 큰 연합적 문제들에 접근하면서 알린스키의 방법론에 한계를 느끼기 시작한 것도 큰 영향을 주었다고 할 수 있다. 이후 페코는 프레이리를 비롯해 해방신학, 마르크시즘 등의 다양한 영역들을 탐색하고 적용하기 시작했다. 이러한 사례는 CO운동의 정치성, 이데올로기, 단기가 아닌 장기적 문제에 대한 결합 등이 CO운동의 주요한 논쟁 주제임을 알 수 있다.

2. 인도 뭄바이의 프라우드(People's Responsible Organization for United Dharavi)

필리핀 톤도 지역에서 조토의 성공으로 아시아의 공동체 조직화는 다른 지역과 국가로 확산되기 시작했다. 그 영향으로 인도 뭄바이의 다라비(Dharavi) 지역에서도 빈민들을 위한 조직인 프라우드가 창설되었다. 다라비 지역[3]은 뭄바이의 외곽지역인 마힘만과 미샤 강에 둘러싸인 지역으로 평방 2km 크기의 지역이다. 이곳은 인도 독립 이후 일자리를 찾아 도시로 몰려들기 시작한 주민들이 진흙밭을 메꾸면서 형성된 아시아에서 가장 큰 슬럼 지역으로 프라우드가 창설될 당시 60만 명이 살고 있었다. 인도의 급속한 도시화로 인해 하루에 300여 가정이 늘어날 정도로 급속히 슬럼화가 진행되었다. 다라비 빈민밀집 지역의 슬럼화가 점차 뭄바이 중심가로 확대되자 정부는 이 지역을 불법거주지로 인식하기 시작했다(Srinivas, 1994). 역시 급속한 인구 집중화로 인해서 물, 쓰레기, 하수, 위생, 대기오염, 철거와 같은 문제들이 발생하자 기독교재단인 CISRSS(Christian Institute for the Society of Religion and Society)에서 1979년 지역의 문제들을 해결하기 위해서 주민들을 대상으로 조직가 훈련을 시작하였다. 이 조직가 훈련에 화이트 목사가 공동 조력자(Co-director)로 참여하였다. 초기에는 물 문제를 중심으로 한 대단지 주택 지역에서 조직화를 시작하였는데 다른 대단지 주택과의 연대 활동이 시작되면서 1979년 12월 프라우드를 결성하게 된다.

결성 당시 23개의 대단지 주택의 대표자(계급, 세대, 성, 언어, 종교

---

3 다라비 지역은 인도 뭄바이 최대의 빈민지역으로, 영화 〈슬럼독 밀리어네어〉의 촬영지로 유명해졌다.

를 아우르는)들이 만나 조직을 만들기로 결정하고 1980년 6월 첫 번째 회합을 가지기로 하였지만 아무도 공동체 조직에 대한 경험이 없는 상태였다. 그래서 당시 악포에서 만든 필리핀 조토의 경험을 촬영한 영화를 함께 보면서 아이디어를 얻고, 스스로 할 수 있음을 깨닫게 되었다. 프라우드는 조직 결성 단계부터 주민들의 참여와 직접 행동을 원칙으로 하는 규칙을 만들었다. "생존을 위한 투쟁 속에 있는 가난하고 땅이 없는 사람들이 합법적 수단으로 기본적인 권리를 위한 행동을 하는 것"을 목적으로 하고 주민들에 의해 운영되는 방식으로 특정 정치 조직에 자신들의 운영을 위임하지 않는다는 것을 약속했다. 조직화는 최소 열 가정, 개인일 경우 30명을 한 그룹으로 인정하고 그 그룹에서 대표자를 선출해 회합에 참여하는 방식으로 진행했다. 대신 그룹의 크기에 따라 대표자 수를 증가시켰다. 첫 회합에 12만 5천 명의 회원을 대표하는 110개 조직에서 1,150명의 대표자가 참석했다. 주민들의 다수는 무슬림이었지만, 힌두, 기독교인도 섞여 있는 초교파적 모임으로서 그룹 참여 인원의 절반은 여성이었다. 모임에서는 참여의 기본으로 각 그룹에서 모두 회비를 내는 것을 통해 스스로의 책임성을 강조했다.

프라우드는 점차 확대되어 150개의 대단지 주택 위원회로 확장하고 매달 모임을 통해서 지역의 이슈와 문제들을 함께 논의했다. 각 위원회마다 대표와 비서를 두고, 집단주택 위원회에서 풀기 어려운 문제들은 좀 더 큰 5개의 지역위원회에서 논의했다. 그리고 프라우드 전체에 행정위원회를 두어 지역을 대변하는 역할과 정책, 훈련 등의 프로그램을 맡게 했다. 프라우드는 지역의 일상적 문제들을 풀기 위해 4개의 이슈 위원회를 두고 행동하기 시작했다. 가장 먼저 관심을 가진 것은 물 이슈였다. 당시 10% 정도만이 상수 시설을 가지고 있었고 나머지 사람들은 2~3km를 걸어서 생활용수를 충당해야 했다. 프라우드는 각 가정을 돌며 조사를 하여 시당국을 압박해 4만 명에게 물을 공급했다. 또한 물위원회에서는 화장실 문제 또한 제기했는데 시 당국이 해결할 기미를 보이지 않자 직접 흙으로 빚은 간이 화장실을 도로 중간에 놓고 점거하는 시위를 벌이기도 했다. 쓰레기와 배수 위원회에서는 적절한 배수시설을 요구하고 쓰레기 수거통 배치, 수거관리, 서비스 이용시 비합법적 돈거래 금지 등을 요구했다. 건강위원회에서는 당시 다라비에 인근한 샤 건설회사의 유독물질 사용에 따른 공기오염과 유독가스 문제 해결과 거주민들의 고용을 요구했다. 회사가 문을 닫으면서 부분적으로 이 문제가 해결되었고, 오염과 환경 이슈에 저항하는 풀뿌리 주민들의 행동을 보여주었다. 마지막으로 땅과 주거위원회에서는 장기 이슈인 주거와 토지권에 대한 활동으로 무허가 주택지역의 허가와 함께 다라비의 개발과 관련하여 주민들의 참여를 끊임없이 요구했다. 뭄바이의 프라우드 역시 조토의 성공에 영향을 받고 화이트 목사의 조언을 계속 받으면서 아시아 최대의 슬럼가 지역에서 가난한 민중들이 직접 참여하는 지역조직을 건설했다(Srinivas, 1994).

3. 인도 뭄바이의 SPARC, NSFD, Mahila Milan의 사례

인도 뭄바이의 SPARC, NSFD, Mahila Milan의 연합을 통한 공동체 조직화 운동은 앞의 두 사례와 조금은 다른 CO운동의 사례를 보여준다. 앞의 두 사례가 주로 알린스키 방법론을 적용한 도시 슬럼가에서의 조직화 사례였다면, 세 조직의 연합 사례는 조직화와 의식화, 또는 학습이 어떻게 공동체 조직화 운동에서 결합되는지를 보여주는 사례라고 할 수 있다.

먼저 NSFD(National Slum Dwellers Federation)는 알린스키 방법론에 의해 1974년 만들어진 행동을 중심으로 하는 공동체 기반 조직(Community-based organization)이다. NSFD는 뭄바이를 비롯한 30개 이상의 지역에 우산연합조직을 가지고 있었고 대부분의 지역 리더는 남성이었다. NSFD은 지역혁신과 대중동원을 통해서 지역을 변화시키는 작업을 진행하였는데, 각 조직들의 경험과 역량의 불균형으로 국제지원을 위한 방법이나 주민자치 등에 대해서 부족함을 느끼고 있었다.

SPARC(The Society for the Promotion of Area Resource Centers)는 1984년 세워진 NGO로 주로 노숙인들을 위한 활동을 하는 조직이다. SPARC는 노숙자들에게 직접적인 서비스를 제공하는 대신 노숙자들이 서로 만나서 자신들의 이야기를 하고 서로 지원하는 그룹을 만들 수 있도록 하는 공간과 기술적 지식이나 방법을 제공하는 역할을 했다. 그리고 1985년에는 인도 정부의 공식통계의 허술함과 추상성을 비판하기 위해 노숙자들의 생애이야기와 사회경제적 통계를 직접 노숙자들과 함께 조사하여 보고서인 「우리, 보이지 않는 존재들」(We the Invisible)을 발간하기도 했다(Appadurai, 2001, 24-25). 아파두라이(Appadurai)는 이러한 조사방식이 정부에 의한 통계와 이에 기반을 둔 정책화와 같은 근대적 통치성에 대항하는 저항 통치성을 만들어내는 과정으로 평가하기도 한다(Appadurai, 2001, 34).

Mahila Milan('여성과 함께'라는 힌두어, 이하 MM)은 SPARC가 지원해 1986년에 세워진 가난한 여성들의 조직으로 주로 여성들의 조직화와 신용, 저축 등에 관심을 기울이는 조직이다. 각자의 고유한 중심적인 문제, 관심, 방법론을 가지고 있었지만 가난한 사람들, 가난한 공동체를 변화시키고자 하는 생각에 이 조직들은 1987년부터 연합 작업을 시작하게 된다. 먼저 SPARC은 남성 리더 중심의 조직인 NSFD와 특정 지역에서의 공동작업을 통해서 교류했고 공동의 경험을 통해서 가난한 여성들을 위한 별도의 공간이 필요하다는 사실을 공유했다. SPARC은 이러한 연대의 과정에서부터 조직적이고 교육적인 전략 수립을 통해서 지식을 창조하고 학습을 나누며 학습 사이클이 공동체 내에서 자리 잡도록 애썼다(Patel & Mitlin, 2001, 2-3).

이 연합은 주로 토지권의 획득, 적절한 주거, 도시 인프라(전기, 물, 위생, 서비스 등)를 얻기 위한 작업들을 진행했는데 알린스키의 방법론과는 다른 학습을 통해 대안을 마련한 접근방식을 취했다. 먼저 외부 조직가에 의존하는 모델이 아니라 빈민들이 스스로 알고 이해하는 것을 건설하는 학습, 교수, 동기화, 조직의 방법들을 썼다. 그리고 그 원칙은 가난 극복의 방법을 가장 잘 아는 사람은 가난한 사람 본인들이라는 것이다(Patel & Mitlin. ,2001, 3). 이러한 여성 당사자 중심의 방식 프레이리의 의식화 방법론(또는 이의 영향을 받은 참여학습행동 [PLA])의 영향을 받았다고 할 수 있다(Nazombe, 2010, 49- 52).

파텔(Patel)은 공동작업의 학습전략 분석에서 1) 공동체가 자신들의 문제들을 정체화하고, 2) 하나 이상의 공동체가 그 해답을 디자인하기 시작하고, 3) 연합은 이 그룹을 지원하며, 4) 고안된 해결책을 다른 그룹들과 교류·소통을 통해 확산·보완하고, 5) 정돈된 해결책이 정책으로까지 반영될 수 있도록 공개하는 과정으로 사이클을 거친다고 정리한다.4 그리고 이 과정에서 여성 리더에 의한 진행과 여성들

---

4 Patel과 Mitlin은 학습의 과정과 원칙을 다음과 같이 정리한다.
　1) 학습 사이클의 원칙
　　(1) 결코 정주하는 트레이너는 없고, 항상 방문하는 트레이너만 있다.
　　(2) 주요 훈련 사건들은 공동체 리더들에 의해서 수행된다.

이 직접 참여하고 수행해나가는 것을 강조한다. 그리고 이 과정은 인내를 필요로 하는 긴 시간이 소요된다고 한다(Patel & Mitlin, 2001, 11). 이러한 과정과 특징들은 알린스키의 이슈 중심의 방식, 전문적 조직가, 갈등-대립 방법론과는 질적으로 다르며 프레이리의 성찰, 민중 중심의 학습, 경험과 성찰을 통한 학습, 긴 해방의 여정과 더욱 가깝다고 할 수 있다.

이 연합의 중심활동은 저축과 신용(saving and credit), 조사(survey), 매핑(mapping), 시범사업(pilot project), 주거 모델링(housing modelling) 등 다섯 가지로 나눠진다. 이 모두가 가난한 사람들이 직접적인 참여와 학습을 기반으로 한 것이다. 파텔은 이 과정을 잘 보여주는 사례로 화장실 프로젝트(toilet project)를 들고 있다. 전통적인 알린스키 방법론이라면 화장실 문제를 이슈화시켜서 정부당국을 압박하고

(3) 훈련은 여성들이 이 과정에 참여할 수 있도록 격려한다.

(4) 훈련은 말하기보다는 실행을 통해 가르친다.

(5) 트레이너는 훈련을 통해서 배우고 이것을 인지하지 결코 전문가 스스로를 이해하지 않는다.

(6) 그 과정은 사람들이 전문가들, 다른 주민들과 함께 일하는 관계를 개발시키는 것을 도우고, 그들이 수혜자로서 취급되지 않도록 확신하게 한다.

2) 학습 사이클의 과정

(1) 공동체가 우선적 관계(문제)들을 정체화한다.

(2) 하나 또는 이상의 공동체가 그 문제에 대한 해답을 디자인하기 시작한다. 연합은 이 그룹을 지원한다. 조직적, 재정적으로. 일종의 살아있는 실험이기 때문이다. 학습 과정을 통한 안정적인 해결책을 연합이 할 수 있도록 도와주는 것이기도 하다.

(3) 대략적 해결책이 개발되면 많은 그룹들이 참여, 교류에 참여. 이러한 교류는 동일한 행위를 시도하기를 원하는 다음 세대의 자봉들을 만들어낸다. 많은 그룹들이 실천하게 된다.

(4) 정돈된 해결책이 창안되면 다른 연합, 도시에 공식적으로(공무원에게) 공개한다. 연합은 그 해결책과 함께 실험한 첫 번째 주민으로부터 멤버의 일부가 된 핵심팀을 만든다.

(5) 이러한 활동가들이 다른 도시를 방문해 개발된 해결책을 선언한다. 이 과정은 아주 긴 잉태과정을 거친다. (Patel, S & Mitlin, D. 2001)

지역 내 공중화장실을 설치할 수 있도록 하는 과정을 거치게 된다. 이와 달리 이 연합에서는 정부에서 만든 공동화장실의 문제점에서부터 자신들에게 효율적인 화장실과 그걸 만들 수 있는 지역의 토착 재료 개발이라는 주제와 방법으로 진행한다. 화장실을 만들 수 있는 새로운 블록(toilet blocks)의 개발은 다른 지역에서도 저예산으로 대안적 화장실 모델이 창안될 수 있도록 해 화장실 문제 하나가 전 지역으로 확산되었다(Patel, 2004, 124-128). 이러한 과정은 공동체 그리고 가난한 사람들이 참여할 수 있는 형식적 공간을 만들어내고 연합을 확장시키며, 지자체와의 관계를 강화시키는 결과를 낳았다. 아파두라이는 단순한 '화장실'이라는 이슈가 빈민지역 전체의 이슈와 집단학습 그리고 화장실 축제, 정책반영으로 발전되는 것을 '배출의 정치학'(politics of shit)이라고 분석하면서 오랜 시간이 걸리지만 서로 경계 없이 연합하려고 하는 의지가 더 심화된 민주주의(deep democracy)를 만드는 시도가 되었다고 분석한다(Appadurai, 2001, 36-37). 또한 여성조직인 MM의 저축활동이 단순한 경제적 요구를 충족시키는 것을 넘어서서 영성적 실천, 도덕적 훈련, 집합적 선(善), 인내심의 정치와도 같은 "호흡"임을 강조한다.

그리고 파텔과 아파두라이 모두 지역과 지역을 넘어서는 교류와 학습에 주목한다. 세 조직의 동맹은 서로 결이 다른 철학과 방식을 일차적으로 경험하게 했고 1988년 인도의 50개 지역의 조직들 간의 활동교류와 이후 하비타트, 인간 정주, 도시개발 등과 같은 광범위한 세미나에 참여하고 남아프리카, 타이, 캄보디아, 라오스 등의 지역, 공동체 탐방을 통해서 주민 리더들이 성장하게 하고, 다양한 활동방식들을 학습할 수 있도록 지원했다. 이 교류과정은 'doing in knowing'(앎에서 행동하기)이라는 철학 하에서 진행되었는데, 주민들 스스로가 조직간 교류를 통해서 성찰하고 분석하는 것을 통해 스스로가 지식을 창조하고 변화시킨다는 것을 인식하게 해주었다. 활발한 교류와 동맹은 이러한 방식이 아시아를 넘어 아프리카, 오세아니아 지역으로 확산될 수 있는 기반이 되었다(Patel, 2004, 117-118).

세 조직의 동맹은 우산연합을 기반으로 하는 주민연합 그리고 여성들의 일상적, 도덕적, 문화적 대안을 만들어가는 여성조직 그리고 학습을 중심으로 주민들의 역량을 강화하는 방식을 통해 조직이 어떻게 서로의 정체성과 방법들을 이해하면서 주민들의 변화를 직조해나가는지를(weaving) 보여주는 사례라고 할 수 있다. 아파두라이는 이 동맹이 도시, 지역, 국가, 다국적 간의 교류를 통해서 수직적(지방/국가), 수평적(트랜스내셔널, 글로벌) 행동전환을 통합시켜냈다고 평가한다(Appadurai, 2001, 42). 이 사례는 조직화 과정에 있는 문제해결과 조직간 교류가 어떻게 민중들의 학습과 연결될 수 있는지를 보여주기도 했고, 학습과 조직간 교환이 실질적 주체의 변화와 지역사회의 실질적 변화와 민주주의를 강화시켜내는지를 보여주었다.

4. 인도네시아의 INSIST(Indonesian Society for Social Transformation)의 사례

또 하나는 인도네시아의 인시스트(Indonesian Society for Social Transformation, INSIST)이다. 프레이리의 의식화 이론이 중심이 된 사례라고 할 수 있다. 인도네시아는 30년이 넘는 독재를 해온 수하르토가 1998년 실각을 하게 되고, 신자유주의적 질서로 사회가 재편된다. IMF를 통한 구조조정 프로그램이 진행되고, 다국적 기업이 진출하고, 통신, 은행, 물, 대학 등이 사유화된다. 이러한 신자유주의적인 흐름은 NGO에게도 영향을 미치게 된다. 독재정권 하에서 인도네시아의 NGO는 보수적이고 허약할 수밖에 없었다. 그 상태에서 NGO들은 월드뱅크와 같은 외국 기금에 의존할 수밖에 없었고, 신자유주의적인 질서를 대변하게 되는 활동을 진행하게 되었다.

이 흐름 속에서 신자유주의에 반대하는 NGO들은 세 번에 걸친 회합을 통해 비판적 성찰을 진행한다. 이 작업을 통해 NGO의 민주적인 내부 구조를 창출, 민중 투쟁을 억압하는 단기 투쟁 대신 민중조직에 대한 옹호(애드보커시)를 강조, 국제개발처(USAID), 국제개발청(CIDA), 월드뱅크와 같은 해외자금을 통해 퍼지는 국제자본의 헤게모니 구조에 대한 비판적 관점을 가지는 것, 전통적인 것에서 변혁적 패러다임으로 비전의 재수정 등을 논의하게 된다.

이때 Involvement(Indonesian Volunteer for Social Movement)라는 교육프로그램을 인시스트의 공동창립자이자 실천가인 만수르 파키(Mansour Fakih)와 로엠 토파티마상(Roem Topatimasang)은 핀란드의 비영리단체인 케파(KEPA)의 지원으로 1999년부터 2003년까지 이 프로그램을 진행하게 된다.

Involvement라는 참여 프로그램은 인도네시아의 다양한 활동가들을 위한 프로그램으로, 프레이리의 의식화 이론에 기반을 두고 있었다. 그래서 참가자들이 배우고 싶은 것을 결정하는 방식으로 아래로부터 조직되었다. 참가자들은 주로 현장 활동가들이나 지식인들이 중심이었는데, 노동자, 여성, 농민, 어민, 원주민 커뮤니티에서 1년 이상 활동을 현장을 경험한 사람들이 변혁적-비판적 접근을 통해 신자유주의 등의 사회적 변화를 학습하고, 공동체 조직화(CO)와 연결시키는 것이 목적이었다. 비판적 NGO 그룹은 공동체를 조직하는 세 가지 원칙을 정리했다.

1. 직접적인 참여가 없는 민중의 조직을 개발하는 것을 불가능하다.

2. 조직화된 공동체에서 잘 형성된 사람들이 필수적이고 중요하다.

3. 해외 자금에 너무 의존하지 않는 것이 중요하다. 해외자금은 양날의 칼로 치명적이다.

　　이러한 원칙을 중심에 두고 참가자들은 프레이리, 알린스키, 그람시 등의 이론적 아이디어들에 기반해 사회분석의 기술들, 사회운동이론, 참여행동조사(PAR), 비판이론, 민중교육 들을 학습하게 된다. 이 프로그램은 1년간 진행되는데 두 달간은 주로 이론 학습을 진행하고 9개월간은 현장으로 가 공동체 조직화를 경험하고 지원하는 역할을 하게 된다. 두 달 동안 학습한 내용을 실제 현실 속에서 재맥락화하며 민중 조직을 지원하면서 자신들이 학습한 내용들을 실제 경험으로 만든다. 또한 민중조직은 참가자들의 지원으로 조직을 강화하고 자신들이 가진 것, 알고 있는 것(what they know), 할 수 있는 것을 꺼내놓고 스스로를 임파워먼트한다. Involvement 프로그램은 신자유주의의 상황 속에서 비판적 성찰, 학습과정과 현장의 실천적 지식의 결합을 통해서 신자유주의에 대항할 수 있는 활동가 집단의 지적 역량을 강화하고, 다양한 민중조직을 강화한 사례라고 할 수 있다(Nuryatno, 2006).

V. 아시아 CO운동에 대한 성찰

    아시아의 CO운동은 알린스키와 프레이리 이론을 모델로 하여, 여러 국가, 지역에서 다양한 조직화 방법을 통해 가난한 민중들의 직접적인 참여와 행동을 조직화했다. 하지만 앞에서 두 이론과 그 결합을 살펴본 것처럼 알린스키-프레이리 모델 역시 여러 한계점들을 가지고 있다고 할 수 있다. 이론들의 한계점은 실제 현실 적용에 있어서도 여러 가지 한계를 보이고 있다. 앞의 실제적 사례들에서 보았던 것처럼, 아시아 CO운동은 알린스키 지역조직화 모델의 민중의 직접 참여, 조직의 조직, 갈등-대치 전술, 조직의 위원회 방식의 운영과 같은 방법들을 충실히 사용한다고 할 수 있다. 그리고 프레이리의 의식화 이론의 경우 제3세계 식민지 민중들의 상황 이해, 구체적인 CO 과정에서 성찰의 과정 그리고 직접적인 조직화보다는 조직 내부를 성찰하거나 특정 문제(여성, 학습, 훈련 등)에 대해서 다소 추상적으로 그리고 부분적으로 사용되고 있다. 이러한 경향은 앞에서 카스텔로가 말했듯이, 프레이리에 비해서 알린스키 모델이 가지고 있는 직접 조직화와 행동이라는 강점 때문에 그렇다고 할 수 있다. 그래서 아시아 CO운동의 성과도 알린스키에 가깝지만 한계 역시 알린스키의 한계와 밀접하게 연관된다.
    먼저 아주 오랫동안 아시아 지역(필리핀)에서 CO운동의 실천과 이론작업을 해 온 머피(Murphy)[1]는 CO 조직의 영속성에 한계가 있다고 지적한다. 아시아 CO운동에서 지역조직들은 보통 2년 정도를 거치면서 조직이 와해되는 경험을 한다는 것이다(Murphy, 2004-2005, 31). 조직화의 초기에 이길 수 있는 이슈들, 공통의 관심사가 되는 이슈들을 통해서 행동의 성공과 조직화를 꾀하지만, 공동의 이슈가 조금씩 해결되거나 실패의 경험이 더해지고 투쟁이 길어질 경우 민중들의 참여가 떨어진다는 것이다. 스리니바스(Srinivas)도 인도의 프라우드 역시 초기에 공공의 참여와 지지를 얻는 데는 성공했지만 이후에 관심과 승리가 점점 어려워진다고 지적한다(Srinivas, 1994). 머피는 CO운동이 '살찌고-야위는' 사이클이 있다고 말하면서 아시아 CO운동이 야윈 시기에 좀 더 체계적으로 그리고 큰 사회의 정치적 경제적 측면들을 보면서 성찰하는 것에 실패했다고 지적한다. 또한 조토와 프라우드처럼 규모가 점점 더 커질수록 구심점과 지도력을 골고루 살려 내기가 쉽지 않다는 것 역시 하나의 과제다. 초기에는 조직가들의 힘으로 대중조직의 건설까지 가지만 조직가의 역할이 줄어들거나 지도력이 민주적이고 튼튼하지 못할 경우 대중조직은 여러 사람의 의견들을 모아내기가 굉장히 힘들어진다.

그리고 알린스키의 조직화 방식이 1970년대를 넘어서면서 도시 정책의 변화와 지역 타깃의 변화를 겪으면서 침체기를 겪는 것처럼 아시아 지역에서도 상황의 변화들이 쇠퇴의 이유가 되었다. 민주화라는 상황은 과거 갈등-대립이라는 핵심전술이 무뎌지게 만드는 결과를 초래하고 빈민지역에 대한 철거를 일시적으로 막을 수는 있었지만, 개발 계획 자체를 변화시키지는 못하면서 지역이 사라지게 되는 결과

---

1 데니스 머피는 미국 출신의 예수회 신부로 필리핀 빈민들의 아버지로 불릴 정도로, 1970년대부터 노동자·빈민들과 함께 싸워왔다. 필리핀 최초 주민운동조직인 조토에서부터 1980년대는 사마사마 인민그룹(Sama Sama people's group)에서 활동했고, 도시빈민협의회(Urban Poor Associates, UPA) 대표를 지냈다.

를 맞이하게 되었다(Murphy, 2004). CO 활동이 성공적이었던 1970
년대와 달리 지역조직에 대한 재정후원이 줄어들고 조직가가 감소하
고 그리고 NGO와 같은 유사한 활동을 하는 시민조직들이 등장하면
서 활동성이 줄어들기도 한다. 그리고 점차적으로 CO 그룹들 사이에
서도 동일성이 부족해지는 현상들도 발생한다. 재정적 어려움으로 인
한 경쟁구조 그리고 큰 가치는 알고 있지만, 세부 전략과 규칙에 대해
서는 잘 모르는 상황들 역시 아시아 CO운동을 약화시킨 이유들이라
고 할 수 있다.

또 다른 과제는 이슈나 조직에 있어서의 미시적 거시적 관점 사이
의 충돌이다. 이는 이데올로기와도 관련이 있는 문제이다. 알린스키
이론이 이데올로기에 무관심한 반면 프레이리는 이데올로기적이며
계급적 입장을 가지고 있다. 아시아의 CO운동은 알린스키의 방법론
에 따라 자원 획득 중심의 방법론을 취하고 자기 이익에 기반을 둔 집
단행동을 실천한다. 승리라는 결과물에 의해 자신과 실천에 대한 깨
달음을 얻게 되지만 과연 그것이 자기 이익을 넘어서는 근본적 구조에
문제를 제기하거나 사회변화에 참여하는가의 문제이다.

마글라야는 민중이 초기 자기 이익이 있어야만 행동하고 차츰 자
기 이익보다는 주로 원리에 입각해 행동하게 되는 전환(지속적 이슈의
전환과는 질적으로 다른)을 하게 된다고 하지만 그 변화와 관련된 어떤
구체적 설명을 제시하지는 않는다(Maglaya, 1974, 46-48). 알린스키
는 소위 '열린 사회'인 미국에서 조직화를 실천했지만 아시아는 식민
지 상황과 정치적 독재구조, 다인종, 성적 차별 문제와 같은 더욱 복잡
한 억압 상황을 가지게 된다. 온쿠라다(Honculada)는 조토의 역사를
분석하면서 당시 계엄 상황과 반독재투쟁에 대한 대응 여부와 같은 정
치적 문제에 있어서의 갈등이 조토와 지원조직이었던 페코의 분열을

가져왔다고 분석한다(Honculada, 1985, 18-19). 민중들을 신뢰하고 민중들의 자발적 선택에 맡기기는 하지만 시대적 요구와 민주화와 같은 큰 흐름을 마냥 손 놓고 있기는 힘든 것이다. 그러면서 온쿠라다는 아직 CO운동에 미시적 조직화와 거시적 조직화 사이의 긴장이 있음을 지적하면서 CO운동이 사회변화라는 궁극적 비전과 자기결정적 공동체의 확산이라는 현실정치를 넘어서기는 힘들었다고 이야기한다. LOCOA 역시 이 문제를 지역적 문제와 국가적 문제의 긴장으로 바라보고 두 이슈의 균형 그리고 의식화의 단계와 행동의 단계의 구별 그리고 국가적 변화에 대한 준비를 이야기 하지만 원칙적인 수준에 그치고 구체적인 방법이 없다고 할 수 있다(LOCOA, 2001, 45-46). 이는 알린스키와 프레이리 이론을 절충한데서 오는 긴장과 문제들로 파악된다. 조직화 방법론에서는 알린스키를 따르고 철학적, 인식론적으로는 프레이리이의 이론을 따르면서 그 사이의 정치적, 조직적, 방법적 긴장들을 해결할 수 있는 새로운 통합적 이론과 실천이 요구된다.

이 부분은 알린스키의 조직화 전략과 아시아 CO운동의 정치경제적 상황의 차이라고도 할 수 있다. 알린스키는 기본적인 정치적 자유가 보장된 '열린 사회'를 기반으로 했고 또 종교기관이나 비영리 조직이 활성화된 조건 속에서의 조직화 방법이었다. 그러나 아시아에서 CO운동이 시작된 한국, 필리핀, 인도, 인도네시아 등의 정치 상황은 권위적인 억압 체제 상태였다. 대부분이 독재정권이었고 CO운동의 전개 과정 중에 계엄령과 같은 사회 전체가 권력에 의해 통제되는 상황을 겪었다. 이러한 상황 속에서 민중들의 자기 이해 관계, 이슈를 중심으로 한 운동들은 직접적인 정권에 대한 문제제기가 아니었음에도 정치적 의미로 이해될 수밖에 없었다. 독재정권들은 정권의 유지를 위해서 자신들에 반대하는 정치세력을 탄압했으며 민중들의 행동과 저항들이 정치세력화되는 것을 두려워해 일상에서부터 통치전략을 세울 수밖에 없었다.

때문에 초기 아시아 CO운동에서의 중심 이슈가 주거, 물, 전기, 위생 등 생활적인 이슈들이었음에도 불구하고 폭력적인 탄압의 대상이 될 수밖에 없었으며 조직가들 역시도 체포, 투옥, 살해의 위험까지도 각오해야 하는 상황이었다. 즉 알린스키가 제시했던 이기심이나 자기 이해가 아시아 CO운동에서는 정치적 실천과 연결될 수밖에 없었고, 이러한 상황들 속에서 아시아 CO운동은 정치성을 띠고, 미시-거시 조직화라는 과제를 가질 수밖에 없었다. 그래서 정치적 자유를 위한 투쟁이 우선인가, 민중들의 조직화가 우선인가와 같은 논쟁이나 민중의 실천들을 어떻게 정치적 과제와 연결할 것인가에 대한 고민과 실천들이 계속되었다.

위에서 지적한 과제들이 알린스키 이론에서 오는 문제들과 알린스키-프레이리 이론의 절충적인 결합에서 오는 상충되는 문제들인 반면, 머피가 제기하는 '문화'에 대한 문제는 아시아적인(또는 제3세계의) 새로운 문제라고 할 수 있다. 머피는 미국의 CO 이론이 아시아의 문화적 풍토에 비해서 거칠다고 지적한다.[2] 아시아의 문화가 고정불변의 것은 아니지만 간디와 같은 보편적 박애주의와 같은 정서에서는 불편함과 낯섦을 줄 수도 있다는 것이다. 또한 알린스키는 교회를 힘의 조직화의 구심으로 이용하지만 아시아의 경우 종교적 다양성과 함

---

2 머피는 CO운동이 아시아의 문화에 대해서도 고민할 필요가 있음을 지적한다. 그리고 미국에서 건너온 알린스키의 방식은 미국의 문화에 적합한 창조물임을 지적한다. 두 문화, 정서의 차이에 대한 예로, 간디는 적을 사랑하라고 하지만, CO는 적을 비웃고 고립시키라고 말하며, 간디는 부자와 빈자들의 심장 속으로 도착하지만, CO는 한쪽에 대항해 움직인다는 예들이다. 즉 특정 지역에서는 CO의 거친 방식보다, 간디의 방식이 더 민중들의 자발성을 살릴 수 있다는 것이다. 그래서 아시아에 적합한 조직적 문화를 정의해야 한다고 강조한다.

께 영성적인 힘들이 더 크고 다양하게 작용한다는 것이다(Murphy, 1990, 55). 오스트리아(Austria)는 컬런(Cullen)의 인용을 통해서 알린스키 철학이 세속적 휴머니즘이고 CO가 활성화된 필리핀은 좀 더 총체적인 현실관을 가지고 있다고 지적하면서 세속적 방법이 총체적 시각을 가진 문화에 주입되면 프로그램과 문화에 불협화음이 생길 수밖에 없다고 지적한다(Austria, 2008, 42-43). 머피는 거꾸로 종교적 힘과 신화들을 이용해 어떻게 조직화를 도울 수 있을지를 고민해야 한다고 말한다(Murphy, 1990, 70).

이상으로 아시아 CO운동의 형성과 이론, 방법 그리고 사례들을 살펴보았다. 알린스키와 프레이리 이론은 아시아 지역에서 CO운동으로 알린스키-프레이리 통합 모델로 발전하였다. 힘을 기반으로 한 알린스키 모델은 아시아 CO운동의 주요 방법론으로 자리 잡으면서 여러 빈민밀집 지역의 조직화를 성공적으로 이루어냈다고 할 수 있다. 프레이리는 여기에 피억압자들의 침묵의 문화와 같은 분석틀을 제공하면서 철학적 기반 역할을 했고 행동-성찰의 순환, 성찰의 중요성, 민중들의 지식의 창출과 같은 요소들을 CO운동에 추가시켰다. 하지만 이 두 이론은 섬세하고 통합적으로 결합되기보다는 다소 추상적으로 그리고 탄탄한 통합성을 띠지 못한 상태에서 절충적으로 결합되는 경향이 강했다고 할 수 있다. 이러한 절충성은 다양한 아시아의 국가나 지역적 상황과 맞물리면서 진행이 되었고 다양한 성찰 지점과 모델을 만들어냈다고 할 수 있다.

한국의 CO운동 역시 알린스키의 방법론으로부터 시작되었지만 아시아에서 이론의 확장과 조직가들의 교류를 통해서 의식화-조직화 모델로 정립하게 되고 1970년대 이후 '공동체 조직화운동'으로 자리 잡게 되었다.

참 고 문 헌

1. 보고서 및 현장 자료

관악주민연대. 2010. "관악주민연대 16년의 역사에 대한 성찰."
　　http://www.pska21.or.kr/xe/doc/13910.
권춘택. 연도미상 [1980년대]. "도시빈민지역운동론."
금호 . 행당 . 하왕지역 기획단 준비위원회. 1995a. 「협동 주민공동체 실현을 위한 준비 교육
　　자료집 1. 더불어 살아가는 지역사회 공동체를 향하여」.
_____. 1995b. 「협동 주민공동체 실현을 위한 준비 교육자료집 2. 더불어 살아가는 지역사
　　회 공동체를 향하여」.
_____. 1996. 「더불어 살아가는 지역사회 공동체를 향하여 – 기획단 2년을 정리하며」.
금화시민아파트병원설립추진위원회일동. 1972. 「금화아파트 병원설립을 위한 활동」.
기독교 대한감리교 선교국. 1982. 『가난한 자에게 기쁜 소식을 ― 도시 빈민선교 현장보고서』.
기독교도시빈민선교협의회. 1988. 「일어서는 사람들」.
_____. 1989. 「빈민운동 어떻게 할 것인가? – 기빈협 배움터 1회」.
_____. 1990. 「1990년 기빈협임시총회」.
_____. 1991. 「제 1기 도시빈민 교양강좌」.
_____. 1993a. "지역사회학교와 생산공동체운동."
_____. 1993b "허목사님의 제안에 대한 발제."
기독교도시빈민선교협의회 . 천주교도시빈민회. 1987. 「1987년 도시빈민 철거투쟁 자료집」.
_____. 1989a. "전빈연 결성에 즈음한 우리의 입장."
_____. 1989b. 「전빈연 건설과 관련한 정책 토론 결과 보고서」.
_____. 1991. "빈민진영 통합에 있어서 천 . 기의 내부 반성 제안."
김기돈. 1993. "빈민학교에 대한 제안을 읽고."
김성훈. 2006. 「주민운동 선교의 역사」. 전국노점상연합회 교육자료.
김홍일. 2000. "서울북부지역 도시빈민지역운동의 현황과 과제."
난곡주민도서실. 1999. 「난곡주민도서실 10주년자료집」
난곡지역단체협의회. 1991. "지방자치의회 의원 선거운동지침(메모)."
도시빈민연구소. 1987. 「86년 하반기 빈민활동가교육 과제물모음」.
_____. 1988a. "도시빈민연구소 교육안내 – 2기 도시빈민교양강좌."
_____. 1988b. 「한국의 재개발 정책과 강제철거 실태. 민중주거쟁취 아시아연합 실태조사단
　　자료집」.
_____. 1988c. "빈민을 위한 주거건립 ― 도시빈민교양강좌 3주차."

_____. 1988d. "철거투쟁의 역사 – 도시빈민교양강좌 5주차."

_____. 1989a. "도시빈민지역운동론 – 도시빈민연구소 제 3차 월례토론회."

_____. 1989b. 「변혁운동으로서의 빈민운동 – 지위와 역할」.

_____. 1989c. "지역운동 정책 토론 주문 요지."

_____. 1990a. "도시빈민교양."

_____. 1990b. "도시빈민지역 운동론 2."

_____. 1990c. "지역별 빈민대중운동의 문제."

_____. 1990d. "지방자치제, 어떻게 대응할 것인가 – 빈민 . 지역운동을 중심으로, 도시빈민 연구소, 제6차 월례토론회."

_____. 1990e. "빈민관련 복지정책의 비판적 이해와 대응. 사회복지전문요원, 종합사회복지 관을 중심으로, 도시빈민 연구소 14차 월례토론회."

_____. 1990. "빈민지역운동의 과제에 대한 메모."

_____. 1991. 「'91 도시빈민 대토론회 자료집」.

_____. 1991. 「도시빈민, 정책자료집1」.

_____. 1992. 「도시빈민지역운동론 3 – 92도시빈민지역운동 대토론회 자료집」.

_____. 연도 미상 [1989년 이후 추정]. "도시빈민 대중활동."

동작구사당3동산24번지세입자대책위원회. 1985. 「사당3동 산 24번지 주민들의 외침」.

민주쟁취국민운동 서울시지부. 1991. "지역운동이란 무엇인가?"

민주쟁취국민운동 종로중구지부 창립준비위원회. 1991. "지역사회 주민운동, 어떻게 할 것인 가?"

민주쟁취국민운동 중부지부. 1991. 「민주쟁취국민운동 중부지부 창립총회」.

민주화운동청년연합. 1988. "지역주민운동론 시론 – 국민운동 서울시본부 구지부활동을 중 심으로." 「민주화의 길」 18호.

박종렬. 1987. "건강한 삶을 위한 주민운동(도시빈민운동)."

빈민학교 대토론회 준비모임. 1993. "빈민지역운동의 현단계 – 도시빈민지역운동론3 이후의 경과."

사랑방교회. 1975. 「1975년 활동자료. 사랑방교회의 생성역사 – 중량천철거 사랑방교회」.

산돌공부방. 1990a. 「산돌공부방 국어교재」.

_____. 1990b. 「산돌 특집호」.

_____. 1990c. 「산돌 20호」. 우리 어머니회는요!

_____. 1990d. 「산돌 22호」.

_____. 1997. 「산돌 36호」.

삼양정릉지역모임. 1997. 「삼양 . 정릉 지역 희망만들기 – 구상교육 자료집」.

샛별탁아소. 1988. 「샛별 아가방 소식」 2호.

서민련 정책실 편. 1987. 「지역운동론」.

서울빈민지역운동연대회의 [연대회의]. 1992. 「모색과 대안」 창간호, 2호.

_____. 1993. 「모색과 대안」 3호.

서울시철거민협의회. 1988. 「서울시 철거민 협의회 창립 1주년 보고서」.

서울지역겨레사랑지역운동연합. 연도 미상. "서지연의 조직적 진로와 관련하여."

송미숙. 1993. "지역운동론 소고."

수도권도시선교위원회. 연도 미상. "1971-1982년 수도권 도시선교위원회 년표."

_____. 1973. "프로그램 계획서 – 청계천 판자촌 특수지역, 이규상 . 김혜경."

수도권특수지역선교위원회. 1974. 「청계천 제2지구를 중심한 목회 보고서. 한국기독교장로
    회 청계천 뚝방교회(구 실로암교회)」.

심성구. 1995. "지역운동의 이론과 실천."

야학협의회. 1980. 「회보」 창간호.

에큐메니칼 현대선교협의체. 1973. 「1973년 에큐메니칼 현대선교협의체 활동보고서」.

_____. 1973a. 「민중들의 대화의 모임 (people's forum) 보고서」.

_____. 1973b. 「개혁자들이여 일어나라 – 대중의 조직화(알린스키)」.

_____. 1973c. 「의식화와 해방 – 파울로 프레이리와의 대화」.

연세대학교 도시문제연구소. 1970. 「1970년도 연구활동 보고서」.

_____. 연도미상a [1970년대]. 「도시지역사회 개발 기본 방침」.

_____. 연도미상b. 「지역사회 조직의 원리」.

월곡동어머니학교. 연도미상. "제5기 어머니학교 학생 모집."

이장원. 1982. "야학비판."

이호. 1997. "빈민지역의 협동조합운동 실험 – 지속가능한 물빛마을 공동체 만들기" (수색동
    철거민대책위원회 외).

_____. 연도미상. "변화하는 도시사회의 주민운동 – 지속가능한 물빛마을 공동체 만들기" (수색
    동 철거민대책위원회 외).

인천기독교민중교육연구소 1987. "인천 기독교 민중교육 연구소의 설립에 즈음한 인사의 말씀."

인천산업전도위원회. 1964. 「산업전도사업보고서 (1961.11-1962.11)」.

저자미상. 연도미상a. 「도시빈민운동사」.

저자미상. 연도미상b. 「도시빈민의 사회적 성격」.

저자미상. 연도미상c. 「도시빈민운동의 지위와 역할 – 도시빈민운동의 기초이론2」.

저자미상. 연도미상d. 「조직화론 — 도시빈민운동의 기초이론 3」.

저자미상. 연도미상e [1970년대]. 「그리스도교 기초 공동체의 형성과정 – 세계 교회의 경험소개」.

저자미상. 연도미상f [1970년대]. 「1970년대 산업선교 활동」.

저자미상. 연도미상g [1990 추정]. 「전빈련, 전노련, 서철협 관련 문건」.

저자미상. 1977. 「남대문지역과 사당동지역 도시빈민 선교활동 보고서」.

저자미상. 1985. 「목동투쟁의 빛과 그 그림자들」.

전국공부방협의회. 2008. 「공부방 운동의 역사 – 제2기공부방활동가교육훈련기초과정」.

전국도시빈민협의회. 1992. 「도시빈민의 정책적 요구 대강」.

_____. 1992. 「창립 중앙위원 대회」.

_____. 1993. 「도시빈민 연대운동의 흐름」.

_____. 1995.「빈민진영 통합소식지」 창간준비 1호.
제2차 세계주거회의를 위한 한국민간위원회(준). 1995.「제2차 세계주거회의를 위한 한국민
     간위원회 창립대회」.
전국빈민연합. 1989.「전빈연, 건설과 관련된 정책토론 결과 보고서」.
전국빈민연합 준비소위. 1989.「빈민운동을 둘러싼 객관적 정세」.
 _____. 1989.「아시아 도시빈민 서울대회 – 삶의 자리 : 아시아 민중들의 대화」.
전국철거민연합. 1994.「철거투쟁 및 빈민운동 관련 자료 모음집」.
 _____. 2004.「철거민 투쟁사」.
 _____. 2015.「철거민운동변천사」.
정명기. 1976.「사당동 도시빈민선교활동 보고서(1976년)」.
정진영. 1974.「청계천 판자촌 빈민선교 보고 – 청계천 교회」.
주거권실현을위한국민연합. 1992.「삶의 자리」.
주민운동 교육기구 준비 위원회. 1996.「주민운동 교육 기구 출범 모임」.
주민학. 1987. "도시빈민 공동체 마을."
지역사회학교. 1993a.「빈민학교 추진방향」.
 _____. 1993b.「지역사회학교 기획위1 – 당면 과제에 대하여」.
 _____. 1993c.「지역사회학교에 대한 의견서(봉천 5, 9동)」.
 _____. 1993d.「지역사회학교 장년분과(철학/문화) 운영 계획의 한 예」.
 _____. 1993e.「지역사회학교 준비를 위한 93년 하반기 추진사업(안)」.
 _____. 1993f. "지역사회학교 준비를 위한 원칙."
 _____. 1993g.「1993년 이후 빈민활동을 위한 제안2」(허병섭 제안서).
 _____. 1993h. "허병섭 선생님 발제에 대한 토론정리."
 _____. 1994a. "빈민학교의 운영체계."
 _____. 1994 b. "지역사회학교 생산공동체 분과 현황."
 _____. 1994c.「지역사회학교 장년분과 보고서」.
 _____. 1994d.「지역사회학교 창립대회 자료집」.
 _____. 1995.「지역사회학교 제2차 총회」.
지역탁아소연합회. 1988.「올바른 탁아제도 수립을 위한 공청회 자료집」.
 _____. 1990.「탁아운동 어떻게 할 것인가」
참정치와주민자치를위한도시빈민지자체선거대책위원회(준). 1995.「참정치와 주민자치」.
천주교도시빈민사목협의회. 1987a.「도시빈민」 1호.
 _____. 1987b.「도시빈민」 3호.
천주교도시빈민사목협의회 그리스도교기초공동체분과. 1987.「빈민지역 공동체 사례집」.
 _____. 1986.「그리스도교 기초공동체」.
천주교도시빈민회[천도빈]. 1987a. "교육 프로그램 시안."
 _____. 1987b. "소모임운동의 실천적 접근을 위한 소론."
 _____. 1988a. "도시빈민 공동위원회에 대한 천도빈의 평가."

_____. 1988b.「모두한마당」.

_____. 1989. "1989년 각 지역위원회 활동 세부 계획."

_____. 1990a. "새로운 사업방식 모색에 관하여 – 천도빈 운동에 있어서 새로운 운동양식의 개발과 관련하여."

_____. 1990b. "천도빈 운동에 있어서 지역센터의 위상."

_____. 1990c.「가난한 사람」6호.

_____. 1991.「가난한 사람」8호.

_____. 1991.「가난한 사람」9호.

_____. 1992.「가난한 사람」15호.

_____. 1992.「가난한 사람」16호.

_____. 1993.「가난한 사람」17호.

_____. 1993.「가난한 사람」19호.

_____. 1993.「가난한 사람」20호.

_____. 1995.「천주교도시빈민회 10년 사록」.

_____. 연도미상a [1980년대]. "대중교육 프로그램에 관하여."

_____. 연도미상b [1980년대]. "주민리더교육 시안."

_____. 연도미상c. "생활공동체 운동."

_____. 연도미상d. "주민리더교육, 주민대중교육."

_____. 연도미상e.「천주교 도시빈민운동 약사」.

천주교도시빈민회 남부지역위원회. 연도 미상. "지역위원회 훈련방안."

천주교빈민문제연구소. 1987. "빈민주거 건설의 문제점과 전망 – 복음자리의 경험을 중심으로."

크리스챤사회행동협의회. 연도 미상. "도시 산업선교의 기독교적 실재론 – 올리히 쉬플. 싱가폴 트리니 신학대학교."

_____. 1971.「1971년도 크리스챤 사회 행동 협의체 행동 보고서」.

_____. 1972.「크리스챤사회행동협의체 액숀 보고서 – 1972년 1월 – 9월 30일」.

하왕2-1 지구 세입자 대책위원회. 1994.「함께 어우러지는 공동체를 향하여 – 세입자 권리찾기 1주년 기념자료집 1」.

한국교회사회선교협의회[사선]. 1984.「도시빈민 자료집2. 도시개발 이대로 좋은가? – 경제적 측면, 법률, 정책적 측면, 선교적 측면을 중심으로」.

_____. 1986. "KCAO-UIM 15년 활동의 평가."

_____. 1987. "1987년 사선빈민분과 훈련계획안."

_____. 1988. "한국교회사회선교협의회 도시빈민 훈련계획 — 4기 훈련."

한국교회사회선교협의회 도시주민사회분과위원회[주민]. 1982. "도시주민선교의 과제와 전망."

_____. 1984. "도시빈민의 생존권이 위협받고 있다 – 도시빈민지역의 형성과 최근 주거지 철거의 실상을 중심으로."

한국교회사회선교협의회 주민사회분과위원회. 1985. "목동 공영개발과 주민운동사건의 전모"

한국기독교교회협의회. 1983. 「가난한 이들에게 복음을 – 한국교회 산업선교 25주년 기념대회 보고서」.

한국기독교교회협의회 도시농어촌 선교위원회. 1985. 「한국교회 2세기를 향한 도시농어촌 선교발전대회」.

_____. 1988. 「가난한 이들에게 복음을 — 한국교회도시농어촌선교 30주년 기념대회 자료집」.

_____. 1991. 「한국교회 민중선교 정책협의회 — 민중선교의 일치와 연대를 위하여」.

한국기독교민중교육연구소. 1983a. 「모퉁이돌 1집」.

_____. 1983b. 「민중과 지식인의 만남 그리고 문제점」.

_____. 1983c. 「연희연구자료 – 난장이가 쏘아올린 작은 공」.

_____. 1983d. 「연희연구자료 – 들국화」.

_____. 1983e. 「연희연구자료 – 사나이 중의 사나이」.

_____. 1983f. 「연희연구자료 – 예수의 생애」.

_____. 1983g. 「연희연구자료 – 예수전」.

_____. 1983h. 「연희연구자료 – 콩가루판」.

_____. 1983i. 「연희연구자료 – 함평고구마」.

_____. 1983j. 「우리와 함께 하는 성서 제 1부」.

_____. 1984a. 「모퉁이돌」 2집.

_____. 1984b. 「실무자와의 공동연구를 위한 노동자교육 지침서(초안)」.

_____. 1984c. 「알기 쉬운 노동관계법 제1부 – 근로기준법에 나타난 우리의 권리」.

_____. 1984d. 「연희연구자료 – 특근하던 날」.

_____. 1984e. 「연희연구자료 – 메마른 땅에」.

_____. 1984f. 「연희연구자료 10 – 어디로 갈거나」.

_____. 1984g. 「연희연구자료 – 쌀풀이 돌아와요 내 고향에」.

_____. 1984h. 「연희연구자료 – 내 손으로 뽑자구」.

_____. 1984i. 「연희연구자료 – 일·일·일·멧일!」

_____. 1984j. 「파울로 프레리 – 그의 생애와 과업 그리고 사상」.

_____. 1984k. 「탈을 만들자」.

_____. 1985a. 「만화를 그리자」.

_____. 1985b. 「모퉁이돌 3집」.

_____. 1985c. 「모퉁이돌 4집」.

_____. 1987a. 「모퉁이돌 5집」.

_____. 1987b. 「불꽃의 사나이 전태일」.

_____. 1987c. 「연희연구자료 – 뭉치면 올라간다」.

_____. 1987d. 「연희연구자료 – 떠 다니냐?」

_____. 198e7. "우리의 싸움은 아직 끝나지 않았다 – 삼척탄좌정암광업소 파업 투쟁기."

_____. 일자미상. The Christian Institute for Min-Jung Education (소개 팜플렛).

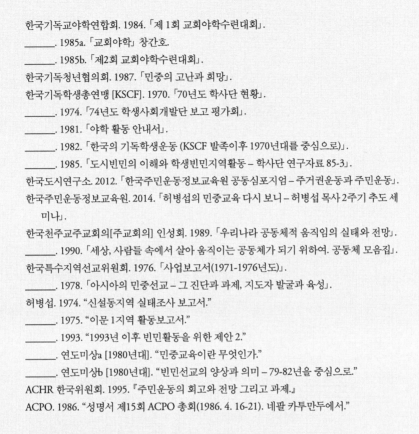

한국기독교야학연합회. 1984. 「제1회 교회야학수련대회」.
_____. 1985a. 「교회야학」 창간호.
_____. 1985b. 「제2회 교회야학수련대회」.
한국기독청년협의회. 1987. 「민중의 고난과 희망」.
한국기독학생총연맹 [KSCF]. 1970. 「70년도 학사단 현황」.
_____. 1974. 「74년도 학생사회개발단 보고 평가회」.
_____. 1981. 「야학 활동 안내서」.
_____. 1982. 「한국의 기독학생운동 (KSCF 발족이후 1970년대를 중심으로)」.
_____. 1985. 「도시빈민의 이해와 학생빈민지역활동 – 학사단 연구자료 85-3」.
한국도시연구소. 2012. 「한국주민운동정보교육원 공동심포지엄 – 주거권운동과 주민운동」.
한국주민운동정보교육원. 2014. 「허병섭의 민중교육 다시 보니 – 허병섭 목사 2주기 추도 세미나」.
한국천주교주교회의[주교회의] 인성회. 1989. 「우리나라 공동체적 움직임의 실태와 전망」.
_____. 1990. 「세상, 사람들 속에서 살아 움직이는 공동체가 되기 위하여. 공동체 모음집」.
한국특수지역선교위원회. 1976. 「사업보고서(1971-1976년도)」.
_____. 1978. 「아시아의 민중선교 – 그 진단과 과제, 지도자 발굴과 육성」.
허병섭. 1974. "신설동지역 실태조사 보고서."
_____. 1975. "이문 1지역 활동보고서."
_____. 1993. "1993년 이후 빈민활동을 위한 제안 2."
_____. 연도미상a [1980년대]. "민중교육이란 무엇인가."
_____. 연도미상b [1980년대]. "빈민선교의 양상과 의미 – 79-82년을 중심으로."
ACHR 한국위원회. 1995. 『주민운동의 회고와 전망 그리고 과제.』
ACPO. 1986. "성명서 제15회 ACPO 총회(1986. 4. 16-21). 네팔 카투만두에서."

2. 언론, 영상, 녹취 자료

민주화운동 기념사업회 구술자료 (권호경, 노정현, 이신행, 박형규 외 4인 대담).
경향신문. 1979. 8. 20.
경향신문, 1980. 10.2.
동아일보. 1923. 7. 7. "실행과 인격."
동아일보 1979. 9.14. "도산의 의식화."
문화일보. 1974. 1. 14. "기독청년회분과위 주최로 기독청년과 의식화문제."
한겨레신문. 2008. 8. 24. "길을 찾아서."
한겨레신문. 2013. 2.27. "길을 찾아서."
한겨레신문. 2013. 3. 7.
KBS 인물현대사. 2003. 9. 5. 제정구 편.

KBS 인물현대사. 2004. 12. 24. 허병섭 편.

다큐 행당동 사람들 2. "또 하나의 세상, 김동원, 푸른 영상."

르뽀. "누구를 위한 재개발인가? – 사당동 판자촌 강제 철거사건 진상보고서."

오마이뉴스. "우리 동네, 난곡 – 그 많던 이웃사촌은 어디로 갔나."
http://blog.ohmynews.com/nangok/.

"상계동 173번지의 꿈....그 후 23년." http://blog.ohmynews.com/sanggae173/.

3. 학술 논문

강원돈. 1986. "신학적 해석학의 새로운 모색 – 민중문화운동의 민중신학적 수용." 「신학사상」 53호 (한국신학연구소).

강현수. 2009. "'도시에 대한 권리' 개념 및 관련 실천 운동의 흐름." 「공간과 사회」 32호 (한국공간환경학회).

고혁준 . 유성상. 2011. 「의식화 개념의 한국적 해석 논의」. 『교육문제연구』 41호.

곽원일. 2012. "한국교회와 도시산업선교에 대한 구술사 연구 – 1960, 70년대 여성 노동운동을 중심으로." 한신대학교 석사학위논문.

광주가톨릭대학교 신학연구소. 1976. "문맹퇴치와 의식화, 파울로 프레이리의 사상. R 데 알메이다 쿠나, 새얼신학회 역." 「신학전망」 32호.

권영숙. 2008. "70년대 이후 한국의 민중운동 구성 혹은 해체의 역사 서평. 민중의 형성. 이남희." 「역사비평」 83호 (역사비평사).

권인탁. 2008. "문화역사적 활동이론을 활용한 평생학습도시의 발전전략." 「평생교육학연구」 14호 (한국평생교육학회).

김경남. 연도미상. "6월 항쟁과 사선" (6월항쟁 기념사업회 자료).

김경희. 2011. "지식사회에서의 평생학습이론의 지향점 : 엥스.트롬의 확장학습이론을 중심으로." 「평생교육학연구」 17호 (한국평생교육학회).

김광억. 1982. "빈곤의 문화와 제 3세계." 「현상과 인식」 23호 (한국인문사회과학회).

김기돈. 2002. "낙골연가: 낙골교회 이십년 역사 읽기 – 낙골 바닥사람들의 눈으로 읽는 민중교회 이야기." 「시대와 민중신학」 7호 (제3시대그리스도교연구소).

김동춘. 2001. "71년 광주대단지 8·10 항거의 재조명." 「8·10 30주년 기념사업회 심포지엄 자료집」.

_____. 2006. "한국 노동자 저항의 동력? '권리' 담론과 '대동의 감각.'" 『우리 안의 보편성.』 한울.

김묘정. 2007. "사회사적 관점에서 본 우리나라 도시빈민의 형성배경과 주거문화 – 한국전쟁 이후 집단이주민촌부터 외환위기 이후 신빈곤층 주거까지–." 「한국주거학회논문집」 18호 4권 (한국주거학회).

김범춘. 2010. "이데올로기 비판과 해방의 기획으로서 랑시에르의 정치철학." 「시대와 철학」

21권 1호.

김성윤. 2005. "공공임대주택에 나타난 사회적 배제에 관한 연구 – 서울 등촌3동 영구임대단지 사례 분석을 중심으로." 중앙대학교 사회학과 석사학위논문.

김성윤. 2011. "사회적인 것의 재-구성, 사회자본론, CSR, 자원봉사활동 담론들의 접합." 「진보평론」 제 48호.

김성재. 1974. "파울로 프레이리, 페다고지 오브 더 오프레스드." 「신학연구」 15권 (한신대 한신신학연구소).

_____. 1982. "의식화와 탈학교 교육의 비교연구." 「신학연구」 24호.

_____. 1987. "한국민중교육의 성격." 「신학연구」 28집 (한신대학교 한신신학연구소).

_____. 1989. "민족분단 극복을 위한 민중교육." 「기독교사상」 370호 (대한기독교서회).

_____. 1998. "민중신학의 어제, 오늘 내일." 「신학사상」 100호 (한국신학연구소).

김수영. 2012. "사회복지와 노동시장의 연계가 초래한 근로연계복지의 딜레마 – 자활사업의 사례를 중심으로." 「한국사회복지」 24권 3호 (한국사회복지학회).

김수현. 1999. "서울시 철거민운동사 연구—철거민의 입장을 중심으로." 「서울학연구」 13 (서울시립대학교).

김수현. 2007. "1971년 광주대단지 사건연구." 서강대학교 정치외교학과 석사학위논문.

김승현. 1997. "미국의 비영리부분에 관한 연구 – 역할과 성격의 변화." 「국제.지역 연구」 6(2) (서울대학교 국제학연구소).

김영철. 2005. "한국 도시빈민 사회운동에서 연대와 분화의 계기로서의 유토피아적 정향에 대한 계보학적 비교연구 – 도시빈민 사회운동단체의 사례를 중심으로." 서강대학교 사회학과 석사학위논문.

김용복. 1982. "한국 원폭피해자의 사회전기." 「기독교사상」 290호 (대한기독교서회).

_____. 1983. "여성문제와 민중의 사회전기." 「새가정」 323호 (새가정사).

_____. 1985. "아시아 기독교 연합운동의 역사와 신학 – CCA를 중심으로." 「기독교사상」 324호 (대한기독교서회).

김 원. 2004. "1970년대 민주노조와 교회 단체 : 도시산업선교회와 지오세 담론의 형성과 모순." 「산업노동연구」 10권 1호 (한국산업노동학회).

_____. 2008. "민중운동은 구출될 수 있을까: 민중운동에서 민중과 지식인. 서평 Lee Namhee, *The Making of Minjung ; Democracy and the Politics of Representation in South Korea*." http://blog.naver.com/labor2003/90041448910."

김은미. 2012. "한국 주택정책 변화 분석." 고려대 박사학위 논문.

김은혜. 2011. "해방이후 개신교도시빈민선교의 역사적 고찰을 통하여 본 21세기 빈민선교의 방향과 한국교회의 미래." 장로회신학대학 제14회 소망신학포럼 발표문.

김정원. 2005. "한국의 빈곤 관련 민간조직의 등장에 대한 사회운동론적 접근." 2005 비판사회학대회 발표문.

김지하. 1970. "풍자냐, 자살이냐." 「시인」 6-7월 합본호.

김진호. 1993. "역사 주체로서의 민중 – 민중신학 민중론의 재검토." 「신학사상」 80호 (한국신학연구소).

김진홍 . 나효우 . 신명호. "ACHR 연수회에 다녀와서."「도시와 빈곤」1호.

김진훈. 1986. "비자발적 주거이동에 의한 재정착 과정에 관한 연구." 서울대학교 도시계획학 석사학위논문.

김환표. 2011. "반상회의 역사 : 국민동원과 통제의 수단에서 이익집단화까지 1."「인물과 사상」156호 (인물과 사상사).

_____. 2011. "반상회의 역사: 국민동원과 통제의 수단에서 이익집단화까지 2."「인물과 사상」157호 (인물과 사상사).

김현수. 2008. "파울로 프레이리의 대화중심 교육론." 경북대학교 교육학 석사학위논문.

김혜경. 2003. "바람에 눕는 풀, 도시빈민운동의 대모, 김혜경."「기억과 전망」겨울호 (민주화운동기념사업회).

김희상. 1991. "자료 : 지방자치제와 지역주민운동 – 민주쟁취 국민운동 서울시 본부 각 구지부 활동을 중심으로–."「정세연구」18호 (민족민주운동연구소).

김희송 · 오재일. 2010. "NGO의 제도화에 대한 비판적 고찰 – 광주시민단체협의회를 중심으로."「한국지방자치학회보」22권.

나일등. 2007. "신빈곤 담론 사례를 통해 본 푸코의 Governmentality 기제와 그 효과 – 룰의 설정, 삶을 의미화하는 방식, 미래를 기획하는 방식." 한국사회학회 사회학대회 자료.

나효우. 2008. Intergrating Community Capital Organizing Toward Sustainable Communities: An Analysis of Community Organizing Practices in Asia. 성공회대 NGO대학원 석사논문.

남찬섭. 2001. "김대중 정부 복지개혁의 평가 : 수사와 실제." 한국사회보장학회 2001년 학술대회 발표문.

노기덕. 2003. "삶의 자리 운동으로서의 빈민운동." 제정구 4주기 추모 심포지엄.

노정선 . 1975. "목회모델 설정을 위한 연구 : 칼 로저스 및 소울 앨린스키와 관련하여."「基督敎 思想」Vol. 19 No.1 (대한기독교서회).

문동환. 1968. "웁살라 대회와 기독교 교육."「신학연구」11집 (한신대학교 한신신학연구소).

_____. 1971. "파울로 프레이리의 교육이론과 한국교회."「세계와 선교」.

_____. 2000. "21세기와 민중신학."「신학사상」109호.

_____. 연도 미상. "의식화란 무엇인가?"

문혜림. 2009. "파울로 프레이리의 교육의 '정치성' 개념연구." 고려대학교 교육학과 석사학위논문.

박계영. 1982. "도시무허가 정착지 주민의 경제행위에 관한 일고찰." 서울대학교 석사학위논문.

박문수. 1993. "도시빈민의 정치세력화에 기여하는 종교단체에 대한 연구."「사회과학연구」2호 (서강대학교 사회과학연구소).

박문수 . 김은희. 1998. "하비타트 의제를 한국 주거권운동에 어떻게 적용할 수 있는가?"「도시연구」4권 (한국도시연구소).

박민주 . 연도미상. "도시빈민여성에 대한 인식과 전망."

박병현. 2001. "정치적 민주화의 진척과 한국의 사회복지."「상황과 복지」10호 (비판과 대안을 위한 사회복지학회).

박보영. 2009. "천주교 빈민운동의 형성과 전개 – 천주교 도시빈민회를 중심으로." 「상황과 복지」 제29호 (비판과 대안을 위한 사회복지학회).

박유미. 1989. "상계동 철거반대투쟁 분석 : 사회운동의 자원 및 기반으로서 대안적 공동체 모색." 서강대학교 사회학과 석사학위논문.

박윤영. 1998. "빈곤문화론의 재검토." 「한국사회복지정책학회 논문집. 사회복지정책 6집」.

박은서. 1998. "불량주택재개발지역 지역사회 주민조직 활성화방안 – 삼양·정릉지역을 중심으로." 서강대학교 수도자대학원 그리스도교 사회학과 석사학위논문.

박재순. 1990. "JPIC대회 이후의 민중신학." 「신학사상」 70호 (한국신학연구소).

박재천 외. 1999. "주민운동의 회고와 전망." 「도시와 빈곤」 41호 (한국도시연구소).

박정세. 1996. "1970년대 도시빈민 선교의 유형과 특성." 「신학논단」 24 (연세대학교).

박종렬. 연도미상. "민주화운동 국민대투쟁 이후의 빈민운동의 전개과정."

박주형. 2012. "도구화되는 공동체, 서울시 마을공동체 만들기 사업에 대한 비판적 고찰." 「한국공간환경학회 2012 추계학술대회」.

박태순. 2001. "광주대단지 사건 30주년에 부치는 3개의 질문." 「8.10 30주년 기념사업회 심포지엄 자료집」.

백욱인. 1987. "한국사회운동론." 「산업사회연구」 2집 (한국산업사회연구회).

서동진. 2010. "자기계발하는 주체의 해부학 혹은 그로부터 무엇을 배울 것인가." 「문화과학」 61호 (문화과학사).

서울대학교 인류학과. 1987. 「한국사회 도시빈민의 성격과 빈민운동. 제1회 인류학과 심포지움」.

서종균. 2011. "주거권 운동의 역사와 과제." 「도시와 빈곤」 90호 (한국도시연구소).

세입자 대책위원회. 1986. 「상계 도시빈민 생존권 투쟁 보고서」.

손원영. 2000. "프락시스 교육이론의 비판적 성찰." 「기독교교육정보학회」.

시흥시. 2007. 「시흥시사.」

신만수. 1998. "공공임대주택 입주 준비활동의 사례, 주거연합 성동지부를 중심으로." 「도시와 빈곤」 33호 (한국도시연구소).

신만수. 2012. "성동지역 주민운동 이야기. 비전은 계속된다." 「도시와 빈곤」 100호 (한국도시연구소).

신명호. 1999a. "한국 지역주민운동의 역사(1)." 「도시와 빈곤」 38호 (한국도시연구소).

_____. 1999b. "한국 지역주민운동의 역사(2)." 「도시와 빈곤」 39호 (한국도시연구소).

_____. 1999c. "한국 지역주민운동의 역사(3)." 「도시와 빈곤」 41호 (한국도시연구소).

신철영. "1970년대 한국 협동조합의 민주주의 지향성." 「생협평론」 6호 (아이쿱협동조합연구소).

오혁진. 2013. "허병섭의 사회교육사상에 관한 연구." 「평생교육학연구」 19호 (한국평생교육학회).

위성남. 2012. "금호. 행당. 하왕지역의 주민운동 사례분석." 「새로운 주민조직 방법론 – 사레와 분석』. 민주화운동기념사업회 교육사업국.

유범상. 2013. "국가없는 마을만들기의 비판적 독해 : 복지국가유형과 마을만들기의 상관성을 중심으로" (2013 비판사회학대회 발표문).

유성상. 2000. "두레마을의 형성과 교육" (서울대 교육학과 석사학위논문).

_____. 2006. Popular education in Asia: A comparative study of Freirian legacies in popular education of the Philippines and South Korea. University of California: America.

유아영. 2011. "생존권 투쟁에서 주민공동체운동으로, 금호 행당 하왕지역의 주민운동 사례연구." 성공회대 시민사회단체학과 석사학위 논문.

유영우. 2006. "주거권의 사회적 의미." 「월간 사회운동」 61호 (사회진보연대).

_____. 2007. "주거권운동의 역사와 과제. 정책과 운동의 변화를 중심으로...." 유영우 한국도시빈민운동사 공개 세미나 일곱 번째.

유영재. 1987. "한국사회변혁을 지향하는 도시빈민선교에 관한 연구." 한신대 신학대학원 석사논문.

윤모린. 2000. "한국 민주화과정에서 운동조직의 역할에 관한 연구: 1987년 "국민운동본부"를 중심으로." 서강대학교 정치외교학과 논문.

윤창국·박상옥. 2012. "문화역사적 활동이론의 이론적 발전과 평생교육연구에 주는 시사점." 「평생교육학연구」 18호 (한국평생교육학회).

윤철민. 1988. "우리는 이 땅에서 살고 싶다." 「실천문학」 봄호, 통권 9호 (실천문학사).

윤한슬. 1998. "도시 재개발지역 사회행동에 대한 비교사례연구" (서울대학교 사회복지학과 석사학위논문).

이경자. 2000. "한국적 지역사회 조직의 사회행동 모델 사례연구." 신라대학교 사회정책대학원 석사학위논문.

이금만. 1998. "문동환의 삶과 교육론." 「기독교교육논총」 3집 (한국기독교교육학회).

이기우. 2000. "빈민운동과 한국천주교회." 『천주교교회사연구소장 최석우 신부 서품 50주년 논문집』

이부미. 2001. "놀면서 자라고 살면서 배우는 아이들." 『또 하나의 문화』.

이상봉. 2015. "새로운 삶의 경계와 주체형성." 「황해문화」.

이성우. 2006. "프레이리의 변증법적 교육론, 두 가지 측면에서 바라보기." 경북대학교 교육학 박사논문.

이소정. 2006. "판자촌에서 쪽방까지 – 우리나라 빈곤층 주거지의 변화과정에 관한 연구." 「사회복지연구」 29호 (한국사회복지연구회).

이은주. 2008. "에큐메니칼 학습론의 형성과 구조에 관한 연구." 한신대 석사학위논문.

이은희. 2012. "도시 주거지역 커뮤니티 빌딩 모델 개발연구." 건국대학교 사회복지학과 박사학위논문.

이정용. 2004. "민중신학에 대한 비판적 소개." 『신학논문총서 28 조직신학』. 학술정보자료사.

이정희. 1988. "성서의 해방문화와 민중문화의 합체." 「신학사상」 60호 (한국신학연구소).

이호. 1995. "지역주민운동의 발전을 위하여." 「도시와 빈곤」 13호 (한국도시연구소).

_____. 1994. "빈민지역운동 평가." 「도시와 빈곤」 3호 (한국도시연구소).

이호 · 김현. 2004. "주민자치운동 1987-2002." 『시민운동15년사』. 시민의신문사.

이호 외. 2002. "비닐하우스촌의 실태와 정책적 접근방향." 「도시연구」 8호 (한국도시연구소).

임경수. 2002. "도시빈곤층의 위기와 공동체." 「도시행정학보」 15집 1호 (한국도시행정학회).

임정세. 1996. "1970년대 도시빈민 선교의 유형과 특성." 「신학논단」 24호 (연세대학교 신과
　　대학).

장상철. 2007. "1970년대 민중 개념의 재등장. 사회과학계와 민중문학, 민중신학에서의 논
　　의." 「경제와 사회」 통권 74호 (비판사회학회).

장세훈. 1988. "도시화, 국가 그리고 도시 빈민 – 서울시의 무허가 정착지 철거 정비 정책을 중
　　심으로." 「사회와역사」 14권 (한국사회사학회).

_____. 2005. "현단계 도시빈곤의 지속과 변모 – 신빈곤 현상에 대한 탐색." 「경제와 사회」 66호.

장윤선. 2002. "이인열전 – 박재천 주민운동정보교육원장 '가난과 싸우며 가난하게 살다.'"
　　「아름다운 사람들이 만드는 참여사회」 71호 (참여연대).

저자미상. 연도미상 [1980년대]. 「한국여성운동평가III - 70년대 이후 빈민여성운동」.

전민경. 2010. "한국 기독NGO의 발달과정과 오재식의 생애사적 실천에 대한 연구." 성공회
　　대 시민사회단체학과 석사학위 논문.

전홍규. 1997. "주민운동 정보교육원 설립배경과 경과 및 향후 계획소개." 「도시와 빈곤」 25호
　　(한국도시연구소).

_____. 2006. "아시아 발전도상국의 슬럼 재생." 「도시와 빈곤」 82호 (한국도시연구소).

정경숙. 2005. "1980년대 중반 이후 대구지역 여성빈민운동 연구 – 빈민탁아 . 공부방활동가
　　의 구술을 중심으로." 「지방사와 지방문화」 8권 1호 (역사문학학회).

정병남. 1991. "못배운 설움 딛고 새 삶 여는 월곡동 어머니학교." 「우리교육」 15호.

정병순. 1996. "통치체제와 참여적 계획에서 협력." 「도시연구」 2호 (한국도시연구소).

정병준. 연도미상. "한국 에큐메니칼 운동사."

정성기. 2005. "80년대 한국사회구성체논쟁, 또 하나의 성찰적 재론." 「역사비평」 71호 (역사
　　비평사).

정일우. 1989. "공동체 형성의 의미—복음자리 마을의 경우." 「사회비평」 1989년 여름호.

정일우 . 박재천. 1997. "공동체 형성의 의미. 시흥 복음자리 마을과 금호, 행당, 하왕 지역 사례
　　의 경우." 『불량주택재개발론』. 서울: 나남.

정자환. 1982. "서울 사당2동 지역의 도시화 과정." 「성심여자대학교 논문집」 13호(1) (성심여
　　자대학교).

정철하. 2002. "지역사회조직 발전방안에 관한 연구." 한남대학교 석사학위논문.

조명래. 2002. "지구화 거버넌스 지방자치." 「도시연구」 8호 (한국도시연구소).

조문영. 2001. "빈민지역에서 가난과 복지의 관계에 대한 연구." 「도시연구」 7호 (한국도시연
　　구소).

조미혜. 1989. "도시빈민여성의 실태와 의식, 철거투쟁을 중심으로." 『한국여성연구소 기타
　　간행물』. 한국여성연구소.

조세형. 2005. "프레이리의 대화교육론 연구." 경북대학교 교육학 박사학위논문.

조승혁. 1979. "산업선교의 조직 현황 및 특성." 「기독교사상」 257호 (대한기독교서회).

_____. 1985. "민중적 사회발전에 관한 한국교회의 반성." 「기독교사상」 326호 (대한기독교
서회).

조혜란. 1991. "도시재개발지역내 일상생활과 주민운동에서의 여성과 남성 – 서울시 사당2동
사례분석." 이화여자대학교 여성학과 석사학위논문.

조희연. 2004. "저항담론의 변화와 분화에 관한 연구." 『한국의 정치사회적 저항담론과 민주
주의 동학』. 함께 읽는 책.

천성호. 2008. "빠울로 프레이리 삶의 여정" (미출판 원고).

천성환. 2011. "서발턴은 쓸 수 있는가 – 1970-80년대 민중의 자기재현과 "민중문학"의 재평
가를 위한 일고." 「민족문학사연구」 47호.

채수일. 2003. "1970년대 진보교회 사회참여의 신학적 기반." 「한국기독교와 역사」 18 (한국
기독교 역사연구소).

최광기. 1994. "어머니학교의 활동과 성과." 「도시와 빈곤」 4호 (한국도시연구소).

최금좌. 2010. "브라질의 대안사회운동: MST(무토지 농민운동)의 자율(autonomia)정치." 「라
틴아메리카연구」 23호(1) (한국라틴아메리카학회).

최문성. 1984. "도시빈민의 정치적 능력에 관한 연구." 서울대 정치학과 석사학위논문.

최병두. 2010. "한국의 지역정치와 지역사회운동의 전개과정과 전망." 「진보평론」 43호.

하동근. 2004. "8.10 사건에 대한 입장들 – 광주대단지 사건의 역사적 재조명." 「성남문화」.

하성규·장세훈·김수현. 1998. 『철거민이 본 철거 – 서울시 철거민 운동사』. 한국도시연구소.

하승우. 2008. "한국 풀뿌리민주주의의 사상적 기원에 관한 고찰." 「기억과전망」 18 (민주화
운동기념사업회).

_____. 2013. "박원순 시장의 마을공동체, 사회적경제 정책: 정말 혁신적인가 (풀시넷 토론
회)." http://anar.tistory.com/entry/박원순-시장의-마을공동체-사회적경제-정책-정말-혁
신적인가풀시넷-토론회 [희망을 위한 직접행동].

한국도시연구소. 1995. 「신빈곤 관련 연구」.

한국신학연구소. 1988. "심포지움 – 민중교회와 민중신학에 대한 이해." 「신학사상」 63호 (한
국신학연구소).

한국주민운동정보교육원. 1996. "하비타트 지역화를 위한 주민운동 정책워크숍 – 지속가능
한 공동체 만들기 주민운동 행동전략 지침."

_____. 2008. "2008 한국주민운동 간담회주민운동을 함께 말하다."

_____. 연도 미상. "주민운동과 코넷 교육훈련."

한숙자. 2012. "성남지역 주민운동 이야기: 주민교회의 협동조합운동." 「도시와 빈곤」 100호
(한국도시연구소).

한승희. 1995. "민중교육의 이론과 실천: 참여지향적 성인교육이론의 정립을 위하여." 「평생
교육연구」 1(1) (서울대학교 교육연구소).

_____. 2001. 『민중교육의 형성과 전개』. 서울: 교육과학사.

해람. 2013. "변증법으로 도시 보기— 소셜믹스." 「걷고싶은도시」 2013년 11-12월호 (걷고싶은도시만들기시민연대).

허병섭. 1990. "하월곡동 빈민지역운동." 숭실대 기독교사회연구소 주최 도시지역운동 세미나 발제문.

_____. 1994. "일꾼두레의 문제점과 생산공동체 운동, 사회운동의 새 지평을 열기 위하여." 「도시와 빈곤」 4호 (한국도시연구소).

_____. 연도미상 [1985년 이후 추정]. "빈민의 실상에 대한 시각과 그 조정을 위한 시론."

허 준. 2001. "도시빈민 학습자의 비판적 성인학습과정 연구." 서울대학교 대학원 교육학과 평생교육전공 석사학위 논문.

_____. 2006. "사회운동에 나타난 공동체학습 과정의 특성에 관한 연구." 서울대학교 대학원 교육학과 평생교육전공 박사학위 논문.

홍경선. 1990. "도시 재개발과 세입자 운동에 관한 연구—서울시 사당 2동 사례 연구." 「사회와역사」 제26권 (한국사회사학회).

홍은광. 2003. "파울로 프레이리 교육사상의 수용과정과 한국 민중교육운동에 대한 영향." 서울대학교 대학원 교육학과 평생교육전공 석사학위 논문.

홍인옥. 2002. "지하주거의 실태와 문제점." 「도시연구」 8호 (한국도시연구소).

홍현미라. 1998. "도시저소득층지역의 지역사회 조직실천(CO Practice)에 대한 비교사례 연구 – legal advocacy와 self-help전략을 중심으로." 이화여대 사회복지학과 석사학위 논문.

홍현영. 연도미상. "도시산업선교회와 1970년대 노동운동."

황미영. 1989. "도시빈민의 지역사회 조직 활동에 관한 사례연구." 이화여대 사회사업학과 석사학위논문.

황보람. 2007. "한국 자활사업과 사회적일자리 사업에 나타난 국가의 침투성과 시민사회의 저항성 – 비판이론에 입각한 시론적 연구." 「사회복지연구」 35호.

4. 단행본

구동회 외. 1995. 『공간의 문화정치: 공간문화서울』. 현실문화연구.

권단 외. 2014. 『모두를 위한 마을은 없다—마을 만들기 사업에 던지는 질문』. 서울 : 삶창.

권호경. 2001. 『가난한 사람들의 함성—주민조직운동을 통한 선교』. 한국주민운동정보교육원.

기독교야학연합회. 1985. 『민중야학의 이론과 실천』. 서울 : 풀빛.

김수현·이현주·손병돈. 2009. 『한국의 가난 – 새로운 빈곤, 오래된 과제』. 파주 : 한울.

김형국,하성규. 1998. 『불량주택 재개발론』. 서울 : 나남.

도시빈민연구소. 1989. 『도시빈민지역운동론』. 서울.

_____. 1991. 『주민조직론—권력을 위한 민중의 조직화』. 서울.

문동환. 1985. 『아리랑 고개의 교육 – 민중신학적 이해』. 한국신학연구소.

민주화운동기념사업회. 2009. 『한국민주운동사2』. 서울 : 돌베개.

_____. 2010.『한국민주화운동사3』. 서울 : 돌베개.

이나모토 에츠조. 2011.『끝이 없는 이야기 – 아시아 주민운동 리포트』. 제정구기념사업회.

이남희. Making of Minjung : Democracy and the Politics of Representation in South Korea. 유리 .
　　이경희 역. 2015.『민중 만들기 : 한국의 민주화운동과 재현의 정치학』. 서울 : 후마니타스.

이동철. 1985.『목동아줌마』. 동광출판사.

임동근 . 김종배. 2015.『메트로폴리스 서울의 탄생 : 서울의 삶을 만들어낸 권력, 자본, 제도
　　그리고 욕망들』. 서울 : 반비.

임희섭. 1999.『집합행동과 사회운동의 이론』. 서울 : 고려대학교출판부.

정동익. 1985.『도시빈민연구』. 서울 : 아침.

조승혁. 1983.『알린스키 생애와 사상』. 서울 : 현대사상사.

조은. 2012.『사당동 더하기 25, 가난에 대한 스물다섯 해의 기록』. 서울 : 또하나의 문화.

조은 . 조옥라. 1992.『도시빈민의 삶과 공간』. 서울 : 서울대학교 출판부.

진보교육연구소 비고츠키교육학실천연구모임. 2015.『관계의 교육학, 비고츠키』. 서울 : 살림터.

차성완 외. 2005.『민주화운동 연구총서 역사편 3 – 1970년대 민중운동 연구』. 민주화운동기
　　념사업회.

천성호. 2009.『한국야학운동사』. 서울 : 학이시습.

최인기. 2012.『가난의 시대』. 서울 : 동녘.

최협. 2012.『판자촌 일기─청계천 40년전』. 서울 : 눈빛.

하승수. 2007.『지역, 지방자치 그리고 민주주의 : 한국 풀뿌리민주주의의 현실과 전망』. 서울 :
　　후마니타스.

한국공간환경학회. 2011.『저성장 시대의 도시정책 : 더 좋은 도시, 더 행복한 시민』. 파주 : 한울.

한국기독교사회문제연구원[기사연]. 1983.『한국의 가난한 여성에 관한 연구』. 서울 : 민중사.

_____. 1987.『민중의 힘, 민중의 교회 – 도시빈민의 인간다운 삶을 위하여』.

_____. 1986.『지역운동과 지역실태』.

한국도시연구소 . 1996.『도시 서민의 삶과 주민운동』. 발언.

_____. 1999.『지역주민운동 리포트』. 한국도시연구소.

_____. 2000.『쪽방연구』. 한국도시연구소.

한국주민운동정보교육원. 2001.『한국주민운동 30주년 워크숍 자료집』.

_____. 2003.『트레이너 1기 교재 종합』.

_____. 2005a.『2기 주민운동 트레이너 2기 교육훈련 교재』.

_____. 2005b.『13기 주민조직가 교육훈련 교재 종합』.

_____. 2006.『주민의 가능성을 보는 눈 – CO교육학』.

_____. 2010.『CO방법론-주민운동의 힘 . 조직화』. 한국주민운동정보교육원.

_____. 2010.『한국 주민운동 40주년 기념 준비 워크숍 – 가난 공동체 생명의 미래, 지역주민
　　과 새로운 사회만들기』.

_____. 2014.『스스로 여는 가능성 – CO교육학』. 한국주민운동정보교육원.

_____. 연도미상[2000년대].『기 주민지도자 교육훈련 교재 종합』.

한완상 . 허병섭. 1985. 『한국민중교육론 – 그 이념과 실천』. 서울 : 학민사.

허병섭. 1987. 『스스로 말하게 하라 – 한국 민중교육론에 관한 성찰』. 서울 : 한길사.

_____. 1992. 『일판·사랑판』. 천안 : 현존사.

황홍렬. 2004. 『한국 민중교회 선교역사(1983-1997)와 민중선교론』. 한들출판사.

NCC신학연구위원회. 1982. 『민중과 한국신학』. 서울 : 한신신학연구소.

5. 해외 문헌

Alinsky, S.D. 1941. "Community Analysis and Organization." *The American Journal of Sociology* v. 46.

_____. 1971. *Rules for Radicals: A Practical for Realistic Radicals*. 박순성 . 박지우 역. 2008. 『급진주의자를 위한 규칙』. 서울 : 아르케.

Appadurai, A. 2001. "DEEP DEMOCRACY : urban governmentality and the horizon of politics." *Environment&Urbanization* Vol 13 No 2 (October), 13-23.

Archer, D. & P. Costello. 1990. *Literacy and power : The Latin American Battleground*. 김한수 . 김경래 역. 2014. 『문해교육의 힘 – 라틴아메리카 혁명의 현장』. 서울 : 학이시습.

Arnowitz, S. 1993. "Poulo Freire's radical democratic humanism." in P. McLaren & Leonard, eds. *Paulo Freire : A Critical Encounter*. London : Routledge, 8-24.

Austria, J. DC. 2008. *Expanding the envolope: The Convergence of indigenous AETA organization and an external issue-based Community organizing model in Tarlac, philippines*. University of Florida: America.

Barndt, Deborah. 1989. *Naming the moment: political analysis for action: a manual for Community groups*. [Toronto] : [Jesuit Centre for Social Faith and Justice].

Berta-Ávila, Margarita. 2003. "The Process of Conscientization: Xicanas/Xicanos Experiences in Claiming Authentic Voice." *Journal of Hispanic Higher Education* vol. 2 no. 2, 117-128.

Bix, Jonathan. 2014. "We're City Lifers : Transformative Community Organizing in Boston's City Life/Vida Urbana." Senior Capstone Projects. Paper 322.

Brown, C. 1975. *Literacy in Thirty Hours: Paulo Freire's Literacy Process in Northeast Brazil*. London: Writers and Readers Publishing Cooperative.

Castelloe, P., Thomas Watson & Craig White. 2002. "Participatory Change: An Integrative Approach to Community Practice." *Journal of Community* 10/4, 7-31.

Castells, M. 1986. "도시지역 운동의 역사적 전개." 조성윤 · 이준식 편역. 『도시지역운동 연구』. 세계.

Chambers, R. 2007. *From PRA to PLA and Pluralism: Practice and Theory*. IDS Working Paper 286, Brighton : IDS.

_____. 1994. "Participatory rural appraisal (PRA) : Analysis of experience." *World development*,

Elsevier vol. 22/9 (September), 1253-1268.

_____. 1994. "Participatory rural appraisal (PRA) : Challenges, potentials and paradigm." *World Development, Elsevier* vol. 22/10 (October), 1437-1454.

_____. 1994. "The origins and practice of participatory rural appraisal." *World Development* 22(7), 953-969.

COPE. 1992. *CO Trainging Manual.* Philippines : COPE Foundation.

Cruikshank, B. 1999. *The Will to Empower.* 심성보 역. 2014. 『시민을 발명해야 한다』. 서울 : 갈무리.

Davis, M. 2006. *Planet of Slum.* 김정아 역. 2007. 『슬럼, 지구를 뒤덮다 – 신자유주의 이후 도시의 빈곤화』. 서울 : 돌베개.

Delaney, M. 2010. *Understanding Empowerment, Informal Education, and Acces to Desion-Making in a Community Organization.* College of education, paper 8.

Elias, John L. 1993. *Paulo Freire: pedagogue of liberation.* 한국교육네트워크 역. 2014. 『(해방의 교육자) 프레이리와 교육』. 서울 : 살림터.

Erika Fuchs. 2005. *Living Dreams: Creating Revolutionary Educational Environments: The Political Education of the Brazilian Landless Rural Workers Movement (MST).* York University. Ontario. Canada.

Facundo, B. 1984. *Freire Inspired Programs in the United States and Puerto Rico: A Critical Evaluation.* The Latino Institute: Washington, D.C.

Finger, M & Asun, J. M. 2001. *Adult Education At the Crossroads: Learning Our Way Out.* Zed Books : UK.

Foley, G. 1998. "Clearing the Theoretical Ground Elements in a Theory of Popular Education." *International Review of Education* 44, nos. 2-3, 139-153.

Freire, P. 1972a. *Pedagogy of the oppressed.* 성찬성 역. 1995. 『페다고지 : 억눌린자를 위한 교육』. 서울 : 한마당.

_____.1972b. *Cultural action for freedom.* 채광석 역. 1979. "문화적 행동으로서의 교육." 김쾌상 외 편역, 『민중교육론 – 제3세계의 시각』. 서울 : 한길사, 9-74.

_____.1981. *Education of Critical Consciousness.* 채광석 역. 1985. 『교육과 의식화』. 서울 : 중원문화.

_____.1994. *Pedagogy of Hope: Reliving Pedagogy of the Opressed.* 교육문화연구회 역. 2002. 『희망의 교육학』. 아침이슬.

_____.1997. *Pedagogy of the heart.* 교육문화연구회 역. 2003. 『망고나무 그늘 아래서』. 아침이슬.

_____.1998a. *Teachers as cultural workers: Letters to Those Who Dare Teach.* 교육문화연구회 역. 2001. 『프레이리의 교사론』. 서울 : 아침이슬.

Freire, P & Horton, M. 1990. *We Make the Road by Walking: Conversations on Education and Social Change.* 프락시스 역. 2006. 『우리가 걸어가면 길이 됩니다』. 서울 : 아침이슬.

Freire, P & Shor, I. 1987. *A Pedagogy For Liberation*. 김시원 역. 1988. 『해방을 꿈꾸는 교육』. 서울 : 이웃.

Fritze, C. 1982. *Because I speak Cockney, they think I'm stupid: an application of Paulo Freire's Concepts to Community work with women*. Published by Association of Community Workers in London.

Garcia, Robert Francis B. 1999. *Of maps and leap frogs: popular education and other disruptions*. 노일경 외 역. 2012. 『페페의 희망교육』. 서울 : 학이시습.

Giroux, H. 1998. *Techers as intellectuals toward a critical pedagogy of learning*. 이경숙 역. 『교사는 지성인이다』. 서울: 아침이슬.

Hall, B. L. 2006. *Social Movement Learning: Theorizing a Canadian Tradition in Tara Fenwick, Tom Nesbit and Bruce Spencer*. Contexts of Adult Education Toronto: TEP.

Hammond, J. 1999. "Popular education as Coimmunity organization in El Salvador." *Latin American Perspectives* 26(4), 69-94.

Heaney, T. 2005. *Issues in Freirean Pedagogy*.
http://nlu.nl.edu/ace/Resources/Documents/FreireIssues.html.

Hillary, D. Rodham. 1969. *An analysis of the Alinsky model*. Wellesley College: America.

Holford, J. 1995. "Why Social Movements Matter : Adult Education Theory, Cognitive Praxis, and the Creation of Knowledge." *Adult Education Quarterly* 45(2), 95-111.

Honculada, J. A. 1985. "Case Study : Zoto And The Twice-Told Story Of Philippine Community Organizing." *Philippine Journal of Third World Studies* Vol 1, N2.

Hope, A and S. Timmel. 1999. *Training for transformation: a handbook for Community workers*. London: Intermediate Technology.

Hsia, Hsiao-Chuan. 2006. *Globalization and Resistance: the Case of Empowering 'Foreign Brides' in Taiwan*. International Symposium on Women--Multicultural Society, Life and Adaptation of Female Marital Immigrants in Asia: South Korea.

_____. 2008. "The Development of Immigrant Movement in Taiwan: The Case of Alliance of Human Rights Legislation for Immigrants and Migrants." *Development and Society* 37/2, 187-217.

Kane, Liam. 2000. "Popular Education and the Landless People's Movement in Brazil (MST)." *Studies in the Education of Adults* v. 32 n. 1, 36-50.

Katiya, Y. 2013. "We Are Radical : The Right to the City Alliance and the Future of Community Organizing." *Journal of Sociology & Social Welfare* Vol. XL, N. 1.

Kilgore. D W . 1999. "Understanding learning in social movements: a theory of Collective learning." *INTERNATIONAL JOURNAL OF LIFELONG EDUCATION* vol. 18, no. 3.

La Belle, T. J. 1987. "From Consciousness Raising to Popular Education in Latin America and the Caribbean." *Comparative Education Review* 31 (2), 201-217.

_____. 1990. "Ethnographic Contextualization of Freire's Discourse." *Anthropology & Education*

Quarterly.

LOCOA. 2001. *Being with the Poor*. LOCOA: Philippines.

_____. 2012. *Asian organizer's forum.*

Lowy, Michael. 1996. *War of gods : religion and politics in Latin America*. 김항석 역. 2012. 『신들의 전쟁 : 라틴아메리카의 종교와 정치 』. 서울 : 그린비.

McLaren, P. 2000. *Che Guevara, Paulo Freire, and the pedagogy of revolution* . 강주헌 역. 2008. 『체 게바라, 파울루 프레이리, 혁명의 교육학』. 서울 : 아침이슬.

Maglaya, F. E. 1974. *Manual for Urban Organizing*. 편집부 역. 1979. 『민중과 조직』. 서울 : 광민사.

Mann, Eric. 2010. "The 7 Components of Transformative Organizing Theory." *Weaving the Threads* 17/2 (Fall), 84-87. https://www.reimaginerpe.org/17-2/mann.

Marquez, B. 1990. "Organization The Mexican-American Community In Texas: The Legacy Of Saul Alinsky." *Policy Studies Review* vol. 9. no. 2.

McCOwan, T. (2003). "Participation and education in the Landless People's Movement of Brazil." *Journal for Critical Education Policy Studies* 1(1), Retrieved, January 2009.

McGaffey, R. J & Khalil, H. 2005. *Alinsky in the Neocolonial Age.*
http://ibible.enablepassion.org/Writing/school/06%20nyu%20gallatin%20fal l%2005 /alinsky.pdf.

McKnight, J & Kretzmann, J. 1984. "Community organizing in the 80's: Toward a post-Alinsky agenda." *Social Policy* 14 (1), 15-17.

Miller, M. 1993. "Organization and Education : Saul Alinsky, Ppaulo Freire & Myles Horton." *Social Policy Magazine* (fall).

_____. 2010. "Alinsky for the Left : The Politics of Community Organizing." *Dissent* 57/1, 43-49.

Morales, Horacio R. jr. 1995. *Popular education notebook,* v. 1. n. 2.

Nuryatno, Muhammad Agus. 2006. "Education and Social Transformation: Investigating the Influence and Reception of Paulo Freire in Indonesia." Doctoral Dissertation, The Department of Integrated Studies in Education Faculty of Education McGill University.

Mulwa, F. 1998. "Paulo Freire's development education methodology." *Wajibu, A Journal of Social & Religious Concern* 13(2).

Murphy, D. 1990. "Community organization." *Environment and Urbanization* 2/1, 51-60.

_____. 2004/2005. "Community organization in Asia." *Social Policy* 35/2.

Nazombe, E. T. 2010. "Training For Community Transformation : Popular Education Methodologies For Women'S Leadership For Social Transformatio." Doctoral Dissertation, The Graduate School Of Education Rutgers, The State University Of New Jersey.

Noponen, Helzi. 1997. "Participatory Monitoring and Evaluation? A Prototype Internal Learning System for Livelihood and Micro-Credit Programs." *Community Development Journal* 32/1, 30-48.

Noponen, Helzi. 2002. *The Internal Learning System: a tool for microfinance and livelihoods interventions.* Dev Bull Jersey.

Patel, S. 2004. "Tool And Method For Empowerment Developed By Slum And Pavement Dweller's Federation In India." Participatory Learning and Action 50: Critical reflections, future directions. https://pubs.iied.org/pdfs/G02103.pdf.

_____ & D. Mitlin. 2001. "The Work of SPARC, the National Slum Dwellers Federation and Mahila Milan." IIED Working Paper 5 on Poverty Reduction in Urban Areas. https://pubs.iied.org/pdfs/9074IIED.pdf.

Prokopy, J. & P. Castelloe. 1999. "Participatory Development: Approaches From the Global South and the United States." Journal of the Community Development Society 30/2, 213-231.

Quizon, A. B. & R. Polestico. 2000. "NGO practice in participatation: asian experiences." Promoting Participation In Development Projects. IFAD.

Rene Van der Veer. 2007. Lev Vygotsky. 배희철 역. 2013. 『21세기 교육혁신의 뿌리, 레프 비고츠키』. 서울 : 솔빛길.

Ranciere, Jacques. 1987. Maitre ignorant: cinq lecons sur l'emancipation intellectuelle. 양창렬 역. 2008. 『무지한 스승: 지적 해방에 대한 다섯 가지 교훈』. 서울 : 궁리.

_____. 1990. Aux bords du politique. 양창렬 역. 2013. 『정치적인 것의 가장자리에서』. 서울: 길.

Reitzes, Donald C. & Dietrich C. Reitzes. 1987. "Alinsky in the 1980s: Two contemporary Chicago community organization." Sociological Quarterly 28(2), 265 – 283.

_____. 1982. "Saul Alinsky: a neglected source but promising resource." The American Sociologist v. 17.

Roberts, P. 2000. Education, literacy, and humanization: exploring the work of Paulo Freire. Bergin & Garvey: London.

Ruria, A. R. 1974. The Cognitive Development : Its Cultural and Social Foundations. 배희철 역. 2013. 『비고츠키와 인지발달의 비밀』. 파주 : 살림터.

Santow, M. 2000. "Saul Alinsky the dilemas of race in the post-war city." Doctoral Dissertation, University of Pensilvania: America.

Schugurensky, D. 1998. "The Legacy of Paulo Freire: A Critical Review of his Contribution." Convergence v. 31 n. 1-2, 17-29.

Sinclair, Hugh . 2012. Confessions of a Microfinance Heretic - How Microlending Lost Its Way and Betrayed the Poor. 이수경 . 이지연 역. 2015. 『빈곤을 착취하다』. 서울 : 민음사.

Smock, K. 2000. "Strategies of Urban Change: A Comparative Analysis of Contemporary Models of Neighborhood-Based Community Organizing." Northwestern University, United States. Illinois.

_____. 2004. Democracy In Action: Community Organizing And Urban Change. 한국도시연구소 역. 「도시와빈곤」 80호 (2006), 170-203.

Srinivas, H. 1981. "After visiting the PROUD Community organization in Bombay in 1980." 30th World Congress of ISOCARP at Prague, Czech Republic, 4-10 September.

Tungpalan, MA. T. V. 1991. "Popular Education: An Alternative Education Approach."

Lambatlaya Occasional Paper. UP-CSWCD: Philippines.

Veen, Ruud van der. 2003. "Community Development as Citizen Education." *International Journal of Lifelong Education* 6 (22), 580-596.

Wolford, Wendy. 2003. "Producing Community: The MST and Land Reform Settlements in Brazil." *Journal of Agrarian Change* 3(4), 500-520.